河合隼雄著作集

第II期

日本人と日本社会のゆくえ

11

JN150030

岩波書店

序説　グローバリゼーションと日本文化

グローバリゼーションの波

世紀の変り目において、最近よく話題になる言葉に「グローバリゼーション」というのがある。これに対する反撥は、わが国のみならず、世界の他の文化圏においても認められるが、それにもかかわらず、グローバリゼーションの強い波を押し返すことは、とうてい不可能と思われる。好むと好まないとにかかわらず、グローバリゼーションについて考えることは現代人の課題である。

グローバリゼーションとは、最近におけるインフォメーション・テクノロジーの爆発的な進歩によって、地球上の人々の間のコミュニケーションが容易になり、情報が短時間の間に共有されること、交通機関の発達によって、地球上の人々が容易に往来でき、話合うことができることを意味している。したがって、この言葉自体は、均質化とか一様化という意味をもっているのではない。楽観的に考えると、グローバリゼーションの傾向が強くなっても、別に、それぞれの固有の文化が壊されることはない、ということになる。お互いのコミュニケーションは容易になるとしても、別に自分固有のことを変えずにいればよい、ということになる。

ところが、実際はそれほど簡単ではない。世界の状況を見渡しても、「一様化」の傾向が強いことは、すぐに感じられる。まず、膝元の日本を見ても、日本人の生活様式が、この十年ほどの期間に相当に変化し、伝統的なものが姿を消していることに気づかされる。伝統的な着物姿を見ることは稀である。電化や個室化が進み、家具も変化して、伝統的な家屋で、昔ながらの「家庭生活」をしているところは、急激に減少していったと思われる。このことは、多発する日本の家族の問題とも関係してくる。

一昨年と昨年と、筆者は、アメリカ先住民のナバホ族、および、アイルランドを訪問した。その目的は、現在執筆を企画中の日本神話についての論考を深めるため、ナバホの神話や、ケルトの神話について、現地に行くことによって実感をもって調査・検討したい、ということであったが、これらの土地においても、グローバリゼーションについて多くを考えさせられた。いずれにおいても、素晴らしい固有の文化をもっているのだが、現在の世界の一様化の波のなかで、それを守り抜くことの重要さと困難さを感じさせる、いろいろな事実を見せつけられたのである。

まず、ナバホ族のことであるが、こちらは長い間の白人による圧迫に耐えて、その文化を保持してきたのだが、最近はむしろ合衆国政府が以前ほどの支配力を発揮しなくなると、反撥力の方も弱くなり、その上、若者たちはアメリカの白人文化の方に惹かれるので、文化の継承が難しくなっているのが実状である。若者たちでナバホ語を話せる者が急に少なくなっているとのこと。かつては、小学校で一言でもナバホ語を話すと厳しい罰を受けたりしたが、むしろそのようなときは、それに耐えて自分たちの文化を守ろうとした。しかし、かえって自由になり、それにテレビがゆきわたると、子どもたちが英語のみを話すようになってしまう、とのことであった。

アイルランドでは事情は相当に異なる。ヨーロッパではもともとケルト文明が栄えていたが、キリスト教が広がるにつれ、キリスト教のもつ一神教的な強さによって、ケルト文明は完全に消滅したと思われた。しかし、アイルランドは大陸から離れていることや、カトリックが土着的な信仰を受けいれようとしたこともあって、ケルト的なものが割合に残存していた。それが、現在になって、グローバリゼーションの傾向が強まると、それに乗ってIT産業を振興させようとする動きがあるのに対して、文化的にはアイルランド的なものを保持しようとして、むしろ、伝統復活に政府も力を注ぐようになった。

このような動きはイングランドの方にも伝わり、ケルト的なものを比較的保持していたコーンウォール地方などで、ケルトの宗教であるドルイドの復活運動が生じてきた。ケルトは文字を持たなかったこともあって、古代のドルイドがほんとうにどのようなことをしていたかは不明であるが、新ドルイドの人たちが、イマジネーションに頼って儀式などを考案し、夏至の日に祭りをする、というのに参加してきた。そこで、新ドルイドの人たちと話合ったが、その根本にあるのは、近代の科学技術の急激な発展による自然破壊に対して、自然との一体感の回復ということを中心的な考えとしていることがわかった。

　これはまだ少数の人の動きではあるが、意義あることだ、などと思ったが、他方、なんだかしっくりしない感じがして、どうしてなのかと思った。そもそも近代の科学技術の発展はヨーロッパの文化から生じたものであり、それによって地球上の他の文化が強い影響を受け、たとえば、アメリカ先住民のように自然と共存してきた文化は、壊滅的な打撃を受け、それを守ることは不可能とさえ思っているときに、むしろ、ヨーロッパの人たちが、自然との共存を意図して、古い宗教の回復を目指そうとしている。これをどう考えるといいのだろう。

　筆者はもちろん、すぐに日本のことを思った。日本人はいったいどうすればいいのか。ドルイドなどと言わなくても、日本には昔から自然との共存を大切にする考え方は、いろいろとある。しかし、だからと言ってそればかり喜んでいたら、アメリカ先住民の例が示すように、結局のところは、極端な貧困に陥ってしまうことになるのではなかろうか。グローバリゼーションによる「一様化」などと言っても、それは地球全体が同じように繁栄するなどというのとはまったく異なる。逆に貧富の格差は強くなるのではなかろうか。

　冗談半分の悪い予想を語るなら、日本も経済的には落ちこんでしまい、アメリカの支配に屈するが、その後に、アメリカ人が日本人の忘れた仏教の価値を見直し、新仏教を興して、その繁栄の裏打ちをする、などということになるだろうか。筆者は時にアメリカで仏教について語るとき、聴衆の示す強い熱意を感じながら、前述のようなワルイ空想をすることがあるのだ。

　冗談はさておき、現在のグローバリゼーションの波に日本人がいかに立ち向かうかは、実は重要なことであり、事の成りゆきによっては、日本は極めて深刻な状況に追い込まれることを、よくよく自覚する必要がある、と思われる。日本人の甘さのために、ふと気がつけば、最低のところまで落ちこんでいた、などということがないようにしたい。そこで、日本人、あるいは、日本文化の特性について考えることが必要になるが、その前にグローバリゼーションについて、もう少し異なる観点から考えてみたい。

科学と宗教

グローバリゼーションが一様化につながる危険性を感じさせる第一の要因として、近代科学がある。そもそも、現在のようなグローバリゼーションを生ぜしめた根本に、近代科学およびそれと結びついたテクノロジーの発展がある。そして、それは常に「普遍性」を旗じるしにしているのである。つまり、近代科学によって見出された法則は、普遍的に真であり、文化差などを問題にしない。日本人が「美しい」と感じていることが、そのまま世界中に通用するかはわからないが、自然科学の法則は、誰がどこで見出したかにかかわらず世界中どこでも通用する。これは、考えてみると、随分と恐ろしいことだ。

科学的知識という点で言えば、近代ヨーロッパ以前に、その他の文明や文化も多くのことを知っていた。しかし、近代科学の方法論がしっかりと確立したのは、世界中でヨーロッパ以外にどこにもなかった。自と他、精神と身体、人間と他の被造物、などを明確に区別することを前提に、観察者と現象を完全に切り離し、「客観的」観察に基づいて自然現象のなかに法則を見出す、という方法を確立することによって、そこに「普遍的」な真理を見出すことを可能にした(とは言うものの、現代においては、この点についてのいろいろな反省が生じてきているが、ここでは、しばらくその点は不問にしておく)。

このようなドラスティックなことが可能になったのは、ヨーロッパにおけるキリスト教の力を無視できない、と筆者は考えている。つまり、神と人、人と自然を明確に区別する考えがそこにあること、および、一神教の考えによって、唯一普遍の真理の存在に対する確信があること、の両者が近代科学の方法論を生み出す母体として作用したと考えるのである。

このような方法と結びついてテクノロジーが開発されると、いつでも誰にでも操作し得る機器が多く生み出されてくる。技術《アート》ということは、以前はそれを行う人間と結びついていた。今でも芸術の場合のアートがもっとも極端で、同じヴァイオリンと弓でも、誰が弾くかによってまったく音色が異なる。それが工具を用いる技術になると、もう少し一般性が生じるが、それでも誰でもがうまく扱えるわけではない。しかし、テレビのスイッチを押して、好きなチャンネルの画面を見るのは、どこでも誰でもできるのである。つまり、「普遍性」をもっている。

グローバリゼーションは、地球上の人々の間のコミュニケーションを豊かにするものであって、そのなかにあって各文化はその固有性を保持すればよいとは言うものの、グローバリゼーションを促進し、それによって伝えられてくる科学技術は、「普遍性」をもち、文化差を問題にしない。しかも、それは便利で快適なので、単にそれを取り入れているだけと思っていても、それは知らず知らずのうちに、生活全体を一様化する傾向をもっている。そして、それは単なる一様化ではなく、科学技術を支える思想、考え方、進歩の度合などによって、世界中に相当な格差を与えることになる。

このようなことのために、グローバリゼーションはアメリカナイゼーションである、という考えさえ出てくるのである。アメリカのもっているパワー、つまり、武力と財力がそうさせるのだが、それは科学技術の発展の結果によるところが大きい。

科学の「普遍性」に対して、個別性を主張するものとして宗教がある、という考え方ができる。近代科学が既に述べたように、人間(観察者)と現象を切り離すことによって成立するのに対して、自分自身とのかかわりにおいて世界をどう見るか、ということに対しては科学は答えられず、それは宗教を必要とする。人間の死について科学は研究できるが、自分にとっての死の意味、自分とかかわりの深い者の死の意味については科学は答えない。それに答を提供するのが宗教である。つまり、科学に対して、極めて「個別的」な問いから宗教が発生する。

ところが、ここに「普遍宗教」と呼ばれる宗教が存在することによって、問題が複雑になってくる。宗教は本来、ある個人が自分とのかかわりにおいて、自分の生死を、あるいは世界をどう見るか、ということなのであるが、それが特定の民族や特定の文化との結びつきによって語られる場合は、その範囲は限定されてくる。しかし、あるときにある個人から発したある見方や考え方に、多くの人が自分の個人的体験を通じて共感し、それに従うことになり、それが何ら特定の民族や集団に限定せず、誰をも拒まないことによって、世界の各地に広まってゆくと、それは「普遍宗教」と呼ばれるものになってゆく。

ただ、ここで注目すべきことは、ここに用いられる「普遍」という言葉は、科学における場合とまったく異なっていることである。科学の場合は、既に述べたように、個人を抜きにすることによって得た普遍性であるが、宗教の場合は、あくまで個人の体験が基になり、間主観的に成立してくる普遍性である。したがって、科学は全世界に普遍的であるが、宗教の場合は実際的には「普遍宗教」と呼ばれているものは、キリスト教、仏教、イスラーム[1]があり、これに他の宗教を加える人もあるが、ともかく、ひとつではない。それを信じている人は、それこそが「唯一普遍」と思うだろうが、実際的にはひとつではないところに困難が生じてくる。

現在、「先進国」と呼ばれる国は、日本を除いてすべてキリスト教文化圏に属する国である。これらの国においては、「政教分離」が行われ、科学技術の発展によって、人間がむしろ神の座を奪うような状態であり、宗教ということは生活のなかでは、それほど重きがおかれていないように見える。しかし、先日の同時多発テロ事件の際に、アメリカの大統領が「十字軍」と口走ったように、現在における対立の陰に、宗教の問題を感じた人は多かったのではなかろうか。アメリカは、キリスト教対イスラームという対立図式になることをおそれ、敵はテロリズムであることを強調している。確かに、キリスト教対イスラームの衝突というほど、それは直接的ではないかも知れない。しかし、今回のテロの背景に、グローバリゼーションということが、欧米・キリスト教中心の近代主義を核として行われ、それに対する反撥という図式が存在する、と考えられないだろうか。

科学的な知識という点で言えば、ヨーロッパはその多くをアラブ諸国から得ていることは、先賢の指摘するとおりである。しかし、既に述べたような「近代科学」を生み出してくるには、キリスト教の力が作用したと言わねばならない。

自然をどう考えるか

近代の科学技術と、それに潜在的にかかわるキリスト教とによって、地球上に「普遍的」な作用を及ぼしてくる傾向は、実のところ、二十一世紀においては変更を余儀なくされるだろうと、筆者は考えている。一番はじめに考えねばならない問題は、自然破壊であろう。二十世紀において急激に発展した科学技術によって、人間(先進国の)は、自然を相当に支配し、操作して自分の望むことを多く達成してきた。しかし、それは限度をこえ、自然破壊がもたらす害によって人間が自らを苦しめるような状態になった。

この際、自然破壊が人間の心の「自然破壊」をも行なっていることを忘れてはならない。他を「操作」することによって利益を得る態度が強くなると、人間が人間を支配し操作することを考える。そして自分の思いどおりにゆかぬときは、極端な破壊的感情にとらわれる。アメリカに多く発生し、日本においても最近急増してきた、子どもの虐待なども、「心の自然破壊」のひとつと見ることはできないだろうか。本書においても論じている、現在の「関係性喪失」の病いも、心の自然破壊のあらわれと見ることができる。

自然破壊の問題から考え出されることとして、「自然との共存」の強調ということがある。このことは日本文化のよさを述べるときによく言われることであるが、西洋近代の考えは行きづまってきて、それを超えるためには、日本文化の伝統に受けつがれている、「自然との共存」ということが大きい意味をもってくる、などと論じられる。しかし、短絡的にそれに飛びついたり、日本文化の優位に酔ったりする以前に、もう少し突込んで考える必要があるようだ。

日本人が自然を大切にするなどというと、どうして日本には公害が多い（今は相当に改善されているが）のか、と言われたり、日本の庭園ほど人手のかかっているものはない、ほんとうに「自然」が大切なら、イギリス式の庭にするべきではないか、と言われたりする。これにどう答えるかも大切であるが、その前に、「自然との共存」という点について少し考えてみよう。

アメリカ先住民のナバホ族を訪ねて、「自然との共存」という点では、この人たちこそそれを長年にわたってやってきた人たちだと思った。もちろん今は白人の文化の影響の強さによって、いろいろ変更を余儀なくされてはいるが、本来的にはまさに自然と共存してきた民族と言えるだろう。このことについては他に詳しく論じた(2)のでここでは省略するが、「自然との共存」という点では極めて完成度の高い文化を築きあげた、これらアメリカ先住民たちが、現代において極めて貧困な生活を強いられている、という事実について考えてみたい。ナバホ族の人たちの居住地では、電話の普及率が三十パーセント未満というのだから、その生活の程度がどんなものか想像できるだろう。

もちろん、このような物質的貧困が、心の貧困にすぐにつながらないことは明らかであるが、われわれ日本人の生き方を考えるとき、「自然との共存」を強調するにしろ、このような物質的貧困を誰しも望まないことも明らかである。逆もどりはできない。それに、そもそも考えてみると、日本もアメリカ先住民と同様に、自然と共存するような生き方をしてきたのに、どうして、いわゆる「先進国」のなかに仲間入りできたのか、ということも不思議なことである。既に述べたように、近代科学はキリスト教文化圏のみから生み出されてきて、近代の科学技術を武器として、それは全世界を席捲したとも言えるのである。そこに、なぜ日本は後ればせながら入りこめたのだろうか。そして、今後はいったいどうなるのだろうか。

日本のことを考える上で、他の「先進国」との比較にどうしても重点がおかれるので、これまで筆者はイスラームについて考えることはなかった。これは筆者自身がイスラーム文化圏での生活の経験がなく、自分の個人的体験を通してものごとを考えるタイプの人間として、発言のしようがないということもあって、致し方のないことであった。しかし、先日に生じたアメリカにおける同時多発テロ事件以来、イスラームのことを不問にすることはできないと感じて、にわか勉強で、イスラームのことについて知ろうと努力した。まだまだ浅い知識で、発言するのもおこがましいと思うが、文化比較を行うときに、つい、一神教対多神教というような対比をしがちになるが、やはり、ユダヤ・キリスト教とイスラームを分けて考えるのが妥当と思われることが多く、今後はいろいろな文化比較の際にイスラームのことを考える必要があると思うので、今回は、イスラー

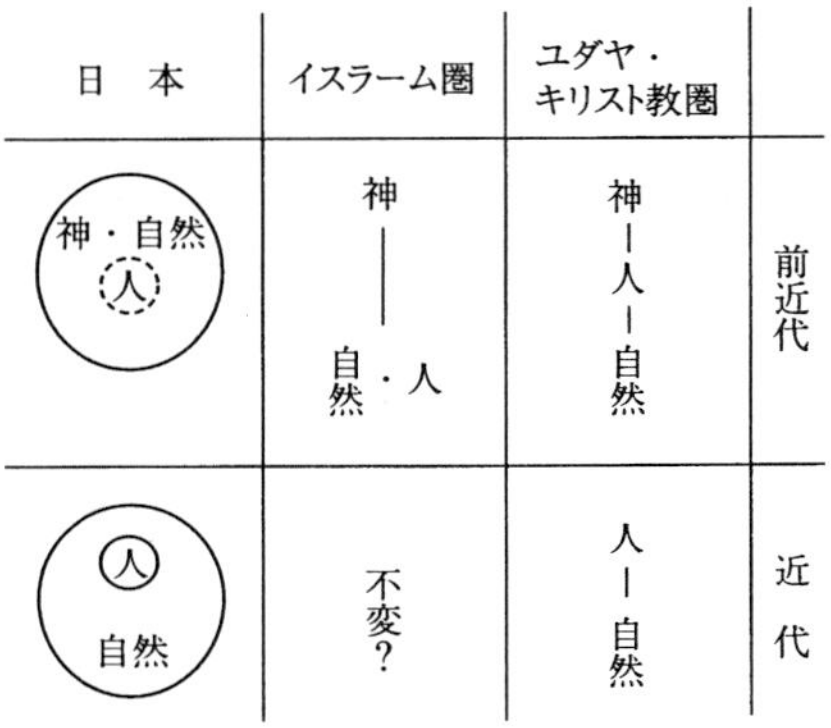

	ユダヤ・キリスト教圏	イスラーム圏	日本
前近代	神―人―自然	神――人・自然	神・自然（人）
近代	人―自然	不変？	（人）自然

近代化の図式

ムのことを試験的に入れこんで考えてみることにした。

人間と自然との関係を考える上で、図に示すような考え方をしてみた。前節に論じたように、ユダヤ・キリスト教文化圏においては、人と自然との区別は明確であり、本書にも論じているような「聖俗革命」を経て、神を抜いての、人―自然という関係のなかから近代科学が生まれてきた。

これに対して、日本では神と自然それに人も区別し難いような状態で、ユダヤ・キリスト教圏の直線的関係に対して、すべてが円環的であった。したがって聖と俗との分離も明確ではなく、日常生活と宗教性とが分かち難く結びついているようなところがあった。それが西洋の文明と接すると、それを取り入れてゆくなかで、西洋の「聖俗革命」のような明確な形ではないが、なし崩し的に、神と自然との結びつきは弱まり(と言っても、日本的あいまいさをもって留まってはいるが)、人と自然との境界も、上図では点線で示しているような相互性をもっていたが、その関係も明確になってくる。そして、人は自然を支配、操作するという考えよりもむしろ、自然に対して何をしても大丈夫という「甘え」の関係になる。このために、思いがけない公害や自然破壊を体験することになったと思われる。

ここで、イスラームのことを考慮すると、ある意味ではキリスト教文化圏と日本との中間に存在する感じがする。一神教の神の存在という点では異なっているが、神に対して、人も自然も区別されない、というところがある。後者の点で、日本やその他のアジア・アフリカなどの国々と共通点が感じられるし、この点で、近代科学が発生しなかった点も同様である。

イスラームが近代化されるときに、聖俗革命はあるのか、ということが実に大きい問題である。神との関係を維持したままで、キリスト教文化圏とは異なる近代化をなし遂げるのか。そもそも、二十一世紀は近代化をいかにして超えるか、という課題に直面しているのだから、イスラームはイスラーム固有の方法で、むしろ近代化を超える道を上手に見出してゆくのか。これは、もし成功したとすると他の文化圏に大いに参考になるだろうし、今後、注目するべきことだと思われる。

文化の創造

イスラームのことにまで話が及んで、話が複雑になりすぎたと感じられるかもしれない。しかし、現代のグローバリゼーションの波の高まるなかで、日本文化の将来を考えるとき、もうイスラームのことを不問にしておくことはできないであろう。

グローバリゼーションのなかで、諸文化、文明の「対話」は絶対的に大切なことである。しかし、その「対話」は相当な「衝突」を内在させていることを決して忘れてはならない。安易な気持で対話に臨むと、単なる敗者になってしまうだけであろう。それが、どれほどの危機であるか、という自覚が必要である。現在、アフガニスタンで生じていることもそれを感じさせるし、はじめに述べたように、アメリカ先住民の悲劇を見ていると、日本もうかうかしていると落ちこんでしまう、などと思ってしまう。

しかし、悲観ばかりもしておられない。イスラームについての権威である井筒俊彦は、二十年以前に日本にとってのイスラームの重要性を指摘している。そのなかで彼はポッパーの説を援用しつつ、「異文化の激突から起りうる危機は疑いもなく大きい。しかし、同時に、それはまた文化的創造性の源泉でもありうる」と述べ、「かつて中国文化との創造的対決を通じて独自の文化を東洋の一角に確立し、さらに西欧文化との創造的な対決を通じて己れを近代化することに成功した日本は、いまや中近東と呼ばれる広大なアジア的世界を基礎づけるイスラーム文化にたいして、ふたたび同じような文化的枠組の対決を迫られる新しい状況に入ろうとしているのではないでしょうか(3)」と述べている。

確かに現在は「文化的創造」の時代であるが、これは日本においてのみならず、世界中のどの文化圏についても言えることであろう。今は、アメリカが「一人勝ち」のような様相を見せているが、このままの姿では長続きがしないであろう。アメリカにおいて、急にアメリカ先住民の知恵に関する書物が数多く出版されたり、今度のテロ事件以後、イスラーム関係の書物がひろく読まれ出したことは、アメリカも難しい文化創造に努力しようとしていることを示すものである。

先の図に示したように、二十世紀は「神」の力を弱め、人間が強くなることによって「進歩」してきた時代と言えるが、今世紀においては、おそらくもう一度、宗教性ということを、どのように取り入れるかが重要な課題になることだろう。と言って単純な遂行はできないので、新しい生き方を見出すことが必要になるが、その際、積極的に他文化と接し、危険を冒しつつ、その理解と取り入れに努力しなくてはならない。そのときに、イスラームを考慮のなかに入れることも必要になると思う。

以上の努力をする上で、「家族」ということが重要な鍵になる、と筆者は考えている。現在の日本において「宗教性」ということを一番実感させられるのは、家族との関係ではないだろうか。「天下国家」のことに比して、家族のことなどあまりにも「小事」と言う人は、多くの場合、家族の問題の大きさと重さから逃れようとしているようである。どうして家族なのか、という点については、本書のなかで、いろいろな角度から論じているので、それを参考にしていただきたい。

この序説においては、これまでも主張してきたことの繰り返しのようなところもあるが、イスラームのことについて少し考慮して述べたところが新しいと言えるだろう。グローバリゼーションのなかで日本文化を考える上で、今後はそのことを抜きにすることはできないであろう。

（1）　片倉もとこ『イスラームの日常世界』(岩波書店、一九九一年)によると、「イスラームという言葉のなかに、すでに神の教えという意味が含まれているので、イスラーム教という必要はない」。なお、同書には「独特のあじわいをもったイスラーム型近代化」の姿を描く試みがなされており、参考になった。

（2）　河合隼雄「ナヴァホ国の人たち」『論座』二〇〇一年四月号。

（3）　井筒俊彦『イスラーム文化』岩波書店、一九八一年。

河合隼雄著作集第Ⅱ期 第11巻　日本人と日本社会のゆくえ　目次

II

日本文化のゆくえ……187

I

日本人の心のゆくえ

1　震災と「一体感的人間関係」

コミュニケーションの手段が急激に発達したこともあって、日本人の心も相当に変化しつつあると感じられる。人間の心というものは、それほど簡単には変わらないもので、変化の速度は遅いものであるが、最近のように社会の状況が目まぐるしく変化し、他文化との接触の度合いも激しくなってくると、変化せざるを得ない。しかし、それがいったいどのような方向に向かうのか、あるいは、向かうべきか、という点になると、なかなか断言し難いのではないかと思う。それで明確なことは言えないにしろ、以後いろいろなトピックをめぐって考察してみたい。

阪神大震災と日本人の心

一九九五年一月十七日、阪神地帯を襲った大震災は、都会地を直撃した大地震として稀に見る大災害を引き起こした。筆者は奈良市在住で、それでも相当な揺れを経験したが、別に被害はなかった。しかし、阪神地区には多くの親戚、知人が住んでおり、その人たちとの関係を通じて、筆者も何らかの被災の体験をした。

この大震災と日本人の心の動きについて考えるに当たり、まず外国人がそれをどう見たかについて述べる。筆者や知人などの安否を気づかって、外国の友人からファックスや電話が続々と来た。それに大分時間は経っていたが、四月にはアメリカに暫く行ってきたので、彼らの感じたことを大分聞かせてもらった。

それらを総合して考えると、1、暴動・略奪が起こらなかったことに対する感嘆。2、政府の対応のあまりに遅いこと。3、外国からの援助の受けいれのまずさ——の三点に絞ることができるであろう。3は2とも関連してくることである。

1については多くの外国人が称賛を惜しまなかった、というより、不可解という感じさえ持つ人もあった。筆者は特にアメリカのロサンゼルス地区に知人が多いので、彼らは昨年の同地の地震体験と比較して、神戸のような大都会で、略奪・暴動が起きなかったのは「奇跡に近い」という人さえあった。

これをアメリカの友人に言われて喜んでいると、一方で必ず政府の対応の遅さが指摘される。そして、それとも関連してくるが、外国からの援助の申し込みに対して、何やかやと注文をつけて、タイミングがずれてしまう事実が述べられる。スイスの捜索犬を狂犬病検査の理由で診療所にとめおこうとした、などの杓子定規のお役所仕事ぶりは、外国でも既に知られていて、恥ずかしい思いをさせられた。

後にも述べるように、今回の災害では「心のケア」のことがジャーナリズムによく取りあげられた。アメリカではロサンゼルスの震災のとき、クリントン大統領がその翌日に「心のケア」に対して一七〇〇万ドル(約一七億円)の国家の金を使うことを決定している。日本政府がこの問題に対して行なった対応と比べると、あまりにも差が大きいのではなかろうか。

外国人が不思議がるこのような二つの現象は、筆者にとっては、日本人の同一の傾向から生じているのではないかと思われた。まず、簡単に割り切った考え方を示してみよう。人間の「関係」を考えるとき、まずそれは「関係」と言えるのかさえ明らかではない、一体感を基礎とするものがある。一番わかりやすいモデルは母と生まれてきた赤ちゃんの関係で、母親の感情は非言語的に赤ちゃんに伝わるし、その逆も生じる。これは包み、包まれる関係とも言える。それが大人になっても片方が包む役で、他方が包まれる役というのではなく、二人が共に何かによって包みこまれて一体化しているようなときがある。その包みこむものが、たとえば「家」であったり「土地」であったり「××組」と称される集団であったりする。そのなかでは感情的同一化が強く、言葉で表現しなくとも、考えを伝えることも可能である。これに対して、他の「関係」は個人と個人がまったく独立しており、その関係は言語によって明確にされる。

人間はこの両方の人間関係を適当に混合しながら生きているが、特に後者の関係を洗練させ、高い価値を置こうとしたのが、西洋近代の個人主義の考えである。しかし、西洋においてこのような個人主義が発展し、うまく機能してゆくためには、それがキリスト教における神と人との関係というものを支えとしていたことを忘れてはならない。

西洋近代に発達した個人主義の考えは、日本にも強い影響を及ぼし、特に都会においては、人々は相当に西洋流の個人主義によって生きているつもりだったのではなかろうか。しかし、今度の大震災によって、日本人はまだまだ感情的一体感を基礎にもって生きていたことが明らかになったのではなかろうか。

関係優先か個人優先か

人間というものは新しい生き方を相当身につけたと思っていても、いざとなると地金が出てくるようなところがある。外国に長らく住んでその国の言葉が相当にこなせるようになったと思っていても、かっと腹が立つと日本語が出てきたりする。今回の震災においても、このような「いざ」というときになると、相当に西洋的な個人主義で生きていると思う人も、言葉では言えない一体感のようなものを感じ、この災害を全体として受けとめる姿勢が強く出たものと思われる。したがって、自分だけの利益を狙って略奪・暴動などをする気持が起こらなかったし、どうしようもない孤独感に襲われるのも少なかったと思われる。

と言って、すぐ後に述べるように、日本のこのような一体感重視の生き方が西洋の個人主義に比して「よい」などという気はない。そもそも、日本政府の対応の遅さの大きい要因として、日本的人間関係の問題がある、と考えられないだろうか。日本の首相はアメリカ大統領のような権限をもっていないし、何かを決定するにしても、さまざまの「関係」に縛られている。その「関係」が言語的に契約として明確なものとしてではなく、このように決定すると、あれはどう考えるか、スタンドプレーと言われないか、自分に相談がなかったと、後々までひっかかってくるのではないか、などなどすべてのことを考えねばならない。そして、考えると言っても合理的、論理的に追究される問題ではない。

日本という国では、一般の傾向と異なることをする、自立的に動く、というのは危険である。常に全体のなかに自分を際立たせないように位置づけておかねばならない。と言っても、日本人は個性がないとか、自分のことを考えないというのではない。一体感的関係を優先させながら、そのなかで自分の欲することをしたり、個性をあらわすことを考える。

西洋の場合は、個の確立が優先するが、その後で個人と個人の関係を確立しようとする。日本と順序が逆なのである。既に述べたように、この個人と個人の関係を強化するものとして、各個人と唯一の神との関係がある。そのような場合、日本人が時に誤解するように、個人主義は利己主義と同じではない。利己主義と言えば、日本人が一体感を感じている「うち」のなかから「そと」へ出たと思ったときの方が、はるかに勝手で利己的な行動をする。今度の震災で、日本人はまだ「道徳的」なところを残しており、西洋の「悪い」影響を受けていないのだ、などという単純な喜び方をされるのが最も困るところである。

このような日本的一体感も神戸だから機能したのであって、たとえば東京だったらもう駄目だったろう、という見方がある。精神科医の中井久夫は今回の震災における自らの体験を中心として、いち早くその報告を出版した(中井久夫編『1995年1月・神戸』みすず書房、一九九五年)。その内容といい、表現形式といい、おそらく今後、この震災の体験を語るときには必ず言及されるだろうと思うほどの名著である。そのなかで、略奪・暴動がなかったことや、人々が秩序を守って行動したことの事実をあげ、「神戸人」の行動としてきめ細かく記述しているが、これを「神戸」の特徴として断定はしていない。

なお、ここには日本的人間関係というように表現したが、正確には、一体感を基礎とする人間関係と言うべきである。事実、中井久夫も記述しているし、ジャーナリズムでも取りあげられたが、神戸市内在住の日本以外のアジアの国の人々も同様の一体感的関係のなかで行動したからである。

政府の危機管理能力が大いに問題にされている。しかし、危機管理が迅速にできるためには、アメリカの大統領のように相当な権限を一手に引き受けている地位を許すシステムを持たねばならない。日本人はそれに賛成するだろうか。あるいは、一体感的な関係をまず重視する人間をつくってきて、その人間に急に、個人としての決断をせよ、と迫ったときにそれは可能なのだろうか。

日本人の心が変化してゆくとするならば、いったい何をモデルと考えればいいのか。西洋の個人主義を今もモデルとして考えている人はいる。しかし、その人はキリスト教をどう考えているのか。あるいは、個人主義によって「よくなった」はずの欧米の社会の現状をどう考えるのだろうか。震災のときに暴動や略奪があるのも「やむを得ない」と考えるのか。問題は極めて難しい。ここで慌てて結論を出す前に、もう少し震災のときに生じた現象を見てみることにしよう。そこには注目すべき現象が実に多く認められたのである。

心のケアとボランティア

今回の震災においては、「心のケア」の問題がよく論じられた。筆者はロサンゼルスに臨床心理学者の知人が多いので、ロサンゼルス大地震の経験をふまえた、災害後の心のケアの重要性や、それを行なった事例などについて知っていた。しかし、震災後すぐにそれに手を出すことにはためらいがあった。というのは、前記のような人間関係に対する考えを以前から持っていたので、「いざ」というときに、日本の地縁、血縁による一体感が強く作用しているときに、「よそ者」が助けに行って「心のケア」などということに意味があるのか、と迷っていたからである。

ところが、筆者が会長をしている「日本臨床心理士会」のメンバーからは、何とか意味のあることをしたいという申し出がつぎつぎとあった。そこでまず考えたのが「電話相談」であった。これなら相談したい人が自らかければいいのであって、こちらが勝手に人の心のなかに土足ではいりこんでゆくようなことはない。ただ、日本では設定してもほとんどかかって来ないかも知れない。しかし、それはそれでいいのであって、かかってくる度合いや内容によって次の手を考えればよいわけである。

このように考えたので、日本臨床心理士会による二十四時間の電話のホットラインを設定した。「お金のことなどは後で何とかなる」と言って即断即決、会員の人々も奉仕作業でこれに当たってくれた。その他の費用は会員の義援金でカバーされた。そして、その結果は筆者の予想をこえてはるかに多かった。一日二百件を越え、通話の切れるときがないほどであった。このことは、日本人が地縁、血縁による一体感のみを支えに生きているのではないことを示している。

カウンセリングや心理療法は西洋に生まれてきたものである。その基本には個人主義ということがある。一対一で話し合って心理的な悩みの解決をはかる。それは契約によってなされ、専門家は秘密を守らねばならない。これに対して、従来の日本なら、そんなことは「皆」で解決したのだ、もちろん、長老に相談したりというようなことはあっただろうが、全体としての一体感が支えなのだから、守秘義務なんてことも考える必要がない。地域、あるいは親族のなかで問題は解決されていった。と言うと、すぐ「昔はよかった」と言いたがる人もあるが、このような一体感による解決はしばしば「個人」を無視することが多い。あるいは、家族が一体となって平和に暮らしていることになっていても、「嫁」という一人の人間がそれを支える犠牲になっていることもある。

こんなふうに詳細に考えてゆくと、日本の人間関係はまだまだ一体感を基礎にしているものの、相当に個人主義的要素を取り入れていることがわかる。だからこそカウンセリングや心理療法が盛んになってきたわけである。そして、その反面、カウンセリングと聞くだけでも腹の虫がおさまらないような人がいるのも、よく理解できる。こんな点を筆者は相当に意識しているので、日本で心理療法を行う上では非常に注意深く行なってきたし、大学院生の教育においても、そのような点を常に指摘してきた。

ところで、電話相談にこれほどの人が応じるのは、カウンセリングなどの必要性があることを示している。そこで、日本臨床心理士会としては、第一次の電話のホットラインに続いて、電話相談も継続したが、被災地を訪れたり、あるいは被災地内に無料の心のケアの相談室を設けたりすることも、行うようにした。

日本人の人間関係が変化していることを、如実に感じさせたこととして、ボランティア活動が熱心に行われた事実がある。日本はボランティアの育たない国と言われていた。それは既に述べたことに示されているように、人間関係を「うち」「そと」という軸で見るので、ボランティアが来ても、どうせ「よそもの」として見られがちになり、すぐに活動できないからである。ボランティアというのは、自分の意志でやってきて何か役立つことをして帰ってゆく人である。そのとき、その場で個人と個人の関係をつくる、という個人主義的人間関係をつくるのに慣れていないと、お互いにどうしていいかわからない。

という点もあって、日本人はボランティア活動は苦手であると思っていた。しかし、今回は予想外に多くのボランティアが働いた。筆者も被災地に何回か行ったが、「近頃の若い者などと言っておれない」という言葉も聞いた。つまり、いつも若者は評判が悪いのだが、今回の若者のボランティア活動は、高く評価すべきである、と言うわけである。

これらのことを知って、筆者としては非常に嬉しく思った。片方で、一体感的人間関係の支え合いで、略奪などを防いでいるし、他方では、ボランティア活動や、電話相談、カウンセリングも効果をあげており、個人主義的人間関係も生きている。何だかうまく両立する方向を見出しつつあるのか、と思ったのである。

心的外傷後ストレス症候群(PTSD)

ここで少し災害後の心の問題について触れておく。ジャーナリズムにあまりにもよく出てきたので、おそらく一般にも、PTSD(心的外傷後ストレス症候群)という用語は流布したのではなかろうか。

災害による強いショックが心の傷をつくる。それによってストレスが高まり、後々までも長く心理的・身体的な症状が続く。これは誰しも了解しやすいことだ。しかし、一般に誤解が生じたのは、災害直後に、いろいろと症状もしくはそれと類似のことが生じるのは、むしろ当然で、特にPTSDと呼んでいるのは、それが長時間にわたったり、一年後に生じてきたりする場合である、という区別を無視してしまった点である。

このような混乱があったので、われわれから見れば、心の傷から自ら回復してゆく過程に生じるいろいろなことが、「心の傷」を示す「異常な」ことのような取り扱いで新聞紙上に発表されたり、その際にプライバシーの保護という観点が欠落したり、というようなことも生じた。

大震災の後で心身に何らかの変調をきたすのは、むしろ当然のことである。食欲不振、睡眠不足、それにイライラしたり涙もろくなったり、胃の調子もおかしくなる。少しの物音にも過敏になって「地震か」と思う。午前五時四十六分頃になると、はっと目が覚める人もある。前記の中井久夫の書物にも、「私の急性ストレス症候群」という見出しのもとに、自分の体験した症状が、悪夢に至るまで、精神科医らしい冷静さで記述されている。そのなかに次のような興味深い一節がある。

震災後三十七日目、「全身の筋緊張が急激に低下」するのを体験する。ここで中井は戦争精神医学に言う「戦闘消耗」が起こったのではないかと思う。戦闘消耗とは「ベテランの下士官など、戦争のプロが、程度の差はあっても突然戦闘を継続するのがバカバカしくなり、武器をかなぐり捨てて、どうにでもなれという態度に出ること」である。中井も災害後の精神医療救急の仕事に全力を使い果たし、このような体験をしたのであろう。ところで、興味深いのはこれに対する中井自身のコメントである。「軍事医学では「戦闘消耗」は困った病的状態とされるが、実際は、戦闘という無理を自己激励によって心身に強いてきたのが限界に達して、雪の積もった竹が跳ね返るように、精神が正常化する事態だということである」。つまり、普通には「病的」と見られることに、人間の心の正常化のはたらきを見ているのである。

震災後の「心身の変調」と見なされる多くのことは、中井に従うと「精神が正常化する事態」とも見られる。ところが、それがうまくはたらかず、一年後、二年後まで持ちこしてくるとなると、PTSDということになる。PTSDはできるだけ防ぎたい。震災によるショックを癒してゆく過程として、ショック体験を何らかの方法で表現し、それを他の人々と共感を通じて分かち合うということがある。

ロサンゼルスで聞いた例だが、九死に一生を得た人がそのときの体験をパーティーで語る。はじめは皆が関心を寄せてくれたが、彼が大きい声でいつも同じ話を繰り返すというので、相手にしてくれなくなり、孤独になって心理療法家のところに来たと言う。これは、多くの人が興味半分で話を聞いてはくれるが、彼の本当に表現したいこと、そのときの凄い恐怖感などを共感してくれる人がないので、何か心に納まらず、つい繰り返して話をしていたと思われる。専門家がじっくりと耳を傾けて聴いてくれることによって、はじめて彼の不安やイライラが納まってきた。

子どもたちの場合は、遊びのなかに表現をする。奥尻島の災害のときも、後になって子どもたちが「津波ごっこ」をして、人が生き埋めになったりする遊びをするので大人が、嫌なことをする、とやめさせたりした。しかし、考えてみると大人は何度も地震や津波の話を繰り返し、それによってだんだんとショックを癒しているのだ。子どもはそれを遊びによってやっているだけであって、同じことなのだ。

幸いにも北海道の臨床心理士、藤森和美(当時、北海道教育大学講師)が、奥尻島の経験をもとにして、「子どもの心のケア」に関するパンフレットを作成しており、これが、兵庫県や神戸市の教育委員会によっていち早く利用されたのは非常に有難いことであった。筆者も及ばずながら、この知見などを基にして、兵庫県教育委員会の要請を受けて、現場の先生方に「子どもの心のケア」についての研修講座などを担当することができた。

このように今回の災害においては、心のケアが多くの人の関心事となり、公的機関もこれに早く対処したので、非常によかったと思っている。しかし、何事もいいことばかりではなく、次のような問題が生じてきた。

精神論と技術論

震災による心の傷を癒すためには、何らかの方法でそれを表現させることである。溜めこんでいると後遺症を生ぜしめる、という考えが非常に単純な形で一般に浸透したので、ボランティアの人たちが、「体験を聞かせて下さい」と避難所をまわったり、子どもたちに「震災のときの絵を描きなさい」と絵を描かせたりした。避難所に居る人のなかには、御用聞きのように日に数回も「体験談」を聞きに来た、と怒りを表わす人もあった。

これは少し考えてみるとわかることだが、「表現」をするにしても、どのような人間関係を土台にしているかが大切なのである。失恋の痛手が、誰かに語ることによって回復するからと言って、誰にも彼にも話す気になるだろうか。見知らぬ人が急にやってきて、「失恋の体験を語っていただけませんか」と言うと、話をする気持が起こるだろうか。このように、自分のこととして考えてみると馬鹿げていることが明白であるのに、どうして他人に対して、すぐにやってみようなどと思うのであろう。

震災に関する評論のなかで、社会学者の筒井清忠による「震災と日本人　深層にひそむ運命論」(『京都新聞』一九九五年三月十五日)が、やはり日本人の問題について論じ、次のような点を指摘している。関東大震災のときにこれを「天罰」として受けとめるような「精神論」が多かったが、今回はむしろ震度7に耐えうる建築物とか、あるいは高速道路の耐震性の検討はどうであったかとか、今後は都会の建築物をどのようにするかなどと「技術論」として考える傾向が強い。これは日本人のものの考え方の変化を示している、という論である。

これは確かに大切な指摘である。日本人は「技術論」「マニュアル作成」が好きになった。竹槍で頑張ろうなどと言わなくなったというわけである。ところが、そのようなテクノロジー志向に落とし穴が生じた。人間の心のことに関してまで単純なテクノロジーを応用しようと考えた点に間違いが生じた。心の傷を癒すには表現が大切である。したがってその表現を引き出せばよい。そこで、被災者に「体験を聞かせて下さい」と言う。これは人間を機械と同様に考え、上手な「操作」をほどこそうとしていることになる。

人間は機械ではない。そこに人間特有の「関係」が生じる。それを忘れてはならない。それでは体験を聞くボランティアは優しく美しい女性に頼むことにして、彼女たちが被災者にそっと近よって「よかったらお話して下さいませんか」とソフトに言うことにすると、どうであろう。これもテクニックと言えるだろう。すると話をする人は増加するだろう。辛い話をしながら泣く人もあるだろう。そしてそこに生じる人間関係が、感情的一体感を基にするものであれば、二人の関係はぐっと近くなるだろう。そのときにボランティアの女性が、「もう帰る時間ですので」と話を打ち切り帰ってしまうと、結果はどうなるか。下手をすると、話をした人は傷を深くするばかりではないだろうか。中井久夫は「ボランティアが問題を掘り起こしたままでわれわれにゆだねて帰るのは困る」と明言している。

こうなると、「技術論」として被災者との人間関係を考えていくにしろ、それに伴ってくる精神、心の問題を無視することができない。このことを忘れてしまって、人間のことまで単純な技術論で割り切ろうとする傾向があったことを反省しなくてはならない。

人間は善意で行動するときは、反省を忘れがちである。ボランティアとして役に立ちたい。それは善意である。それに単純なテクノロジー志向が結びつく、そのために少し考え直せばおかしいとわかるようなことをすることになってしまったのではなかろうか。筆者は兵庫県の教育委員会の依頼で「心のケア」について何度か講演したが、人間関係の大切さを強調した。それを忘れて人の心を操作する技術論を考えても無意味である。

人間関係の再検討

前述した筒井清忠の論では、精神論から技術論への推移が見られたが、結局日本人に一貫しているのは「運命論」で、運命だから仕方ないとあきらめ、そこで開き直って復興に励む。したがって復興も早いという点に注目している。そして筒井がおそれるのは復興も早いが「忘れるのも早い」わけで、この震災から得た多くのことも「皆忘れ去られるのではないか」と危惧の念を述べている。これには筆者も同感で、この震災によって学んだことをここでよく検討し、今後に生かしてゆくようにしなくてはならないと思う。

筆者が嬉しく思ったのは、ボランティアのなかにいろいろと反省が起こり検討が加えられているのが新聞にもよく報じられることである。既に少しだけ論じたが、ボランティアが善意でやってきても、それをほんとうに意味あるものにしようとすると、余程よく考え、自分の態度についても自ら検討できないと駄目である。これからはボランティア学とか、ボランティア組織学(学と言っても実際的でないと話にならないが)、などが必要になるだろう。そこでは、人間関係の在り方についての詳細な検討も必要であろう。

はじめに示したように、日本人が感情的一体感を基礎とする人間関係を今後もある程度維持するとして、そのメリットは今度の震災によって証拠づけられたと考えるにしろ、危機管理の方はどうなるのか、という問題が残る。一体感的つながりばかりを大切にしていると、決断力をもったリーダーが育たない。日本の「長」は先頭に立ってリードしようとすると、「非民主的」などという烙印を押されそうになる。

と言って、日本にリーダーが居ないわけではない。今回の震災の場合でも、ボランティアを組織したり、仕切りをしたりする人が自然発生的に出てきたり、校長先生が急に「避難所所長」になったとき、決断力を発揮して全体のために努力し、感謝されている人も居る。この逆に、急に予想外の責任をもたされ、何とかそれに応えてと張り切っているうちに、パニックを起こしてしまった人もいる。

中井久夫は、「総じて、役所の中でも、規律を墨守する者と現場のニーズに応えようとする者との暗闘があった。非常にすぐれた公務員たちに私たちは陰に陽に助けられた。その働きさえ記すことのできない彼らのためにこの一行を記念碑として捧げたい」と記している。これに続いて、中井は「改めて思う。日本人の集団指向は事の半面である。いきなり状況の中に一人投げ込まれて真価を発揮する人間が存在している」と指摘する。ところがもっと後の方で次のような事実もつけ加えている。第二次世界大戦の日本海軍について考察し、「原為一少将や田中頼三少将など米軍の戦史に激賞されている即興能力の持ち主は後に左遷されていないまでも昇進していない」。つまり危機においてよきリーダーとなり得る日本人も居るが、彼らは「出世」はできないのである。つまり、日本の組織の上層部は危機にリーダーとして活躍する素質のある者を排除する傾向をもっている。

だから日本の政府は駄目とか政治家は駄目などと言って安閑とはしておられない。これは日本人――自分をも含めて――全体の問題である。日本人が全体として、そのような組織を好んでいる。中井久夫が「すぐれた公務員たち」の居たことを記しつつ、「その働きさえ記すことのできない」と言うのは、おそらくそれをすると、その公務員たちの「出世のさまたげ」になったり、全体の組織を揺るがすことになるからであろう。

しかし、日本人もそろそろ危機管理に適切な判断を下したり、欧米諸国との関係においても対等に交渉し得るようなリーダーをもつことを考えてもいいのではなかろうか。そのためには制度をどのように変えるか、という方向に直結するのではなく、リーダーの出現を許し、かつ危険性も少ない人間関係はどのようなものか、それをもつのにはどんな努力が必要なのかを考えるところからはじめるべきではなかろうか。

言うなれば、ある程度対立的に考えられる、個人主義的人間関係と、感情的一体感を基礎にする人間関係の両立をはかるようなことが目標になる。しかし、そんなことは可能であろうか。まず大切なことはいずれか一方をよしとするのではなく、両者の相補的な特性をよく見極め、どちらか一方を選ぶにしろ、それが経済的に正しいとかよいとか言えぬことを意識することであろう。自分の選んでいる立場と異なることが可能であると意識しているだけでも、意味があると思われる。時と場合により異なる在り方を試みたり、楽しんだりすることもいいだろう。

今度の震災で、臨機応変の処置が必要な場合は多くあったはずである。そして、そのときの判断によって失敗も成功もあったことだろう。中井久夫が指摘しているように、それらの事実は記載することが難しいと思われるが、その点をうまく克服する方法を見出して、いろいろな「事例研究」をしてみてはどうであろう。筆者は避難所の「所長」にならざるを得なかった学校の校長先生の話を、少しだけ聞くことができたが、それでも非常に参考になった。これらの貴重な経験を記録に留め、それを分析してみると、今後の日本人の心の向かってゆく方向について、相当に示唆を得られるのではないかと思う。筆者自身はそのようなことをいま考えているところである。

ＰＴＳＤの問題は今後だんだんとわかってくることで、今は即断できない。このことについては日本臨床心理士会としても年単位の期間で長くかかわる予定である。おそらく欧米とは異なる様相を示すだろうと思っている。

2　青年と「破壊的宗教」

青年の底深い不安

オウム真理教が最近の大きい話題となり、数多くの評論が発表された。確かにこの事件には現代社会のもつ多くの問題が集約的に示されたような観があり、いろいろな観点、立場から論じられるべきであると思われる。本稿はオウム真理教そのものを直接に論じるのではないが、その現象を通じて考えさせられた、現在における「青年と宗教」の問題について論じつつ、日本人の心の在り方についても考察しようとするものである。

現代青年の感じている不安は、これまでのそれと水準を異にしていることを認識しなくてはならない。そのことを実感してもらうためにひとつの例をあげる。

ある大学生は下宿にこもったきりで登校せず、何とか最低の生活をしながら三年も経ってしまった。指導教官が訪問しても会わなかったが、根気よく声をかけていると、下宿の部屋へ入れてくれた。部屋を見回すと、あんがい文学書をよく読んでいるようだ。教授は何かと話しかけるが「別に」とか「どうでも」の連発で話に乗って来ない。ところがあるときある小説の話題になると熱心に話しはじめた。なかなかいいことを言うので、その意見を書いてみろとすすめると、まずまずのものを書いてきた。それを突破口にして、教授が彼の気に入るような作品を探して与えたりして関係を深め、登校も少しずつできるようになった。

喜んでいると深夜に教授のところに電話があり「もう死ぬ」という。飛んでいって何とか自殺を止め、話し込んでいるうちに、下宿に泊まることになった。翌朝になると彼はびっくりするほど元気になっていた。

教授はこの学生がだんだん元気になるし、教授の本を読んで意見をよく取り入れたレポートなどを書くので喜んでいた。学生の方も「先生が来られなかったら、私は死んでいたでしょう」と言うほどになった。ところが、ある日の夜、彼から電話があった。大変興奮しているので誰かわからないほどだったが、要点を言うと、「先生は僕を上手にあやつって「よい学生」に仕立てあげ、それで点数かせぎをしているだけだ」と言うのである。そう言われると、教授は「最近の学生気質」ということで、大学教官の集まる集会で彼のことを取りあげ、無気力学生にどう接するかという話をしたことを思い出した。自分がいささか得意になっていたことは事実である。教授は非常に誠実な人だったので、率直に「君の言うとおり、自分は君を自分の思うとおりのよい学生にしようと焦りすぎていて悪かった」と詫びた。そして、「実は君に無断で、あるところで君のことを話したりして、得意になっていたようなところもあった。申し訳ない」と言うと、彼も「そんなに率直に言っていただくと、自分の気持も納まります」と答えたので、教授はほっとした。

ところが二、三日後に彼が他の学生と共にやってきて、教授の失敗を糾弾し、場合によっては訴訟も辞さないと言う。そのときになると、教授のしたことはすべて教授の悪意と思慮のなさによるものと断定されており、自殺願望の一件でも、「ちょっと死にそうだなどというと、深夜に下宿にまで来て、おまけに勝手に泊まりやがって」ということになっている。そして電話であやまったときの言葉もひとつひとつ切り離して取りあげられ、「お前は、大学生を指導するのに不適任だ、と言ったではないか」、「不適任なら即刻大学をやめろ」ということになる。

こうなってくると学生の表情までまるっきり変わっていて、教授としては「恩知らず!」とでも言いたいところだが怖くて何も言えない。それに相手の言うことは一方的とは思うものの、それなりに筋が通っているので簡単には抗弁できない。ほとほと困ってしまって、結局は専門家に相談せざるを得なくなった。

このような例は現在思いの外に多くなっている。このような例に接して私が想い描くイメージは、急な災害で建物が崩壊し、地下の三階に閉じこめられた人がいる。幸いに水や食糧があって生きのびているのだが、それに人々は気づかず、その上の地固めをして仮建築をしようとする。それができあがりかけたときに、地下に閉じこめられていた人が必死の努力で穴を掘って地上にあらわれ、怒りを爆発させる。そのような光景である。

つまり、この学生のかかえている不安の層が深いことに気づかず、その表層の方で何とか形を整えることに教授が努力をし、学生もそんなことを意識せずにそれに従っていたが、限界に達して急に不安が動きはじめ、それは凄い破壊力をもって教授に向けられてきた、と考えられる。

このような学生に「善意が通じない」などと常識的に判断して嘆いたり説得したりしても、何の効果もない。「精神病だ」とさえ言いたくなるが精神病ではない。彼らの深い不安とかかわらぬところでは、極めて普通の判断力をそなえている。彼らのかかえこんでいる深い不安に見合う対応をしなくては、何も意味はないが、これが大変難しい。オウムのような途方もない仕掛けが、さっとこのような人の心をつかんでしまったりする。

ひと昔前は、青年と言えば苦悩を連想させられるようなところがあり、「悩める青年」のイメージは一般に共有されるものであった。社会一般も青年の苦悩およびそれの表現としての多少の無軌道ぶりを許容するところがあった。ところが、一九六〇年頃より様相が変わり、青年たちの「改革」のエネルギーは相当な破壊性を帯び、社会の防衛機制が強められた。その後、青年は急激に大人しくなってきて、アメリカでは「青年期平穏説」が提唱され、それはすぐに日本でも事実となってきた。現在、日本の大学で学生運動の対応に困っているところなど皆無であろう。

しかし果たして青年たちは「平穏」なのだろうか。確かに学生の講義への出席率が急上昇したこと、何かにつけてアッケラカンとしており、昔の学生が頭をかかえて悩んだようなことに悩まなくなったことは事実である。ところが、それと同時に、われわれのように学生相談にかかわる者にとっては、例として示したような困難なケース、徹底的な無気力とか、いわゆる境界例《ボーダーライン》と呼ばれているような、いったい正常なのか精神病なのか、その判断に苦しむような例などが増加してきていることも事実である。これは昔風の「青年期の苦悩」というパターンでは了解できない。

これまでは「悩める青年」のよき相談相手であることを自認して来た教育熱心な大学の教官が、例に示したように、臨床心理の専門家による学生相談の必要性に気づき、そのような相談室を大学に設立するのに努力するという例が増えてきている。ある教官が言ったように「善意や熱意によるだけでは指導も援助もできない」のである。つまり、その学生たちのかかえている不安は、常識的理解の範囲を超えている。

不安は苦悩や恐怖とは異なって、対象が定かでないのが特徴である。したがってどう対応していいかわからない。むしろ、不安を感じるというのではなく、それを防ぐために極端に無感動、無気力になってしまうか、不安に突き動かされて無目的な行動や、やたらに破壊的な言動に走るかである。何かわけのわからない行動をしている方が、不安に脅かされなくてすむ、というわけである。

このような深い不安を感じないように守られている人——それが一般であるが——にとって、この不安感を共感することは非常に困難である。誰しもある程度の不安は感じるが、現代の青年を襲っている不安は、それと水準を異にしている。端的な例をあげるなら、火薬による破壊力と核分裂による破壊力の差ほどであって、想像を絶すると言ってよい。このことの認識があるかないかによって、オウム真理教に対する考え方も大分変わってくるだろう。

人間は自分が死ぬべき存在であることを知っている。端的に言えば、いつか何もかも無くなってしまうのである。このことをどう受けとめるかは大問題である。自分自身の死をどう受けとめるかについて、自然科学は答えることは出来ない。近代の自然科学は研究する現象を自分から切り離して対象化し、そこに生じる因果関係を見出すことによって発展してきた。それが今世紀の人間にとってどれほど大きい意味をもったかについては後に論じるであろう。ともかく、それは人間にとって極めて便利であり、強力な知識を提供する。しかし、その方法によって「自分自身の死」を研究することはできない。

「二人称の死」

ノンフィクション作家の柳田邦男は『文藝春秋』にわが子が脳死と判定され、その死までの十一日間の体験を率直に記述し、感動を与えたが(『犠牲《サクリファイス》——わが息子・脳死の11日』文藝春秋、一九九五年)、そのなかで「一人称の死、二人称の死」が「三人称の死」と明確に異なることを指摘している。三人称の死は科学的に研究したり、説明したりできる。だが、最愛の人が事故死したとき、「なぜ」と問いかける人に「出血多量」などというような科学的説明によって納得させることができるだろうか。

この「なぜ」は「私の愛する人」という、自分自身との関係を基にして発せられている。しかし、科学の知はそもそもそのような関係を切ることを前提として成り立っているのである。「関係」という不可解な要素がはいってきた途端に、自然科学の知は沈黙する。「納得」は不安を解消する重要なはたらきである。たとえば「あなたは癌ではありません」と言われても、それを「納得」できないときは、不安は解消しない。

現代の青年たちは、納得のいかない不安を漠然と感じている。それを何とか抑えて普通に生活している青年たちも、オウム真理教に入信する青年たちの「気持がわからないでもない」と言ったり、「ひょっとして自分も」と言ったりするのも、平素は抑えている深い不安が共鳴するのを感じるためと思われる。この共感がまったく生じない人は、年齢を問わず、オウム真理教は「馬鹿げている」、「異常である」として切り棄ててしまう。それどころか、「だから宗教は危ない」というところまで飛躍してしまう。この点を確かめるために、宗教について考えてみる必要があるだろう。

宗教と「日常」

オウム真理教のようなことがあるから宗教などに近寄るものではない、と言う人がある。この点についてはもう七百年ほど以前に明快な答えを述べている人がある。鎌倉時代の名僧明恵《みょうえ》は常に座禅をして修行に専念したが、あるとき弟子が「座禅をする人びとのなかに気が変になる人がいるが、それは座禅が悪いのだろうか」と質問した。これに対して明恵は、確かに座禅によって狂う人がいることを認めた上で、しかしそれは座禅の罪ではないと明言している。世事に執着して気が狂う人も沢山いる。だからと言って世事が悪いというのではない。「狂乱を怖れて座禅しない僧は、永遠の地獄に堕ちるだろう」、「物狂いを見て、座禅を恨む心を怖るべし」と答えた。実にはっきりとしている。

明恵の表現を借りるなら、宗教によって狂う人はいる。だからと言って、それを見て「宗教を恨む」のはまちがっている。と言っても宗教とはいったい何なのか。これに対する答え方はいろいろあるだろう。ここに私なりの答えを簡単に示してみよう。

人間は自分の周囲に見えること、そこに生じることを自分なりに納得したいと欲する。そのときに、自分の心のなかに生じることも含めて、自分との関連においてすべてのことをできる限りごまかさずに納得しようとする。そのときに何らかの意味で自分という存在を超えるもの、超越的な存在を考えざるを得なくなってくる。これが宗教であると私は思っている。多くの現象のなかで、もっとも納得し難いのが「自分の死」である。ただ、これは体験してみることができないので、柳田邦男の言う「二人称の死」の体験を通じて、われわれはこの課題にぶつかる。

昔から宗教的天才と思われる人は、この課題に自分の存在を賭けて取り組み、答えを見出すことができた。これは今まで述べてきた点からもわかるとおり、知的作業だけによって解決されるものではない。己の存在を賭けるためには、そこに儀礼や戒律などのことが生じてくる。そして、そのような納得の様式の全体に賛同した人が集ってきて、そこに宗派や教団が形成されることになる。

ここに述べた説明は極めて心理的な、したがって通俗的なもので、宗教体験を中心に据えて説明するならば、神が顕《あらわ》れたとか神の声が聴えたなどのことが、宗教のはじまりとして述べられることがあるのもよく了解できる。ともかくここで大切なことは、このような宗教体験は日常的な意識によって把握できないことである。おそらく、宗教的天才は己の死に限りなく接近するほどの体験を通して、その啓示を得たことであろう。日常的な人間の意識は、日々に体験する事柄をよく認知しそれに適切に対応してゆくのにふさわしい体系をもっている。われわれはそれを頼りにして毎日を生きている。これがスムーズにはたらいている限り、宗教などということはあまり意識されない。ところが、ほんとうのところ人間の生は死によって裏打ちされており、ふと、その死の方に足をとられると日常生活は乱されてくる。その一例としては、無気力状態の青年があげられるだろう。彼にとってこの世の地位、名誉、財産などすべて「どうということはない」のである。

日常生活をスムーズに行いつつ、突然に死によって足をすくわれないためには、何らかの宗教を信じていることが役に立つ。しかし、困ったことには、ある宗教が組織化され教団として発展してくると、それは必然的に世俗化されてくる。世俗化された宗教は世俗的には相当な力を持ち、政治力や経済力を身につけるが、それと共に本来的な宗教性が稀薄になる運命をもっている。それでも、人間の実存的不安に対するある程度の守りとしてはたらくので、このあたりを上手に生きている人にとってはまだ効果をもっている。

しかし、現代青年のもつ不安は、このような守りの手のとどかないところにある。本人たちもそれが何かは言語化できない。ただ自分の中に、あるいは外界に捉えどころのない恐ろしい存在がうごめいているという漠とした感覚がある。とすると、それに見合うものとして登場してくる「宗教」は極めて非日常性の高いもの、わかりやすく言えば狂気に近いものとなる。常識的な援助に対して、どのように反応するかは、例に示したとおりである。私は私のところに来談するこのような青年たちが、宗教とは言い難いような宗教、あるいは危険性が高すぎる「宗教」に心惹かれてゆくのと、何度も直面しなくてはならなかったのでこのことがよくわかる。あるいは、かつて学生運動が激しかったときに、あまりにも破壊性の強い運動に身を投じていった青年たちの姿を思い浮かべていただくとわかるかも知れない。

横から見ている者にとっては、それほど無茶なことをしなくとも、と言いたくなるが、本人にとっては、それほどの無茶をしない限り納得がいかないのだ。そして、その結果は多くの場合、単なる破壊となって終わりを告げる。それは、その宗教性の追求の姿勢にどこか誤りがあるからと思われる。「宗教とは言い難い宗教」とわざわざ先に断ったのもそのためである。

既に述べてきたとおり、私は宗教を人間にとって必要なことと考えている。しかし、その危険性についても十分認識しているつもりである。宗教がその本来的な宗教性を維持し続けることは非常に難しい。オウム真理教のみならず、それに似たようなカルト的現象は、日本のみではなく欧米にもかなり生じている。これはいったいどうしてなのだろうか。

テクノロジーと「操作的思考」

宗教のことはここでしばらく置いて、その逆とも考えられるテクノロジーについて考えてみよう。近代科学を基礎とするテクノロジーは今世紀において爆発的に進歩した。実に多くのことが能率的で便利になった。人間は地球の外に飛び出して帰ってくることを可能にした。能率的に最大なことのひとつとして、短時間に大量の人を殺す核兵器をもつことになったのも、見逃すことのできない事実である。これまで不可能と思われていたことが、どんどん可能になり、人間は欲するままに他を操作し得ると思い込みはじめた。

「いかに効率よく操作するか」が人々の最大の関心事になったように思う。このような発想は、たとえば「いじめ対策」「老人問題対策」という類の表現に見られるように、いじめとか老人問題という対象に対して、どのような効率的な操作方法があるかを考える、という思考法を生み出してきた。私もそろそろ老人の類に入ってきたが、誰かの「対策」の対象になるくらいなら、一人で死ぬ方がましだと思っている。このような「対策」は、すべてが対策を立てる側の発想ばかり前面に出て、対策の対象になる人からの発言はほとんど抑えられていると言っていいだろう。対策を立てる側と、その対象との間には明確な切断がある。

近代科学に基礎を置くテクノロジーは、操作する側とされる側に明確な切断があることを前提としている。このような方法を確立したので、普遍的な法則を見出し、誰にでも通用する再現可能性のあるテクニックを見出すことが可能となった。これは実に偉大なことである。ところが、この方法があまりにも有効なので、人間はすべてについて自分が操作する側に立ち、対象を「もの」から人間にまで拡大しようとしたところに、大きい誤りが生じてきたのではなかろうか。親が「よい育児法」によって子どもを「よい子」にしようとし、中年の夫婦がその親を「老人対策」の対象として考えようとするとき、操作的思考がそこにはいり込んでくるために、人間にとってもっとも大切な「人間関係」が失われてしまう。深い悩みをもって私のところに来談される多くの方が、「関係性の喪失」によって傷ついている、と感じるのである。

確かに人間も操作することはできる。自分で自分の心を操作することも可能である。しかし、それはあくまで関係が浅いか、あまり「関係性」の必要を感じない場合である。これがある程度うまくいくからと言って、すべての人間関係にこの方法を用いようとするならば、人間の関係はどちらが操作する側にまわるかという戦いになってしまう。あるいは、上手に操作する側とされる側に役割を分けて、みせかけの平和を保つことになる。

テクノロジー的思考があまりにも有効なので、それはまったく逆の関係にある宗教の世界にまで侵入しはじめた。宗教は既に述べたように自分との関係において世界を見ることから始まる。自分の愛する人が病気になる。快復を祈らざるを得ない気持になる。その人と自分との関係のなかで、自分の命にかえてまで治って欲しいと祈る状況のなかに、自分という存在を投げいれる。それは祈りによって他人を治そうと操作することではない。ところで、その人が全快したときに、祈りが通じたと感じるのならまだしも、祈りによって治った、というように因果的にそれを把握したときはどうなるだろう。そうなると誰かが病気になったとき、私の祈りで治しましょう、ということになってしまう。

手術によって病気を治したとき、それは有効なテクニックであり、他に適用することが可能になる。しかし、宗教的祈りは、それとまったく別のことをしているという認識がなければならない。ところが後にも述べるように宗教的営為のなかに、いわゆる奇蹟的な現象が生じることが割にあって、それに感嘆するあまり、それを用いて次にも同様の結果を得ようとすると、それは偽のテクノロジーになる。つまり、そもそも出発の前提を異にしている宗教とテクノロジーを安易に野合させ、そのいずれでもない偽物をつくり出すことになる。

オウム真理教もその初期には、純粋な宗教活動として出発したのではなかろうか。ある程度は奇矯な言動があったかも知れないが、それは既に述べたような現代人の深い不安に見合うものとして許容可能な範囲であったと言える。しかし、それがいつ頃からか、急激にテクノロジー的思考と結託しはじめる。「〜すれば必ず〜になる」という図式にピッタリと合うのがテクノロジーである。教祖が予言すれば必ず当たるとか、ハルマゲドンは必ずくる、などのことを立証するためには、近代のテクノロジーに頼るのがもっとも効果的である。かくて、宗教とテクノロジーの安易な野合がいかに危険であるのか、という見本をそこに提供することになった。

オウム真理教に関して、宗教と科学の結びつきが論じられるが、それは両者の接点に生じたカリカチュアとしてのみであって、本来的な意味における宗教する心も科学する心も失われていることを認識する必要がある。そこには、安易なテクノロジーの利用はあるが、別に科学的研究がなされたわけではない。

なぜこのようなことが生じたのか、ひとつにはテクノロジーの急激な発達によって、つぎつぎと何もかも便利になってくるので、宗教においてさえ便利で効果的なものを欲しがるようになったのも、その一因であると思われる。私のような職業についていると、人間一人がほんの少し変わるのにも、どれほどの努力と歳月が必要かを実感させられる。人間は人間を——その存在の重みがかかわる限り——操作できない。それなのに、世界の救済などをお手軽にやってもらってはたまったものではない。結果を早く得たいとなるとテクノロジーが関与してくる。しかし、実際に宗教的な営為は時間をかけて、極めて不確かな世界をさまようことによってなされるのである。

宗教の領域に攻め込む「科学」

人間が自分をとり巻く世界をそれなりに理解し体系化しようとするとき、既に述べたような私の定義によると、何らかの宗教性を帯びていくと言える。キリスト教文化圏でバイブルという言葉を用いているのは、世界を理解するための書物としては、この一冊(バイブルはもともと書物の意)で十分であるという考えがあったためのものと思う。人間は宗教的であると共に、他を操作するのが好きである。操作を効果的に行うには「〜すれば〜になる」知恵が必要である。人間は長い間、宗教的知を操作的に用いることを行なってきた。それはいろいろな呪術、魔術などの類である。それらのなかで、特に人間の心が関係するもののなかには有効なものもあったが、総じて言えばうまくゆかぬものが多かった。それに日常生活について言えば、人間の関係性を考慮にいれる限り、どこかに宗教的な色合いを入れこみながらの慣習ができあがってゆくのだが、それらはもちろん「非合理」な側面をもつのであった。

近代において、自然科学的な世界の理解が確立され、その有効性が明確にされると、人間はそのような目ですべてのことを見ようとした。そのような世界観においては「進歩」ということが重要な価値をもつようになった。社会も「進歩」しなくてはならない。青年たちが「進歩」を旗印として大人を攻撃するとき、近代合理主義は適切な武器として力を発揮した。現在、大人社会の中枢に居る人たちは、青年期の反抗を合理性や科学的という言葉を振りまわして行なったのを覚えているはずである。古い因襲を断ち切るのに、それは相当な力をもっていた。

これも当然のことであり、近代までは宗教が科学の分野を支配していたので、それに対する科学の側からの押し返しが行われたのだ。ところで、科学の力が強すぎて、現代では科学が宗教の領域にまで攻めこんでいるのではなかろうか。科学は人間が世界に操作を加えるときにもっとも有効で強力な世界認識を提供するものであるが、その方法で世界のすべてがわかるとか、それだけが正しいなどと考えるとき、それは科学信仰になっている。われわれは科学と科学信仰を明確に区別して考えねばならない。さもなければ、科学信仰を批判すべきときに、科学の害をあげつらうようなことになってくる。

3 「癒し」と「たましい」

「癒し」が関心事に

「癒し」という言葉が、最近あちこちで見かけられるようになった。マスコミにも取りあげられるし、セミナーやシンポジウムなどもあるようである。これはどうしてだろうか。「癒し」ということは、世界中で随分と古くからあったと言えるだろう。人間が生活している限り「癒し」の必要性は生じる。しかし、たとえば日本の中世のように、特にそのことに人々が高い関心を寄せる時期があるようだ。それが現代日本において——実は日本とのみ言えないと思うが——なぜ人々の注目を呼ぶようになったのであろうか。

「癒し」を『広辞苑』第四版で引くが出ていない。動詞の「癒す」はあって、「病気や傷をなおす。飢えや心の悩みなどを解消する」と記載されている。病気、傷、飢餓などというと、現代は古い時代と比較すると極端にそれが減少しており、その対策も進んでいると言えないだろうか。日本のことに限定して言うと、長い間戦争もなかったわけだし、これほど人々の苦しみの少ない時代はなかったとさえ言えるだろう。それがどうして「癒し」にこだわるのか。それを求める衝迫性という点から見れば、仏の救いを求めて人々が喘いだ中世と何か事情が似ているようにさえ思えてくる。何かが欠けている、何かが足りない、そこに生じる不安を解消して欲しいという願いが、現代の日本人のなかに相当に強くなっているのである。この「何かが足りない」という感じは「飽食の時代」などと言われる、物の豊かさと好対照をなしている。

現在において「癒し」について多くの人が関心を寄せるのは、「心の癒し」ということではなかろうか。最近に生じた阪神大震災の場合も、被災者に対する「心のケア」のことが、マスコミによく取りあげられたし、一般の人々から思いがけない支援を受けたりした。関東大震災のときは、こんなことはまったくなかった。奥尻島のときでさえ、少数の専門家以外、このことに関心を示す人など居なかった。被災者の心の傷に対して、何とかしなくてはと感じたのは、一般の人々自身の心の傷や、その癒しということへの関心が共鳴したからではないだろうか。自分自身の心の傷の存在に関する認識が、それがたとい半意識的なものであるにせよ、他人の心の傷の癒しの問題に共感を生ぜしめると思われる。

このような状態になってきたことには、多くの要因が考えられる。先に「飽食の時代」と述べたように、現在の日本では「もの」が豊富にある。かつてのように「もの」が不足しているときは、そのことが最重要なこととなって、心のことなどにわずらわされる暇がないのが実状である。もちろん、心も傷つくことが多い。しかし、それよりも今日食べること、明日生きることが切実な場合は、そちらの方に全エネルギーを取られてしまう。その点で、心の癒しがこれほど一般の関心を呼ぶようになったのは、日本の社会が豊かになった証拠であるとも言うことができる。これは有難いことと言ってもいい。

しかし、喜んでばかりも居られない。物が豊かになり便利になったのはいいが、その生活を維持するために、われわれは心の傷を深くしていないだろうか。たとえば、高い経済水準を保つことや、女性の地位の向上によって、夫婦共かせぎの家が増えている。しかし、このために夫婦、親子の間で無用の争いが増えていないだろうか。あるいは、争いもなく平和に生活しているように見えながら、それは家族のなかの誰かの犠牲によって支えられていて、長年の平和の後に、耐え切れなくなった犠牲者が爆発を起こし、大変な状況になっているところはないだろうか。あるいは、一見平和にすごしているように見えながら、それは家族の成員が心のつながりを切ることによって、争いを避けているだけであり、そこには冷たい関係があるだけで、心の休まるときがない、ということになっていないだろうか。

いわゆる発展途上国と呼ばれている国に行き、子どもたちが蛙をふりまわしてキャッキャッと笑い、老人が微笑してそれを眺めている光景などに接すると、これだけの明るい顔や、気高い顔を、日本で見ることができるかな、と思ってしまう。ともかく都会ではお目にかかれないだろう。

こんなことを言っても時代を簡単に逆転させることはできないし、「昔はよかった」を連発していても何もはじまらない。人間の心というのは不思議な存在で、どんどんと「もの」を欲しがり、それを手に入れる方法をつぎつぎと考え出し、それによって自分自身を圧迫するようなことをやる。そして、それをやめるのもまた不満、という存在である。したがって、われわれは現代という時代に生きながら、そのなかでの「心の癒し」を考えていかねばならない。

現代の日本に生きる人間として、物の豊かさや、生活の便利さを享受しつつ、かつ、心の癒しについても配慮する。このことが必要になる。しかし、これは大変困難である、という自覚がまずなければならない。後にも述べるように、現代はテクノロジーが発達して、何でも手軽にできるので、手軽な方法に頼ろうとする人が多すぎる。それは無い、とあきらめることが、まず第一歩である。では、どんな方法があるのか、それについてこれから考えていくのだが、そのために、体の癒しの方について考えてみよう。こちらの方が考えやすいと思うからである。

心と体をわけられるものか

人間というのは不思議な存在である。いくら「研究」してもわかるはずもないが、それを何とかしようと古来から人間はいろいろと工夫を重ねてきた。そして、人間にとっては不可解な存在を前提として、それと照らし合わせることによって人間を見る、ということを、すべての人類が考え出した、ということは注目すべきことである。神、仏、その他の、名はいろいろとしても、人知を超える存在が、人間理解に必要とされた。しかし、これは「不可解なもの」を「不可解なもの」によって説明しているだけではなかろうか。

病気になった人が治るようにと神に祈ったとしても、治るときと治らぬときがある。前者の際は祈りが通じたのであり、後者の際は祈りが通じなかった、などという説明に満足できるだろうか。西洋の近代人は、このような説明に満足できず、人間の知によって理解できることに頼ろうとした。そのためには人間を心と体に分離して考え、体の仕組みを研究することをはじめた。この試みは大成功し、これまでは神の手——宗教家の手——にゆだねられていたことを、専門家という人間の手にゆだねることができるようになってきた。

医学は種々の病気の原因を究明し、それによって原因を除去したり、予防したりできるようになった。近代医学の発達によって、伝染病は極端に少なくなったし、不治の病と思われていた病気も治療できるようになった。「癒し」が宗教家の手から医者の手に移ったのである。しかし、話は簡単ではない。身体の障害でありながら、身体をいくら調べても原因が見出せない「病気」があることがわかってきた。これは現在では一般にもよく知られるようになってきたが、心の傷が原因となって、身体に障害を起こすことが生じるのである。十九世紀末に、フロイトはそのような点を明らかにし、精神分析という方法によって、その原因を究明し、治療ができることを示した。

フロイトが初期に主として取り扱っていたのは、ヒステリーであり、心理的な外傷体験のために、身体の機能に障害が生じる、という病気であった。この際、手足が動かない、目が見えないなどの症状が生じるが、身体の器官そのものは障害を受けていず、そのはたらきだけがうまくいかないところに特徴がある。

このような病気に対して、精神分析は癒しの力を発揮することができた。これも画期的なことであり、心の問題を宗教家や哲学者の領分としてではなく、「科学的」な方法によって——当時はそう考えられていた——取り扱えることを示したのである。

精神分析、およびその他の考えに従って、今世紀には多くの心理療法が誕生した。これは、それまでは魔術や呪術などに頼って解決しようとした心の癒しを、何とか「科学的」な方法によって行おうと苦労を重ねてきた。このときに支えになるのは、近代科学とそれに連携して発展してきたテクノロジーの発展と成功ぶりである。その方法論に従って心理療法の技術を発展させていけば、多くの体の病気に対する治療法が見出せるように、心の癒しの方法も見出せるのではないか、と考えた。

この方法によると、神や仏、あるいは、きつねとか霊とか、ともかく不可解な存在を前提にする必要がない。それと、しっかりした方法が確立される限り、誰でもそれを修得すればよく、誰に対しても適用できるし、効果も保証される、とよいことずくめである。従って、このような考えに拠って心理療法の発展が考えられてきたが、近代のテクノロジーのようには、なかなかうまく事が運ばない。ある程度の成果はあげることができるが、もうひとつはかばかしい結果が得られない。

ここで、これまでの近代科学の方法論に対する反省が必要になってくる。まず言えることは、心と体を分離して考える態度に対する疑問である。人間を全体として見るときは、これらを簡単に区別できないし、心と体が微妙に関連し合っている事実は、日常的にもよく経験することである。そして、現代は心身症という病気が増えてきているために、ますますこのことを痛感させられる。

たとえば、アトピー性皮膚炎という病気が、この頃では非常に多くなっている。しかし、アトピー性皮膚炎の「原因」というのは、現代の医学では明確にされていないし、一般に通用する治療法は確立されていない。それにしては、「アトピー性皮膚炎の治し方」というような書物などがあるではないか、と言われるが、それは確かにある人に、ある場合に効果を発揮するかも知れないが、誰にでも通用するのではない。

近代科学の方法は、そこで得られた結果が「普遍的」で「客観的」であり、いつでもどこでも通用するところに魅力があったはずである。それができないのは、そもそも、人間の心と体を区別して原因を探究するという方法そのものに問題がある、と考えざるを得ないのではなかろうか。アトピー性皮膚炎は心身症と言われる。つまり、心と体を分離して、どちらかに原因があるという方法論では解明できないのである。

一人の人間を全体存在として見るならば、どうしてもそこに「個別性」が存在することを考慮せざるを得ない。しかし、個別性を極端に強調すると、そこには科学はまったく成立しないことになる。ひとりひとり異なるとしか言いようがない。

近代医学が成果をあげているのは、やはり、人間一般に通用する部分があるからである。このことも忘れてはならない。しかし、心の癒しについて考えるとなると、人間一般に通用する面と、個別に異なる面の両方を考えねばならないのではなかろうか。そして、人間の個別性を強調するならば、事物に対しても、ある石が、ある人にとっては単なる石コロであるのに、他の人にとっては何ものにも代え難い貴重品であるというように、その意味が変化し、極めて多義的になることも認めねばならぬのではなかろうか。

このような反省をしてくると、近代科学の観点からは「迷信」とか、「ナンセンス」と思われていたことに対しても、もう一度真剣に取りあげる必要が感じられてくる。

インキュベーション

古代の癒しのひとつとして、インキュベーションということがあった。心のことにしろ、体のことにしろ、癒しを望む者は、自分の信仰する神仏の祀られているところに行き、心も体も清らかにして、参籠する。インキュベーションは鳥の卵の孵化の意味であるが、参籠してお告げを待つのが、卵が孵化するイメージと重なるために、このように名づけられることになった。

ここに簡単に示したことは、実際に行うとなるとこまごまとした規則や作法などが関係してくるし、神仏のお告げを取り次ぐ司祭の有無や、お告げを夢に見るとしても、その夢判断をする人の有無など、いろいろなことが関係してくる。しかし、ここでは、そのような細部にこだわらず本質的なところについて論じる。

日本でこのようなことは古くから行われていた。中世の物語や説話などにそのことが語られている。一般によく知られているものとしては、現代は「藁しべ長者」の話として昔話にも語られるが、『今昔物語』などの中世の説話に記載されている話では、親類もなく無一物になった男が長谷寺に参籠する話がある。これはインキュベーションの典型で、長谷寺という寺は、このようなインキュベーションの場として有名だったようである。結局、この男は仏のお告げで、寺を出るときに何であれ手につかんだものを大切にするようにと言われ、それに従って最後は長者になるのは、多くの人の知るとおりである。

古代ギリシャでもよく行われ、ギリシャの医術の神アスクレピオスの神殿においては、インキュベーションが多く行われたことが、伝えられている。ギリシャにおけるインキュベーションで強調されるひとつの考えは、

「傷つくことによって癒す」ということである。肩の痛みという症状をもって参籠していると、医神アスクレピオス自身がその痛みを引き受けてくれ、それによって癒される、という考えである。つまり、神はそこに参籠する人たちの傷を、自ら傷つくことによって癒してくれる。神はその無限の力により、自分の引き受けた傷を自ら癒す、と考える。

インキュベーションの癒しは、先に述べた西洋近代の医学的治療法と著しい対照を示している。後者の場合は、人間の知によって原因を見出し、それに対処する方法を考えていくのに対して、前者はただ神仏の力に頼るのみである。それがたとい「藁しべ」を大切にせよというような、人間にとって不可解なことであっても従わねばならない。

前者は現象の因果関係の把握を基礎にして方法が考えられるのに対して、後者では非因果的な偶然の一致と思える現象によって癒しが行われる。このように両者はまったく異なっており、西洋近代の考えが優勢なときは、後者は——少なくともアカデミックな世界では——まったく無視されるようになった。

しかし、最近になって、インキュベーションそのままではないが、このような考えを修正した方法が心理療法においても用いられるようになった。それは、人間を対象に考えるとき、近代科学の方法が通じないところがあるのを、だんだんとわれわれが知ってきたからである。インキュベーションの方法を取り入れるにしても、もちろん、そこに神仏などの絶対者を導入するわけではない。しかし、人間の知によって治療者が操作を加えるというのではなく、むしろ、治療者は被治療者と共に、癒しが生じるのを「待つ」ことになる。それは神仏によってなされるものではないが、人間の内部の可能性の発現によって、あるいは、外的な思いがけない事象によって、生じるのである。

このような方法に頼ろうとするときは、治療者は忠告したり、助言したりするのではなく、ひたすら患者の言うところを耳を傾けて聴くことになる。そうしていると、患者の方にその人も思いがけない考えや、方法が浮かんでくる。自分でもそれまで思いもかけなかったことが出てくるのは、神のお告げを聴くのに等しい。あるいは、意識的に思考するのをやめて、夢に手がかりを得ようとする。これは古代のインキュベーションで神のお告げが夢に示されると考えたのと、軌を一にしている。ただ、夢をそのまま字義どおりに受けとるのではなく、夢の自分にとっての意味を考え出そうとする点では、古代と異なっているとも言える。

しかし、時には「夢によって癒された」と言っていいようなときもある。解釈とか何とか言わなくとも、夢の体験そのものが癒しになるのである。このような「癒しの夢」と言える夢を、阪神大震災の被災者で見た人もいる。大切なのは、癒す力が本人の内部に前もって存在していることである。

ただ、各人の内部に潜在している癒しの力を活性化するためには、何らかの「道具立て」が必要なときがある。古代のインキュベーションには特定の場所や儀礼が必要だったのと同様である。現代の心理療法においては、治療者と患者との深い人間関係を土台にして、それを行おうとする。きめられた時間に、きめられた場所で、二人の人間が会う。治療者は積極的に何かをするのではなく、ひたすら患者の内的な心の自然なはたらきを尊重する。

このとき、そのような心のはたらきを夢によって知ることもあるが、絵画、箱庭、粘土細工などの非言語的な表現によって示してもらうこともある。後にも触れるが、あらゆる芸術的な表現が大きい意味をもつ。

古来は大きくひっくるめて宗教のこととして人間に体験されていたことが、特に西洋の近代においては、宗教、哲学、医学、心理学などに分化し、そのために著しい発展をしたが、そのために人間は分裂の危機に瀕し、それの「癒し」として意識されることが、もう一度、人間の全一性を取り戻そうとする動きを促進している。このような点が、現在において「癒し」に対する高い関心となって現われている。そして、インキュベーションなどの古い方法に新たな関心を寄せることにもなるのである。

死とたましい

癒しというとき、普通は心のことであれ体のことであれ、何らかの欠損からの回復ということが考えられる。しかし、人間は死を免れることはできない。死からの回復はあるのか。

こう考えると、すべての癒しの問題は、人間にとって避け難い「死からの回復」ということと深いところでつながっていると感じられる。この連動の程度が強いときは、少しの欠損状態でも心は激しく揺れるし、回復は容易に生じない。

死からの回復について多くの宗教が古来から、その解答を見出そうとして努力してきた。そこにおのずから生じてくるのは、「魂」という存在への思いである。人間の死によっても消えることなく、永久に存続する魂がある。その魂は死後どのようになるのか、魂のよき存続をはかるためには、生きている間にどのようなことをするべきかが説かれた。それを絶対的に信じ得た。そして、信じ得る人は「癒し」の根本を知っていることになる。

魂の存在を信じたからと言って、人間の死が避けられるわけではない。それが天国への生まれ変わりと知っているとしても、死が人間にとっての大きい欠損であることには変わりはない。したがって、ここでの癒しは、欠損を元の状態に返すことではなく、それを受け容れることを意味する。一個の人間全体のなかに、死がいかに調和的に受け容れられるか。

多くの宗教が古来から魂の説明のために用いてきた「事実」——たとえば、天国と地獄の存在とか——は、現在の自然科学の見地からは承服できないことが多い。祈りは通用するかどうかわからぬが、ある種の外科手術は完全に人の命を救う。自然科学の勝利にわれらも暫く酔いしれていたが、最近になって、人々はどんなに努力しても、人間にとって老いや死は避け難く、そこには自然科学的「癒し」がないことを、はっきりと意識しはじめた。これは当然のことである。

「人間の死」について自然科学はいくらでも研究し説明できる。しかし、私が「私の死」や「私の愛する人の死」をどう受けとめるのか、どう受け容れるのかは、まったく別の話である。

第二章でも触れた柳田邦男の、『犠牲《サクリファイス》——わが息子・脳死の11日』の「二人称の死」の視点から「たましい」ということを考えてみよう。

「〝三人称(彼・彼女・ヒト一般)の死〟は、第三者の立場から冷静に見ることのできる死である。交通事故で若者が五人即死しようとアフリカで百万人が餓死しようと、われわれは夜眠れなくなることもないし、昨日と今日の生活が変わることもない」。しかし、「〝二人称(あなた)の死〟は、連れ合い、親子、兄弟姉妹、恋人の死である。人生と生活を分かち合った肉親(あるいは恋人)が死にゆくとき、どのように対応するかという、辛くきびしい試練に直面することになる」。

二人称の死に対して科学は何も答えない。柳田はもちろん医学について、脳死について十分すぎるほどの知識をもっている。しかし、それは「ほとんど役に立たない」のだ。「いま自分が何をなすべきかは、息子の人生と私たち家族の歴史の文脈のなかでしか解答が得られない。極めて個別的な問題であるからだ」。柳田は脳死状態の息子に話しかける。すると「口ではしゃべらなくとも、からだで頷いたり、答えてくれたりする」のがわかる。

私はこの記録を読んでいて、このような父子の対話によって、父親の心が癒されるのを知り深く感動した。脳死は「死」だという人もある。しかし、息子の脳死の後でこの親子が十一日間に交わした対話による癒しと同等のことを、他の親子が何十年と対話を交わしていても得ることができるだろうか。このような記録を読むとき、私は「たましい」ということを考えざるを得ない。

諸宗教の説く「魂」について私は確信をもって、肯定することはできない。私が平がなで「たましい」と書いているのは、それがあるかないかを考えるのではなく、あらゆるものごとを割り切って考える考え方に対して、強い疑問を呈する態度を示している。心と体、人間と環境、教師と生徒、その他の多くの両者をまったく異なったものとして規定する考えに対して、「一寸まってくれ、それじゃたましいはどうなるのか」と考えてみる。それはあるのかないのかわからないが、ものごとを明確に分割した途端に失われる大切なもの、それがたましいである。

確かに、脳死は割り切って考えると「死」かも知れない。しかし、そのときにたましいはどうなるのかについて考える。ついでながらこの観点によって臓器移植絶対反対などと言っているのではない。あるたましいは臓器移植を望むこともあろう。しかし、すべては「極めて個別的なことである」。

創ることと癒すこと

「癒し」について、心理療法との関連で論じたが、実のところ、アメリカのアカデミズムにおいては「科学的」方法論に対する固執が非常に強い。インキュベーションとの関連で述べたような考えは、むしろ、大学外の研究所、あるいは、少数の大学においてのみ認められている、と言っていいであろう。しかし、わが国においては、もともと人間を操作の対象として見ることに抵抗があり、人間関係を個対個の関係として見るよりは、一体感を強調する傾向をもっているなどのことから、これまでに述べてきたインキュベーションをモデルにしつつ、それを近代化した方法が優勢である、と言っていいだろう。

ただ近代の心理療法と昔のインキュベーションと異なるところは、癒される者が何らかの創造的な仕事をしなくてはならぬことであろう。創造の契機はすぐにやって来るものではなく、それまでは、癒す者と癒される者は共に、あらゆる意識的努力を放棄して「待つ」ことが必要である。このときに「神のお告げ」はないにしても、新しい可能性が動きはじめる。昔と異なり、われわれは人間の個別性を重んじるので、そのときどんなことが生まれてくるかはわからない。そして、それが個人によって異なるという意味で、何らかの新しさをもっている。つまり創造につながる。

新しい可能性の発想と言っても、それが形をもつためには表現の場を必要とする。それは新しい人間関係、仕事として示されるかも知れない。あるいは、むしろ治療の場で、絵画とか箱庭の作品とか、時には詩や文学として表現されることもある。創ることが癒しになる。

絵画や箱庭などというと「感情の発散をさせるのですか」と言われたり、これで「心のなかを分析されるのですか」と言われたりする。そんなことではなくて、創ることそれ自体に意味があるのだ。感情の発散をすると、少しは楽になるかも知れないが、癒されはしない。それまで抑えられていた感情が単に発散されるのではなく、自分のものとして「体験」され、自分の心に収まることがなければならない。そのためには、それは自分にも納得のいく「形」をもつ必要がある。

癒しというと、苦しかったことが癒されて楽になることのみが意識される。しかし、実際は、簡単に楽になるのではなく、むしろ苦しみを深めることが先に求められることが多い。新しいものの創造には苦しみが伴うからである。苦しまずに癒されることはない、とさえ言えるだろう。

阪神大震災の後で、被災した人に話をさせたり、絵を描かせたりするといいということが強調された。しかし、残念なことにこれは手軽なテクニックとして受けとめられ、誰でも彼でもボランティアの人々が、被災体験について話を聞いたり、絵を描かせたりしようとした。これはナンセンスである。表現する人と表現を受けとめる人との間に人間関係があり、その表現を理解し、共感できてこそ、そのようなことに意味があるのだ。この点については、私も何度もマスコミに寄稿したり、研修のための講義などの機会に発言し、比較的早く一般に認識されたのでよかったと思っている。癒しが単純なテクニックでできるはずがない。癒す者と癒される者の協同作業が苦労を通して結実していくときにのみ、それが生じる。

すでに述べたように、すべての癒しの根本に「死の癒し」ということが存在している。したがってそれは「欠損からの回復」などというイメージで単純には語れない。こう考えると、人間にとって「癒し」ということは、一生の間続くプロセスだとも言うことができる。創造が必要と言ったが、考えてみると、自分が生きる生涯は他にかけがえのない「作品」である。毎日毎日をいかに生きるかは、その作品の完成につながる。したがって、自分は芸術的才能がないから、などと考える必要はない。実際にクライアントの方々の話を聞いていると、うまくいくときは、ちょうど適切なときに適切な人が現われ、その人間関係のなかで創造活動が行われていると感じる。「生き甲斐がない」とか「生きる意味がない」ので、生きていても仕方がないと言っていた人が、「生き甲斐を探し」、「生きる意味を見出す」ためにいま生きているのだと思うようになった、と言われたという報告を聞いて感激したことがあった。創造活動をするのに、他からの答えを期待するのはまちがいである。自分で発見しなくてはならない。

日本人は、これまで心と体とか、精神と物質とかの区別を行わずに生きてきたので、「もの」についての些細なことや日常的なことについても、そこに心が付随していると感じられるような生き方をしてきた。お茶を飲んだり、掃除をしたりすることのなかに心のことが伴い、そんななかで癒しが行われた。俳句や短歌をつくる人を「詩人」と呼ぶとすると、日本は詩人の数が人口比にして世界一多いのではなかろうか。

そこへ物と心を区別する方法によって、豊かな物質文明を誇る西洋の生き方が導入され、日本人はそれを急速に取り入れた。しかし、そのような方法による「もの」の豊かさは「こころ」の貧困を意識させる結果につながる。

そんなわけで「癒し」ということが、多くの人の心を捉えるようになったと思われる。西洋の場合は、物と心を区別する考えを押しすすめながら、それはキリスト教によって支えられるはずだったが、最近ではそれも大分怪しくなってきたようである。そこで「科学的」に人間の心の問題を考える形での心理療法が盛んになるが、それにも限界があることは、すでに述べたとおりである。

日本人はしたがって、西洋の真似ばかりすることをこの辺でやめにして、このような豊かな物を享受しつつ、心の癒しをどうするのかについて、今後自ら考えていくことが必要であろう。インキュベーションを近代化した考えとか、箱庭療法を、創ることによる癒しの過程として捉えるような考えを、今後とも発展させて、それを欧米の国において発表していくことが必要であろう。私は及ばずながら、そのことを少しずつ行なっているつもりである。他の考え方に触れて磨かれることが、大切であると思うからである。欧米のアカデミズムも変化しつつあるので、このようなことは今後さらに可能となるであろう。

4 「夫婦」と「リアライゼーション」

日本人が現在直面している多くの問題のなかの重要なひとつとして、夫婦の問題がある。

昨年は私は定職がなかったので、相当多くの人の相談に応じることができたが、夫婦関係のことに関する相談が一番多かった。最初は子どものこととして相談に来ても、結局は問題の中核は、その両親たる夫婦の問題になってくるようなことも多かった。このことは、私には当然のことと思えるし、現在の日本の夫婦は、何らかの直面すべき問題をもっているのが普通だと言っていい。ところが、多くの夫婦は自分のところだけ不幸になっているとか、悩んでいるとか思っており、それは実のところ「日本全体の問題ですよ」と言うと、驚いたり、なんだかほっとするような顔をされたり、という様子であった。「幸福な結婚」というような共通のイメージがあり、それとは異なる自分たち夫婦の在り様を情けないと思ったり、特別に損をしているように感じている。しかし、実状はそんなことではないのである。

幸福になるために夫婦になるのか

結婚をするときに、現在の日本ではそれによって「幸福になる」というイメージが非常に強く作用しているようだ。見合いによって、それもほとんどが当人の意志と関係なく結婚が行われた頃は、人々はそれを「幸福のため」などとあまり思わなかっただろう。ともかく、それは人間が生きていく上で経験しなければならぬことを、一種の運命として受けとめるところが大きかったように思われる。

ところが、西洋の文化と接して影響を受けると共に、敗戦を機会として旧来の結婚観が急激に崩れ去り、自由恋愛を賞賛し、個人主義的傾向が強くなってくると、結婚によって「幸福になる」というイメージが強くなった。愛し合っている男女が結婚して一家をつくるのだから、幸福になるはずだと思うわけである。

このような結婚観は、つい最近まで強かったが、どうもそうではなさそうだという感じが生じてきて、現在はシングル・ライフ志向なども出てきている。しかし、結婚によって幸福になるという期待は今も割に根強く残っている、と感じられる。

結婚して一年も経たないうちに離婚したいと言い出す夫婦があるが、それは、このような幸福への期待が裏切られたためであることが多い。なかには、恋愛期間が三年で、結婚して半年もしないうちに妻が実家に帰ってしまったなどという例もある。恋愛期間中は毎日「蝶とスミレと星」の話をしていたのではないかと思われるような感じで、結婚して二人で「生活する」という具体的なことは不問のままだった。

かつて、私は「愛し合っている二人が結婚すると幸福になる」というのは危険思想だと冷やかし半分に書いたことがある。このような危険思想にかぶれた夫婦が出現すると、周囲がどれだけ迷惑を受けるかわからない。

日本で若い夫婦が自立して幸福に暮らしているのは、夫婦のどちらかの親に対する相当な依存を前提にしている場合が多い。自立と言っても、結局は自分がどれだけ他に依存しているかをしっかり自覚することなのだが、そのような認識がなさすぎるのである。

このような例をあげ出すときりがないほどであるが、こんなのは話にならないこととして、今回は取りあげないことにする。ここで論じたいのは、むしろ、夫も妻も一人前の人格であり、双方が努力もしているのだが、夫婦関係がうまくいかない、あるいは、幸福とは言い難いという場合について考えてみたい。夫婦の問題は日本の問題、および先進国全体の問題と言っていいほどのものであり、それは相当な難しさを内在させている。

まず、結婚して幸福になる、などと安易に考えないことが第一である。妙に幸福への期待をもっているために、少しうまくいかないと相手が悪い、周囲の誰彼が悪い、と悪い原因を無理矢理に見つけ出して嘆くことになる。このため、嘆く必要のないことを嘆いたり、誰か他人を恨んだりすることによって、不幸を増加せしめている場合が多い。はじめから幸福などをあまり当てにしていないと、なるほどこんなことかと思って、他の原因にせずに、自分が問題と直面していくこともできるであろう。

ロマンチック・ラブ

結婚が幸福に直結するという考えの基には、ロマンチック・ラブ礼賛がある。愛し合っている二人の結婚を、成就すべき人生の目標のように考える。最近ではそのようなテーマの文学や映画の作品は少なくなったが、それでもその考えは、ずっと尾を引いている。西洋の多くの昔話のように、結婚をハッピー・エンドと考える。これは「お話」としては後にも述べるように意義の深いものであるが、実生活で考えると、結婚はハッピー・エンドどころか、ことのはじまり(それもしばしば不幸のはじまり)である。

ロマンチック・ラブが起こってくる背景には、欧米における神の存在感の稀薄化がある。神に接すること、神に従うことが人生のすべてと考えられていたのだが、神の力が弱くなってくると、人間の気持は人間に向けられてくる。しかし、やはりそこにはたらく不可解な魅力、越え難い境界、それの永続性などを考えると、異性に対する「愛」を最高のものとして評価するにしろ、性的結合は避けるべきものだと考えるのが当然であろう。このような愛の在り方が、ヨーロッパの中世に生まれてきたロマンチック・ラブであった。

人と人との結合への限りない希求を保持しつつ、肉体関係を禁止するロマンチック・ラブには、未だ神への畏れの感情を内在させるものがあった。しかし、だんだんと神の力が弱くなるにつれて、異性の結合に肉体的関係を伴わないということが考えられなくなってくる。人と人とのまったき結合に高い象徴的意義が付与されることになって、ロマンチック・ラブの様相が変化してきた。その結果、恋愛による結婚が幸福への道というイメージが定着してきたと思われる。

しかし、結婚というのは実に多層的な現実に関係している。それは極めて世俗的日常的であり、社会的現実としての面ももっている。異性の結合をもってハッピー・エンドとする「お話」は、キリスト教文化圏において、父なる神の威力を少しずつ弱め、精神に対する肉体、男性に対する女性などの価値を認める象徴的意義をもつものの、それを世俗的な結婚のレベルに直結するとなると、うまくいくはずがない。したがって、ロマンチック・ラブのみを支えとする結婚は永続性が低く、離婚の現象を増加せしめる。つまり、ロマンチック・ラブを背景とする結婚は、異性に対して、どこかで神に通じるようなイメージを見出し、それと結合するが、日常生活のなかで、相手の人間としての生《ナマ》の姿が見えてくると、何らかの幻滅を味わう。そのうち夫婦以外の異性に自分の欲するイメージを見出して、その人と結婚したいと思う。そこで夫婦関係を解消し、次の異性と再婚することになるが、この際もロマンチック・ラブに縛られている限り、いつかは離れていかねばならなくなる。

だからと言って、どうせ結婚など便宜的なものと割り切って結婚し、心の触れ合いをあまり感じることもなく、社会的単位として夫婦関係をずっと続けている、というのもあまり威張れたものではない。ロマンチック・ラブがおかしいとか間違いと主張したいのではなく、それだけを唯一の愛と規定してしまうところに問題があると考えるのである。人間の愛はもっと多様で複雑ではないだろうか。

そもそも「愛する」などということが何なのか、簡単にわかるはずのないものだ。どこまでの深さと広がりをもっているか、経験を通じてこそ徐々にわかってくるものであろう。それを単純に考えて「愛」がなくなったから別れるとか、愛するから結婚すると決定するのでは、人生の味があまりにも平板化してしまう。

ロマンチック・ラブに対立するとも考えられるのが、共生の愛とでも言うべきものである。愛するから共に生きたいと言うのではなく、共に生きていることによって愛が生まれてくる。相手の美点を数えあげ、この人と結ばれることによってこそ自分の生き甲斐があると考えるのではなく、ともかく共に生きている事実を受けいれることによって、相手のよさがだんだんとわかってくる。生を共にするべき人であることが、後になって意識される。従来の日本の夫婦の理想像は、むしろ後者の方だったのではなかろうか。そして、それは相手がたといいろいろと欠点をもっていることがわかっても、そのことも含めて一人の人間として受けいれるということになる。このことも本当に可能とするためには、自分自身も一人の人間としていろいろな欠点をもっていることを受けいれていなくてはならない。

努力・協力・理解・誤解

ロマンチック・ラブの根本には相手に対する「崇拝」と呼んでもいいほどの感情が流れている。もともとは絶対者に対して抱いていた感情が後を引いているのだから、それも当然である。ところがその崇拝も底の浅いものであると、相手の人間としての実態に気づくと、一挙に消え去ってしまう。これは単純なロマンチック・ラブの終わりである。

実際の夫婦は、人間として自分の実態を見せ合っても、その関係が維持されるところに意味があるのではなかろうか。いつだったかアメリカ人たちと飲みながら雑談しているときに、ある男性が次のようなことを語った。彼はそのとき四回目の結婚をしていたが、二番目の妻がどれほど印象的だったかを語ってくれたのである。

彼女は夫が帰宅するときには、丹念にお化粧をし、ドレスアップして迎えいれ、心のこもった御馳走をつくって待っていてくれた。食後には、ハープを弾き美声の歌を聴かせてくれたりもした。万事がこのようで、まったく夢のようであり、自宅でパーティをすると、招かれた人は、口々に素晴らしい夫人をもって幸福だね、と言ってくれた。しかし、結婚後半年も経たないうちに、彼女は強度のストレスによる精神の障害をきたし、離婚せざるを得なかったという。

夫のもつロマンチック・ラブのイメージに合わせるため、彼女は涙ぐましい努力を続けたのだが、残念ながらそのために自分の精神を病むことになった。こんなのはアメリカでも特異な例である。それにしても夫婦の協力関係というのは実に大変なことだと思わされる。これほど馬鹿げてはいなくとも、アメリカでは、夫も妻も互いに相手の「愛」をつなぎとめるために相当な努力を払っていることは事実である。

努力・協力と言っても、このように相手の関心を惹きつけることではなく、お互いが力を合わせて、何かのことを遂行しようとしているとき、夫婦の関係には、それほど決定的な破局が訪れることはない。たとえば、子どもを育てること、その子どもが成長し一人前の成人になること、家をもつこと、社会的に認められる地位につくこと、それらを二人で協同して遂行しているとき、何と言っても利害関係を共にしているので、下手に協力関係を壊すと自分自身の損害になってくる。

そんなわけで、一昔前の夫婦であれば経済的な理由などによって、離婚をするとあまりに損なので関係を続けている、というのもあった。

欧米の先進国で離婚が多いひとつの理由は、離婚しても男性も女性も経済的に生きていけるという条件があることも見逃せないであろう。個人の欲望や意志を中心にして考えると、我慢して関係を続ける意味がないと思い、離婚しても一人立ちしていけるとなると、無理に一緒に居ることはないのである。

新しい夫婦関係のタイプとしては、協力よりもむしろ競争という感じが強いのもある。男女同権で女性も男性と同様に仕事をもつ。育児や家事など二人は協力し合っているが、どうしても社会的な地位や業績の方を第一義と考えるので、夫婦の間に競争意識が生じてくる。どちらも相手より上であろうとするので、家に帰っても緊張感がとけない。すでに述べたように、いろいろ欠点があっても夫婦は夫婦、というようにひとつに包まれている感じが稀薄になる。このような場合は、傍目には優秀なカップルが協力し合ってよく頑張っていると見えるのに、些細なことで破局が訪れたりする、お互いの間の緊張に耐えられなくなるためである。

一般には夫婦の協力関係はある程度の年齢まで続く。息子が大学に入学するまでとか、家のローンを返すまでとか、夫が部長になるまでとか、二人が達成しようとする目標がある場合、この間にもちろん些細なことでは争いがあるにしても、だいたい協力関係がうまくいくので、夫婦が別れることなど思いもよらない。しかし、最初の目標が達成されて、ほっとした頃に危機がやってくる。

協力関係をもつためには、互いに相手のことをある程度知っており、何と言っても信頼関係が必要である。多くの場合、信頼が深いと、相手をよく知っているような錯覚を起こす。

しかし、異性がほんとうに相手を理解するのは不可能と言っていいほどのことだ。協力関係のときは、互いに肩を並べて同一方向の目標に向かっている。しかし、正面から顔を見合って、さてこの相手のことをどこまで理解しているか、ということになると、思いがけない疑問が湧いてくる。ほんとうのところは何も知らないのではないかと思ったり、相手のなかに思いがけない考えを見出して驚いたりする。

実はこのことは、相手を知らないというよりは、自分が自分自身を知らないということに由来している。そのことは思いがけない結婚外の男女関係として生じる。それまでならまったく魅力を感じなかった異性に心を惹かれる、あるいは、なぜそのような異性に心を奪われるのかわけがわからなかったり、そんなことになってはならないと強く思っているのに、自分の心が一人の異性に縛られていくのを止めることができない。

これはその本人もそれまで知らなかった潜在的な可能性が活性化されているのである。これは恋愛のために活性化されたのか、活性化のために恋愛が生じたのか、どちらとも言えないような場合がある。あるいは、しばしば不思議な偶然の一致としか言いようのないような現象が、これに伴う。あのときにあんなことがなかったら、と嘆く人もよくあるが、そんなことを言ってみても話にならない。むしろ、そのような共時的現象の背後にあるものの意味を知ろうとする方がいいだろう。

苦悩と犠牲、リアライゼーション

夫婦が協力関係から理解し合う関係に移ろうとするとき、二人はともども深い苦悩を味わうことになるだろう。苦しみがない、悲しいこともない、怒ることもない、などなどと一般に否定的と思われる体験が少ないほど幸福であり、結婚によって幸福を得るなどと考えている人は、この時期に耐えるのは非常に難しいであろう。

「結婚による幸福」を最も大切と考える人は、このあたりで離婚するのもいいかも知れない。それもひとつの生き方であって、別に非難すべきことでもない。自分だけが不幸だと、相手を恨んだり、世の中を恨んだりして一生暮らすよりは賢明だと思われる。

先に、結婚外の異性関係の例をあげたが、そのような形以外の問題が起こるときもある。一般に「中年の危機」として述べられている現象がいろいろと生じる。夫婦のどちらかが心の病になったり、身体的な病気になることもある。夫婦のどちらか一方が賭け事にのめり込むこともある。お酒もある。このようなときに夫婦のどちらかが「悪い」と決められたり、あるいは双方がどちらが悪いかで争ったりすることがある。しかし、よくよく考えてみるとお互いさまと言うべきときが多い。あるいは、双方共に異性をほんとうに理解すべきときが到来している、と言うべきである。

他を理解するためには自分を理解しなくてはならない。このことは、それまで自分が知っていた「私」というのとは一段と異なる深い水準で自分自身を知り、それを生きることを意味する。「知る」ことと「実現する」ことを共に意味する言葉として英語のリアライゼーション(realization)というのは非常に重宝な単語である。そのような意味での自己実現《セルフ・リアライゼーション》が必要となってくる。ところが、最近は自己実現という用語が非常に浅薄に受けとめられ、自分がやりたいと思っていることを実行するというような意味で用いられている。しかし、私がここに述べている自己実現は本人にとっても不可解であったり、そのためにはそれまで経験したことのない苦痛を体験したりするようなことである。おそらく、それまで自分を支えてきた人生観や世界観が崩壊するほどの体験をすることだろう。

そのきっかけとなるのは、それまでの自分の人生観によっては許せない、あるいは相いれないような行為を自分自身がしてしまうか、配偶者がしたのを知るか、ということが多い。それにあまりにも耐えられぬときは、自殺とか世を棄てるとか、離婚とかが考えられる。この状態は後になって振りかえるとき、深い意味のあったこととされるかも知れない。しかし、決して「幸福」とは呼べないだろう。このことを強調するユング派の分析家、アドルフ・グッゲンビュール＝クレーグは、結婚は幸福のためではなく、自己実現のために継続されることを明らかにしている(樋口和彦・武田憲道訳『結婚の深層』創元社、一九八二年)。

自己実現は何らかの犠牲を伴う、つまり、結婚の誠実な継続には犠牲を伴う。それがどれほど大きく辛いものであっても、その必要性と意味を知ることによって、われわれはそれを受けいれることができる。

しかし、これは単純に割り切れるものではなく、あまりにも大きい犠牲を払うよりは離婚に踏み切る方が、お互いの自己実現のためには望ましい、というときもあろう。このあたりをどう判断するかは非常に難しく、真剣に自己実現のことを考える限り、誰もが直面する人生の重要な分岐点のひとつである。私自身は多くの夫婦の相談を受け、その人たちと共に何度そのような分岐点に立たされたかわからない。はっきりと言えることは、選択を焦らないことだろう。できる限り待つことが大切だ。

「こんなときに待ってなんかおれない」という言葉を私は何度も聞いた。「もう決めました」という言葉も。しかし、私はできる限り決定を遅らせるようにした。もう駄目と言われても話し合いを繰り返すように努めた。それは何故か。夫婦という組み合わせの妙と、男女の相互理解の困難さとをよく知っているからである。夫婦というのは恋愛、見合いにかかわらず、そのような組み合わせができている事実は、天の配剤と言いたくなるような不思議な意味をもっているものである。だいたい長所と欠点は裏表になっているので、夫婦がどちらか一方の欠点としてあげつらっていることは、それをそのまま長所として、攻撃する側が取り入れるとどんなに素晴らしいだろう、と思われることが多い。たとえば、夫が妻に対して、「まったくケチケチしている」と非難するときは、夫がもう少し節約するようになればと思われる。また妻が夫に対して「ともかく、ぐずぐずしているんだから」と攻撃するときは、その妻がもう少しのんびりと生きる生き方を身につけるとよい場合が多い。しかし、そのようなことを実行するには、何だか自分のこれまでの生き方を棄てて自分の人生を犠牲にしてしまうように感じるものである。

協調から理解へと移っていくとき、ともかく相手が自分に犠牲を強いてくるように思われ、「徹底抗戦」などと言う気分になってくる。そうなると第三者から見ると、そんなことにあまりこだわらなくともいいじゃないかと言いたくなるようなことで、夫婦が猛然と争ったりすることもある。我ながら馬鹿げていると思われるような些細なことで「離婚」と叫びたくなったりする。このような時に、現実認識の力の弱い人間は、配偶者以外の異性の少しの親切などを非常に深いものと感じたり、そちらに恋愛感情をもったりする。そこで深入りして、その人と結婚するために離婚に成功しても、その結婚も先と同様のパターンにそのうちになってしまうことが多い。

このことは離婚、再婚をすべて無意味と言っているのではない。離婚、再婚によって、素晴らしい結婚生活を築いている人もある。すべて個々の例によって異なることであり、一般的ルールを立てることはできない。そもそも結婚をしない方が自己実現のためには望ましい人もあるだろう。これからは価値が多様化するので、あまり一般論に縛られて、自分の自己実現を妨害されるのは望ましいことではない。もちろん、一般的傾向と異なることをするのは、特に日本においては、相当な風当たりを受けるので、その点も考慮しておかねばならないが。

自己実現には犠牲がつきものである。このことがよく了解されてくると、それは犠牲としては感じられなくなり、むしろ当然のことと思われたり、そのような形で自分の自己実現が行われるのだと感じられたりする。したがって、他人から見れば大きい犠牲と見えることでも、本人にとってはそれは自己実現のひとつの形であるとして受けとめられていることもある。ともかく、自分を犠牲にしたくないとすぐに考えると、自己実現の機会を失ってしまうことになるだろう。

自分を超えることの「宗教性」

夫婦関係をもたず単身生活を貫くか、あるいは一度は結婚するとしても、後は離婚して二度と結婚はしないか、結婚生活を続けるかなどは、まったく個人の自由であり、よしあしを言うことはできない。しかし、もし結婚生活を誠実に続けていこうとするならば、わが国においては特に、それは宗教性に対して心をひらく契機となることが多いと思われる。

ここに言う「宗教性」とは、特定の宗派のことを指していない。人間が何らかの自分を超える存在を感じ、それによって生じる現象をあくまでも避けることなく観察し、理解しようと努めることを意味している。たとえば妻が他の男性に強く心を惹かれていることを知る。嫉妬で狂わんばかりになる。そして、その相手の男性を見ると、ほとんどいいところが感じられない。それどころか、むしろ同性としては軽蔑すべき類の人間である。そんな男に惹かれる妻など、まったく馬鹿げた女性で離婚だと思う。しかし、どうしても別れられない。いったいどうなっているのかと思う。合理的に考えると離婚しかないと思うのに、あくまでも妻から離れられない自分、それを見すえ、それについて考えていく。これは宗教性につながってくる。ともかく、自分を超える存在の力、その作用ということを考えざるを得ないのだ。

愛すると言っても、相手が能力が高く尊敬に値する人である場合、それはある程度当然であろう。憎らしいと思ったり、変だと思ったり、軽蔑したくなったり、にもかかわらず関係を深めていこうとするところにこそ、愛がわかるのではなかろうか。そこには説明し難い感情がはたらいている。それは宗教性につながらないだろうか。

配偶者が重い病気になった。その看病のためには、自分のやりたいことを多く犠牲にしなくてはならない。しかし、それをそのまま犠牲としてではなく、自分の自己実現の仕事のひとつとして受けとめるとき、それは宗教性につながるのではなかろうか。

夫は妻以外の女性に心を惹かれるのを感じた。そのときにすぐにその女性に接近していくのではなく、妻に対する気持、その女性に対する気持を、できる限り観察し、そこに生じる心のはたらきを的確にとらえようとする。その結果として、その女性への気持を断念するとき、それは自分の気持を「犠牲」として「平和」を選んだのか、

「断念」を経験することを自己実現の重要な要因として受けとめたのか。後者の場合には宗教的感情が関与してくるであろう。

夫婦という二人の関係でありながら、それをほんとうに維持しようと努めるとき、自分のなかに自分を超えた存在があり、それによって包まれていることが「関係」の基盤としてあることに気づくであろう。そうなると、二人の関係は極めて深くなるし、夫婦はそれぞれ一人であっても生きていくだけの強さをもつことになるだろう。

キリスト教文化圏のように、唯一の強力な人格神の存在を最初から認め、その関係で自分の生き方を考える場合は、宗教ということが非常に明確な形で示されるし、体験される。しかし、現在の日本においては、そのような形で神を信じることは難しい。結局は日常生活のなかから宗教性を見出すことになると思うが、そのような点で、夫婦というのはそのためのよい通路になると思われる。ただ、そのような通路はやはり「狭い道」で、そこを通過するには思いがけない苦痛を伴うものである。したがって、単に「幸福」を願うのだったら、そんなことは避けた方が賢明であろう。いずれにしろ、単純な「幸福」は長続きがしない性格をもっているから、そのような幸福な生活に憧れても仕方ない、とも言うことができるが。

それぞれ別の人格を持ったものが長年にわたって生活を共にするのだから、大変なのも当然である。しかし、協力関係のなかで共に生きていてそれがうまく進んでいると、ともすると夫婦はその相手を「占有」したくなったり、しらずしらず占有していたりする。このような幻想をお互いに持ちつつ協力し合っている夫婦は、傍目には極めて仲のいい夫婦に見える。

しかし、ほんとうの夫婦関係を確立するためには、この関係を超えねばならない。それぞれが自己実現の道に進もうとするとき、決して相手が自分の「思うまま」にならないことを発見するだろう。そこには、自分と異なる強い意志が存在することを体験する。そのときにそれなら別々に、というのではなく、それでも共にと決意するとき、自分の意志を超える意志の存在を実感するだろう。そこに宗教性がかかわってくる。ここに夫婦の関係として述べたことは、同様の形で親子関係にも生じる。しかし、子どもは独立していくので、ある程度の実際的解決がある。しかし、夫婦は同居を続けていくので、ここに述べた経験を味わわねばならない。

ロマンチック・ラブは永続しないと述べたが、それは一回で終わりであることを意味しない。夫婦でさまざまの愛を体験していくとき、ロマンチック・ラブが再来してくることもある。そのときは、そもそものロマンチック・ラブがそうであったように、宗教的な性格を深くもつものとなるであろう。

日本人の夫婦関係は、それを持たない自由を含めてますます多様化するであろう。そのなかで、他の文化のように明確な形をとった宗教の力が弱いわが国においては、夫婦関係が宗教性への通路として機能する意義は非常に大きいものになっていくであろう。

5　いじめと「内的権威」

「いじめ」は遍在する

一九九五年は大震災、オウム事件と未曾有のことが重なったが、中学生のいじめの激化と、それによって惹き起こされた自殺については日本人全体が関心をもち、多くの論議がなされ、それに対する対策案なども、つぎつぎと提示された。何と言っても、前途有為な少年少女が自殺したことには、多くの人が耐えられない痛みを感じたであろう。したがって、「いじめの根絶」とか「いじめをなくそう」などのスローガンも、あちこちによく聞かれる現状である。

ひるがえって、いじめについて考えてみると、その根の深さと広さに気づかされる。文化や時代の差を超えて、それは遍在すると言えるのではないか。いわゆる「シンデレラ」型の昔話は、世界に広く存在している。わが国の神話でも、大国主は多くの兄弟たちからいじめられて命を危うくする。いじめの歴史は随分と古い。現在においても、いじめは日本だけではなく、欧米にもあるし、他の国々にもある。先日は、中国でいじめられた子が爆薬を身につけ、いじめた子に抱きついて、もろともに爆死したという凄まじい例が、新聞で報道されていた。

人間の心のなかには、怒り、憎しみ、他を傷つけることの快感、などの傾向があるが、これらは普通はあまり表出することができない。それが、いじめの場合は自分を安全な場においてそれを行うことになるので、相当なる。

誘惑を感じさせる。このことが時間、空間をこえて、思いの外に人間一般にいじめの行為が多いことを説明する要因のひとつである。対等の立場ではなく、多数の力や権力、圧倒的な腕力などの一方的な優位さを利用して、相手に否定的感情を投げつけるのは、極めて卑劣な行為であるが、つい誘惑に負けて、行なってしまうことにな

いじめはこのように極めて遍在的であるが、現在の日本において、特に問題とされるのは、それが頻度、残酷さ、陰湿さ、などにおいて従来と、あるいは他国と比較して程度がひどい点にある。それが中学生を死に追いやってしまったりしていることは周知のとおりであるし、中学生の女子の場合でも、その身体的ないじめの程度は、一般の想像をこえるものがある。

しかし、かつての日本の軍隊内のいじめは、もっとひどかったと言えるかも知れない。それはいじめとは言われず、「精神を鍛える」という名目でなされていたが、内容は明確にいじめと見てもいいだろう。おそらく、これによって命を失った人も相当あるのではなかろうか。それらは隠蔽されたので明るみに出ることはなかった。日本人の「精神主義」にいじめの要素がはいりこみやすい点については、後に論じるであろう。いじめの日本的特性について、われわれはよく考える必要がある。

テレビのいわゆるお笑い番組で、誰かをいじめることによって笑いを誘うのがある。これについて筆者は調査をしたことがないが、このようなのが「お笑い番組」として相当な視聴率をあげることは、少なくとも欧米では考えられないのではなかろうか(これに限らず、テレビ番組、ラジオ番組の文化比較は是非やっていただきたいことである)。

このような「いじめ」番組が視聴率をあげているのは、日本人はたとい自分は行為としてはしないにしても、どこかでいじめをやりたいという願望をもっている人が多いことを示している。いじめによって、鬱憤をはらし

たい、というような心境に多くの日本人がならされている、と言うこともできるだろう。

いじめは日本人にとって相当に深いところまで喰い込んでいる現象なので、単純にスローガンをかかげても、それほど簡単には解決しないと思われる。したがってこれを考えるには、少し根本的なことに関連して考え直してみることが必要であろう。

母性社会の厳しさ

筆者はかつて日本は「母性社会」であると主張したことがある(『母性社会日本の病理』中央公論社、一九七六年)。これは名前だけで誤解されて、日本は母親のやさしさを大切にしている国だなどと思われたりしたが、そんなことを言っているのではない。ここに言う母性は、「すべてのものを同等に包みこむはたらき」を示している。つまり、ある場に属する者は、本来同じで一体であることを前提としている。個々の人間の個性や能力の差を問題にしない。この考えがうまくはたらいているときは、お互いがよく助け合い、能力のない者をカバーして、全体としての効果をあげることができる。この際、もともとの一体感を基礎にしているので、いちいち言語を用いて、この場合はこうするべきである、などと言う必要はない。

このことは、たとえば企業が「家族的経営」によってなされている、というような表現がされ、これが日本経済の発展に一役買ったことは、多くの人が認めるところである。

ところが、母性社会のなかで、「個人」の重要性を感じはじめると、急に困難が生じる。個性というのは何らかの意味で他と異なるところを持っている。それを前面に押し出してくると、「全員同等」あるいは「平等」の原則を破る者、ということになるので、全体は「組織防衛」のために動き出し、これはしばしば「いじめ」の形をとる場合が多い。これは、子どもだけではなく、日本の大人の社会においても同様である。大人の社会では、個人の能力が高いとき、それをいじめることはできないにしても、「足を引っ張る」形で、その力を減じることはよく行われている。この辺は長い伝統のなかで培われてきた巧妙な方法が多くあり、あからさまにいじめの形をとらないにしても、日本の社会は創造性の高い人間を上手に壊す力をもっている。創造性の高い人の唯一の自己保存の方策が、海外に行くことであったりする。

母性社会の特徴は教育の領域において、特徴的に見ることができる。日本人は個々の人間の能力差を考えの出発点にもってくるのを嫌い、すべては同等、あるいは平等と考える。したがって、勉強の出来ないのは「怠けている」、あるいは「努力が足りない」ということになって、子どもたちのすべてに強い圧力がかかる。母性社会で、「全員が平等」ではあるが、集団の秩序を維持する上において、順位をつける必要のあるときは、年齢という運命的なものに頼り、「長幼序あり」という考えによっていた。少しでも年上、先輩であると「上」であり、その順位は一様で厳しい。

日本も欧米の影響を受けて、さすがに「長幼序あり」はおかしいというので、ここに能力差の考えを導入してきたが、個性という考えを抜きにして、成績においても「一様序列」に固執することになった。このことの認識が非常に大切である。つまり、親や教師が子どものことを評価するとき、どのような個性をもっているかではなく、「何番」であるかだけに頼ろうとする。しかも、努力さえすれば誰でも一番になれることを前提としているので、子どもたちに対する「勉強」のプレッシャーは極端に高くなる。

子どもたちに対するプレッシャーが強いことに気づいた人が、日本は「競争社会」だからいけないなどと言うが、その認識は中途半端である。「競争社会」と言えば、日本よりも欧米の方がはるかにそうである。彼らは、フェアであるときの競争や対決をよしとするが、その出発点に個人があり個性がある。ところが、日本の競争は個人よりも、ともかく全体のなかの順位のみに注目するので、無用、無意味の競争が——特に子ども時代に——多いところに問題がある。

嘘と思う人は、中学生の試験を自分が受けてみられるとわかるだろう。順位を明確にして差をつけねばならぬために、試験は瑣末なことや、どこかに落とし穴のあるようなのや、ともかく速く答えねばならぬようなものが多くなり、しかも、そこで一点を争っている。その試験で五点くらい違っても、おそらく、その人間の基礎学力としては何ら差がないのに、外からの評価としては明らかな差が生じてくる仕組みになっている。

日本の教育の画一性、あるいは、大学の入試制度のことなどを嘆く人は多いが、この問題は日本人全体にかかわる根本問題であるという認識が必要である。制度を少し変えるくらいではなかなかうまくいかない。大人たちは「教育」とか「子どもの幸福を願う」などの美名によって、子どもの個性を磨滅させることをしていはしないか、よく考えて欲しい。

いじめのことを論じるために、教育の問題を述べすぎると思われるかも知れないが、今の子どもたちの置かれている、どうにもならない状況をよく知って欲しいと思うからである。つまり、勉強のできる子もできない子も、腕力の強い子も弱い子も、一様にどうしようもないおしつけてくる力を感じつつ生きている、ということである。それは、どこかにハケ口を見出そうとしている。

子どもの数が少なくなり、経済的にも余裕ができてくると、親が子どもに向けるエネルギーが増大する。ところが、それが子どもを「よい子」にする方向に向けられすぎる。ここにわざわざ「よい子」と書いたのは、親の期待するように成績の順位の高い、母性社会のなかで磨擦を起こさず「平和」に生きる子、という意味で、個性という観点からすれば、まったく魅力のない子である。子どもにとってもっとも大切な自由を奪われているし、ほんとうに「生きる」ために必要な知恵の獲得の機会を持たず、お勉強の知識をもつ子なのである。近頃の子どもはとか、青年はとか言って嘆くのが好きな人は、自分が親として子どもにどう対してきたかを、まずしっかりと考え直して欲しい。そのように子どもを「教育」してきたのは、どこの親なのか。あるいは、「個性の尊重」を打ち出している学校の教師が、日本の母性社会にドップリとつかっているままでいいのだろうか。

思春期と「守り」

親が子どもを「よい子」にしようと努力していても、子どもが思春期を迎えると様子が変わってくる。思春期は人間の生涯のなかでも特に大変な時期である。子どもとして一応できあがってきていることを基にして、全体を底からつくり変えるような時期である。筆者はこれを、毛虫が成虫としての蝶になる間にある「さなぎ」の時期に比類している。さなぎのなかでは大変革が起こっている。それは、毛虫と蝶を比べてみると、どんなに凄い変化であるかがわかるだろう。人間も同様に内界では大変動が生じている。それを遂行するために「さなぎ」は堅い殻で守られているので、外からは見ることができない。

人間の場合も、ある程度の守りがあるときは内部の変動はあまり外に出ない。しかし、この時期に、急に無口になったり無表情になったりする子どもは多い。これは何かを意識的に隠しているのでも、反抗しているのでもなく、自分でも「わけがわからない」ところに、その特徴がある。その表現の方法がわからないのである。

守りが弱いときは、内界の変動が外へと行動化される。このとき、子どもたちはそれを「表現」として行なっているのではなく、言わば「やらされている」ような感じで、ともかくそうせざるを得ない状態に追いこまれるのだ。このときのひとつの方法として、「いじめ」が選ばれる。これはすでに述べたように、自分を安全な場所に置いて行えるので、安易に選ばれやすいのだ。このようなとき、本人もなぜいじめをしているのか、はっきりわからぬことが多い。いじめをする中学生たちに後で訊くと、「何かしらんけど」とか「やり出すと止まらない」とか答える場合が多い。

思春期の子どもたちは、いじめなどのことが明るみにでたとき、「しまった」と思う反面、「ほっとした」とも言う場合が多い。心のどこかで「とめてくれ」と叫んでいる。そして、誰もとめてくれないとなると、それはエスカレートせざるを得ない。中学生が特定の教師を嫌い、時にはその教師に暴力さえふるうことがあるが、理由のひとつに、「あの先生は怒るべきときに怒らなかった」と言うのがある。もっとも、そのことを伝え聞いて、そういうことなら、とその子どもに怒ったら、「何を！」と言ってなぐられた例もある。そのような教師に、「いったいどのようにしたらいいでしょう」と相談を受けることがある。怒っても駄目、怒らなくても駄目。どちらも駄目なら仕方がない、というわけである。それは、怒るときに「腰が入っていない」から駄目なのである。正面から腰を入れて怒る。このことをせずに嘆いている人は、サッカーでもバスケットでも、ともかくシュートさえすれば点が入ると思うほどの安易な考え方をしているのである。

思春期には「守り」が必要である。守りの第一は暖かい人間関係である。後にも述べるがこの人間関係の問題は、今日の大きい課題である。思春期を迎えるまでの、家庭内、友人、学校内、地域内などにおける暖かい人間関係は、思春期の「守り」の第一である。次に大切なのは、これと逆のような印象を受けるが、「ここから先は絶対に駄目」という厳しい禁止である。筆者はこれを「壁」と呼んでいる。不退転の壁にぶち当たってこそ、本当に意味のある変革が生じる。壁なしでズルズルと暴走すると、とどまるところを知らず、それは結局は悲劇的結末を迎え、建設的な変革になることはない。

このような「壁」は動かないことが大切である。ところが、日本で大人の厳しい態度が必要と考えられると、「壁」として立っているのではなく、子どもを閉じこめたり、押しつけたり、体罰を加えたりすることと誤解される。「厳しい」教育を、というとき、子どもの自由をできる限り許しつつ、教師が「壁」として存在するという本来的な方法の難しさに耐えられないので、結局は形式的なことばかりやかましく言うことになる。人間が壁として立ち向かうのではなく、校則やその他のものを前面に出し、人間としての教師はその背後に隠れている。

思春期の壁となる強さをもつためには、大人は「内的権威」をもたねばならない。日本人は権威の本質がわからず、権力と混同して忌避している人が多い。母性社会には権威というものがない。常に全体の圧力が作用し、「長」と呼ばれる人も、その力を利用しているだけの方が多い。権威というのは、判断力、決断力を十分にもち、個人としての責任を明確に自覚することによって得られる。したがってそれは、論争や対決を回避しない。それに対して権力は、その力によって他を支配しようとする。「内的権威」などと書いたが、それは権力と混同されると困るからで、権威はもともと内的なものである。日本の大人たちがそれを身につけることを怠ってきたことが、現在の思春期の子どもたちの「守り」を非常に弱いものにしている。

権威が確立してくると、他人の自由を許す範囲が広くなる。子どもを自分の意のままになる「よい子」にしようなどとは思わない。子どもが自由に生き、その子らしい「権威」を身につけるために、ぶつかってくるのを正面から受けとめるのだ。子どもが自分で自分を守れる人間に成長するのである。

権威によらず母性的権力を行使(真綿で首をしめると言われる方法)して、子どもを早くから「よい子」にしてしまうので、思春期になったとき、彼らは「いじめ」の経験のないまま、急にいじめの世界にほうりこまれ、どこでいじめをやめていいのかわからないままに暴走する。

思春期のいじめは、現在において思春期の子どもに対する守りの稀薄化と、小さいときから大人に監視され過ぎて、適当にいじめなどをしてその程度を学習する機会を奪われてしまっているために、急激に悪化したものと思われる。

これを改善するためには、長期的には、子どもの養育について、われわれ大人が相当に反省し態度を変えることが必要である。そして、今すぐ行うべきこととしては、後にも述べるような、子どもたちとの関係の回復をはかることをなすべきであるし、すでに述べた権威のことをよく考えるべきである。いじめに対して、これ以上は絶対に許さない、という厳しい姿勢を、特に教師たちが確立するべきである。これは繰り返しになるが、生徒の取り締まりのことではなく、教師が人間として生きる根本姿勢について言っている。

思春期の荒れがある限度をこえてしまうと、このときは普通の手段では止められない。時には警察の力に頼ることも必要である。しかし、大切なことは警察の力によって「秩序」が回復したように見えるところから、ほんとうの教育がはじまることをよく自覚することである。警察力に頼ったということは、自分の教師としての権威を放棄したのであり、一度放棄したものを長期にわたって再建する努力を払わねばならない。新しい秩序を手さぐりで探すべきである。多くの場合、警察の力によって事が終わると、解決したとか、秩序が回復したなどと思う教師があるが、それは教育者としては怠慢である。

日本文化の誤解としての「しごき」

いじめと似たものに「しごき」がある。なぜ日本にはしごきが多く、それは限りなくいじめに接近しがちとなるかについて考えてみたい。

しごきはスポーツの世界に目立つが、芸能、学問の世界でも同様のことが生じている、と言っていいだろう。これが生じてくる要因は、日本の芸能が「型」を重視するところにある。根源を訪ねるなら仏教にも深くかかわると思うが、ここでは触れない。このこと自体は決して悪いことではなく、ひとつの極めて意味深い方法である。

これはすでに述べた、全員同等、平等の考えとも結びついている。つまり、誰でも型さえちゃんと身につければ、ひとかどの芸能者になれる。そこに必要なのは個人の個性や能力ではなく、努力、しかも同じことを繰り返す努力である。

実は「型」ができたとしても、真の名人は、その上で型の「ゆらぎ」ということが必要になってくるのだが、「しごき」好きの人はそのあたりを不問にしてしまう。そして、ここで大きく作用してくるのが、母性集団における「長幼序あり」の考え、つまり先輩の絶対的な権力の肯定である。ここで、すでに述べた「権威」のことを思い出していただきたい。権威とはそれに関する知識や技能において、圧倒的に優れ、頼り甲斐のあるものであり、それに対しては論争や対決の自由が許されている。つまり、いくら頑張っても、なかなかそのようなことによって崩されないものをもっているからである。したがって、権威者に指導や助言を受けることは、その者にとって非常に役立つはずである。

ところが、多くの「先輩」は、権威的にふるまっているが、実際はその内実が伴っていない。そこで、後輩の個性を無視して「型」にはめることに専念すると、いかにもそれはよい指導をしているかの如くに見える。それが日本の芸能ならまだしも、西洋に起こったスポーツ、芸術、学問は、まったく異なる文化的背景や思想をもつにもかかわらず、それらに「型」類似の方法を適用しようとすると、効果がないこともあって、勢いそれはヒステリックにならざるを得ない。それは、後輩の成長を目標として「しごき」をしているように見えながら、相手の個性を殺すための「いじめ」に限りなく接近していく。

日本人の「精神」の訓練になぜしごきやいじめが関連してくるのだろうか。このことも根が深い。これは、日本における宗教的な「修行」と関連してくる。東洋の宗教においては、日常の意識とは異なる意識状態になる（変性意識状態と呼ばれる）ことが必要で、これは端的に言うと、通常の生活では大切とされる「自我」を否定するような経験をしなくてはならない(このあたりのことは、日本人の自我のことなど考えると、もっと詳しく論じるべきだが、ここは大まかな論議で勘弁していただく)。禅の公案などを考えてもらうと、その点がよくわかるだろう。ただ、この際、不可欠の要素として、そこに適切な導者が必要である。禅の場合で言えば、老師が必要である。修行に際しての導者が変であれば、どんな馬鹿げたことが起こるかは、最近のオウム真理教のことを考えるとよくわかる。

このような文化背景をもっているので、日本で「精神」を鍛えるためには、無理で非合理なむちゃくちゃな押しつけをして苦しめるべきだ、という単純な誤解が生じやすい。仏教の本来の教えはそんなに単純ではないし、だからこそ優秀な導者を必要としている。

ここで極めて単純化した、楽しさと苦しさの論を導入すると、一般に人間は自分という存在が開かれ、拡張される経験をするときは快感を、逆に押しこめられ、縮小させられる経験をするときは不快感を感じる。人間の成長には圧縮と伸展のダイナミズムが必要で、この両者ともに感じられるのだが、「精神の修行」として、自我を否定していく方をまず考えると、それは苦しむことが第一条件になる。難行苦行してこそ精神が鍛えられると思いやすい。そこで、スポーツであれ芸能であれ、まず「苦しむことが第一」という誤った考えが生まれてくる。

ところが、欧米におけるスポーツや芸能の修練においては、その人間を大きく伸ばすことに重点をおくので、そこに楽しさがまず生じる。もちろん鍛えるための苦しみが伴ってくるが、基本に楽しみがある。欧米のスポーツマンが日本のスポーツの練習を見て、その「苦しみ」中心のやり方に疑問を感じることは多いようだ。日本選手のなかには、「精神修行」で痛めつけられて、本番に萎縮して「精神力の弱さ」をさらけ出すようなのもいる。

真の権威をもたず権力のみをもつ「先輩」が後輩を指導するとなると、結局は「苦しませる」ことのみが中心となって、それはいじめに近くなる。特に後輩に才能があるときなどは、日本的平等感による妬みも作用して、明白にいじめの形をとるときもある。前途有望と目されつつプロスポーツの世界に入り、挫折していった選手のなかには、ここに述べたような日本的しごき(いじめ)の犠牲になった人も相当にいるのではなかろうか。

筆者はカウンセラーの訓練や指導をすることが多い。その方法はむしろ欧米風なので、楽しくやるときが多い。そうすると「もっと厳しく指導して下さい」と不満を述べる人がある。苦しくないと、それは厳しい訓練ではないと思うらしい。筆者は楽しく厳しいことを言っているのだが、この人たちには通じないようである。

日本のスポーツ界にも、ここに述べた点を反省して、「楽しく」しかも強いスポーツマンや、そのような指導者が出てきつつあるのは、非常に嬉しいことである。たとえば、神戸製鋼のラグビー部がそうであるし、最近はイチローという個性をもったヒーローが誕生して、この点を明らかにしてくれた。これらの人は楽しさを意味あるものにするための裏打ちとしての苦しさも経験しているのは当然であり、個性を見出していく厳しい道を知っているはずである。スポーツ界も変貌しつつあるので、われわれ学者の方も、日本の学界が「しごき」指導で若手研究者の個性を潰していないか反省すべきであると思われる。

こんなにまでして……

いじめっ子、いじめられっ子の面接をしていると、次のような話を聞かされることが割にある。中学生で、集団のなかに連れこまれ、なぐる蹴るとやられているうちに、カーッと全身が燃えてきて、番長株の奴にむしゃぶりついていった。夢中でやってるうちに、その番長が「お前なかなかやるな、これから仲間になろうや」と言う。それからは、いじめられるどころか、大変な友人になった、というのである。このような話は、男子にも女子にもある。

こんな例に接して筆者の感じるのは、「こんなにまでして、真の関係を探しだそうとしている」ということである。この中学生が番長にむしゃぶりつくとき、一切の打算とか効果とかそんなことを離れ、一個の人間として存在を賭けてぶつかっている。それを認めて、相手は「友人」になろうと言う。つまり、人間と人間として直接に触れ合う関係になろうというのである。

ここで「こんなにまでして」と筆者が言いたいのは、打算や操作などを超えた直接的人間関係は、相手をわざわざトイレに連れ込んで踏みつけなくとも、持てるはずだと思うからである。しかし、そのことが現在はいかに難しくなっているかも知っているので、いじめる子、いじめられる子に頭ごなしに「悪い」とか「やめろ」などと説教する気にはなれない。すでに述べたように、われわれは不退転の壁として子どもを守らなくてはならない。しかし、いじめなどの行為の底にはたらいている意味に対しては、心を開いていなければならない。

なぐり合いを通して「真の関係」を見出そうとする中学生を、われわれは笑っておれない。それは、教育の現場に繰り返し生じてくる「体罰肯定」の動きなども、その類と見ていいのではなかろうか。真の関係というとき「身体性」との関連を考えざるを得ない。自分が生きている身体、あるいは、体の存在をも関連して感じられるほどの感情や思考、というものではなく、ここにわざわざ身体性と言って、身体と言わないのは、単なる身体そのものではなく、自分が生きている身体、あるいは、体の存在をも関連して感じられるほどの感情や思考、という意味で言っている。「身についた教え」とか「体を張っての対決」などと、日本語には身体性を感じさせる表現は多い。確かに、思春期の子どもたちの荒れに立ち向かうには「体を張って」対決する決意がなくては駄目である。だからと言って、そこで直接に身体を用いて接触すること(たとえば体罰)などを考えるのは、イマジネーションの貧困である。

体罰は、罰する方が一方的に身体的な力を行使するのだから、これはほんとうに「体を張った」ことになっていない。やはり、ほんとうの「関係」というのは、双方にはたらくもので、一方向のものは駄目である。たとえば、親が子どもを抱いているときも、それが双方にはたらきかけのある関係であることを、親がどこまで自覚しているかによって、その関係の深さが異なってくる。抱いてやっている、育ててやっている、という一方向の意識のみでは、深い関係にならない。

日本の教育について、随分とその欠点を突くことを述べたが、日本の学校においても、子どものひとりひとり、子どもの個性を大切にしようとする教師がでてきていることも事実である。筆者は幸いにも現場の先生方との接触が常にあるので、そのような実際例を知ることができる。『臨床教育学入門』(拙著、岩波書店、一九九五年(本著作集第五巻所収))には、そのような具体例をあげて教育の実際問題を論じた。そのなかの一例をここに紹介する。京都市の小学校の福井景子先生による報告である。

この学校では小学五年生が「みさきの家」というところに宿泊し、班別に分れ、自分たちで食事を作ったりなどの生活をする校外学習がある。そのときに、「みさきの家」では勉強がなくて皆で一緒に生活するので「クラスメートの今まではぜんぜん知らなかったよい面が見えるはずだ」「思いがけない発見があるから注目して欲しい」と子どもたちに言っておく。「みさきの家」の体験が終わると、詳細な手続については省略するが、学級のひとりひとりが色画用紙に自分の名前を書いて順番に他にまわしていき、それにクラスの各人が「みさきの家」でみつけた、その子のよいところを書く。全部が終わると各人は自分へのメッセージを読む。

それぞれが自分のを読んで嬉しそうな顔をしている。先生としては仲間はずれになりそうだった子、学校内で活躍しない子のことが心配だったが、感心なことに、子どもたちは互いによく観察して、子どもらしい見方で「よいところ」を見つけている。

この企画では、子どもたちも結構楽しみながら互いに個性の発見をしているし、関係性が成立してくる。福井先生は別に「いじめ対策」などと考えてしたわけではないが、このクラスではいじめがないというのもうなずける。学校場面以外のところに注目したので、学業と無関係に子どもたちのよさが発見されるところがよい。

京都市の先生方との研究会で、この報告を聞き、参加した先生たちも感心。「子どもたちは、その一枚の画用紙を「みさきの家の宝」として大切にしている」などと聞いて、われわれも嬉しくなり、「それで保護者からの反応は」と訊くと、保護者は「子どもの成績に関係のないことにはあまり関心がありません」と言われ、一同絶句してしまった。このような教師の努力が保護者にも評価されるようになると、日本の教育も変わってくるだろう。

近代科学・技術の急速な進歩により、人間が他を効率よく操作する思考法に傾き過ぎ、しかもそれを日本のように全体としての効率を考えてやり出すと、誰もが真の人間関係を喪失したように感じたり、すべての人が被害感を感じたりする。それがいじめの温床となっている。それを克服するためには、回り道のようだが、関係性の回復を目ざす地道な努力の蓄積が必要であろう。

6 「死生観」の危機

死と向き合えない

最近の子どもたちの「いじめ」の報道で、特にわれわれに暗い思いをさせるのは、そこに自殺、他殺などの生命を奪う行為が含まれることである。いじめは昔からあったが、今のように、それによって命を失うということは少なかった。あるいは、もう少し以前のことだが、若者たちがホームレスの寝ている人を川に投げ込み殺害してしまった事件があった。これらのことを知ると、現代の日本の若者たちがどうしても「死」ということを軽く見ている、としか考えられない。

数年前に小・中学生の自殺が多く報道されて社会問題となったことがあった。そんなときに東南アジアの方と話をしていると、自分の国では食うや食わずの生活をして苦しんでいる子どもたちがいるが、そんな子どもたちは自殺などせずに頑張っている。それに引きかえ、日本では子どもは恵まれた生活をしながら自殺をする。これはいったいどうしたことか、と言われたことがある。どうも日本人は、人の命、自らの命というものを粗略に考えすぎる、というわけである。

ところで他方では、ある老人ホームに勤めている人の話を聞くと、最近の老人は「生に執着しすぎて見ておれない」などという言葉がでてきたりする。この人の考えには、老人というと「悠々自適」とか「余生を楽しむ」というようなイメージが強く、最後は「静かに死を迎える」ことになるはずなのだが、現在の老人を見ていると、少しでも長生きするために、少しでも残された生を精一杯楽しむために狂奔していて、死が訪れてくると、にわかに元気がなくなったり、大あわてをしたりして、「見苦しい」ということである。つまり、ここでは「人の命」を大切と考えすぎて、死の大切さとか意味とかが何も考えられていない、というわけである。

後にも述べるように、日本の文化において「死」は極めて重要なことであった。死を目標に生きているようなところさえあった。ところが現代の日本人の生き方を見ると、「生」にしがみついて「死」を無視して生きているか、あるいは、極めてあっさりと「死」の方について行ってしまう、というような分裂した態度が認められる。

欧米人と話し合っていて、次のように言われたことがある。「日本人は輪廻転生を信じているからいいですね」と。「そんなことはない」と打ち消すと、それではハイジャックされたときなどの日本人の「あのふしぎな落ち着き」をどう説明するのか、と言われた。欧米人なら何とかして助かりたいと思い落ち着いておられない。あるいは助かってもハイジャックの犯人に対する怒りはおさえようのないほどである。それに対して、日本人の乗客は平然としている(と少なくとも欧米人の目には映るらしい)。そのうえ、助かったときも、犯人に対する怒りや憎しみの感情が弱い。これはつまり、死んだとしてもどうせすぐ生まれ変わると信じているからではないか、と言うのである。

あるいは、日本に在住し、日本の死んでいく人たちのための臨床に直接たずさわり、多くの経験を積んでいるカール・ベッカーさんから次のような話を聞いたことがある。自分は無神論者であるとか無宗教であると公言している人でも、最期の最期になると、自分の魂は山の上へ登っていき、そこで先に死んだ親に会える、という類の極めて日本的なイメージが浮かんできて、それによって静かな死を迎える、という例が割にあるそうである。西洋近代の合理主義を身につけて、それで「生きて」きたつもりであっても、「死」に際しては、日本の古来からの伝統的なイメージが支えとなる。このようなとき、この人の「死生観」はどうなっていたと言うべきであろうか。この人の人生全体を支えてきた人生観に分裂はなかったのか。その分裂はこの人の生き方に何の影響も与えなかったのだろうか。

考えてみると、最期のときになって、それまで本人が意識もしていなかった伝統的イメージがその人を救うのは、有難いこととも言うことができる。どうせそのときはそのときだから、生きている間は宗教とか神とか面倒なことを考えなくともいいだろう、という考えも出てくる。これもひとつの生き方であろう。しかし、この場合も、「最期は何とかなる」という半意識的な支えがあってのことである。それがなければ、それほど安心はしておられない。それに、自分にとって極めて大切な死を支えてくれるものを、生きている間はあまり意識せずにいるのでは、せっかくの人生の味を半分しか味わわずに生きていることにならないだろうか。

「いかに生きるか」と「いかに死ぬか」

死ということは人類にとっての大きい課題である。動物のなかで自分が死すべき存在であることを自覚しているのは、おそらく人間だけであろう。死をどう受けとめ、どう理解するか、ということから宗教が生まれてきた、ということもできる。考古学の調査によっても、人間は相当古い時から、葬送の儀礼をもっていたことがわかる。

そんなに古い時のことを考えなくとも、私が子どもの頃の祖父母は、まだ地獄や極楽のことを信じていた、と言える。死んで浄土に行くということは、相当に強い願いであり、信念でもあった。来世の存在に対する確信が今世の生を支えていた。キリスト教国においても、「復活」ということが信仰のなかで重要な意義を占めている。死後に復活し最期の審判を受ける。このことがこの世に生きる生の在り方を支えていた。

多くの宗教が教えるところは、死を単純な「終わり」として見るのではなく、ある人の存在は死によって完全に消滅してしまうのではない、という点にある。死に対するそのような確信が、その人の生の在り方に強い影響を与えるのである。「死生観」という表現があるのも肯けることで、死と生とをまったく切り離して「観」ずることは不可能なのである。

このような死生観の形成において、生と死との微妙なバランスを保つことはなかなか困難なことである。前近代の日本においては、その比重が死の方にかかっていたように思われる。「いかに死ぬか」、あるいは、もっと積極的に「いかに美しく死ぬか」ということが、生の目標と考えられるほどになる。武士の場合は、これが特に強かったと思う。森鷗外の「阿部一族」などには、死を目指して生きる武士の姿が見事に描写されている。

キリスト教文化圏においては、死後生について考えるにしろ、それは「一回限りの復活」なので、生きることの方に比重が強くかかってくる。輪廻転生などしないのだから、この一回かぎりの生をいかに生きるかが、極めて大切になる。その上、キリスト教の生み出した、ある意味では「鬼子」とも言える自然科学が、生きることの比重をますます大にした。自然科学と結びついたテクノロジーの発達によって、人間はこの世での生を一挙に快適に効率よくすることができた。しかし、それによって生を謳歌できる分だけ、死に対する「観」は急に貧困化した。現代の自然科学の知識をもちつつ、地獄、天国の存在を簡単に信じるのは難しいだろうし、一回限りの復活の信仰をしっかりともつことも難しいのではないだろうか。

一九九〇年の三月、アメリカのニューポートで「死ぬことの難しさ」という変わった題目のもとに行われたシンポジウムに参加したことがある。これは医療技術の急激な発展により、人間は相当に延命できるようになった。しかし、そのために随分と「死ぬことが難しくなっている」という認識によって企画されたシンポジウムである。参加者に保険会社の人が居て変な気がしたが、理由はすぐわかった。アメリカのすべての人ができる限りの延命装置をつけるようになると、そのコストは莫大となり、破産してしまうというのである。この人はその計算を丹念にして、驚くべき数値を示してくれた。

それでは、いつ誰がどのようにして延命にストップをかけるのか、という難問が生じてくる。医者、弁護士、牧師、などの人々が専門的な立場から、この問題を真剣に論じた。論理的に合理的に論を進めていき、これらの人々は、あれも考えられるこれも考えられるとした後に、結局のところは明確な答えはないという結論を出した。

「異文化からの発言」という趣旨で私は最後に発言した。「皆さんが死に対してこれほど真剣に討論されることに深い感銘を受けた。しかし、皆さんがいくら努力されても結論は出ないであろう」と、私は次のように述べた。ここに論じられたのはすべて近代の「いかに生きるか」という考えに基づいており、その延長上で死のことを考えようとしている。したがって、結論が出ないのも当然である。やはり「いかに死ぬか」という見方、人生を死の方から見る態度も必要なのではないか。ただし、「いかに死ぬか」の方に偏重しすぎた人生観が、どれほど馬鹿げた結果を引き起こすかを、私は日本人として、戦争中に身をもって体験してきた。したがって、日本がいいとか東洋に見習えなどとはあまり言う気がないし、現代の日本も近代の圧力によって、死の問題に混乱が生じていることも知っている。現代は、いかに生きるかだけではなく、いかに死ぬかを同等の重みをもって考えねばならないのではないか。以上のようなことを例を交えながら話したが、立ち上がって拍手してくれる人があるほど、好感をもって受けいれられた。

ところで、日本の現状はどうであろうか。日本においても西洋近代のもたらした影響は極めて大きい。それに先にも少し触れたように、軍閥による死の強調の不毛さを経験した後だけに、敗戦以来今に至るまで、ひたすら便利で物の豊かな生を追求してきて、昔からある、日本人の死に対する知恵は忘れたような状態になってしまった。

近代科学は、これまであちこちで論じてきたように、研究する人と研究される現象との間に明確な切断があることを前提としている。そのようにしてこそ「普遍的」な結果が得られ、誰でもがそれを利用できる。それを基にして発達したテクノロジーも、操作する人と操作される機械との間に明確な区別があり、したがって、操作する人はマニュアルに従ってさえおれば、誰でも同じ結果を得ることができる。これは実に素晴らしい方法を考え出したものである。

しかし、このような考えがあまりにも有効であるので、人間が人間のことを考えるときにまで適用するという失敗を、近代人はおかしてきたのではなかろうか。医学の例をとってこれを考えてみよう。近代医学の方法によると、研究者は人間の人体を客観的対象として研究し、それによって多くの成果をあげた。このため多くの病気を治すことが可能になった。しかし、この方法をそのまま医療に応用すると、われわれが患者となって入院すると、一人の人間としてよりは、一個の身体として扱われているように感じることがある。それでも、これで病気が治る場合は辛抱もすることだろう。

しかし、一人の人間にとって極めて重大で、極めて個人的なことである「死」に対しても、このような方法によってアプローチされてくるとなると、これは大いに考え直すべきではなかろうか。いかに効率のよい生を生きるかという観点から導かれた方法を、そのまま死に対して適用していいのだろうか。

死と「人称」

現代における死の問題を考える上において、やはり柳田邦男の「二人称の死」という考え方は注目すべきではないだろうか。つまり、自分にとって大切な妻とか子どもとかの死――二人称の死――を、近代医学の扱っている三人称の死——自分と無関係の人の死——とまったく同列に考えていいのだろうか、という疑問である。

既に述べたように、近代科学の特徴は、その研究者と研究対象との間に関係が存在しないことを前提としている。それは、自分と関係のない「もの」あるいは「第三者」のことを扱っている。そして、繰り返すようだが、このようなアプローチによって近代医学がめざましい進歩を遂げていることも忘れてはならない。しかし、これはあくまで人間をいかに長く生きさせるか、という目的意識においてなされてきた営みであり、その方法や考えの文脈のなかで「死」ということも考えられることになる。つまり、それは生きることの終わりという意味で、人間一般についての死を明確に定義できるであろうが、それはあくまで、三人称の死なのである。

これに対して、私が「私の死」をどう受けとめるか、というのは「一人称の死」であって、近代医学の問題ではない。それは、まったく一回限りの事象であり、私が私の死をどう受けとめるのかという点で、観察者と現象とは切っても切れぬ関係にあり、近代科学の方法論はまったく通用しない領域である。ここでは近代科学の方法において重要な地位を占める「実験」を行うことも不可能である。これには宗教がかかわって来ざるを得ない。

一人称の死の問題はしばらくおくとして、二人称の死はどうであろうか。この問題を提出するに際し、柳田邦男は極めて具体的な自分の体験を基にして語っている。だからこそそれは非常に説得力のあるものとなっている。柳田邦男『犠牲《サクリファイス》——わが息子・脳死の11日』から引用しよう。

「私と賢一郎(柳田氏の長男)がそれぞれに洋二郎にあれこれ言葉をかけると、洋二郎は脳死状態に入っているのに、いままでと同じように体で答えてくれる。それは、まったく不思議な経験だった。おそらく喜びや悲しみを共有してきた家族でなければわからない感覚だろう。科学的に脳死の人はもはや感覚も意識もない死者なのだと説明されても、精神的な命を共有し合ってきた家族にとっては、脳死に陥った愛する者の肉体は、そんな単純なものではないのだということを、私は強烈に感じたのだった。」

この文は極めて重要なことをわれわれに伝える。柳田邦男は自然科学の知識を十分に持った人である。したがって、脳死が科学的に死であることを容認するかも知れない。しかし、彼が言いたいのは、脳死状態にある息子が「体で答えてくれる」事実が厳然と存在するということである。

既に述べてきたように、ここに言う「科学的に」とは、対象と無関係であることを前提にした発言である。それに対して、柳田が「愛する者の肉体」と呼ぶとき、「喜びや悲しみを共有してきた家族」としての関係を前提としている。「感覚も意識もない」から死者だなどという「単純なもの」ではない。

もっと不思議なことが起こった。脳死後の九日目に柳田邦男が洋二郎の集中治療室を訪れると、血圧と心拍数が急にあがったのだ。看護婦さんも「さっきまで血圧は一二〇台、心拍数は五〇台だったのに」「お父さんが来たら、急にあがったわ」と驚く。血圧一四〇前後、心拍数六〇台へと急上昇する。まさに「体で答えてくれ」ているのだ。

このような不思議なことが生じるための、もうひとつの条件として、洋二郎の入院した病院の医療体制があると思われる。柳田邦男の記述している、洋二郎を担当した富岡医師や看護婦さんたちの姿は感動的である。この人たちは「脳死した身体」を近代医学的に操作しようとしているのではなく、自分たちと「関係のある人」として、心から接している。柳田は富岡医師に感謝して次のように言っている。

「現代の医療は死を敗北としてとらえ、勝点をあげることばかりに目を向けていますよね。救命の努力はもちろん重要ですが、救命できない場合でも、医療者には大事な仕事があるはずです。先生は確かに洋二郎の命を救えなかったけれど、彼がよりよい最期を迎え、私たち家族がその彼の最期を援けてやれるだけの十分な時間を創ってくださった。看護婦さんたちのひたむきであったかいケアや私たちへの励ましは、私たちにとってかけがえのない支えでした。」

ここで柳田は「医療」というものの重要性を的確に述べている。近代医学の発展は大切なことであるが、それを実際の場に生かす「医療」においては、医療従事者と患者との間に関係が存在し、それを大切にすることによってこそ仕事がすすむのである。そのような態度がしっかりと身についている限り、死は必ずしも敗北ではない。二人称の死を意味あるものとするためには、その二人称の関係を暖かく取り巻く関係が必要なのである。

このまったく逆の場合はどうか。せっかくの二人称の死に近代科学という武装集団が土足で踏みこみ、「体で答えよう」としている人間を、死体というものに急速に追い込んでしまうことになるのではなかろうか。それは決して医療とは呼べないであろう。それは個人の尊厳に対する侵害である。

死を体験する

一人称の死は体験できないと既に述べた。まさにそのとおりである。しかし、それに類似する体験はあるし、人間の生涯において大切なことでもある。

死の体験の重視は、かつて非近代社会で行われた通過儀礼《イニシエーション・ライト》にはっきりと認められる。このことについては、既に他に何度も述べてきたが（拙著『大人になることのむずかしさ』岩波書店、一九八三年〔第Ⅰ期著作集第一四巻所収〕など）、死を考える上で無視することはできないので簡単に述べる。通過儀礼とは、非近代社会において、ある人間の在り方が不連続的に根本的に変化すると考えられるときに行われる儀礼で、たとえば、子どもが大人になる、俗人が聖職者になるようなときである。このようなとき、その儀礼の中核となるのは「死と再生」の象徴的体験である。成人式であれば、そこで子どもは死に、あらたに成人として再生してくる、と考えられる。

この死の体験の儀式は、なかなか手のこんだものが多く、たとえば、子どもたちは「十五歳になると、山の恐ろしい神に食い殺される」などと教えられており、そのとおり十五歳になると山からやってきた怪物(実は長老の変装)に引っぱっていかれるので、死の恐怖をもろに体験するようになっている。その後に再生の儀式があるが、この際に子どもの名は棄てられ、新しい成人の名をつけられることもある。

成人式についてはこれ以上述べないが、ともかく、このような死の体験が人間の成長の節目において非常に大切なことは了解していただいたと思う。このような考えの延長として、肉体の死はこの世で死にあの世に再生する入口と考えられるので、葬式は人生における通過儀礼の最も重要なものとして受けとめられる。死は単純な終わりを意味していない。

宗教学者エリアーデは、彼の著書『生と再生――イニシエーションの宗教的意義』(東京大学出版会、一九七一年)の冒頭に、「近代世界の特色の一つは、深い意義を持つイニシエーション儀礼が消滅し去ったことだ」と述べている。その理由については長くなるのでここでは触れない(関心のある方は前記の拙著を参考にされたい)。

制度としてのイニシエーションは消滅しているが、個人としてのイニシエーションは存在していると言うべきで、ある個人が人生の節目を越えるとき、そのような体験をしている。それは、私のような心理療法の仕事をしているとよくわかる。それは時に「夢のなかの死の体験」として生じることもある。一般には夢のなかで死にそうになると覚醒してしまうが、時にははっきりと死の体験をする。これは深い体験である。簡単に生じることではない。その意味で言えば、私はいろんな人の死を看とり、再生への援助をしてきた、とも言うことができる。

死の象徴的体験は大切なものであるが、近代社会は制度としてのイニシエーションを失うと共に、「死と再生」の象徴的体験をする機会をも少なくしてしまっていないかを反省すべきである。それはあまりにも生を重視し、死を嫌うため、象徴的な死を起こりにくくしている。すると、死を拒否する手からこぼれ落ちるように、象徴的死の体験をするはずのものが、実際の、思いがけない死へと突き落とされる。最初に、現代の若者たちの安易にさえ見える死の現象を取りあげたが、これに対しては、それを嘆くのではなく、象徴的死の回路を塞いだり、再生を体験させる場を準備していない現代社会の在り方についても考慮すべきではなかろうか。

人間の死は極めて神秘的で不可解であるから、一般論として論じることは難しい。自殺の場合もそのとおりで、単純に評価などできたものではない。よほど詳しく調べても、その「原因」などというものはわからない方が多い。個々の例について原因を論じたりするのではなく、今後のことを考えるのなら、むしろ、死の体験の重要性を認識することによって自殺を避けうる場合がある、というパラドックスをよく知っておくべきではなかろうか。

臨死体験ということが、最近多くの人の関心を呼んだが、それによって来世の存在が証明されるとかされないとかいうのではなく、ともかく主観的な「死の体験」が、その人にとってどれほど大切であるのか、という点に注目すべきであろう。また、それ故にこそ一般の人々の関心を強くひきつけたものと思われる。死の体験に類似した報告を聞くことによって、各人が「一人称の死」について考えることも、知らず知らずのうちにしていると も言うことができる。

一人称の死そのものは体験しようがないが、死と再生の象徴的体験を繰り返すことによって、人間は徐々に自分の死についての準備ができるのではなかろうか。しかし、そのことをよく自覚していないと、せっかくの体験を自分のものとすることができない。自覚がないとそれを事故とか不幸とか、変な出来事などとして受けとめるだけになってしまう。

死についての「物語」

三人称の死については従来の自然科学がその答えをもっている。しかし既に述べたように、一人称、二人称の死についてては、自然科学の方法論によってはアプローチができない。しかし、ここでひとつ問題にしたいのは、柳田邦男の報告しているように、父親が来室すると脳死状態の息子さんの血圧や心拍数があがるという事実である。柳田は類似の他の例についても言及している。

ユング派の分析家、C・A・マイヤーは『意識』(創元社、一九九六年)という書物のなかで、人間の意識が脳にのみ存在するという考えを拡げ、胃の意識、腸の意識なども存在するという考えを提唱している。これを認めると、柳田の体験は説明されやすい。極限状態における人間の意識状態の現象について考えるとき、マイヤーの説を受けいれたくなる。ただ、私自身はこの点について未だ態度を留保したいが、これらのことを考える上で、従来の自然科学の方法論をこえて、研究者と研究される現象との深いかかわりを積極的に認め、そこに生じる現象を記述し、それについて考えることを「新しい科学」として考えるならば、そのような科学によって、マイヤーの提唱していることや、柳田が記述している二人称の死についての現象などを科学的に研究することが可能になってくるかも知れない。西洋近代の影響を強く受けながら、古来からの人間の深いかかわりのパターンをまだ保持している日本人は、このような「新しい科学」の発展に寄与する際に有利である、とも思われる。

「新しい科学」などとんでもない、それは「お話」だ、と言う人があれば、私は「お話」でもいいと思う。それを「単なるお話」として棄て去るのではなく、極めて価値のあるものとして認めてもらうなら、「お話」でいいのである。

言いかえるならば、われわれは一人称の死、二人称の死についての自らの物語をもたねばならないのである。さもなければ、生は死の裏づけをもたぬ薄っぺらなものとなり、いかに生きるかにあくせくしていながら、何か落ち着きのない、安定感に欠ける人生を送ることになってしまう。その死の物語は、自分の物語として、自分の全存在のなかにしっかりと根を張ったものでなければならない。

民俗学の柳田国男は『先祖の話』のなかで、そのような物語を持っている人物の姿を紹介している。ゴム長靴を履いて、はんてんを重ね、白い髪の垂れている大工さんであるが、その姿がいかにも落ちついている。人間ができているのだ。その秘密は、その人が自分には子どもも孫もあり、墓もつくってあって「そのうちに御先祖様になる」ことを確信している事実である。その人の社会的地位、名誉、財産などではなく、自分自身の死の物語——御先祖様になる——がしっかりと身にそなわっている事実が、この人に落ちつきを与えている。

古来から多くの宗教は多くの「死の物語」を提供してきた。そのいずれもが、死を単純な終わりとするのではなく、人間の生涯を、それを超える永遠の相のなかに位置づける試みをしてきた。そのうちのどれかを、「私の物語」として信じられる人は、それを信じるといいだろう。そして、そのような死の物語が自分の生の物語とどのように関係し、どのように意味づけ合うかを慎重に検討するといいであろう。一方で、最近のオウムの事件が示すように、何らかの死の物語をそのまま簡単に受けいれることには、重大な危険が伴うことも忘れてはならない。

ここで何らかの特定の宗教による物語を受けいれることのできない人は、自らの死の物語を創らねばならない。これは自らが自分の人生を生きることとの仕事の一部である。おそらくこれからは、個人が個人の努力によって、このような死の物語を創りあげていかねばならぬ時代になると思われる、と言っても、それは簡単に右から左に出てくるものではない。「私」という存在は、思いもよらぬ長い歴史を背負っているし、周囲の実に多くのものと関連している。物語は自分の「なか」から生み出されると言っても、それは「そと」と限りなく結びついている。それに、われわれは相当な科学の知識をもっている。それらのなかで、物語を創り出さねばならない。これは困難極まりないことであるが、この世に生を受けた人間の課題なのである。

西洋近代の死の物語においては、精神あるいは魂と身体の完全な区別が前提になっており、「いかに生きるか」

「いかに生かせるか」の延長上で死を考える物語が優勢であり、そこでは脳死を死と判定することに賛成が得られた。欧米のことはほとんど無批判に取りいれてきたように見えた日本人が、近代科学・技術の先端をいく臓器移植の事実に接したとき、ほとんど無意識的な抵抗を強く感じたことは興味深い。死という極限の状況において、日本人の死の物語がどこかで侵害されることを感じたからであろう。

本論は、もちろん臓器移植そのものに反対していない。柳田邦男も同意見であることは、前記の書物を読んでも明らかである。話の要点は、まったく個人の尊厳にかかわる一人称の死、二人称の死の領域に対して、一般的な方策としての三人称の死にかかわる医学や法律などが勝手に侵入してくることを拒否しているのである。したがって、ある個人が自らの死の物語のなかで、自分の心臓の移植に同意しても、それには何も反対するものではない。それはむしろ崇高なこととして尊敬されるが、あくまで、その人個人のことなのである。既に述べたように、「死の物語」を創ることは、あくまで個人の責任にまかせられるのである。

7 「母性」と「父性」の間をゆれる

やっぱりみんなで

バブル経済の崩壊で、日本は相当な苦境に立たされている。筆者は経済には門外漢で、それについて正面から論じることはできないが、それに対応していく日本政府、日本人の在り方を見ていると、こんども「やっぱり、みんなで背負う」のだなと思う。細かいことには触れないとして、大まかに言うと、一部の人間の悪事を何とか国民全体の力でカバーしようとしていることになる。

今は金利が極端に低くなった。コツコツとお金を貯え、老後はその利子で少しは楽しい生活をしたいと思っていた人は、大変な打撃を受けている。そして、これらの人たちは現代日本の経済的状況の悪化に対してほとんど責任をもっていない。しかし、これらの人々が大規模なデモをしたことも、その意見を政府や他の国民にとどくほどに述べたということもない。みんな黙って耐えている。

この様子を見ると、日本が戦争に敗れたときに言われた「一億総懺悔」という言葉を思い出す。戦後五十年の間に、日本もいろいろな変化を経験したが、いざとなると、個々の責任を明らかにしないまま、あいまいな全体で物事を受けとめるというパターンは、まったく変わっていないことがわかる。

もちろん、これは単純に「悪い」とばかり言っておられない。石油ショックを乗り切ったり、阪神淡路の大震災のときに、諸外国に比してPTSD(心的外傷後ストレス症候群)があまり発生しないことには、前述したようなパターンが関係していると思われる。それに先進国のなかでは、相当に安全性の高い生活をしていられることも、この傾向と関連している。

問題は、日本人のこのようなパターンが非常に根深いこと、それは諸外国とは異なるものであることを、われわれがどこまで認識しているか、ということである。このことの認識に欠けるために、外国人との間に無用の誤解や摩擦が生じることが多い。

それともうひとつ大切なことは、このような日本的傾向も徐々にではあるが変化しつつあるという事実である。これは国際化、情報化の時代を迎え、異文化との接触が激しくなったためである。日本の場合は、欧米に追いつけ追い越せでやってきたので、その影響を受けることが多い。しかし、日本は変化して欧米型になるのか、あるいはそうなるべきなのか、そのときは欧米以外の国々との関係はどうなるのか、などと考えるべき点が多くある。

考え方の原理が違う

一九五九年にはじめて渡米したとき、筆者は自分なりに相当に西洋化されていると思っていた。しかし、実際にはいろいろとカルチャー・ショックを経験した。また、カルチャー・ショックを受けて悩んでいる人たちの相談も受けた。そんなときに「アメリカ人は自己中心的だ」「不親切だ」などと評価する人が多かった。これは逆に言うと、アメリカ人からすれば、日本人は「自我がない」「うそつきだ」などの非難につながってくる。

このような、評価を伴う表現ではなく、むしろ評価とは関係なく、二つの文化を支えている考え方の原理が異なっているのだ、と私は考えるようになった。そのような原理の差に気づかず、自分のよって立つ原理で判断すると、相手を攻撃したくなってくるのだが、実際は両者の優劣は、にわかに判断し難いと思う。そこで文化差を考える原理として、父性原理、母性原理という二つの対立する原理をたてた。この命名は欧米で用いるときは理解されやすいが、日本をはじめアジアの国の人々には誤解されることがよくある。それについては後に触れる。

父性原理、母性原理という軸によって日本文化を論じることは、一九七五年に試みた(後に拙著『母性社会日本の病理』に所収)が、その後この考えは相当一般的に用いられるようになった。しかし、時にそれが誤用されたりするので、ここに簡単にその考えを要約しておく。

父性原理は「切断する」ことにその特性を示すのに対して、母性原理は「包含する」ことにその特性を示す。父性原理はすべてのものを切断し区別する。主体と客体、善と悪、心と体などすべてを分類する。これに対して、母性原理は、すべてのものを区別なく包みこんでしまう。そのなかではすべてのものが絶対的な平等性をもつ。極端に表現すると、母性は「わが子はすべてよい子」という標語によるのに対して、父性は「よい子だけがわが子」という規範によっている。母性原理によるときは、したがって、「うち」か「そと」かということが非常に大切で、「うち」のものに対しては絶対的平等が保証されるが、「そと」は「赤の他人」であり、われ関せずである。これに対して、父性原理では善悪の規範が先行し、善なるものはいいが、悪なるものに対しては徹底的な排除が行われる。

どのような文化、社会もこれら両方の原理をある程度共存させているが、一般的に言ってどちらか一方が優勢で片方が抑圧される傾向をもつ。ヨーロッパの文化は父性原理優勢で、アメリカはそれを強く押しすすめた社会である。これに対して、アジアの国々は母性原理優位である。しかし、後述するように、その在り方はそれぞれ異なってくる。

ヨーロッパにおいて父性原理が強くなった背景として、キリスト教の存在がある。父なる神を天にいただく一神教においては、善悪の判断が非常に明白である。これに対して、アニミズムや多神教の世界においては、明確な善悪の判断は下しにくい。それよりも、「うち」か「そと」かの判断が大切となり、多くの場合、それは運命的に決定されている。

地球上でヨーロッパ近代は、特に父性原理を強調することになった唯一の文化であると考えた方が妥当と思われる。父性原理の「切断する」機能を極端に押しすすめ、現象とそれを観察する人間との間に明確な切断を行い、現象を客観的に観察して、そこに因果法則を見出す方法は、普遍的な結果を生み出す。それが近代のテクノロジーと結びついて爆発的な進歩を遂げ、地球上のすべての国がその影響下におかれるようになった。

また、人間の生き方としては、「切断」しようとしても切断できない単位としての「個人」——英語のインディヴィデュアルは、分割不能を意味する——を重視する、個人主義が重要となる。ここで大切なことは、この個人主義がキリスト教という支えによって、その倫理を維持してきたことである。各個人は切り離されているが、超越的存在である神とのつながりを基礎として、お互いの関係が回復される。日本人が個人主義のことを考える際に、このことをどう考えるかは大きい課題である。

母性原理は一切を包みこんでしまうが、それを無限の広さに拡大することは不可能なので、その「範囲」を限定することになる。この際、地縁、血縁などの「縁」が重要になる。つまり唯一神との契約のようなものが問題になるのではない。

後にも述べるように、アジアの国々では血縁に頼るところが大きい。しかし、日本では「家」を大切にする。このときの「家」は、養子制度などを活用し、必ずしも血縁によらないところが特徴的である。家を維持していく大義のためには、時には血縁を無視して、能力の高い者を養子に迎えることとさえする。このときに「能力差」を考慮にいれるという点で、父性原理が用いられるところに注目すべきである。

ヨーロッパに生まれた近代化の傾向を、日本が他のアジアの国々より先に受けいれ得た要因にはいろいろなことが重なり合っているが、日本が母性原理を血縁によってつくりあげず、むしろそのなかに父性原理をある程度いれこむ形をもっていたことも、大切な要因のひとつであると考えられる。

日本人の母性原理は、血縁よりも、ある与えられた「場」においてはたらくことが特徴的である。先にもっとも典型的な例としての「家」をあげたが、このような「家」観念はいろいろな場に適用される。たとえば、日本の近代においては、これが「会社」に適用され、会社は社員を「丸抱え」にしなくてはならないが、社員は「一丸となって」会社のために一生はたらくという形がつくられる。そして、全社員はタテマエとしては絶対平等であるという母性原理と、会社の繁栄という大義のためならば能力差を認めるという父性原理が、時に葛藤を起こしたり、うまく相補的に作用したりしている。

日本人は「場」を優先するので、個人としての意見を問われても、すぐには答えなかったり、「皆さんのお考えは」と聞いたりする。あるいは、交渉の場合でも、まずそのような「場」をつくることが大切と思うので、飲食を共にしたり、譲歩したり、あいまいな表現をしたりして、場の共有関係をつくった後で交渉する。これに反して、父性原理による文化では、個人としての意見を明確に最初から表明することによって交渉する。このような差が、考え方の原理の差によることを認識していないと、すぐに相手に対する低い評価や、誤解につながってしまう。

日本国内においても、伝統的な母性原理と欧米から取り入れられた父性原理とが、相争っていることは多い。いずれも自分の考えが「正しい」と思うので相手を攻撃することになるが、この際も、よって立つ原理の差に注目し、さてどうするかと考えることにすると、もちろん答えはすぐには出て来ないが、相手を無用に「悪者」と考えることは少なくなるだろう。

日本で興味深いことは、つい最近まで革新とか改革とかを主張する人々が、むしろ母性原理に基づく絶対平等を強調することが多いことであった。そういう集団は、極めて古い日本的人間関係を重視するようになる。「民主主義」と言っても、個人主義から出発した民主主義と、日本の民主主義は、どのように、なぜ異なるのかなどの自覚がなさすぎたと思われる。このような点が日本で、「革新」グループが成功しなかった要因のひとつになっているようである。

考え方の原理と、宗教

すでに述べたように、西洋の、世界に対する影響が強いので、まず欧米との比較をしたが、これからの日本は欧米以外のいろいろな国のことについても、よく考えねばならない。アラブの国やアフリカについても考えねばならないと思うが、筆者はそのような国を訪ねたことがなく、論じる資格がない。そのうちにそういう機会があると思うが、ここではアジアの国について自分の知っていることを述べる。

まず隣の韓国においては儒教的な考えが強く、父系の家族集団内における母性原理が非常に重要である。日本人は「場」を大切にするので、韓国人に比べると自己主張する力が弱い。その点のみをみると、韓国人の方が日本人より近代的で個人主義的に見える。しかし、それは大きい家族集団によって支えられているもので、その集団外に出ると強く自己主張をするが、家族のなかに入ると、まったく従順になる。この程度は日本人よりはるかに強い。このような、血縁による家族の強い結びつきは、韓国の近代化の上でひとつの障害になっているように見受けられる。

ここで、父性、母性の原理について、もう一度その意味を明らかにしておきたい。これは人間のものの考え方や感じ方の原理であって、父系、母系家族とか、家族内の父権、母権とは一応独立のものである。わざわざ一応と述べているのは、そこにある程度の関連が見られるからであるが、考え方の原理としては関係がない。このように命名したのは、西洋においては、父性原理というのが理解されやすいためであったが、アジアにおいてはそれが誤解されることが多い。つまり、父性原理の強さがすぐに「父親の強さ」というように理解され、たとえば、韓国においての家族内での家父長の力の強さが、父性原理の強さだ、などと受けとられてしまうのである。戦前の日本の状況などを考えると状況はよく似てくるが、「考え方」としては母性原理によっていて、それを行使する上で父親の強さが用いられている」と考えると、これがよく説明できる。

シンガポールはこのような点でひとつの典型である。近代化が強力に押しすすめられ、法律も社会の在り方も、他のアジアの国に比べると、はるかに父性原理が貫徹しているようだが、これは首相の家父長的強さによってなされており、国全体が一丸となって有無を言わさず、という点で強い母性原理がはたらいている。もし、父性原理が根本的にはたらいているのならば、政党もいろいろとあり、考え方もいろいろあって、そこで論争しながら国の方向がきめられるはずなのだが、そうはなっていない。アジアの国にとっては、欧米の父性原理をそのまま取り込むことは非常に難しいのである。

中国の事情は複雑なようである。中国では、韓国について述べたような、血縁による家族集団が大切であった。しかし、現在の状況は簡単には記述し難い。最近、中国に行ったのでこのあたりのことを相当につっこんで話し合うことができた。まず現在は、個々人の能力ということが最重要とされ、家族の結びつきを優先することはないそうだ。しかし、それが「まったくなったということもできない」という。中国には急に近代化の波が押し寄せ、個人の能力や努力が評価され、各人が努力すればそれなりの「幸福」が得られる、という状態になった。しかも、現在の中国人としてみれば、近代的な先進国の豊かな物や便利な物が、自分たちの力によって手に入れることができるので、「希望」をもってそれぞれの人間が頑張ることになる。

家族の結びつきが急に弱まった原因のひとつに「文化大革命」がある、と筆者が話し合った中国の人は言った。当時は家族間でも密告ということがあったため、とのこと。これは実に「大革命」だったのだと感じた。ある意味で言うと、中国人のアイデンティティの根本を破壊しようとしたのだ。これらのことが当時の中国の為政者によってどこまで意識されていたかわからない。このような「変革」の後で、中国の現代の人々は、欧米――そして日本――に見られる物質的な繁栄を目標として生き生きと努力している。それは明確な目標を身近に持つ生き方として、活気に満ちている。しかし、ある程度の物の豊かさを獲得した後に、その生き方全体としてはどうなるのだろうか。人間というのはそれほど急激に変わらないので、まだまだ家族の力は強いかも知れない。中国の人たちに実際に接していると、人間関係の背後に母性原理が優位に作用していると感じる。これからの中国が経済的に発展していくのはまちがいないだろう。しかし、そのなかで、人間関係や、アイデンティティの問題などはどうなっていくのだろうか。簡単には予測し難い。

これまで論じてきたところから推察できることであるが、母性原理、父性原理のどちらが優位性をもってあらわれるかは、宗教と深い関係をもっている。特にキリスト教の場合は、厳しい父性原理を感じさせる。そんな点で、アジアにおいて唯一のキリスト教国であるフィリピンでは、どうなのかと、関心をもっていた。この点については既に他で論じたので、繰り返しは避けるが、結論のみを言うと、フィリピンは日本以上に母性原理の強い国であった。そして、フィリピンのキリスト教では、マリアの存在が非常に重要であることがわかった。確かに考えてみると、キリスト教においては、父性原理の強さに対する補償として、マリアがその役割を担っている。ラテン系の国――たとえば南米など――では、母性原理が相当に強いようだが、やはり、マリアが重要視されている。

アジアの国々は欧米の文明を取り入れ、それに追いつこうと努力している。しかし、その際に父性原理をどのようにして自国のなかに取り入れるか、という共通の問題をもっている。課題は同じでも、その取り組み方は国によって異なっている。これらは今後どうなっていくだろう。

「オヤジ狩り」と「オヤジ探し」

ここで、もう一度日本の現状を考えてみよう。最近、非常にショッキングなことを聞いた。この春、千葉県の方で高校生が集団で、酒に酔って夜遅く帰宅しようとする中年男性ばかりを選び、脅かしたり暴力を使ったりして金品を奪っていたという。逮捕された少年たちは、自分たちのしていることを「オヤジ狩り」と称して面白がっていたと語った。この事件がワイドショウで取りあげられたのを見た、ある高校生のグループは、「オヤジ狩り」という言葉に惹かれて類似の犯行を行なったと言う。

かつては、「雷オヤジ」という表現にもあるように、オヤジは怖いものの代名詞であった。しかし、今は子どもたちの「狩り」の対象になっている。こんなのを見て、日本の父親の権威も落ちてしまった、父親の復権が大切だ、などと言う人もあるが、私はそうは思わない。確かにかつての父親は権威があるかの如く見えたが、それは母性原理を守るための強さであり、制度的に権力を与えられていただけである。これを父性原理に基づく、個人としての強さという点から見れば、何も昔の父が強かったわけでもない。復権ではなく、それはあらたにつくり出していくべきものなのである。

高校生たちが「オヤジ狩り」と称して面白がっている裏に、いま述べたような意味での、新しいタイプの「オヤジ探し」の希求を筆者は感じるのだが、どうであろう。かつて大学で学生たちが棒をもったりして教授のところにやってきたのも、「オヤジ探し」を背後にもった「オヤジ狩り」だったということもできるようだ。

日本が父性原理を取り入れてゆくとき、アメリカは模範になるだろうか。参考にはなるとしても、どうも模範にはならないようだ。つい最近、ある意味ではアメリカにおける「オヤジ狩り」のようなテレビ番組を見た。と言っても事情はまったく異なっている。

アメリカでは兇悪犯罪が非常に増えている。日本など比較にならない。そこで業を煮やして、カリフォルニア州などでは「三振法」(野球と同じで三振でアウトになる)というのができたと言う。それは、過去に兇悪犯罪を二回犯した人は、三回目にはどんな軽い罪を犯しても、文句なしに二十五年以上、無期懲役にもなる、という法律である。テレビの画面を見ていると、子どもたちが食べているピッツァを、よその大人がかすめてひと切れ食べた例が説明され、この男が三振法によって無期懲役を宣告される。三回目の罪を犯す頃になると男たちも四十歳くらいになっていて、立派なオヤジである。彼の妻子が法律の過酷さを訴える場面もテレビに映った。まさにオヤジ狩りである。しかし、この場合、オヤジを狩るのは官憲である。官憲はオヤジの親玉で、それが言うなれば「弱い」父親たちを厳しく罰しているのだから、アメリカではオヤジ健在と言える。しかし、それでは、そのような国でなぜ兇悪犯罪が増えるのか。強い父の監督のもとで、犯罪などは減少していくはずではないか。

ここで少しアメリカの状況について考えてみよう。父性原理が強いところは競争が激しい。能力の高い者はどんどんと地位も収入もあがるが、低い者はその逆である。どうしても貧富の差はひどくなる。それに、個人主義を支えていたキリスト教の倫理感が以前ほど強くなくなった。キリスト教という一神教の凄さは、そこから近代科学という武器を生み出したが、人間はその武器を手にして神に反逆しているようなところがある。自然科学によって明らかになった多くの法則や事実は、キリストの教義や聖書の内容と矛盾するように思えるところがある。一神教は矛盾するように見えることのあいまいな共存を許さないので、キリスト教を絶対的に信じることが、どうしても以前よりは難しくなる。

キリスト教倫理の支えも失って、個人主義が強くなってくると、各人が自分の利得を第一と考えて、互いに競争し合うことになる。そこで敗れていった者は、どうしても自暴自棄になりやすい。どうしても兇悪な犯罪が生じやすい。それに麻薬などは、人間の意識のレベルを変化させて、母性的な一体感を感じやすくするので、その世界に逃避したくなる。と言うわけで、アメリカにおいてはドラッグの害もひどくならざるを得ない。厳しすぎる父性原理が弱い人々をどんどんと追いこんでしまうのだ。

対立する原理を抱えて

一九八五年だったが、神話の研究家として最近は日本にもよく知られているジョセフ・キャンベルと、サンフランシスコでワークショップをしたことがある。キャンベルの主張をごく簡単に言ってしまうと、それはアメリカにおける母性原理の必要性ということになる。ヨーロッパはもともと地母神を崇める宗教の土壌だった。そこにキリスト教が入ってきて、それを根こそぎにした。ヨーロッパからアメリカに伝わったキリスト教は、ますますその父性原理を強くしているが、このあたりで母性原理を取り入れないと、そのうちアメリカは大変なことになるだろう、と言うのである。そして、事実、今のアメリカはキャンベルの警告したような状況になっている。このとき、キャンベルが、先進国で唯一母性原理の優位性を保っている国として日本のことをほめたたえるので、母性社会日本の欠点を常に体験している筆者は、尻こそばゆく感じたことを思い出す。

それでは、日本はどうなるのか、あるいは、どうなるべきか。もちろん、日本はもっと父性原理を取り入れるべきである。しかし、それはこれまでの母性原理を棄てて、父性原理と取りかえることではない。アメリカの例を見てもわかるとおり、父性原理のみに頼ろうとするのは望ましくない。両者を共存させてこそ意味がある。

しかし、父性と母性の原理は相対立するものである。共存できるのだろうか。もし共存をはかるとするならば、両者を統合する原理や立場は存在するのだろうか。かつて筆者は、そのような「第三」の道を見出すべきではないか、と述べたことがあった。しかし、現在は、そのような道や原理があるとか、「統合」などということを考えてみても、意味がないと思っている。つまり、単純な原理やモデルは存在しない。この点をよく認識しておく必要がある。論理的には矛盾することをかかえて、それをどうするかと考えたり迷ったりしていてこそ、「個性をもった生命体」と言えるのではないかとさえ、最近は考えている。何らかの原理が正しく、全員がそれに従うとなると、「個性」というものが薄れるのではなかろうか。

個人主義の先端を行くとも言えるアメリカにおいて、かえって、同調性が非常に高く、多くの人が同じような意見をもち、同じような行動をする面があるのも、何か「正しい」ことを見出してそれを行おうとする気持が強すぎるからではないか。日本人はいつも他人のことを気にしていて、「個」というものがないと、欧米人からよく批判されるところであるが、さりとて、アメリカ人の方が個性的とも、にわかに言い難いものを感じる。日本の教育において、個性の尊重ということが強調されはじめたが、そもそも個性とは何かという点についても、これまでに述べてきたような観点から再検討する必要があるように思われる。

父性原理を取り入れるなどと言っても、それは容易なことではない。それはどうしても「自分勝手」と非難したくなるような形で表わされることが多いだろう。それを馬鹿げたこととして拒否したり排除したりすることなく、何とか意味あるものに育てようとする態度も必要なのではなかろうか。

シラキュース大学の神学の教授であるデイヴィッド・ミラーは、かつてエラノス会議で話し合ったときに、「われわれ西洋人は、多神教から必死になって学ぶから、日本人は一神教から多くを学ぶべきだ」という趣旨のことを述べた。これは文字どおり「必死になって」やらないと出来ないことであろう。しかし、それをしなかったら二十一世紀に生き残れないのではなかろうか。日本の母性社会も変容を迫られている。しかし、それは母性から父性へといった変化ではなく、常に両者の対決と相互作用を繰り返すことによってのみ生み出されていくものであろう。

8 「もの」という日本語

もったいない

日本人と「もの」との関係は、なかなか微妙で奥深いものがある。ものとこころ、というふうに区別して考えて、西洋の物質文明に対して、日本(あるいは東洋)は精神を大切にする文化である、という主張がよく聞かれる反面、贈物をするときなど、日本人はどこの百貨店かとか、値段はいくらかとか、そんなことにばかり気を使っているが、欧米人の場合は、相手の人が喜ぶものをと考え、心のつながりを大切にし、値段のことなどこだわらない、ということを強調する人もある。東洋と西洋、それに、ものとこころ、という二分法を行い、それぞれをどちらに当てはめるか、というような議論をしても、あまり実りあるものにならないように思う。

日本人と「もの」との関係を考える上で、ひとつの鍵となるのは、「もったいない」という感覚であろう。精神分析家の土居健郎氏が、「甘え」という言葉が英語で表現できないことに気づき、そこから日本人の心性を分析するためのキーワードとして「甘え」を用いることになったのは有名な事実である。筆者も、ロサンゼルスで一九五九年頃、ユング派の分析を受けていたとき、この「甘え」を英語で表現できず、苦労した覚えがある。

分析を英語で受けることの利点は、自分が当然のこととして感じ、考えていることが、必ずしも当然でもなく一般的でもないことを知り、そのことを他の文化の人に説明する過程において、それをもう一度異なる角度から見直すことができる点にある。筆者が分析場面で、「甘え」と同様、英語の表現につまった言葉に「もったいない」がある。

「もったいない」は、日本人——と言っても若い人はそうでもないだろうが——にとっては大切なことで、すぐに心に浮かんでくるので、英語で言おうとするがうまくいかない。と言って、そこでひるんでいては駄目なので「これは日本人にとっては極めて重要な概念である」などと前置きをして、下手な英語で説明するが、そう簡単には事が運ばない。落語か漫才の種になりそうな会話が続く。

「それは、もの自体がもつ価値の重さ」であるなどというと、すぐに「どのような価値か」と問い返される。経済的価値でないことは相手もすぐに了承する。「ものに対する愛情か」と、分析家も何とか理解しようと努力して、いろいろと問いかけてくれる。「そのものに投入されたエネルギーの量か」などとも聞かれる。これらのどれに対しても「ノー」と言わざるを得ない。確かに、思い出してみると、子どものときに、御飯の一粒も無駄にしてはいけないと教えられたとき、この一粒のためにお百姓さんがどんな苦労をされたか、などと聞かされたことを思い出す。しかし、だからと言って「それに対して投入されたエネルギーの量」などと明確に言われると、反射的に「ノー」と言いたくなる。

「それではどうなのか」と問いつめられると、こちらも何とか言わねばならない。結局は、「もったいない」というのは、もの自体、それがどんなものであれ、その存在に価値を置くのである。しかも、人間が、美しいと感じるとか好きだとかいうのでもなく、それをつくるのにどれだけ苦労したかというのでもない。いわば、人間と独立に、ものの存在に対して畏敬の念をもつことである。などと言うと、「お前の言おうとすることを、そのまま実感をもって理解するところまではいかないが、それが日本人にとって非常に大切なものであることはわかった」ということになる。

英語で話をしていると、どうしても明確な表現になる。自分で説明しながら、何だか言い過ぎだと感じるが、どうしようもなく、もどかしい感じが残る。「もったいない」というのは、考えてみると不思議な言葉で、ものを捨てる人に対して、「もったいないことをする」と言う場合は、不都合な、という非難がこめられているが、誰かにものを貰ったとき、「もったいないことで」と言うときは、「かたじけない」と言う感謝の意味である。なんだか、まったく反対の意味に使われるように感じられる。これは欧米人には非常に奇妙に感じられるのではなかろうか。

日本語で話をしているとき——と言うよりは日本人の考え方は——主体と客体、ものとこころなどを明確に区別しないままで、そのときの文脈に応じて適当な判断を加えているので、こんなことが生じるのだろう。「もったいない」は、そんな点で、極めて日本的な表現である、ということができる。韓国の方にお聞きすると、韓国にも同様の考え方があるそうだから、日本的というより、もっと範囲を広げるべきと思うが、どのあたりまでか不明なので、この問題はここでは論じないことにする。

「もの」とは何か

「もったいない」という言葉を通じて、日本人の「もの」に対する態度をある程度明らかにして来たが、ここで、日本における「もの」という考えについて、少し検討しておきたい。

日本語において、「もの」は単純な意味に置きかえられない。実に広い範囲にわたる言葉である。ちなみに、手許の『広辞苑』を見ると「対象を直接指さず漠然と一般的なものとして捉えて表現するのに用いる」とあって、その例として、「①こと。事柄。②物事。③世間一般の事柄。④言語。⑤飲食物。⑥着物。衣服。⑦楽器。⑧

鬼・魂など(「あやしきもの」の意)を忌んで、あからさまには呼ばず避けていう。⑨特に取り立てて言うべきこと。⑩前後の関係で、言わなくてもわかる物事を漠然とあらわす」があげられている。

これに加えて、「形式名詞」として、「親の言うことは聞くものだ」、「人情はそういうものじゃない」、「知りたいものだ」、「行きたいんだもの」などという用法をあげながら、それが、当然、関係、道理、感嘆、希望などと、感情的な心の動きと関係して用いられることを示している。また、接頭語として「もの静か」、「もの悲しい」などという用例を示し、「状態を表わす名詞、形容詞の語頭に添えて「なにとはなしにそうである」の意を表わす」と記載されている。

これを見ると、実に多様な用法がある――と言っても、われわれは日常的に使っているのだが――のに驚かされる。特に興味深いのが、これがいわゆる「物質」や「事象」をこえて、鬼や魂に及んでいくこと、そして、感情的な心のはたらきと関連して用いられることである。物と心という二分法の世界とは無縁の考えである(以後、明確な二分法によるときは物、心と記する)。

これが、仏教的な考えとなると、ますますその傾向が強くなる。中村元編『仏教語辞典』を見ると、「もの」は「もつ」(物)と同じで、その項目の第一に「①生命。生きもの」とあがっているのでまず驚く。これに続いて「②衆生のこと」があって、その後にやっと、われわれが普通に考える「もの」、「物体」というのがでてくる。仏教における「もの」は、生命ある存在と生命のない存在とを区別していない。

こうなってくると、「もったいない」に示される日本人の「もの」に対する態度の背後には、仏教や日本古来の宗教的な考えや感じ方があることに注目せざるを得ない。仏教に関しては、これまで何度もあちこちに論じているので、ごくごく簡単に述べると、井筒俊彦による華厳思想の解明(『コスモスとアンチコスモス』岩波書店、一九八九年)に意をつくして論じられているように、人間の意識と世界が同定され、その意識の深層に迫っていくと、結局はすべてのものの区別や差異は消え去り、「存在」としか言いようのない状態になる。これは名づけることが難しいので、「無」とか「空」とか呼ばれている。

その「存在」がこの世に生起して、いろいろな生命体や事物になっている。つまり、すべて「もの」なのである。「もの」は、このために、こころであり物質であり、たましいであり、ということになってくるのだ。

このように考えてくると、「もの」を大切にすることは、すなわち、こころを大切にする、たましいを大切にすることになる。したがって、「もったいない」ということで、御飯粒のひとつを大切にすることを日常生活において教えることが、「いのちを大切に」というような極めて倫理的、宗教的な教えにつながっているのであった。「御飯をたべてすぐ横になると牛になる」などと、われわれは子どものときによく言われた。御飯は「いただく」ものなのだから、食べてすぐ横になるような無礼なことをしてはいけない、というわけだが、これも考えてみると一種の宗教教育である。それに、そこには輪廻転生の考えまで入っている。

日本人の宗教性については、両極端の考えがある。極めて宗教性の薄い国民というのと、非常に宗教的である、というのと。宗教を、その教義、儀礼、戒律などの面から考えると、日本人の宗教性は低いということになる。自分の信じる宗教があり、その教義をよく知り、教会(寺社)に定期的に参り、戒律を守る、という言い方をすると、ほとんどの日本人はこれに当てはまらないだろう。しかし、すでに述べてきたような、日常生活のなかに宗教性が組みこまれている点に注目すると、なかなか宗教的な国民である、ということができる。古来からのアニミズムと、仏教的な世界観とが融合して、日本人は言うなれば、神々に取り囲まれて、それらと共に生きてきたのである。

このような融合された体験の反映として、「もの」という、カバーする範囲の極めて広い言葉が生まれてきた、と考えられる。かつて、哲学者の市川浩氏が、日本語の「み」という語に注目し、それが身体、心、魂までに及ぶ奥行きをもつことを明らかにした(『〈身〉の構造』青土社、一九八五年)。「もの」は、この「み」と類比し得る用語である。

「こころ」と区別される「もの」

最近一般によく聞かれる論調に、「ものは豊かになったが、こころは貧しくなった」というのがある。それがもっと短絡的に展開されると、西洋の「物質文明」によって現代の日本人は毒されているので、日本の古来の精神を復活し、こころのつながりを回復しなければならない、という具合になる。このような論はあまりに単純である。そもそも日本人のことを欧米人がエコノミック・アニマルと呼んだりするのを、この人たちはどう考えているのだろう。それに日本の「古来の精神」というのは、そもそも何だったのだろうか。それほど容易にそれは復活できるものなのだろうか。疑問はつぎつぎと湧いてくる。

ここでまず認識すべきことは、西洋から伝わってきた「もの」に関する文明は、心と物との明確な区別という前提に立ってこそ生じてきた、という事実である。今世紀になって急激に発展した科学技術は、心と物の、主体と客体などの明確な区別を前提とする方法論によっている。

石を切るにしても「石が切って欲しいと思っている線に沿って」切る技術と、科学と結びついた石切りの機械を駆使して切るのとでは、その態度に根本的な差がある。前者の石は、前節までに論じてきた「もの」としての性格を有しているが、後者では、石は「物質」であり、人間が操作し得る存在である、と見なされている。そんなわけで、今われわれが接している豊富な「もの」は、日本人がそれにどう接するか、どのように考えるべきか、まったく知らなかった「物」なのである。多くの日本人がそのために「こころ」を奪われてしまうのも無理のない話である。

「物」が豊かになって、「心」が貧しくなったなどというが、そのような「物」の豊かさを望んだのは、「心」であり、その意味では、心は自分の望みを達しているのだから、心も豊かになったというべきではないだろうか。これは、西洋においては、相当に意識されている。物と心の区別を明確に区別する思想の背後には、キリスト教がある。神と被造物を明確に区別し、神に似せてつくられた人間と他の被造物を明確に区別する思想をもって、人間が神の意を体して、物をコントロールし、それに操作を加える。このようにして物が豊かになって来ようと、神に支えられている人間の精神がゆらぐことはない。

欧米に行くと、このような考えで生きている立派な人たちに会う。キリスト教の倫理というのが生きているのを感じる。よく言われることだが、西洋の金持ちは金の使い方を知っている。公共の事業に対する寄附や、社会に役立つ財団のために多額のお金を使う。といって、何もやたらな節約をするわけではない。適当に物質的な楽しみも享受している。日本人のようにアクセクせずに、働くこと、遊ぶこと、宗教的な行為が、きっちりと分けられて、その人の人生のなかに統合的に配分されている。

西洋の「物質文明」などと言うが、そのような「物質文明」を生み出し、それを生きる心の状態があるからこそ、それが成功したのである。ところが、西洋においても自ら生み出した「物質文明」に、人々がだんだんとおびやかされはじめた。科学技術が今世紀になって予想外に進歩して、心の方がそれに追いつけなくなってきたのである。

自然科学の新しい発見は、必ずしもキリスト教の教義と一致するものではない。現代人でキリスト教のすべてを信じるのに困難を感じる人は多いのではなかろうか。あるいは、心と物を明確に区別する人生観によって、すべてのことを考えるのに困難を感じる人も多いのではなかろうか。科学技術の発展によって、あまりにも人間が力を持ち、物質的な楽しみに身をまかせすぎて、キリスト教の信仰を忘れがちになることも生じてきている。これらは欧米のことなので、暫くおくとして、もう一度、われわれ日本人のことを考えてみることにしよう。

現代の日本人は、キリスト教文化圏でさえ困っているのに、そもそも、ものとこころを区別しない世界観で生きてきたところへ、急に、今までわれわれの知らなかった「物」が侵入してきた状態のなかにいるのだ、と思うと、いろいろな様子が了解されてくる。ものとこころが区別されず、そうして物質がそれほど豊かでもない生活では、すでに述べたように、日常生活における「もったいない」などということが、宗教も倫理も包含することとして機能していた。ところが、それとまったく根拠の異なる「物」が豊富に手に入るようになったため、日本人としての宗教や倫理の根本を崩されるようなことになったのである。いったい、われわれは子どもに対して、どのように宗教や倫理について教えていいのか、わからなくなってしまった。

「もの」は豊かか

兵庫県に生野学園という不登校の子どものための全寮制の高等学校がある。実にユニークな学校であるが、その村山実校長先生と対談したときに、興味深い話を聞いた(拙著『こどもはおもしろい』講談社、一九九五年)。村山先生によると、「あの子たち、ご家庭の経済背景はものすごい豊かですけど、食生活は貧困です」「味オンチが多いです。それがおいしいねえと心から言えるのに一年以上、心からうれしそうな顔をして食べるのに二年かかります」ということである。村山校長は、このような学校の寮では厨房が大事であると考え、適切な人を自ら探し出してきた。そして、この学校では、職員会議に厨房の人も出るとのこと。子どもたちがどのようにして、どの程度に食事を食べるかが、教育上非常に大事なことになるという。

「経済状態が豊かで、食生活は貧困」とはどういうことなのだろう。確かに、わが国の経済状態はよくなった。すべての点で、物もたくさん手に入るようになった。それにもかかわらず、どうして食生活が貧困なのか。ここで村山先生の言っておられる「貧困」は食べるものがないとか、栄養価が低いという意味ではない。「おいしい」と感じられる食生活の機会が少ないことを言っている。

昔、われわれが子どもの頃は、食べるものが少なかった。しかし、そのためにかえって、五月の節句の柏餅のおいしかったことなどは、今でも忘れられないほどである。家で餅をつき、柏の葉を山で取ってきて、家族一同で柏餅をつくって食べる。おいしくないはずはない。ここでは、すでに述べたように、こころとものとの区別以前の感覚がはたらき、食べることによって「味わう」ことは、実に「豊かな」内容をもっている。しかし、このようなことが可能だったのは、昔は適当にものが不足していたからである。

ところが、最近になって豊かになったものは、たとえば自動車、ステレオ、いろいろな電気製品など。それによって人間の生活は快適で便利になる。しかし、それを得るためには人間は働かねばならない。働くために時間を節約しなくてはならないし、疲れるので、なるべく心を余計なこと——と言っても、ほんとうはこちらの方が大切なのだが——に使わないようにしようと思う。そうなると、家庭の食事を家族で楽しむ、ということがなくなって、「貧困な食事」になってしまうのではなかろうか。心と物を分離した後で、今度は、物が心を圧迫している、というのが現状ではないだろうか。むしろ、物が心を操作しているとさえ言えるのではなかろうか。

心と分離したものは、計測することが可能である。重さ、大きさ、などなど。それに貨幣価値ということによって、すべてのものが直線上に価値づけられる。料理にしろ、その値段ということによって計測するかぎり、すべてが上から下まで一様に順序づけられる。すべてが一様とは、色合いの差がない、ということだ。値段によって計測されると、すべてのものは灰色になってしまう。しかし、「味」というものはそんなに単純ではない。同じビールでも、いつ誰と、どこで飲むかによって味は異なるはずである。各家庭の料理は、その家庭の味をもっている。「経済的に豊か」ということに、人々がこだわりはじめると、その人は「味オンチ」になってしまう。「ものが豊か」とは、その色合い、味わいの多様性に気づくことではないだろうか。このように考えると、現代は、ほんとうに、ものが豊かなのかどうか危うくなってくるのである。

このような点を強く意識し、心の豊かさを取り戻すために、現代でも、山奥に住んで自給自足の生活をしたりする人もある。これは立派なことと思うが、すべての現代人がこれをできることはないだろうし、今後、人類がその方向に進んでいくとも思えない。科学技術の発展をとめることなど、誰もできないだろう。

西洋の科学技術に追いつけ追いこせでやってきて、日本人は今後もその道を歩みつつ、自分の生き方全体について考えるとするならば、どんな生き方があるだろう。物が少ないことを前提として行なってきた宗教や倫理の教育法は、もう通用しないであろう。と言って、日本人が急にキリスト教徒になるわけにもいかず、たといそうなったとしても、キリスト教文化圏においても、すでに現代における「もの」の問題が深刻になりつつあるのは、前述のとおりである。

「もの」がたり

日本には、長い「物語」の伝統がある。キリスト教文化圏と比較すると、比べものにならぬほど早くから『源氏物語』をはじめとする、多くの名作をもっている。『竹取物語』は九世紀の作品だが、ボッカチオの『デカメロン』は十四世紀の作品である。日本において、これほど早く「ものがたり」が生まれてきたのは、日本における「もの」のもつ意味の深さ、広さと大いに関係していると思われる。それは、神、人、動物、無生物すべてを含み、人間のこころとからだ、たましい、それらすべてを包みこむ「もの」の語りであった。

本居宣長は、『源氏物語』は「もののあはれ」の具現であると考えた。私は『源氏物語』を読んだとき、「もののいきおい」「ものの流れ」を感じた。無限に変容しつつ滔々と流れる「もの」の姿、そのとどまるところを知らぬいきおいが、そこに描かれていた。その美的側面に注目すれば「もののあはれ」ということになるだろうが、『源氏物語』は「もののあはれ」のみを描いているものではない。それは「もの」そのものが語っている、と言いたいほどに、「もの」の姿やはたらきを見事に言い表わしている。

西洋の近代は、物と心を分離したために、「ものがたり」を嫌った。そこで、心について述べようとしたり、物を描こうとしたりした。そして、それは「現実」を描いていると思った。しかし、その現実は実際は一面的なものであったと言うべきであろう。

現代はむしろ、物と心の分裂による傷を癒したいと願っている。この傷を癒すはたらきをもった「ものがたり」の必要性を感じはじめている。これに関して、日本の平安時代の「物語」は多くの示唆を与えてくれる。しかし、だからと言って、われわれは昔の「物語」に単純に戻ることはできない。すでに現代人としてのわれわれは「物」に取り巻かれ、それなしでは暮らせない状態になっているからである。

おそらくここでわれわれにできることは、物を物として取り扱い、それを操作しながらも、それは「もの」としても見られることを思い起こし、あらたな「ものがたり」を創り出すことではないだろうか。「もの」は物と心に分解してみることができるが、そのときに大切な「もの」が失われる。さりとて「もの」をそのままで見ていたのでは、近代社会のなかに生きていくことができない。このあたりのことをよく弁《わきま》えながら、われわれにとっての新しい「ものがたり」は何かを考え出していかねばならない。

数ある「ものがたり」のなかで、「物」の方に密着したのが、近代物理学であり、「心」の方に重点を置いたのが、深層心理学だった、と考えてみてはどうであろう。それらは、それぞれの有効性をもつが、その限界も明らかである。新しい「ものがたり」は、物理学と心理学との接点に存在し、両者を思いの外に近づけるだろう。最近においては、そのような新しい動きが、物理学、心理学の両領域に生まれつつある。この動向に注目していかねばならない。

新しい「ものがたり」において、もう一点考えるべきことがある。人間の個性を重んじる傾向が強まるにつれて、各人が自分自身の「ものがたり」を創り出す、ということが非常に大切なことになるだろう。それと同時に、各人がそれぞれ異なる「ものがたり」を持ちつつ、平和に共存し得るには、どのような「ものがたり」が必要とされるのか、という点も、大きい課題となることであろう。

日本は、平安時代に素晴らしいたくさんの「物語」をもった国として、新しい「ものがたり」創りに、いろいろと貢献できるのではないか、と思っている。

9 「援助交際」というムーブメント

〝まともな子〟の援助交際

援助交際というのが流行しているらしい。名前はともかく、実態はティーンエイジャーの売春行為である。高校生、それに中学生も加わって「援助交際」を求める。相手は中年の男性。性的な関係はなく、自分の娘ほどの高校生と一緒に街を歩き、喫茶店で話し合うだけの交際をし、それに対していくらかの「援助費」を払うような関係もある。しかし、多くの場合は性的関係をもち、そのために金を払うことになる。

このようなことが急激に広がってきて、しかも、これは日本特有なのではないか、という点もあって、日本人の心の問題として考えてみることにした。しかし、別に実態調査をしたわけではなく、「援助交際」に関連する新聞記事や、エッセイ、取材報告などを参考にし、それに筆者が心理療法家として経験してきたことを基にして、論じることにした。

売春という行為は、人間の歴史がはじまって以来ある、と言えるほど古くからある。多くの文化が、差はあるにしろ、売春という問題をかかえてきている。公的には認めないにしても、それを根絶してしまうことは非常に難しい。人間の影の部分が深くかかわる問題である。

援助交際の現状について細部の事実を報告するのが目的ではないので、それについては省略するとして、これが日本の問題として考えねばならぬ大きいポイントは、中学生が既に相当にかかわっていること、それを行なっている中高校生が、あまりにもアッケラカンとして罪悪感をもっていないこと、それに彼女たちの家族関係が特に歪んでいるとか、経済的に困窮しているというのではないこと、などの条件が重なっているからである。そして、このような「援助交際」をしようとする男たちも、特別にどんな人というのではなく、いわゆる普通の人たちである。もっとも、そのなかに教師や警官まで含まれていることに、異常を感じる人もある。

黒沼克史『援助交際 女子中高生の危険な放課後』(文藝春秋、一九九六年)はその実態を相当に詳細に伝えてくれる。見方はいろいろあると思うが、よく取材されていると思うので、それを資料として使わせていただき、私なりの考察を述べてみたい。

そのなかで、高校生が自分の相手として、「父親や、自分の学校の教師」が現われないかと心配していることが述べられている。援助交際をする方もされる方も、日常的に普通に生きることのなかで行われているという感じが、よくわかる。

作家の村上龍は、『ラブ&ポップ』という作品を書くために、援助交際を求めている少女たちに「取材」をした。その経験を基にして、前述の黒沼克史と対談している(『文学界』一九九七年新年特別号)。そのなかで、まずはじめに彼は、「あれほどまともな子たちだとは思っていなかったですね」と言っている。

確かに「不良少女」というイメージは昔からあり、二人とも「取材」にあたっては共にそのようなイメージを心に描いていたようだ。ところが、実に「まともな子」が現われたので驚いてしまった。

黒沼は二人の中学校三年生の少女に会ったときのことを次のように描写している。

「たとえば二人の髪の毛が金色に染まっていたり、鼻や舌にピアスが光っていたり、剃った眉毛のあとに十時十分くらいの角度で細いラインが描き加えられていれば、ここでこうして二人で会っていることもわかりやすかったし、かえってそのほうが気が楽だった。しかし、実際のところ、外見はごくふつうの女の子なのだ。」

「白いブラウスに紺の上下。胸元の赤いリボンの左についている校章が目に入った。かなり偏差値が高くないと入れない、キリスト教系のお嬢様学校の校章だった」といういでたちで現われた、この二人の「お嬢様」は既に、彼女たちの言葉でいう「ウリ」(売春)の経験者であった。

かつてよく言われたことに、女性の生活が乱れると、それは容姿に顕われる、ということがあった。一見したとき、何か荒《すさ》んだ感じや崩れた感じが感じられる、服装もどうしてもそのような感じを反映したものになると。ところが、この子たちはそんなのではなかった。黒沼は彼が会った少女たちの外見を相当詳細に記述している。それらは驚くほど「まともな子」であるし、荒みも崩れもしない、少女らしい美しさをもっている子もいる。

「偏差値の高い学校に娘を通わせている親たちは、テレビのワイドショーなどに出てきてウリの実態を告白している女子高生たちが不良っぽく見えると、それでホッと胸をなでおろし、ウチの子はだいじょうぶ、と自己中心的な安堵感に浸っているかもしれない。しかし、そんな安易な考えは駄目である。「偏差値が高いということも、茶髪ではないということも、H系バイトをしない子の特徴にはならない」と黒沼は明言している。

それでは彼女たちの家庭はどうか。なかには明らかに両親との関係があまりにも稀薄という少女もいる。しかし全般的に言うと、それほど「問題」を感じさせる家庭はない。ある少女は両親に不満があるわけではなく、「むしろ尊敬しているくらいだという。門限はそれほど厳しくないし、机の引き出しを勝手に開けて日記を盗み読みするようなこともしない」。

あるいは次のような例もある。月一万五千円のお小遣いをもらっているのだが、それでも足りないので「H系バイトをやる」少女は、「親にお小遣いの増額や借金を申し出てみなかったの」という黒沼の問いに対して、「ほかの子たちよりは多くもらってるから、それ以上親からお金をもらうのは悪いなって思うの」と答えている。なかなか「親思い」のお嬢さんである。これに対して黒沼は、かつての十代の犯罪は「家で小さな悪事をし尽くしてから外の大きな悪事に進んだ」のに、「親にこれほど遠慮しながらワルをはたらく子たちを、今まで取材したことがなかった」と感想を述べている。「彼女たちはもうこの古典的なパターンには当てはまらない」。知れば知るほど異様なのだが、彼女たちはそれをフツーのようにやっていく。村上龍は「そういう状況はたしかに異様なんだけど、それを異様に感じられないことがいちばん異様というか、ぼくにとって憂鬱なことでした」と述べている。

確かに記事を読んでいるだけでも憂鬱になってくる。しかし、それだけではすまされない。このことをどう理解するのか、何とか考えねばならない。村上龍は黒沼との対談の終わりに、「女子高生達がね、意識せずに何かムーブメントを起こしているんですよ。大袈裟に言うと、日本人はこれでいいのか、ボーッとしてるあんたらも少しは考えてくれよ、というようなムーブメントを起こしてるわけじゃないですか」と言っている。私もこれに賛成である。

ムーブメントという言葉は、かつての学生《スチューデント・》運動《ムーブメント》のことを思い出させる。あのとき多くの学生たちは、反体制の標語をかかげてのムーブメントに参加した。しかし、結果は御存知のとおり、はかばかしい成果をあげられなかった。それにこりたのか、現在の学生たちは、ほとんどムーブメントを起こさない。そのためもあってか、大学生に代わって中高校の女生徒たちがムーブメントを起こしている。しかし、問題は単純ではない。村上龍との対談で黒沼は「親や学校や大人への反抗とか復讐のつもりで援助交際をしている子は、まずいないです」と言っている。別に「反体制」なぞではないのだ。

思春期の恐ろしさ

「援助交際」についてのいろいろな論を読んで感じるのは、ティーンエイジというのがどんなに恐ろしいかということを認識し、それを前提として論じている人が極めて少ない、ということである。少女というと「清純」と連想する人がある。弱々しいと思う人もある。それもある意味では間違いではないが、その「純情可憐」な内面の奥底において、どんなドラマが進行しているかについて、知らずにいる人が多すぎる。

思春期というのは、人間の生涯において最も大変なときと言えるかも知れない。子どもから大人になる中間期に、その内面では大変革が行われている。私がアメリカに留学した頃は、ロールシャッハテストという心理テストを専門にしていたが、指導者のクロッパー教授から、思春期の子どものロールシャッハテストの結果を、年齢を知らずに見ると、精神分裂病と誤診することがあるから注意するように、と言われたことがある。まさにそのとおり、奥底では分裂病と見まがうほどの大揺れが生じている。

このことを理解して貰うために、私は思春期を「さなぎ」の時期と言っている。毛虫から蝶に変わるとき、さなぎの中では大変革が行われる。それをうまく成し遂げるために、さなぎは堅い殻で守られ、なるべく行動せずにその時期をすごす。人間の場合もこれに似たことが起こっている。したがって、思春期になると急に無口になったり、家族から離れたがったりする子どもが多い。子どもが話をしなくなるのを、「隠しごと」をしていると思う親があるが、そうではなくて、本人もどう言っていいかわからないのである。自分で内面に生じていることは意識できないのである。

あるいは、内面に起こっていることが、コントロールがはずれて外的な行動として出てくると、本人もどうしてそんなことをしたのかわからないような変なことになる。思春期に万引をしたり、後から考えるとまったくわけのわからないようないじめをしたり、ものを壊したり、などをした人は多いだろう。暴走族などというのもある。そして、多くの人はそのときのことを大人になると覚えていない。うわの空でやってしまっているので記憶に残らないのである。

この思春期の途方もない荒れを適当にやらせながらも、そこをうまく乗りこえて大人になるために、それぞれの文化はそれなりの方法をもっていた。多くの文化は成人式の儀式をこのためにうまく利用してきた。親もとから離して、長老の監視のもとにいろいろな苦業をしたり修練を受けたりする。そのときに子どもたちはそれなりに荒っぽいことや悪いことなどをする。この間に集団で上手に象徴的な「死と再生」の体験をして大人になるように、工夫がこらされている。

このような成人式の儀礼については、今回は省略する。近代になって、人間は「進歩」ということを非常に大切に考えるようになり、子どもが、既に出来上がったものとして存在する「大人社会」に参入するという考えよりも、むしろ子どもたちは大人をこえて進歩していくのだと考えるため、古来からあったいろいろな通過儀礼《イニシエーション》をなくしてしまった。

このこと自体は別に誤りではなく、近代以降も多くの人は上手に大人になってきた。集団の力によってわけのわからぬ儀礼などの方法に頼るのではなく、個人が理性の力によって自分をコントロールして大人になっていき、それはどんどん進歩を遂げる。このような考えをもって生きてきたのだが、昔からある成人式儀礼の名残りが、あちこちに残っていて、それがうまく機能して、大人になることを助けてくれたことも事実である。近代以後の社会においても――欧米においてさえ――若者の集団に入るためには、不合理な儀式のようなものがあったり、生徒が団結して教師に反抗したりなどなど、後から考えると馬鹿げているように思えるけれど、実際的には通過儀礼に類似することがうまく行われていたわけである。各人は自分の思春期のことを思い出してみられると、ある程度は納得されるであろう。既に述べたように、さっぱりと忘れている人は仕方がないが。

近代人はそれにしても、理性の力で人間が自分自身をコントロールできると過信しすぎたのではなかろうか。「大人」になれば確かにそれは可能である。コントロールがききすぎて「オモシロクナイ」人も大分いるようだが、ともかく事が起こらない、という点ではそれは望ましい。しかし思春期の恐ろしさは別に昔と変わりはない。さなぎの殻の役割をする、親や家族、地域、社会などの「守り」と、大変革を生ぜしめる力とのバランスのなかで、子どもは大人になっていくのだが、このときの思春期の恐ろしさに対する認識が甘くなってきているところに問題がある。

援助交際の実態を知り、「今の子どもは恐ろしい」という人があるが、思春期の子が恐ろしいのは今にはじまったことではない。ただ、その恐ろしい時期を通過させる装置が変化してきたので、それに呼応して「援助交際」などという現象が生じてきているだけなのである。

稀薄化ではなく表層化

援助交際ということを可能にし促進している要因が、現在日本社会のなかに多くある。要因としてまず考えられるのは、経済的豊かさ、通信媒体の発達などがある。後者については、ポケベルから携帯電話、それにパソコンまで使用すると、個人と個人の秘密の接触が極めて容易になる、ということがある。テレクラをはじまりとして、それがどんどんエスカレートしてくる点については、既に他によく論じられている（たとえば、『へるめす』一九九六年九月号特集「インターネット時代の文化的見取図」）ので、ここでは省略する。

次に経済的豊かさの問題である。日本は急激に豊かになった。少女たちの欲しいブランド商品はやたらに高く、彼女たちの貰う小遣いではとうてい追っつかない。そこで「援助」を他に求めることになるのだが、ちょうどその程度の金を払える中年男性が沢山いる、というのも経済大国日本の特徴である。それと、にわか成金の悲しさで、少しは自分の自由になる金ができてきても、それによって楽しむことを見出す力がない。したがって、すぐに性的欲望に結びついてしまうことになる。

ブランド商品など何の意味もないとか、金が欲しいからといって売春をするとは……などと言ってもはじまらない。既に述べたように、思春期というのは何でもいいから途方もないこと、普通とはレベルの異なることをやらかさないと、どうにもならないのだ。この子たちに道徳を説いたり、危険性を指摘したりしても無駄である。そもそも反道徳的で危険なことをやってこそ、思春期らしいのだ。自分の思春期のことを覚えている人は、実に馬鹿げたことや、反道徳的なことをしたのを思い出されるだろうし、そのときの大人たちの「説教」がどれほど無意味であったかを思い出されるであろう。

しかし、年輩の人は、それなら親に反抗するとか、学校で暴れるとか、いろいろな方法があるのに、どうして「売春」をするのか、と疑問に思われるだろう。彼女たちの多くは「まともな親」をもち、「家族の幸せを願っている」子もいる。この子たちはどうして反抗をしないのだろう。このあたりが「援助交際」の問題の核心的なところだと思われる。

この問題の本質として、現代における人間関係、特に家族関係の表層化という点をあげたい。稀薄化と言わず、表層化とわざわざ言ったのは、このような少女たちの家庭を外から(あるいは、両親の主観的判断から)見るとき、それほど「稀薄」とは見えないだろう、と思うからである。おそらく、フツーの、よい家庭ということになるだろう。しかし、かつての家族だと(別にいい家族である必要はない)、父親が病気になるとその日から食べることが心配だとか、時には父親が酔っぱらって怒鳴り、子どもたちは怖くて寝床のなかでふるえているとか、母親が仕事に疲れ果てて倒れたので、子どもたちが協力して食事をつくるとか、端的に言えば、貧しいおかげで、心が深く接したり、魂が震撼させられるようなことが家庭で起こった。思春期の荒れに見合うだけの心の深い層における揺れがあった。

ところが、人間は金持ちになると、便利でスムーズに事が運ぶようにとお金を使うので、人間関係が表層化する。昔だったら、何かものをひとつ買うにも挨拶したり、愛想を言ったり、掛け引きがあったり、ということがあった。今はスーパーに行くと、その気になればほとんど人間関係なしに好きな物が買える。対人関係のわずらわしさを避けるようにと工夫を重ね、金を使ってきた。

しかし、人間がほんとうに生きるためには、そんな能率一辺倒でよいのだろうか。下手をすると冥土行きの新幹線に乗ったような人生になってしまって、途中の景色を味わわず、目的地に着いてしまうのではなかろうか。せっかく生まれてきた自分を精一杯生かそうと思うのなら、喜怒哀楽すべてを味わう経験が必要である。無駄なように見える家族間のゴタゴタや、ナンセンスのような喜びなどによって、われわれは生きることをしているのではなかろうか。

現在の日本の家族は真の家族として生きていない。何となく「家族ごっこ」をやっている。そして、親は妙に「わけ知り」顔にふるまうので、思春期の荒れを反抗という形でぶち当てることができない。もし、それを生《ナマ》のままで出すと、凄まじい家庭内暴力になってしまう。となると、家庭の平和を維持しつつ、思春期の荒れに見合うこととなると、「売春」ということが浮かび上がる。

最近、村上春樹さんと話し合ったときに(『村上春樹、河合隼雄に会いにいく』岩波書店、一九九六年)、若者が反抗しようにも反抗すべき相手が見つからない、ということが話題になった。この点に関して「注」という形で私は次のようなことを書いた。「「反抗」などというスタイルをとらず「自分のスタイル」を打ち出す、という形で、既存の社会や文化の底を割って、それが姿を露呈してくるような若者のムーブメントが生まれてきてほしいのです。それが出現してくるとき、大人たちは自分たちの「体制」を強化するものとして拍手したりしているうちに、どこかのところでそこにこめられている「暴力性」に気づいて、たじろいでしまう。そんなことってないでしょうか」と。

これを書いたときは、まったく思い及ばなかったことだが、「援助交際」をしているティーンエイジの女性たちの行為が、歪んだ形ではあるが、妙にこの文と符合していると感じてしまう。彼女たちは家庭内では平和を維持しようとしている。「反抗、復讐」などという気はまったくない。彼女たちを「援助」するオジサンたちは、いいことができるようになったと、拍手したい気持かも知れない。しかし、彼女たちの行為は「暴力性」を秘めた破壊力をもっている。ただ、彼女たちはこのような点についてまったく無意識である。現代社会が自分のもつ盲点にあまりにも気づかず、大人も青年も含めて、のんきに生きているので、どうしてもそれを揺るがすような現象が生じてくる。彼女たちのこのような無意識の「ムーブメント」にどう応えるのかを、現代に生きる大人は真剣に考えねばならない。

たましいとは何だろうか

現代人の盲点、そして「援助交際」の少女たちの行動。これらについて関連づけて述べるとなると、どうしても、たましいのことに触れざるを得ない。しかし、いったい「たましい」とは何なのだろうか。

彼女たちの行動は現代社会を反映している、と述べた。黒沼も「ウリをする子をお金もうけの目的のために手段を選ばない人と言い換えた場合、大人はあまり偉そうなことが言えなくなる」と述べている。ある意味では彼女たちは多くの大人と同じことをやっているのだ。しかし、このような点をこえて、彼女たちの行為に対して、心ある大人が憂鬱になるのは、この年齢にして売春をし、なお、それに対して別に恥ともなんとも感じていない、という事実ではなかろうか。

彼女たちは、何のかげりも感じさせない。昔の「売春婦」というイメージとは異なり、むしろ輝いてさえ見える。彼女たちは、はっきりと「割り切って」いる。心と身体とを明確に分け、体の関係をもっても心は関係がないと考える。大人でものごとをまともに考えようとする人は、そこに「割り切れない」ものを感じる。「心が傷ついているはず」と思いたい。しかし、彼女たちに会ってみると、心は何も傷ついていないのだ。

「割り切れない」気持をあくまでも保持しようとするなら、われわれはここで「たましい」という言葉を導入するより仕方がない。人間を「体」と「心」に完全に割り切った途端に抜けおちてしまう大切なもの、それが「たましい」である。体と心とを裏打ちして「いのちあるもの」として、人間を生かしているのが「たましい」である、と考えてはどうであろう。われわれは、たましいを見ることも触れることもできない。しかし、それがなくなれば、人間は人間として生きていけない。

ユング派の分析家ジェームズ・ヒルマンはたましいを重要視する。彼は次のように述べている。「たましいという言葉によって、私はまずひとつの実体《サブスタンス》ではなく、ある展望《パースペクティブ》、つまり、ものごと自身ではなくものごとに対する見方、を意味している」(河合俊雄訳『元型的心理学』青土社、一九九三年)。

これは、心と体、自と他、内と外、などを明確に割り切ったときに見失われたものを尊重したいという態度を示している。そのような態度をとることにコミットするとき、実体でもなく極めてあいまいな「たましい」という言葉を「確実に存在するもの」であるかのごとく用いることになる。そのためにはイマジネーションが必要である。人間は割り切ることによって、「考える」ことがしやすくなるが、たましいを対象とすると「想像する」ことが重要になってくる。

村上龍との対談で、黒沼克史は「「ひとに迷惑をかけないで援助交際をして、なんでいけないの?」という論理にどうやって対抗するのか。僕は女子高生にありふれた法律やモラルの話をしても、もう誰も耳を貸さないだろうと思って……」と言っている。本当にそのとおりだ。割り切って考える限り、彼女たちの論理に誰も負けてしまうだろう。

「援助交際」は心にも体にも悪くない。しかし、それはたましいを著しく傷つけるのだ。このことをよほどしっかりと腹の底まで納得していないと、彼女たちに立ち向かうことはできない。そして、たといそう思っていても、それを彼女たちに伝えることは非常に難しい場合が多い。

他にも既に書いたことだが、ずっと以前、当時の「不純異性交友」という行為で不特定多数の男性と性関係がある女子高生に会ったことがある。彼女は頭のいい人で、割り切った論理によって、「他人が喜び、自分も楽しく、誰にも迷惑をかけない行為がなぜ悪いか」と大人に食ってかかり、言い負かしてきた。扱いに困った高校の教師に依頼されて私が会ったのだが、彼女の言い分をひと通り熱心に聴いた後、私は「「悪い」というのには二種類ある。何か理由があって「悪い」というのと、理屈抜きで「悪い」というのがある。あなたのしていることは、理屈抜きでともかく「悪い」のだから止めなさい」と言った。彼女はこれに同意して、以後「不純異性交友」をやめた。

私の言いたいのは、彼女の行為は「たましいに悪い」ということである。しかし、そんな表現では通じないだろう。われわれの対話で一番大切なことは、二人の間に深い関係が成立して、彼女が「この人は理屈抜きで私のことを思ってくれている」と感じたことではないだろうか。彼女を説得しようとした多くの大人は、いろいろと理由を言ったり、理論を言ったりしただろう。彼女にとってみれば、その大人たちは理論や考えなどを大切にしているのはわかるが、「私」をほんとうに大切にしてくれているのだろうか、と言いたくなったのではなかろうか。

理屈抜きの関係とは、たましいの関係である。私は相談室で誰かにお会いするとき、できるだけそのような関係を持とうとする。しかし、なかなかできるものではない。彼女の場合は、不思議なことにそれが一回目にできたのである。だからこそ私の言葉が出てきたし、それが効力を発揮しただけである。このような言葉を他の人に対して言っても、何の意味もないことだろう。たましいというのは不思議なアレンジをする。そのアレンジに自分の存在が賭けられると成功する。そのときに何を言ったかという内容はそれほど重要ではない。

黒沼の会った「ウリ」をしている中学三年生の一人は、「死んだおじいちゃんが私のこと見てるんだろうな、どうしよう、とかは思ったりするよ」と言っている。イマジネーションがはたらくとき、たましいが関係してくるよい例である。この世に実在する親や教師よりも、イマジネーションの世界に存在しているイメージの方が強いはたらきをもっているのだ。こんなのを読んで、いいことがわかったとばかり、「死んだおじいちゃんも天国から見ておられますよ」などと、少女たちに説教しても無意味であるが。

たましいにかかわるイマジネーションは、「事象を自分自身の経験へと深化させる」とヒルマンは言う。これを少し変形して言うと、割り切った考えは「事象を自分自身の経験にさせない」と言える。つまり、見事に割り切って売春をしている少女たちは、そのことを「自分自身の経験」にしていない。したがって、彼女たちの心も体も傷つくことなく、崩れたり疲れたりせず、「まとも」だったり「輝い」たりし続けることができる。心や体の傷は目に見えやすい。心の傷は直接には目に見えなくとも、その効果が目に見える。イライラしたり、不安そうだったり、自信がなさそうだったりする。しかし、たましいの傷は目に見えないし、本人も気づかない場合が多い。

離人症という神経症がある。現実感覚が極端に薄くなり、実際に自分が行なった行為でも、ほんとにあったのかなと思ったり、喜怒哀楽の感情が感じられなかったりする。非常に深刻な状態だが、他人から見るとまったくわからない。苦痛に耐えかねて自殺する人もあるが、そんなときに周囲の人には「理由」がわからない。そのような離人症の人が治ろうとするあがきのなかで、不特定多数の異性と関係ができるときがある。何とかして現実との「関係をもちたい」という焦りがそうさせるのだが、そこに焦りが入るので、どうしてもその異性関係はいろいろと歪んだ形になりやすい。

長い苦しい過程の末、離人症を克服し、普通の生活に戻り、治療者からも別れていくときに、その人に「健康になれてよかったですが、何年かして、もし急に死にたいという気持がでてきたりしても、実行することなく私にすぐ連絡して下さい」と言ったことがある。何年かあって連絡があり、お会いしたが、以前の自分の行為が急に生き生きと思い出されてきて自己嫌悪で死にたくなった。しかし、治療者の言葉を思い出してやってきたとのこと。われわれは、たましいの傷を癒す作業をまたしばらく続けねばならなかった。

これは、このような例があったというので示したわけで、このようなことがいつも起こるとは決して言えない。たましいのことは単純な因果関係で説明できるようなものではない。あくまで「お話」として語ることになってくるが、こんなときに、前世とか来世とかがあると考える方が「お話」としてはつじつまが合うなと感じさせられることもある。たましいの傷が、その人の子どもや孫や恋人などによって肩代わりされる、と考えたくなるときもある。たましいの傷に気づかずに死んでいく人もあるようだが、生きているうちにその回復をはかろうとする人は相当なことを体験しなくてはならない。文字どおり命がけになることも多い。こんなことを知ると、他人のたましいを傷つけることだけは、できるだけ避けたいと思う。「援助」名目でたましいの殺人をしている人もいる。

ムーブメントに応える

たましいの話などして、話が横道に入ってしまったと思う人があるかも知れない。しかし、私は援助交際のことを真剣に考える限り、このことにゆき当たると思っている。援助交際をしている女子高生にそれをやめさせることができるのは、その行為がたましいに悪いことを、彼女たちに納得のいくように伝えることができたときである。それがどんなに難しいことかがわかってもらえるだろうか。

たましいに悪い、というのは常識的に考えたり、論理的に説明したりしていたのでは、まったく効果がないということである。彼女たちに、立ち向かう、大人である自分が、たましいというレベルのところに足が踏んばれているのか、そこから彼女に伝えられる方法をもっているのか、伝えるとなると非常に難しい。しかし、不可能ではない。

日本の伝統においては、心と体は分けられないし、既に先の章で論じたように、物と心も分けられない。そのようななかである程度の物の貧しさを利点として、日常生活のなかにたましいのレベルが関与してくる生き方をわれわれは続けてきた。子どもに対して、特別に家庭教育などということをせずとも、言わず語らずのうちに、たましいの接触が行われ、たましいを揺するようなことが行われていた。

しかし、欧米の文明を輸入し、にわかに金持ちになったままで、旧来の日本式家庭の在り方を続けていたのでは、思春期の子どもたちは、どうしていいかわからなくなってしまう。金や物がないときは、金や物さえ豊かになれば幸福になると思っていたが、豊かになったときに幸福に生きるためには、相当な努力と工夫を要する。

援助交際に走る思春期の女性の無意識のムーブメントについて、敢えてそのスローガンを言語化すると、「たましいの関係を回復せよ」ということになるだろう。そのことを明らかにするために、たましい抜きの「関係」がどれほど空しいかを彼女たちは実践によって示している、と考えられる。

援助交際などが安易に行われるのは、通信の手段を含め、規制がぬるすぎるのだという論がある。取り締まりを厳しくすることによって減少するほど、この現象は一時的なものとか、安易なものとは思われない。おそらく取り締まりの網の目をくぐって同工異曲のことが生じるだろう。もし取り締まりをするのなら、たましいにとどくような罰をすることが必要で、援助交際の仲介者や、援助行為をする男性たちを実刑にして、重労働させて、「身体性」の重要なことを少し思い知らせるようなことをするべきと思う。「援助」をするにしても、それが命がけというくらいにならないと、少女たちの呼びかけに応えたことにならないであろう。

家族関係の表層化として先に述べたことは、わが国における重大な問題であると思っている。少しの金をもったために、それによって家族の間のたましいの接触を回避し続けていると、思春期の子どもの無意識のムーブメントによって、大人はたちまちに不幸のなかに突きおとされることになる。

もちろん、このような例はまだ数は少ない。しかし、臨床家としてそのような例に接することが多いので、どうしても将来のことが不安になってきて、説教じみたことを言って申し訳なく思う。金のない間は、父親は働いて家族を「食わせる」だけで、十分その役割を果たしていた。しかし、現在のように経済的に豊かになってくると、それによって自分の人生や家族の人生をどう設計していくかについて、相当に心のエネルギーを使わねばならない。人生の楽しみなどというのは、ありあまるほどあるのに、それを知らない大人が多すぎるのではなかろうか。

日本の経済の行方について心配する人が多い。これも大切なことだが、極端なことを言うと、豊かさのなかの倫理を見出していく努力を払うよりも、もう一度日本が貧乏になる方が、日本人の精神衛生のためには近道ではないか、と思ったりするほどである。

これを読んで、私が援助交際に走る女性に対して同情し過ぎである、と思う人は誤解である。私は全然同情なんかしていない。そしてこのような際に、同情や憐れみなどというのは何の役にも立たないし、有害ですらある。彼女たちの行為は理屈抜きに悪い。このことはしっかりと認識していなくてはならない。しかし、悪いからと言って単に排除することのみを考えても問題は片づかない。その行為がもつ無意識的な意味を、しっかり受けとめると同時に行為を拒否することをしないと、望ましい結果は得られない。

一九六〇年代の学生のムーブメントは、それでも相当に意識的なことが関与していたので、論争が行われたし、お互いがある程度悩んだり苦しんだりした。しかし、本質的な部分は相当に無意識だったのではなかろうか。そのために、その結果、あまり望ましいことは生み出されなかったし、多くの人の心や体が傷つけられた。その心の回復のために、いろいろと意味のある仕事をしたり、現在進行中の人もいる。しかし、たましいのレベルで傷ついた人は少数だったと思う。

いま行われている少女たちのムーブメントは、はるかに深刻で、立ち向かうのも大変難しい。たとえば、彼女たちを弾圧するために、大人たちのお得意の機動隊を使えるだろうか。たましいの武装というのは非常に難しいことである。日本の大人たちは、たましいのレベルにおいても「非武装中立」をやっているので、女の子が少し実弾を打ちこんでくると、ひとたまりもなくやられている、というのが実状のように思われる。一九六〇年代の学生のムーブメントから、あまり成果を得られなかったことを反省し、何とか、少女たちのムーブメントに応えるように努力したいものである。

10　地下鉄サリン事件が教えること

「日本人めが！」

地下鉄サリン事件が起こってから、三年の歳月が経った。その間に私はこの事件についていろいろと考え、この問題の本質が日本人全体にあまり把握されていない、あるいは、同様のことがまた起こっても仕方ないほど、日本の状況がほとんど変化していない、という感じを抱いていた。そして、自分自身もこれについてしっかりと考えてみなくてはならないと思っていた。

そのとき、有難いことに、村上春樹『アンダーグラウンド』(講談社、一九九七年)が出版された。これは作家の村上春樹が地下鉄サリン事件の被害者六十二名に直接インタビューを行い、その証言をまとめたものである(六十二名中二名は証言の掲載を拒否)。この仕事は、ひとりの作家の行なったものとして、その背景となる思想、方法、フィクション・ノンフィクションに対する考えなど、実に興味深い論点を多くもっている。そのことはしばらく措くとして、ここに語られるなまなましい事実に接すると、どうしても、この事件を日本人全体のこととして再考する必要を感じざるを得なかった。これほどの犠牲を、決して無にしてはならないと思う。

一九九五年三月二十日、地下鉄サリン事件が起こったとき、私はアメリカ・テキサス州のA＆M大学に特別講義で出かけていた。私は海外に行くと、一カ月くらいでもテレビ、新聞なしの生活を享受することが多いが、このときばかりは、必死に新聞を読み、テレビも見た。そのときに、「これは日本人全体の問題だ」ということを直感的に感じた。そのとき、私は「ユング心理学と仏教」について講義をしていて、「日本人としての私」ということを強く意識していた、ということもある。

地下鉄サリン事件を知ったときの私の正直な気持は、もちろん自分自身を含めて「日本人めが、馬鹿なことをやりやがって」という怒りと自己嫌悪が強かった。仏教の話などして、日本にもいいところがある、というようなことを講義で述べていたので、余計にそのように感じたのである。

私自身としては「日本の問題」という意識が強かったし、日本人として恥ずかしいほどの気持をもっていたが、そのときの私の周囲のアメリカの人たちは、むしろ、どこの国にも馬鹿げた者はいる、という態度でこの事件を見ているようだった。テロは世界中にあるが、日本にも出現したというような感じであった。これは私に対する思いやりだったかも知れない。しかし、そう言えば、アメリカでも集団自殺をするような宗教団体もあった。どんなに文明化しても、いつも特別に変な少数の人間がいるという考え方である。

帰国後、地下鉄サリン事件のみならず、オウム真理教の事実がだんだんとわかるにつれて、私がアメリカで直感的に感じたことは正しかったと思うようになった。この問題を、世界中どこにでもいる異常な少数の人間の行為と考えるよりは、その異常性は認めるにしろ、そのようなものを生み出す要因が、日本人全体のなかに潜在している、と考えるのである。

村上春樹も同様のことを感じていたのではなかろうか。そして、それを考え抜くためには、まず事実を自分の肌に感じ、手に触れるように知らねばならない、と彼は考えたのであろう。作家として、抽象的な論理や思考ではなく、実感を感じとることから出発したい。これが彼の願いではなかったろうか。実際、私は前記のような理由で、オウム真理教について、いろいろと考えていたが、この『アンダーグラウンド』を読んだときは、まったくレベルの異なる心の動きが起こるのを感じた。やはり個人の体験そのままが語られるというのは迫力を持っている。生半可に考えていてはいけないという要請を、ひとつひとつの事実がこちらにつきつけてくるのだ。被害者の方々の証言はそれぞれ重みを持っており、襟を正して読まねばならぬ、とさえ感じさせるものがあった。

これを読んでいると、オウム真理教の愚行に対する怒りが体に溢れるほどになる。毎日を実に立派に暮らしている被害者の人々に対して、まったく無関係の人間がこれほどの危害を加えることに対して、腹の底から憤りを感じる。亡くなられた人のことを思うとやり切れないし、明石志津子、達夫という名で報告されている兄妹のインタビューを読むと、深い感動と共に、オウム真理教に対する怒りも湧きあがってくる。しかし、ここはそれを表現する場ではなく、むしろ、このような事件を基にして、日本人として考えねばならぬことの方に焦点を当てて述べることにしたい。村上春樹の記しているとおり、「彼らはそんなことをするべきではなかったのだ。何があろうと」ということを絶対的な前提とするが、私がこれから述べることは、それとは異なるところに焦点をおいていることを心に留めておいていただきたい。

倫理感による支え

これを読んで感じたことの第一は、「日本人はよくやっているな」ということである。というと、最初に私がアメリカでこの事件を知ったときの反応とまったく逆ではないか、と言われるだろう。実は日本人に対するこの二つの実感の大きいギャップをどう埋めるかが、本論の重要なポイントと言っていいほどであるが、これについて少し説明しよう。

「日本人はよくやっている」というのは、後に詳しく述べるように、村上春樹によって描かれた被害者の日常生活が、まるで日本人のなかから無作為に抽出された代表のように、日本人一般の生き方をよく示しており、その姿を見ると「よくやっている」と感心せざるを得ない。それに対して、オウム真理教のやっていることは、「まったく馬鹿げている」のだ。このギャップは実に大きい。しかし、私はそれらをまったく別のこととして棄ておけない。やはり「日本人全体」に関することとして関連づけて考えざるを得ないのだ。

まずはじめに、個々の人々の生き方について述べてみよう。被害者に対するインタビューにおいて、村上は一般にルポライターなどが試みる、いわゆる「客観的」な態度ではなく、われわれ心理療法家が「直感的理解」と呼ぶ態度の方に近い会い方をしている。そして個人の被害者の姿を描くときに、作家として鍛えられた目と文によって描いているので、個々の人の姿が実に生き生きと伝わってくる。それらを読んでいくと、日本の一般の人々がいかに自分の「仕事」を大切にしているのかがよく伝わってくる。それぞれが与えられた自分の仕事を、相当な責任感をもって遂行している。このようなことが結集して、日本の社会が支えられていることが実感される。

そのなかの代表とも言うべき、豊田利明さん(五十二歳)を見てみよう(名前は本名と仮名とあるとのことだが、そのまま引用)。豊田さんは地下鉄の職員で、自分もサリンの被害に遭いつつも、他の被害者の救助に努力した人である。三十四年間一貫して地下鉄職員の仕事を続けてきた「この人と話しているあいだ、私の頭には「職業倫理」という言葉がずっと浮かんでいた。これは「市民倫理」と言い換えても良いかもしれない」と村上は言う。「三十四年間現場でしっかりと働いてきて、そこから得た ethics (道義的価値観)のようなものが、ひとつの強い誇りとなってこの人を支えているように見受けられる」。

この人がインタビューのなかに語る、さりげない言葉に、この人の誇りある倫理観がうかがえて、すがすがしい感じがする。

たとえば、「私も仕事がら、常々家内には「ただいま、と言って帰れないこともあるかもしれないから、心しておくように」と言い渡してあるんです。仕事中に何が起こるかもしれません」という覚悟が語られる。そして、自分は助役として「爆発物がみつかったようなときに、部下に「お前行って取ってこい」とは言えませんよね」という責任感。そして救助中に倒れて救急車で運ばれるときも、「死ぬという意識よりは、まず自分の仕事を何とかやらなくちゃという気持ちの方が強かった」と言う。

この日に殉職死亡された菱沼さんという人と、「私がいるときは電車は遅れないんだ」と冗談まじりの会話を交したことが報告されている。この冗談のなかに、地下鉄がちゃんと正確に運行されているのを、自分たちが支えているのだという気概がよく示されている。ほんとうに立派なものだ。

あるいは、もう一人の地下鉄の乗務助役、西村佳夫さんは、サリンの袋をじかに手で拾い上げてホームに出した人である。そのことについて、「やっぱり仕事というものの責任はまっとうしなくちゃいけない。知らん顔はできないでしょう」と言っている。地下鉄の車掌として被害にあった玉田道明さんは事件後の勤務について、「怖いか？　そう言われても、僕は地下鉄の職員ですからね、地下鉄の職員が地下鉄を恐がっていたら仕事ができないですよ」と言い切っている。

ここには代表として地下鉄職員の方たちをあげたが、多くの被害者が苦しみながら、何とかして勤務先に行こうとし、そこで仕事をしようとする努力には頭が下がった。サリンでふらふらになりながらも、「とりあえず会社に行かなくては」ということしか念頭になかったと語っている人もある。これらの日常生活というものが、いかにその人たちを支え、ひいては日本の社会を支えているかがよくわかった。

それに比して、オウムの信者たちが支えにしているものは、これとまったく異なる、非日常性である。いま生きていることよりも死後の生を大切に考える、死後の生のために、そこに生きている人たちの生命を奪うことをよしとしている。このような異質の倫理の侵入によって、大きい被害が生じたのだ。ここに認められる倫理観のギャップのなんと大きいことか。

次にここに語られる事実から感じられる大きいギャップは、官と民とのそれである。この事件が起こったとき、それはサリンによるものであり、それに対してどのような治療法があるか、という点で一番貢献したのは、松本サリン事件の被害者の治療に当たった信州大学の柳澤信夫医学部長であろう。彼は自分の経験に基づき、治療法を東京で被害者を収容しているであろう病院にファックスで、どんどん送ったという。これが大いに現場で役立つのだが、やはり情報の遅れが生じたことは否めない。これについて柳澤医学部長は、消防庁に連絡して、そこから現場に統一して流せばよかったのだろうが、電話はつながらないし、そんなことを言っても取りあげてもらえるかどうかさえわからなかったと言っている。

いちいちあげないが、被害の現場では人々は実によく助け合っている(もちろん、見て見ぬふりもあったのだが)。そして、こんなときに警察は何をしてくれたのか、と憤慨している被害者の人が大分いる。特に、後になって、犯人と思われて調べられた人の怒りは大きい。何とも見当違いの努力である。

この点については、それぞれの例をあげることはしないが、全体を要約する言葉として、前述の柳澤医学部長の次のような証言を引用しておこう。「何か大きなことが起こったとき、それぞれの現場は非常に敏速に対応するけれど、全体としてはだめだ」という教訓を得たと彼は言う。そして「こういう大きな災害が起こったときに、組織が効率よく速やかに対応するというシステムが、日本には存在しないのです。きちんとした命令系統というものがありません」と指摘している。

先に官と民と書いたが、むしろ、トップと現場と言った方がいいだろう。地下鉄にしても、先に紹介したように現場の人は文字どおり生命を賭けて対応している。しかし、これを地下鉄全体として、その事故に敏速に対応する――たとえばサリンの置かれた車輛の運行を停止するとか――ことになると、まったく無策と言ってよい。

病院や救急体制や警察などもすべて然りと言えるだろう。

村上もこのことに気づき、彼が調査したノモンハン事件に言及している。「資料を調べれば調べるほど、その当時の帝国陸軍の運営システムの杜撰さと愚かしさに、ほとんど言葉を失ってしまった。——中略——今回の地下鉄サリン事件の取材を通じて、私が経験したこのような閉塞的、責任回避型の社会体質は、実のところ当時の帝国陸軍の体質とたいして変わっていないのだ」。第二次世界大戦における敗戦により帝国陸軍は潰滅した。しかし、その「体質」は、未だに立派に保存されている。人間が変わるということは、実に大変なことなのだ。

「場」からはずされる

ここで少し話題を変えて、阪神・淡路大震災以後、一般によく知られるようになったPTSD(心的外傷後ストレス症候群)について考えてみたい。村上のインタビューの姿勢が、前述したような、インタビューの内面にかかわるものだったので、ここに語られる多くの事実がPTSDに関する貴重な情報を提供してくれている。もっとも、サリンの場合は、サリンによる神経障害などと、心理的外傷による障害とを判然と区別するのが難しいところがあるが、多くの被害者がPTSDに悩まされたことは事実である。

村上は被害者のみではなく、PTSDの治療に積極的に取り組んでいる精神科医、中野幹三氏(当時の聖路加国際病院、精神科医長)にもインタビューをしている。それによると、「聖路加病院の場合は阪神大震災以来、我々精神科医、ナース、臨床心理士がPTSDについてのひとつのグループを持って」活動していると言う。これは非常に有益なことだが、おそらくサリン事件のときに、PTSDに対して積極的・組織的に取り組んだのは、ここだけではないだろうか。中野先生は「サリンの被害者をみている精神科の医者は、私以外にはあまりいないようです」と言っている。

先に紹介した地下鉄助役の豊田利明さんは、的確にPTSDの症状についての記述をしている。退院後しばらく自宅療養して、五月二日に職場に復帰した。「体力はだんだん回復してきたんですが、自分の心理状態に打ち克つというのはとても難しいことでした」。睡眠は浅いし、「何に対してもただ無性に腹が立つ」。そして、「家内は最初は大事にしてくれたんですが、私が始終八つ当たりみたいなことをしているものだから、嫌がるようになってきました」。この状態を豊田さんがどのように克服しようとするかについては後に述べるが、以上のようにPTSDは発生してくる。そして、PTSDをもつ人の周囲の人たちも苦労をするのだ。

PTSDについては私自身の反省がある。阪神・淡路大震災のときは、すぐにPTSDのことを思った。しかし、日本人特有の、被害を全体で受けとめる傾向によって、欧米諸国よりは少ないことが予想されたし、そんなときに専門家が個別的かかわりをするのもどうかと思ったが、ともかく電話相談を開くと、大量の件数があったので、私の所属する日本臨床心理士会として組織的に取り組んだ。それはそれ相応の効果があり感謝されたが、全般的に見て、PTSDは予想どおり欧米に比して少なかった。このことがあったのと、災害のある度に名前を出すようなことに抵抗もあって、サリン事件のときは、日本臨床心理士会は組織的活動をしなかった。しかし、今から考えると、これは思慮が浅かった。

サリン事件の場合は、被害者は家族や職場のなかで、孤立しがちになる。震災の場合は被害を「分ち合う」人たちが周囲にいた。「場」全体が苦しみを共有して背負うとき、その場のなかにいる者は、ずいぶんと助かるのだ。ところが、サリン事件のときは、下手をすると、日本的場からはずされることになって、苦しみは倍加する。このため、被害者は言いようのない孤独に苦しんでいる。このことを訴えている人が多い。

マスコミに対して、園秀樹さんは「結局みんなスキャンダルが大好きなんですよ。「大変でしたね」と言いながら、それを楽しんでいるんだ」とズバリ本質をつくことを言っている。つまり、好奇心をもって見ているか、あるいは、オウム真理教に対する「異質なものは排除すべきだ」という感じが、そのまま被害者に転移されてきて、被害者をうさんくさい目で見たり、排除しようとする。実はこのような態度は、阪神・淡路大震災の被害者に対しても状況によっては向けられている。たとえば、被災のために遠くへ転居した人とか、身よりがなくて仮設住宅に長く住んでいる人などが、同様の経験をし、PTSDを悪化させている。

大震災のときにPTSDが欧米に比して少なかったのは、日本人が被災者に対する配慮を特に強くもっているとか、日本人は苦しみに耐える力が強いとかを示しているのではなく、やはり全体的な場による支えがあったからと考えるべきであろう。そして、その「場」がむしろ排除的にはたらくときは、サリン事件の被害者のように、PTSDの悩みは大きくなったのではなかろうか。このようなことを、もっと考えておくべきであったと反省している。

次にPTSDとの関連で、私が専門にしている「夢」のことについて述べておきたい。PTSDの症状のひとつとして悪夢ということがある。それによって目が覚めてしまうので不眠とも結びつく。嫌な夢、怖い夢を見ることを多くの人が語っている。現場の状況の再現とか、殺される夢などもある。そのなかで、ひとつ非常に注目すべき報告がある。それは唯一の外国人のインタビューである、マイケル・ケネディーさんの夢体験である。ケネディーさんは夢を見るのが怖くて夜眠るのをやめてしまったほどだが、それはいつも同じで、「誰かがやってきて、大きなハンマーで僕の頭をがつんと叩く」夢である。ところが不思議なことが起こった。

「最初そのハンマーはすごく硬くて、痛かった。しかし毎日毎日それがだんだん柔らかくなっていくんだね。少しずつその衝撃は弱くなっていく。そして最後の頃には、叩かれても、まるで枕で打たれたような感じしかしなくなっていた。」

そのうち時間の経過と共にケネディーさんは癒されていく。これは、このようなショッキングな体験から癒されていくときに生じる典型的な夢の変化である。ユングは既に一九一六年に、戦争場面のショックの例をあげて証明している。つまり、ある種の経験はあまりにショッキングなので自我に統合されない。それを夢で再体験しつつ自我への統合を試みているものと考えられる。

これは食物の反芻とよく似た現象である。そして、その体験が統合されるにつれて、イメージも変化し、消え去っていく。ケネディーさんにとって、突発的なサリンの被害は、見知らぬ男に突然にハンマーで頭を叩かれるイメージとして把握されたのであろう。

この場合、ケネディーさんは自己治癒の過程を夢の変化によって確かめたことになるが、われわれが治療者として夢分析をしているときであれば、夢を基にしてショッキングな体験を語ってもらい、それを共有することによって治癒の過程を促進し、また夢のイメージの変化によって、その程度を知ることになる。しかし、何と言ってもその根本にあるのは自己治癒の力であることに変わりはない。

しかし、悪夢と一般に言われているのが、治癒へ向かう努力のあらわれであることを知っていると、悪夢を不必要に怖がったり、それを避けようとし過ぎなくていいと言える。この点で、入院しているときに「すごく綺麗な夢と、すごく怖い夢の二種類がありました」という報告があったのは注目に値する。綺麗な夢は天然色の美しい世界がひろがり、熱帯の花が咲き、熱帯の鳥がいて、すごく美しい光景であったとか。私の、まったくの推察であるが、この方はおそらく相当に重く、死線をさまよう体験をされたのではなかろうか。そして、おそらく死に極めて近接したときに「綺麗な夢」を見、死の世界から何とかして遠ざかろうと治癒への努力が生じているとき「怖い夢」を見られたのではないかと思われる。後者の方の努力が実って生き抜かれたことを喜びたい。このような夢のことを知ると、被害者の方々がどのように恐ろしい体験をされたかが、ひしひしと感じられる。

ＰＴＳＤとは関係のないことだが、注目すべき夢の報告がひとつあるので言及しておく。これは若い女性が、事件のあった朝に見た夢である。「実を言うと、これはたぶん言っても信じてもらえないと思ったので、これまで誰にも言ったことないんですが、私の死んだおじいさんが出てきて、その部屋の中を飛びまわったんです。私のまわりを「行くな。お前、行っちゃいけない！」という風に」という夢を見て、この人は支度に手間どり、いつもより一台遅い電車に乗る。このために、サリンがのっていた電車の一本あとの電車に乗ることになって、被害は受けたが、おそらく死を免れることになったと言うことができる。

このような夢を「予知夢」あるいは「警告夢」と言ったりしている。そんな馬鹿なことと言われても、実際にあるのだから仕方がない。数はもちろん少数である。ただ、この人が「これまで誰にも言ったことない」と言っているように、一般に語られることが少ないので、実際はわれわれが思っているよりは多いかも知れない。予知夢の現象は、そのようなことは「あります」とは言えるが、満足のいく因果的な説明ができないのが現状である。

日本人全体として

ここからの考察は日本人全体のこととなる。そういう意味で被害者の人々個人の在り方とは無関係である。あるいは、私という日本人が、自分のなかに存在する加害者と被害者の両者について考えてみる、と言っていいかも知れない。この両者のギャップをどう埋めるかが課題である。この点について、村上は「「こちら側」＝一般市民の論理とシステムと、「あちら側」＝オウム真理教の論理とシステムとは、一種の合わせ鏡的な像を共有していたのではないか」と述べている。私は自分の心のなかに共存している、この「合わせ鏡的な像」をじっと眺め続け、なかなか言葉を見つけられないでいる。結局、「答え」は見つけられないまま、問題の在り様について語るようなことになるだろう。

全般的に言って、日本人はよく仕事をする。自分のことを考えてみても、やっぱりよく仕事をしているなと思う。何のかのと言いながら、原稿用紙の一コマ一コマを埋めて、後から考えると「アホとちがうか」と言いたいほど書いている。よく仕事をする人が「大変でしょうと言われるが、ほんとうは大変ではない」、「結局これが好きなんだから」と言ったことがある。それは「好き」以上ではないだろうか。試みにそのような人から一カ月仕事を取りあげたら、完全にノイローゼになるだろう。コツコツと働くことが、その人を支えている。それは意識されることはないが、仕事をすることが宗教的な意味を持っているのだ。

それはそれでいいのかも知れない。しかし、そのことの自覚が薄れ、仕事によって得られる金額が大きくなるにつれて、それに関連してくる「物」と力が大きくなってくると、日本古来からの物と心の融合性が破壊され、物が物としての力をふるいはじめる。物の魅力に取りつかれていても、人間には死が訪れる。死後はどうなるのか、このことを「物」だけの力で「物語る」のは不可能に近い。

昔はともかく、現代の日本人にとっての盲点とも言うべき「死後の生命」の物語を持つ者が、いかにそれが未熟であるとは言え、突然に侵入してくるとき、それに立ち向かうのは難しいのではないか。そして、それは非常に巧妙に、物に関する知識と技術、現代のテクノロジーを使ったりする。

昔の日本人を支えてきた極楽浄土は、現代においてほとんど効力を持たないだろう。先祖代々の墓に入って、子孫に祀ってもらうのも、大分おぼつかなくなったのではなかろうか。生きるのに忙しすぎて、多くの日本人が排除している、「死後の生命」あるいは「死」についての物語が、あまりにも歪んだ姿で顕現してきたのがオウム真理教ではないだろうか。

村上春樹はサリン事件で夫を失った女性、和田嘉子さんとの短い、しかし感動的なインタビューの記録に次のように記している。村上が帰るとき、嘉子さんは赤ちゃんを抱いて駅まで送ってくれる。「別れ際に何か言おうと思ったのだけれど、「元気で幸せに生きて下さい」としか言えなかった。たぶんそう言ったような気がする。でも言葉というのは無力なんだなとふとそのときに思った」。確かに、このようなときに、どんな人でも月並みなことしか言えないのではないか、と私は思っている。「言葉というのは無力なんだな」と思わされる場面に、私も職業柄何度も立ち会ってきた。

だからと言って、われわれは沈黙しているべきではない。この体験を自分に納得した形で「物語ること」、物語の創造の努力をしなくてはならない。それを抜かったままでいると、地下鉄サリン事件と同等のことがまた生じるのではないか。村上は先の文に続いて、「でも作家である私は、それをたよってなんとか仕事を進めていくしかない」と書いている。これは現代に生きる「作家」としての責任を重々に感じさせる。インタビューした被害者の人たちの納得のいく「物語」を作家として生み出さねばならないのだ。

私はフィクションは書けない。しかし、私なりの物語の創造に努力しなくてはならない。村上の言う「合わせ鏡的な像」は私の心の中にずっと存在している。正直なところ、それはまだ納得のいく物語を生み出して来ない。私に今できることは、せめてそれを排除したり、消そうとしたりせずに、抱き続けることではないか、と思っている。

そんな仕事をお前は日本人全体に押しつけるのか、と言われるかも知れない。こんなことはまったく無意味という人もあろうし、他人に押しつけられるものではない。とすると、日本人全体として考えねばならないもうひとつのことは、せめて今後も起こるかもしれない危機に対する対処法を考えておくことではないだろうか。このインタビューの記録が如実に示しているように、危機管理の体制がひどすぎる。もう少し体制が整っていて、情報が的確に伝わっていたら、被害はもっと少なかったはずである。詳細は省略するが、『アンダーグラウンド』

を読んだ人は、同様の感想を持つに違いない。

ここで大切なことは、適切な危機管理ができるようなリーダーシップをそなえた人物を、日本人は好まないし、潰してしまうことが多いという事実である。いま行革審でも官邸機能の強化が論じられている。これは必要なことと私も考えているが、このサリン事件を見てもわかるように、今後に日本に生じる不測の事故や事件において、専門家の知識を必要とすることが多いのは明白である。そこで、たとえば国の危機管理システムのなかに専門家をいれる、あるいは、連携を密にするとしても、是非考慮すべきことがある。それは、その「専門家」として、リーダーシップがない故に学会のボスになっているような人を用いないことである。村上がノモンハン事件の反省として述べているように、日本の「大将」は判断力や決断力を欠いている代わりに、失敗した後をうやむやにする才能のある人が多いのである。

このことを避けるひとつの方法として、危機管理体制に関与する人は、すべてせめて五十歳以下にすることなどが考えられる。日本では四十歳代で素晴らしい才能を発揮していても、「長」と名のつく役をしているうちに、その才能をすり減らしていく人が多い。

日本的人間関係や、日本的方法が常に悪いと言っているのではない。問題は、これから生じてくる危機が、日本的方法では対処できないものが多くなるとの認識が必要なのである。先に紹介した被害者のマイケル・ケネディーさんは、こんな事件があったにもかかわらず、「東京は世界でいちばん安全なところだ。日本はすばらしい国だ。安心して町を歩くことができる」と言っている。しかし、この安全さを成立させている要因が、危機管理のまずさに関連していることを知るべきである。したがって、日本人全般として、この安全性を保持するにしても、それと矛盾するように見える、強力なリーダーシップの確立ということを、今後考えていかねばならないのである。

アンダーグラウンドの力

日本の現状をどうするかという議論において、これまでは日本人全体を、官と民、上と下、左と右などに分け、それを善悪によって分類し、自分が善と考える側に立って悪を攻撃する、あるいは責任を追及する、という形になることが多かったのではなかろうか。この方法は明確でわかりやすい。しかし、実際的な効果を持ちにくかったのではなかろうか。

むしろ、このような二分法的な善悪の割り切り方によって悪を排除しようとする態度が、オウム真理教のようなものを生み出したと考えられる。何かを排除することによって、よりよくしようとするのではなく、何かを敢えて取り入れることによって、変えてゆこうとする態度の方が有効なのではなかろうか。人間が、あるいは社会が変わるというのは、大変なことで、そんな効果的な方法などあるわけがない、と言われればそれまでであるが、しぶとく少しでも効果のありそうなことを考え出すことにしてみたい。

そこで、村上のこの書物の名前からヒントを得て、官も民も、右も左も、それぞれの人が自分の「アンダーグラウンド」にあるものを、もう少し許容することによって、自分を考えていくことにしてはどうであろう。日本人をいろいろに分類することができるが、その誰もが「アンダーグラウンド」においてはつながっている。

日本人全体のこととして言えば、実は村上のインタビュー記録のなかに、その「アンダーグラウンド」のパワーを感じさせるものがある。まず、第一にこのようなインタビューに被害者がこれだけのことを語り、その公刊に同意したという事実そのものが、日本人には珍しいことではなかろうか。この場合だけではなく、最近は被害を受けた人の声が一般の人に届くような企画が、少しずつ他にも出てきている。これは大切なことだ。

これまでの日本人はどうしても一人で沈黙してしまうことが多かった。しかし、たとえば、被害者の尾形直之さんは「そういうことを僕はこのまま黙っていたくないんです。黙っているのが癪なんです。この事件は、今はもう世間でだんだん忘れられかけているのが現状だと思います。でも僕としては、絶対に忘れてもらいたくない」と言っている。自分の考えや感情を言語化して他に伝えようとする態度が、この他の被害者にも認められる。そして、インタビューのなかで、警察やマスコミ、オウム真理教に対する的確な指摘がなされている。これは望ましいことである。

被害者がこの事件の後で、以前と考え方などが変わったことを語っている内容が興味深い。ランダムに引用してみる。

「サリン事件に遭ったことで、ただひとつまあ良かったかなと思うのは、彼女と気持をわかりあえたことです。」

「事件のあと、命というものの大切さを、私なりにひしひしと感じるようになったんです。命あるものの大切さを。」

「これまでは会社人間として、僕は自分なりにはっちゃきに働いてやってきたけれど、ここで少し自分の生きるペースというものを考え直してみたいと思うんです。」

「ただ「もう既に一回は死んじゃっているんだ」と思うことはあります。そうすると何かふっきれた感じがして。」

これらはすべて望ましいことである。しかし、これらのことは仮にサリン事件がなくとも、この人たちがそのようになる可能性はあったと言えることである。つまり、すべての人間は実にいろいろな可能性をその「アンダーグラウンド」に蔵しているのだが、それが表面にはなかなかでて来ないのだ。ここで、難しいことは、その

「アンダーグラウンド」には、オウムのような可能性も存在している、ということである。被害者の人たちは、オウムが表面に躍り出てくるショックのなかで、自分の「アンダーグラウンド」のポジティブな側面を自分のものにすることができた、と言っていいだろう。もちろん、そこには大変な恐怖が伴ったのではあるが。

重度の障害を受けながら、必死で立ち上がろうと努力している明石志津子さんと、それを献身的に援助している兄の明石達夫さんに対するインタビューは、深く心を打つものである。帰るときに、車椅子の志津子さんに、「最後にもう一回握手をしていいですか?」と村上は尋ねる。彼女は「いい」ときっぱりと言い、強く手を握りしめる。「そんなに強く誰かに手を握られたのはほんとうに久しぶりのことだった」。

どうすれば彼女を励ますことができるかと考えをめぐらせながら訪れた村上は、「結局のところ、逆に私が彼女に励まされた」ことに気づく。そして、「原稿を書きながら「生きる」というのはいったいどういうことなのだろうと真剣に考えている。久しぶりにそういう〈根元的な命題〉に直面している」と言う。

「生きる」というのはいったいどういうことなのだろう、という問いは、死とは何かという問いと不可分に問われてこそ意味がある。その〈根元的な命題〉は各人の「アンダーグラウンド」のなかに存在している。しかし、われわれはそれを忘れ、表面の世界で「いかに生きるか」に狂奔していないだろうか。

「アンダーグラウンド」から差し出された明石志津子さんの手の感触を忘れずに生きることによってこそ、われわれは第二、第三のサリン事件を防げるのではなかろうか。

先に紹介した地下鉄助役の豊田利明さんが意味深いことを言っている。「私は「自分はサリンの被害者ではなくて、体験者なんだ」と思うようにしているんです」と。何かについて論じるときに、善悪の二分法により、自分を善の側に立てて論じてもあまり意味がない、と述べたが、これとよく似たパターンとして、自分を被害者側に置いて加害者を告発するという論の立て方がある。これも不毛な場合が多い。それは自分の「体験」が自分のものとしてそこに生かされていないことが多いことを、豊田さんの言葉はよく示している。被害者として一方的に嘆いたり、怒ったりするのではなく、「体験者」として、まずそのことを自分のことにして見せる。発言はその後なのだ。

加害者・被害者という分類のほかに傍観者というのがある。見ているだけでかかわらない。今度の地下鉄サリン事件は日本人全体に対して生じたことであって、われわれは傍観者であってはならない。そのことを村上の『アンダーグラウンド』はひしひしと感じさせる。そして、われわれはそれを自分のこととして「体験」しなくてはならない。その点で、われわれの代表として、被害に遭われた人たちが、このような形でその体験をわれわれに分かち与えて下さったことに礼を言いたい。この「体験」を生かし、自らの「アンダーグラウンド」と接触を保つことによって、何らかの新しい生き方を見出すことができるだろう。

ここで難しいのは、そのような「アンダーグラウンド」の力を「結集」したり「組織化」したりすると、一挙に変な歪みが生じてくることである。オウム真理教がそのひとつの例であるし、その対極にあるのが、無力な既成宗教である。前者は破壊力がありすぎるし、後者は硬化している。それでは、「アンダーグラウンド」の可能性に接するのは、まったく「孤独」な仕事なのか——ある面ではそのとおりである。しかし、それが孤立する必要はない。「アンダーグラウンド」の力をどのような方法によって現代に生かすのか、これも大きい課題である。

11 「異文化間コミュニケーション」で起こること

異文化間ディスコミュニケーション

人間と人間が互いにその意思や感情を伝えるコミュニケーションということは、人間にとって非常に重要なことである。このことは拡大して、人間と動物、そして人間と植物の間においても、それが行われるという考えや主張があり、それも非常に面白い話題であるが、今回はもっぱら人間と人間との間のコミュニケーションについて考えてみたい。

同じ人間だからわかり合えるはずだ、というのも間違ってはいないが、ともすると、文化を異にする者の間には誤解が生じる。たとえば、私の母などは昔に関東の親戚のところに行くと、御飯のおかわりを「もうよろしいです」と言うと、そのまま「はい」と言って、次についでくれなかったと嘆いていたことがある。関西では、まず遠慮するのが礼儀で、それにもかかわらず、ホストは御飯をつぐことになっている。丁寧なときは、「けっこうです」「そう言わずにどうぞ」を三度くらいは繰り返さねばならない。このような風習は関西でもだんだん少なくなってきている気がするが。

あるいは、どこで読んだのか忘れたが、日本人がネパール人に相当な贈物をしたが、あまり礼も言われず、お返しもないので不審な気がしたことが述べられていた。ところで、この「お返し」が十年後くらい後になされたのだ。そこで、贈物に対してすぐお返しをするのが、この文化では非礼であることをこの人は知ったと言う。同じ思想は日本にもある。贈物をしたとき、すぐにそれ相応に返しものをする人は、「ごきんとな人」と言われ関西では歓迎されない。これはまったくの私の当て推量だが、「ごきんと」は「御均等」ではないかと思う。つまり、贈物に対してそれ相応のものを返すと「均等」になる。したがって関係は切れてしまう。これに対して、贈物をもらって返さずにいると、その間、恩を感じ続けることになるのだから、これは関係が存続する。ネパールの場合、それを十年以上も続けるのだから大変なことである。

このような文化の差による風習の違いをあげるときりがないであろう。問題は、説明を聞くとよく了解できることなのに、その前に速断してしまうと大変な誤解が生じることである。たとえば、関西の人が関東の人の行為に対して、不親切、けち、などと判断する、あるいは、日本人がネパール人に対して、恩知らず、強欲などと思ってしまう。こうなるとその後の人間関係にも影響を生じてくる。文化の差として了解できることが、コミュニケーションの悪さによって、価値判断に直結してしまい、関係を悪化させる。

異文化間に誤解が生じる。しかし、そこでゆっくりと説明すれば誤解がとけることも事実である。説明と了解が可能である、という意味において、それは表面的にいかに異なっているにしろ、共通の基盤を持っていると言わねばならない。共通に普遍的な部分を持っているのだが、それが行為として顕われてくるときに異なる形をとるのである。

最近の出来事で心に残ったのは、プロ野球のアメリカ人の審判のデュミュロ氏の事件である。彼はストライクの判定に抗議した選手に退場を命じ、そこで監督や選手につめ寄られたのを心外として帰国してしまった。彼は「かつて経験したことのない恐怖を感じた」と言ったが、日本の選手たちに言わせると、あれくらいで「恐怖」を感じるのなら、プロ野球の審判などしない方がいいというところだろう。

私の勤めている国際日本文化研究センターは、何かにつけて文化比較の話題の豊富なところだが、昼食時の雑談に次のような話題が出た。社会学者の柏岡富英助教授のところにアメリカの友人からEメイルが入って、日本というところは「権威に弱い」と聞いていたのに、今度の審判事件を見るとまったく逆で、権威に従わない行為が歴然としている。いったい日本人は権威に対して従順なのか、そうでないのか、というのである。柏岡氏はおかげで返事を書くのに、「論文」を書くほどのエネルギーを使ったと言っていたが、なるほど、これは面白い例である。

もちろん、これには日米野球の違いもあるし、「日本の野球では審判には権威はない」と言ってしまえば、それまでであるが、ここで、この問題を「権威」ということに対する日米の差として考えてみるのも一興であろう。ある単語、たとえば、勇気、親切、頑固などに対して、好感をもつか嫌悪感を感じるかについて日米の比較調査をしたときに、両者ではっきりと差が出た言葉に、「権威」(authority)があった。アメリカでは好ましいとされるのに対して、日本では嫌われる。もっとも、権威は英語のオーソリティと同一とは言えないかもしれぬが、興味深い結果であった。米国でも「権威的」(authoritative)となると結果は異なったかも知れない。

アメリカでは多数の認める「権威」は、信頼できる、あるいは、従うべきである、という考えがある。したがって、ポジティブな意味合いをもつ。それが「権威的」となると、他が認めるかどうかはともかく、本人がそう思っている態度ということになるので、評価は変わる。ところが、日本人はそもそも「権威」というのを認めたがらないのではなかろうか。「権威」「権威的」「権力」などが、ごっちゃになっている。この背後には、いつも問題となる日本人特有の絶対的平等感がある。それに頼る限り「権威」などあり得ない。したがって、日本人は別に「権威」に弱いのではなく、「身分」に弱いのである。この民主主義の時代に身分などあり得ないのだが、実際の生き方のなかには、まだまだそれを引きずっている。自分の能力とは関係なく運命的にきまっている「身分」に従う、というのは昔の考えである。そんなのは制度としては無くなっているが、身分感覚のようなものが残ってわれわれの行動に影響を与えている。ところで、日本のプロ野球の選手や監督は、審判の方が自分たちよりも「身分」は下だ、というような感覚をもっていないだろうか。確かめてみたわけではないが、そんなふうに見える。アメリカのように、皆で認めた権威という感覚がないのは事実と思えるが。

デュミュロ事件はこのくらいにして、要するに、異文化間のコミュニケーションというのは、このように案外なところに生じてくる。そして、そこから日本人は「権威」に強いか弱いかなどと考えると誤った結論を得ることになる。日米間に貿易摩擦をはじめいろいろな摩擦があるが、この要因のひとつとして、両国間のコミュニケーションのギャップがある。アメリカだけではなく、他国の人に日本人はよく誤解されるので、そのことをよく認識しておく必要があると思われる。

場の言語

ある教育に関する集まりで、国際理解を大切にして教育をしている小学校の実践報告があった。校長先生が日常生活においても、いかに国際化という点に配慮して教育しているかという例として次のような話をされた。これからは外国人とつき合うことが増えるので、その関係をスムーズにするために、子どもたちに、たとい自分が失敗したり、まちがったりしていなくとも、素直に「すみません」と言えるように教育している、というのである。これは実は大都会の学校で、日本的伝統に縛られているところではない。

これを聞いて私は驚いてしまった。読者には釈迦に説法なので、あまり言う必要もないが、欧米で、自分の方がまちがっていないのに、「すみません」(それを英語で、"I am sorry" というと一般に教えられている) などというと、まったく誤解されるであろう。これは国際誤解の基になる。

「すみません」は日本人の好きな言葉である。日に何度も言っている。英語であれば、「サンキュー」と言うべきときも「すみません」と言っている。日本では、個人と個人との関係を考えるよりは、全体としての場を大切にするので、ともかく場を壊すことを避けたいと思う。二人の人間のどちらが正しく、どちらがまちがっているか、ということではなく、ともかく二人の場を荒立てずにつくることの表明として、お互いに「すみません」ということが必要になる。

「場」を中心に考えると、個人の発想からすれば「うそ」になることを言わねばならぬときがある。日本では、ある程度の「うそ」は許容されている。「うそも方便」という仏教の言葉もある。これに対して、欧米では「うそ」は明白に悪とされる。人前で「うそつき」と言われたときは腕力に訴えてもそれに対抗しなくてはならない。これは最大の侮辱である。そんなことを知らぬ日本人が、「うそー」という感じで、英語で「liar」と言って物議をかもしたことがある。

柳田国男が「うそ」の文化比較を早い時期に試みているのは興味深い。彼は『不幸なる芸術』のなかで「ウソと子ども」「ウソと文学との関係」について論じ、そこで文化比較について少し触れている(『柳田國男全集』第九巻、ちくま文庫)。柳田はウソ、特に子どものウソに対して寛容であるが、その根拠として、昔は「ウソ」は「ヲソ」などと呼ばれていて虚偽という意味よりも、面白いお話という意味が強かった、ということをあげている。そして、「以前は村々には評判のウソツキという老人などが、たいていは一人ずつ住んでいて」人々を楽しませていた。「人望のあるウソは必ず話になっている。むつかしい語で申せばもう文芸化している」というわけである。「とにかくにこの人生を明るく面白くするためには、ウソを欠くべからざるものとさえ考えている者が、昔は多かった」。つまり、このような「ウソ」によって、場全体の雰囲気をうまく保てたのである。

ところが、近代になって欧米の影響を受けると、「ウソ」も「虚偽」も一括して「これを悪事と認定するような風潮が起こった」と柳田は言う。そして、柳田は西洋と日本の違いを当時既によく認識しており、日本では平気で「ウソばっかり」とか「ウソおっしゃいよ」とか言うが、これをそのまま英語に直訳すると大変なことになると指摘している。これに続いて彼の言うところが面白い。「近頃この趨勢を何となく感じた者が、「ウソおつきなさいよ」の代わりに「ごじょうだんでしょう」を用いるようになった。これに冗談という文字などを当てて、むだ口のことと解する人もあるが、そんな日本語があろうはずはない」。

現在では東京でも「ごじょうだんでしょう」と言う人は少ないのではなかろうか。私の父は関西の田舎の出身だが、若いときに上京し、東京人に「ごじょうだんでしょう」と言われてショックを受けた、と話をしてくれたことがある。自分が話をしたことに対して、「ウソばっかり」と言われても平気だったろうが、「じょうだん」と言われて参ったのである。これは、ウソとじょうだんの受けとめ方の相異を示していて一考に値する。

場を保つために、日本では「ウソ」がある。これに対して、西洋ではジョークがあるのではなかろうか。ここで大切なことは、日本では、場の方から発想し、次に個人に及んでくるが、西洋では、まず個人があり、その次に個人と個人の関係を円滑にする(日本的に言えば、場を保つ)ことが考えられるので、その在り方が異なってくることである。日本人であれば、その場を保つためには、あることないことを適当に話をしても、その言葉に個人としての責任はない(と言っても程度があって、あまりに「場あたり」のことを言うのはよくないと考えられる)。これに対して、欧米人の場合は、どんな場合にでも発言したことについてはその人の責任が伴うので、日本人的「ウソ」は言えない。と言って、すべての人が「ホント」のことばかり話をすると、ギクシャクしてきてたまらない。そこで、ジョークを言うことが必要になる。ジョーク抜きでは対人関係がうまくいかないのである。

相手から何かが要求されるが、それは到底できそうにない。そのとき日本的であれば、相手の気持を汲んで、

「難しいことですが、何とか考えてみましょう」と言う。しかし、これは西洋から見れば「ウソ」である。西洋人の場合は、「ノー」と言うわけだが、このときに場を和らげようとすると、ジョークが用いられる。そのジョークのなかに、相手の気持や、自分はどうしてもやりたいとは思うけれどできない、などという気持がうまく入れこまれていると、この人は「社交性」があるということで評価される。

「社交的」という言葉は、日本ではむしろ否定的な感じを与える。しかし、欧米では、それはむしろ当然のことである。あちらでは、子どものときから「社交的」であるためのエチケットやふるまいについて訓練される。日本人は「ノーと言えない」などと言われるので、それを意識して、欧米人とつき合うときは、「ノー」と言うべきだと張り切る人がある。残念ながら、そんなときに社交性を身につけないままで「ノー」と言うので、大変粗野に見えたり、無礼に感じられたりする。それぞれの文化は、長い歴史のなかで、全体的にその生き方を洗練してきているので、他の文化とつき合うのは、ほんとうに難しいことである。

こんな体験をしていると、無理して欧米に同調するよりは、日本の方法に頼りながら、その意味を説明する方がいいのじゃないか、と思ったりする。欧米の規範によると、日本人は「うそつき」ということになりやすいが、実はそうではないこと、場を出発点とするか、個を出発点にするかによって、言語表現の在り方がどう異なってくるか、などについて説明するとよい。欧米中心の考えは今も根強いが、他文化に心を開こうとする人も増えてきたので、この方が喜ばれることもある。

納得への筋道

「納得」というのは、なかなか味のある言葉である。「頭ではわかっていても、納得がいかない」などと言ったりする。「腑に落ちる」という表現もある。実際、われわれのような心理療法の仕事をしていると、人間はほんとうに「納得」しない限り、その行動を変えることがないことを、痛感させられる。子どもに対して優しくするべきだとわかっているつもりでも、納得がないと、結局はすぐに怒ってしまったり、忘れてしまったりということになる。したがって、相手に納得してもらうことは、私の仕事の上で非常に大切なことである。

納得への筋道として、論理的説明というのがある。一般に会議などで用いられる方法である。たとえば、会議中に二人の人が対立した意見を述べる場合、他の人たちはそれぞれの考えを聞いて、合理的、論理的に筋道の通っている方に賛成する。ところが、話を聞いている間は論理的に筋が通っているように感じるが、結論に至ると何だかおかしいという気がして納得のいかないときがある。これはどうしてだろう。

論理を構築していくとき、それは積木を積みあげていくのと似ている。したがって、その素材としての積木、つまり用いられる概念や事実などはがっちりとしていなくてはならない。ところが、実際の現実というのは、お互いがからみ合っている上に、人間には感情というものもあるので、なかなか積木のようにはなっていない。そこを何とかして論理を通していくためには、事実や感情のからみを断ち切って論理の素材をつくる必要がある。このときに強引にやってしまうと、その後の論理は正しくとも現実とは離れてしまったものになる。そうすると、他人は全体的判断として、「何か納得がいかない」ということになる。

論理的な説明は、その論理の筋そのものに異論はないにしても、それを構築している要素の形成や選択において、切り棄てられるものがあり、そのために納得がいきかねる、ということが生じる。そこで、もうひとつの方法として、「物語《ストーリー》」ということがある。その筋道がうまくひとつの話として物語られることによって、納得がいく。物語ということについては、これまで他に多く論じてきたので、あまり多くを語ることもないが、ここでは、物語における日本的特性を少し取りあげておきたい。

物語で一番わかりやすく、納得のいきやすいのは、起承転結があって、ハッピー・エンドになるものである。聴き手はそれによって、まさに納得する。しかし、これに対して、日本の物語では、次のような展開をするのがある。

丹後国の『風土記』に「奈具《なぐ》の社」というのがある。水浴みに来る天女の衣を隠す、という世界中に類話のある話だが、その展開が一般にあるのとは随分異なる。ある老夫婦が天女の衣を隠して、天に帰れなくなった乙女を自分の娘にする。この娘が酒つくりが上手で、そのために老夫婦は金持ちになる。そうすると彼らは急に娘に冷たくなり家を出てゆけ、と言う。天女は悲しんで、

天の原　ふりさけ見れば　霞立ち
　家路まどひて　行方知らずも

の歌を詠み、家を出る。荒塩《あらしお》の村というところで、自分の心は荒塩のようだという。また、木によりかかって泣き、その村は哭木《なきき》の村と名づけられる。そして最後にたどりついた「奈具の村」で、自分の心が「奈具志久《なぐしく》」なったと言う。ここに彼女は留まることになり、これが「斯《こ》は謂はゆる竹野の郡の奈具の社に坐す豊宇賀能売命《とようかのめのみこと》なり」ということで終わりになる。

この話を欧米人にすると、誰もこれが終わりであることに納得しないであろう。しかし、当時の日本人にとって、この話は立派に終わっているものとして納得されたに違いない。この文では、故実によって地名があらたについたのか、地名によって故実が展開するのか、そこのあたりも不明である。しかし、ともかく、話の経過が地名と結びつくということによって、昔の人は納得したのであろう。

しかし、日本では現代人でもこのような「終わり」に納得する傾向をもっているのではなかろうか。たとえば落語の「落ち」と言われるものは、欧米人の考える「解決」とは、まったく異なっている。にもかかわらず、日本人は「うまく落としましたね」などと言って納得しているのである。あるいは、小津安二郎監督のつくった映画をアメリカの友人と見たとき、「どうしてこれが終わりなのか」と言われたことがある。日本人にとって映画が終わっていることは明瞭だが、アメリカ人にとって、どうしてもそれは「終わり」になっていない。納得できないのだ。

奈具の社の話で、娘が歌を詠むところがあるが、日本の昔の話には、歌が終わりに来て、それによって「収まる」というタイプもある。この「収まる」というのが日本的で、「うまく収まる」ことを日本人が大切にしていても、それがどうして解決かと欧米人にとっては不可解に思えるときがある。

日本人と欧米人が共通の問題を解決しようとして話し合っているとき、納得の筋道が最初からズレているときがある。こんなときは、お互いに努力しながら、どうしても解決が見つからないことになる。しかし、以上のことを逆手にとって、欧米人が論理的に解決の方法を見つけようとして困っているとき、日本的な「収まる」方法を提示して成功するときがある。もちろん、このようなことを可能にするためには彼我の納得の筋道の差をよく認識していることが前提となる。その上で、場合によって、うまく利用すると思いがけない成功を得る。

このような意味で、日本の大岡信、谷川俊太郎両氏らが外国で試みている「連詩」は、非常に素晴らしいことだと、私は思っている。私は幸いにも両氏からその体験を聞くことができたが、それは実に感動的である。連詩は日本の「連歌」からヒントを得ているものだが、欧米人にとっては実になじみのないものだ。なかには「そんなことはできるはずはない。人前で小便をするようなものだ」と言った詩人さえいたと言う。しかし、実際にやってみると、それは予想以上にうまくいった。なかには、全体の場をぶち壊すような詩をつくる人もいたが、づいて連詩をつくっている間に、その人の感情も見事に収まってくるのである。

もちろん、各人が母国語でつくるのを通訳する人(この人たちが大切である)がいるのだが、各人の詩がお互いに関連し合って、全体としてのまとまりをつくっていく。言語も習慣も異なる人たちが、言語を用いて創作し、互いに深いコミュニケーションを交しつつ、ひとつの全体を形づくっていくのである。このようなことが可能なのは、ひとつは、「詩」という形式だからと思えるが、これは異文化間の相互理解という点で素晴らしい仕事であると思う。

非言語的コミュニケーション

連詩によって異文化の人に対しても心が通じるのは、それが「詩」という形式だからではないかと述べたが、お互い詩人同士だと、言葉を超えて通じ合うものがあるのではなかろうか。人間のコミュニケーションには、言葉が何と言っても重要だが、言葉以外のものによって通じ合うことがあるのも事実である。随分以前のことだが、ヨーロッパの心理学専攻の大学院生が日本にきて、日本人はあまり言葉で表現しなくとも互いに意思がよく通じる、という事実に感心して、その理由を探ろうとした。彼が考えついた仮説は、日本人は言葉で表現する代わりに身体によって表現することが多いのだろう、ということであった。そこで何かにつけて日本人は身体接触の度合いが多いのだろうと考え、日常場面でどの程度の身体接触が行われるかを調査し、統計をとってみた。ところが、彼の予想に反して、欧米よりも日本の方が、身体接触の度合いが少ないことがわかった。この研究結果を聞いたときに、私が言ったのは、非言語的コミュニケーションと言うとすぐに身体接触と考えるのが西洋的で、別に身体を直接に接しなくとも、いろいろな身体言語ということは可能であるということだ。日本人は欧米人に比して、握手、抱擁、キス、などの身体接触による表現を伝統的にもっていない。現在は相当変化してきたが、まだまだ差がある。

身体言語と言っても、直接的な身体接触ではなく、少しのしぐさや表情の変化によって、いろいろなことが伝えられる。このような身体言語による表現には、相当な文化差があり、互いに理解しにくいと言っていいだろう。欧米の文化は、何と言っても言語表現を大切にするので、身体言語の読みとりに苦労するのかも知れない。

昨年、アメリカのミネソタ州の箱庭療法の学会に研修の講師として招待されて行ったときに面白い経験をした。箱庭療法とは、患者に箱庭をつくってもらうことによって心理療法を行うのだが、これこそ非言語的コミュニケーションを重視する治療法と言えるだろう。この方法は日本で大いに発展したので、私は世界のあちこちから招待されることが多い。ところで、ミネソタの研修が終わり、お別れのパーティーに十名ほどの人が集まった。そのとき、実にいろいろな打楽器をそろえ——日本の太鼓や拍子木などもある——、打楽器以外はひとつだけ、オーストラリアのアボリジニのディジュリドゥという筒のような管楽器だけで、全員が即興的に演奏するのである。打楽器なので、まったく各人が勝手に音を出すことができる。楽器を途中で代えてもいいし、強弱もリズムもさまざま、何とも無茶苦茶と言いたいが、やっていると、全員がひとつになってくる感じがするところが面白い。

だんだんと盛り上がってきて、全員の一体感を感じ昂揚する。しかし、それも潮が引くようにして静まる。ときには休憩する人もでてくるが、やっていると惹きつけられてやめられない。長時間にわたって全員が無言という、これまでのアメリカでは考えられないパーティーであった。このとき、ドラムパーティーの前に一緒に食事をしたとき、アルコールが一滴も出ず不思議に思ったが、それはなぜかが後になってわかった。もしアルコールが入っていたら、あれだけの緊迫感や昂揚感は生まれず、下手をすると単なる乱痴気騒ぎになっていたのではなかろうか。

それにしても、実にお喋り好きのアメリカ人が、まったく無言のパーティーをするとは——これは明らかに、彼らの土地の先住民《ネイティヴ・アメリカン》(アメリカ・インディアンをこのように呼ぶようになった)の文化がやっと白人のたましいに影響を与えはじめたのだ、と私は思った。

金関寿夫『魔法としての言葉　アメリカ・インディアンの口承詩』(思潮社、一九八八年)のなかに、ナバホ族の儀式歌で、「オホホ　へへへ　ヘイヤ　ヘイヤ」というように、音声のみで言葉のない詩が紹介されている。これに対して、ナバホの男が「むしろコトバには意味がない。けれどこの歌にはちゃんと意味がある」と語ったという。確かにそのとおりである。日本の日常の「儀式」において、われわれはどれほど「意味のないコトバ」を聞かされているだろう。それに比べると、「オホホ　へへへ」の方がよほど意味があると思わされる。アメリカの白人たちも、彼らの好きなパーティーで、どれほど無意味なコトバを語ってきたかに気づいたのであろう。

非言語的コミュニケーションの大きい問題として、最後に、暴力とセックスのことに少し触れておきたい。アメリカにおいて大きい社会問題は、子どもに対する性的虐待が非常に多いことである。それと、暴力的な犯罪が多いこともあげられる。青少年の非行の兇悪さも日本の比ではない。日本でも最近は世間を驚かす少年犯罪があったが。

子どもの性的虐待に対して、私は次のように考えている。家族間のコミュニケーションは言語によってなされているとしても、家族間に感じる一体感、あるいは、自分がそこでは受けいれられているという感じが稀薄になってくると、人間は強い孤独感に悩まされる。そのとき、もっとも直接的に一体感を感じる「関係」として、セックスが浮かび上がってくる。夫と妻の間で「愛している」という言語のコミュニケーションを繰り返し、性関係があっても、そこに深い「関係」が感じられなくなったとき、男性が妻以外の家族、つまり娘との一体感を求めて暴発すると、子どもとの性関係になってしまうのではなかろうか。自分の感じている、どこにももっていきようのないわびしさを、暴力的に解消しようとする。これは、言ってみれば、コミュニケーションの障害ではないだろうか。

アメリカにおけるこのような傾向は、少しずつ日本にも生じつつある。これを防ぐためには、日本人も相当に自分の置かれている状況について自覚する必要がある。アメリカにおいて、前述したようなアメリカの先住民の文化の見直しが行われるようになったことは、われわれ日本人にとっても大いに参考にするべきことだと思われる。さもなければ、日本もアメリカと同じように暴力とセックスによる病に悩まされることになるだろう。

言語化の努力

前節に非言語的コミュニケーションの重要性を指摘した。しかし、これは言語化することを否定したり、低く評価しようとするものではない。欧米の近代化は、何と言っても人間の思考を言語化し、他人に普遍性をもつものとして伝える、という努力から生まれたものである。そして、現在の日本において、この近代化を否定してなど生きていけない。

したがって、最初に指摘したように、欧米諸国とつき合っていこうとする限り、言語化する努力はあくまでも大切である。「すみません」では話が通じないのだ。そこでわれわれ日本人としては、欧米人と話し合うときに、「うそつき」と言われないようによく注意する必要がある。これはよく心得ていないと、失敗してしまうので、個を出発点とする応答というふうに心構えをしていなくてはならない。それと同時に、個を中心とする言語のもつべきエチケット、それの重要な装備としてのジョークなどについてもよく学ばねばならない。それも知らずに、「ノーと言える日本人」になってみても、無礼な人間と思われるだけである。

問題はこれで片づかない。あれほど言葉の好きなアメリカ人が無言のパーティーをするほどになったのだから、われわれは日本の古い伝統と切れてしまうのは馬鹿げている。と言って、黙って日本風にやってみても誤解されるだけであろう。したがって、たとい日本的沈黙が好きで、それを実行するにしろ、必要とあれば、沈黙の意味について欧米人にも通用する言葉で話す――とは矛盾したことだが――ことができなくてはならない。

たとえば、日本的「収まる」方式を用いるのなら、なぜこの際それを用いるのか、それはどのような効果をもつのかについて、外国人に通用できる形で説明可能でなくてはならない。それは実に困難なことであるが、そのような努力を続けてこそ、ひとりよがりを避け、自分のしていることの本当の意味がわかるのではなかろうか。

先に紹介したドラムパーティーを行なった、ミネソタの研修のなかで、「文化と心」と題するシンポジウムが行われた。シンポジストは三人で、一人はミネソタ箱庭療法学会の会長、グリーンベルグ博士。博士はアメリカのクリスチャンのなかで自分がユダヤ教徒として生きてきた体験を語った。もう一人のシンポジストは、ミネソタ在のセラピストの片山京子さん。彼女はアメリカ人を父、日本人を母として日本に育ち、混血児として苦労したこと、アメリカに来て後、どのようにして父親と再会したかなどについて語った。三番目のシンポジストとしての私は、最初にアメリカに来たときのカルチャー・ショックや、いかにして欧米で学んだことを日本に取り入れるのに苦心したかなどを語った。三人とも、文化差の問題で苦しんだ体験をもっていた。それに聴衆のなかには、中国人もネイティヴ・アメリカンも居られ、話ははずんだ。そのとき印象深かったのは、このシンポジウムの司会者が、「カルチャー・リッチな会であった」という表現をしたことであった。カルチャー・リッチなどという言葉は、はじめて聞いたが、この会の性格をよく表わしていた。文化差によるコミュニケーション・ギャップに苦しみながらも、何とかお互いに通じさせようと努力していると、それは知らぬ間に、カルチャー・リッチな体験になっていたのだ。

日本のなかでさえ、世代間の相異、男女、職業の差などで、コミュニケーションの問題は多く生じている。しかし、それらを解決するための言語化の努力を積むことによって、お互いがお互いを豊かにすることができるだろう。これは文化が異なる間においても、もちろん同様である。

12　ネットワーク・アイデンティティ

アイデンティティ・クライシス

阪神・淡路大震災の日から既に三年の年月が経った。今、神戸の表通りを歩き、表面を見る限り、震災があったのが嘘に感じられるほどの復興ぶりである。しかし、少し詳しく知ると、仮設住宅に住む人や、神戸に帰りたくとも帰れぬ人もいるし、心の打撃はそれほど簡単に消し去ることができるわけではないことがわかる。その傷跡はまだまだ残っている。

この三年の間に日本に起こった事故や事件について考えてみると、それらはこれまでの日本ではあまり予想できなかったものが多いのに気づく。オウム真理教教徒による大量の殺人事件、バブル経済の崩壊につぐ金融界の混乱、それに神戸で起こった少年による殺人事件など、いずれも日本の国民に対して強い衝撃を与えた。風俗に関しては、思春期の少女たちの援助交際の増加が、大人たちの心を揺さぶった。新聞を見ると、最近では親が子どもを殺し、子どもが親を殺す事件がよく報じられている。

日本は「安全な国」というイメージも相当に怪しくなってきたし、ともかく「経済は一流」と言って喜んでいることもできなくなってしまった。かと言って、政治・外交などの面において、日本人がそれほど活躍しているわけでもない。

「経済は一流」と喜んだのも束の間であったが、その頃に受けたジャパン・バッシングが消えたわけでもない。日本人は「創造性が少ない」「個性がない」、人真似はうまいがほんとうに自分自身の意見とか考えをもっていないので、わけがわからない、という批判は、今もそのまま存続している。これに対して、日本人が世界に対して、その批判は当たらないことを、はっきりと表明できたということはない。

このような言い方をしていくと、日本の現状はまったくの「ないないづくし」である。どこに日本のよさや特徴があるのだろうか。個人の生き方を考える上で「アイデンティティ・クライシス」という概念がある。自分はいったい何者であって、何をしようとするのか。「私は私だ」と言える確信のようなものがあるのか。これらの問いかけに自ら答えられない。そのために強い不安を感じるとき、その人は、自分のアイデンティティが不明になったという危機を迎えている。アイデンティティ・クライシスになると、その個人はものごとをどう考え、どうしていいかわからずに、うろうろとするか、何も手をつけられなくなって、閉じこもってしまう。

日本全体の今の状況は、このアイデンティティ・クライシスに陥っていると言えるのではなかろうか。「経済」「安全」あるいは「家族的」などと、日本人の特性を語るときによく用いられた言葉が、急にさっぱりと使えなくなってしまった。

日本は急に自信喪失に陥った。それではこれまではどうだったのか。経済一流を大いに誇ってきたが、これを支えるものは何だったのか。考えてみると、日本の急激な発展を支えてきたものは、欧米先進国に「追いつけ、追い越せ」だったのではなかろうか。とすると、日本人のアイデンティティの基礎は欧米の文化、というよりはヨーロッパの文化を先鋭化させているともいえるアメリカ文化だったのだろうか。そして、一時的に追いつき、追い越しそうになった途端に腰くだけになってしまったと考えられる。マラソンでずっと一位の後につけて来て追い越して自分が一位になったとき、実はゴールがどこかわからない、という状況になった。つまり、はじめからゴール不明のまま、ともかく一位を目指して走ってくるような愚かなことをやってきたのではなかろうか。

このように考えると、このパターンは日本が建国以来行なってきたことのようにも思える。大化の改新と言っても、その根本は中国の文化にあった。後に述べるようにアイデンティティと深いかかわりをもつ宗教について言えば、仏教、道教、儒教などすべて外来のものである。

明治になってヨーロッパ文化に接したときも、大急ぎで取り入れようとしたが「和魂洋才」という考えを立て、このときはアイデンティティを「和魂」に求め、ゴールを見失わないようにした。このときも「追いつけ、追い越せ」で頑張り、昭和の初期になって世界の「列強」のひとつになったと思い込み、このときは「和魂」は「日本精神」とか「大和魂」と呼ばれ、ゴールがあるかに思ったが、敗戦によって、そのゴールが間違いであることを思い知らされた。

敗戦によって「日本精神」は完全に崩壊し、アメリカ産の民主主義を取り入れ、再び「追いつけ、追い越せ」をやってきた。ところが、思いの他に早く追いついてしまった頃になって、それまで意識して来なかったことだが、あんがい「和魂」でやっていたのではないかなどと気づく人が現われてきた。「日本型経営」などが相当にもてはやされたが、現在の日本の経済の沈滞によって、急激に自信を失いつつある。

借りものの支えで頑張り、どこかの地点で「和魂」を押したてようとして失敗することを繰り返してきた。今回も同様のパターンで、日本人は相当なアイデンティティ・クライシスを迎えていると考えられる。今悪くなってもまたこれまでのように何とかなる、と考えるのも日本的でいいのかも知れないが、今度はそれほどうまくこれまでの繰り返しもできないのではないかと思われる。その大きい理由のひとつは、これまでのように日本の外に何らかのモデルを見つけることが難しいと思うからである。インド、中国、ヨーロッパ、アメリカ、旧ソ連などと、日本は常に自分のアイデンティティの基を外部に求めてきた。しかし、今の世界の状況を見ると、いずれかの文化がモデルになるとは考えられない。それぞれの国がアイデンティティ・クライシスに陥っているとも言えるのである。

何が「私」なのか

アイデンティティという用語は一般によく用いられているし、ここまで一応周知のこととして述べてきたが、論を進める前に、アイデンティティとは何かについて少し考えておきたい。これはアメリカの精神分析家、エリク・エリクソンが一九五〇年頃に提示し、急激に一般に広がった用語である。しかし、開き直って考えはじめると明確にはわからないところがあり、そもそもアイデンティティとは何かとエリクソンに訊くと、当人が実は自分もはっきりとわからないと答えたというエピソードがあるほどである。

アイデンティティとはごく大まかに言えば、「私は私である」ということの同一性、一貫性、主体性などの主観的な確信である。「私は私である」というのは当然のことのようだが、これが大いに揺らぐときがある。それが既に述べたアイデンティティ・クライシスである。これは多くの人が青年期に大なり小なり経験しているはずである。「いったい自分とは何者なのか」「何になろうとしているのか」という問いかけを自分に対して行う。しかし、なかなか確かな答えを見出せない。とうとう答えの見出せないまま自ら命を断つ人さえある。しかし、多くの人は何とか自分の生きる道を探し、職業につき結婚して家庭をもつ、これによってアイデンティティが相当に確かになる、とエリクソンは考えた。

アイデンティティが確立するまでに、青年期にはある程度の猶予期間が必要というので「モラトリアム」という考えが提示され、これも一時流行語のようになった。

このような説明を聞くと一応わかった気になるが、少し突っ込んで考えはじめるとわからなくなる。職業をもって、「私は大学の教官です」と言っていても、ひょっとして辞めねばならないかもわからない。定年ということもある。父親であると言っていても、子どもが死ぬこともあれば、子どもから「親とは思っていない」と言われるかも知れない。言うなれば、いつも誰か「他人」との関係で考えているだけであって、そんなのに関係なく「私は私である」と言えるのだろうか。それに、生まれて来る前の「私」は、とか、死んでからの「私」は、などと考えはじめる人があるかも知れない。

あるいは、このようなことを考える人もある。たとえば、「私はプロ野球選手である」と言ってみても、プロ野球選手は沢山いるではないか。「私は世界の平和を大切に考えている」と言っても、世界の平和を大切に思っている人など一杯いるではないか、と。このように考えると、職業とか家庭などと言ってもはじまらないということになる。

何をもって人間が「私は私である」と思っているのか。実に興味深いことであるし、時には奇妙に感じさせられることもある。アイデンティティの不思議さを語っている文学作品のひとつに芥川龍之介の「鼻」がある。主人公の坊さんは変な長い鼻のために人にからかわれて困っている。妙な治療法によって普通の鼻になったとき、彼は嬉しいと感じるよりも、不安になる。ある日、鼻がもとの長い鼻になったとき彼はほっとするのである。これによって彼は自分を取り戻すことができた。自分で嫌に思っていることや、変なことが、アイデンティティの支えになっていることもあるのだ。

エリクソンはこのあたりのことをよく知っていたと思われる。そもそも彼がアイデンティティなどということを言い出したのは、近代自我に対する反省からだと言っていいだろう。自我の確立、自我の強化ということが臨床心理学において最終目標であるかの如く考えられていたときに、それだけでは不十分である、とエリクソンは言いはじめたのである。いくら強い自我を持っていても、それが何らかに根ざしている感じを持たないと人間は不安になる。近代自我を超える何か、の必要性を彼は心理学の分野において言おうとした。ここで忘れてならないのは、彼は自我の確立を前提として言っているので、正確には自我《エゴ》アイデンティティと言わねばならないことである。

エリクソンの考えに厳密に従うなら、日本人の多くは近代自我を確立せずに生きているので、日本人にとってはアイデンティティという用語は使えなくなる。そもそも「日本人には顔がない」などと言われるのもそのためである。すると、前述したような日本人のアイデンティティ・クライシスなどというのはナンセンスで、日本人はアイデンティティ以前、自我の確立の方を考えるべきだということになろう。

しかし、筆者は近代自我のみが「正しい」あるいは「望ましい」自我とは考えず、それだからこそエリクソンのアイデンティティの考えや、後に少し触れるようなユングの自己《ゼルプスト》の考えなどがでてきたと思うので、その点も考慮して、エリクソンの考えを拡大解釈し、前述したような大まかな考えによって、日本人のアイデンティティを論じようとしている。それでも、エリクソンの本来の考えと異なっている点をよく認識している必要がある。

アイデンティティは時に非常に奇妙なものによって支えられる点について考えてみよう。それは「私」という存在の特異性、唯一無二性と言ってよいほどのものにかかわるので、当然と言えば当然である。「世界平和」というような普遍的な言葉をもってきてもはじまらない。たとえば「世界平和」のような誰にも共通の目標になるようなことを掲げて集団をつくっても、ほんの少しの取るに足らぬようなことで分裂騒ぎが起こるのも、各人が偏狭なアイデンティティに固執しはじめるとすぐに起こることとして了解できる。

強いアイデンティティを持つばかりが能ではない。たとえば、オウム真理教の信者など相当に強固なアイデンティティを持っていたことであろう。しかし、それが他からまったく孤立したり、他とあまりにも敵対するものであると困るのである。さりとて、一般的な方に近よりすぎるとアイデンティティはあいまいになっていく。このあたりにもアイデンティティの難しさがある、と思われる。

「自我」はひとつか？

アイデンティティのことを考える上で非常に大切な症状として、多重人格ということがある。これはアメリカでは正式には「解離性同一性人格障害」(Dissociative Identity Disorder)と呼ばれているが、まさに同一性《アイデンティティ》の障害なのである。一人の人物のなかに二つ以上の人格が共存している。そして自分のなかの「他人」の存在を知らずにいることが多い。

前世紀末より今世紀初頭にかけて、精神分析の創成期の頃は、二重人格の症例が非常に多かった。スチヴンソンの有名な小説『ジーキル博士とハイド氏』のように、第一人格が善玉で第二人格が悪玉であることが多く、一般に第二人格の方は第一人格の存在を知っているが、第一人格は第二人格の存在を知らない。第二人格が活躍している間は第一人格は記憶喪失の状態にある。一人の人物のなかに人格が二つあるのだから、まさにアイデンティティの障害と言うべきである。

二重人格の症例は今世紀が進むにつれて減少し、ほとんどなくなるのかと思われた頃から、三重、四重の多重人格が出現しはじめた。一九七三年に発表された「シビル」の場合は実に十六重人格であり(シュライバー著、巻正平訳『シビル〈私のなかの16人〉』早川書房、一九七四年)、世間をあっと言わせた。この書物はアメリカで大ベストセラーになり、六百万部をこえたと言う。それ以後、アメリカにおいては多重人格についての学会発表、出版、それに多重人格者自身による手記の出版などが相ついで行われた。これらの書物もベストセラーになって、アメリカ人の多重人格に対する関心の高さを示している。

二重人格の症状は、まさに「もう一人の私」の存在とも言え、「私」とは何かを考える上において示唆するところの多い現象である。そのために筆者もこれまで他に既にいろいろと論じてきた（たとえば拙著『コンプレックス』岩波新書、一九七一年（本著作集第一巻所収））。しかし、多重人格、それも十六重とか二十四重とかになってくると話の次元が異なると考えられる。「シビル」の場合など、本人は女性だが、彼女の交代人格のなかには男性も含まれている。「もう一人の私」どころか、「私のなかの他人たち」とでも言わねばならない。

二重人格の症状は比較的了解しやすい。第一人格があまりにも一面的になる（多くの場合、極端な善人）と、どうしてもそれに対する補償作用がはたらき、それとはまったく逆の第二人格が形成される。C・G・ユングは早くからその点に気づき、他の学者が二重人格の異常性にのみ注目しているとき、人間の心は常に全体的にバランスのとれたはたらきをする傾向がある、という肯定的な面に注目した。彼のこのような考えは後に発展して、人間の自我が意識の中心であるのに対して、心全体としての中心の自己《ゼルプスト》が心の奥深くに存在しているという論になっていった。これも、ある意味では「もう一人の私」ということになるが、これこそ根源的な意味での「私」であると言おうとしたと言える。エリクソンもユングも「近代自我」にあきたらなくなった点は共通しているが、ユングの方は人間の意識的把握を超えたものの存在を仮定することによって、より宗教的な色合いを濃くしていると言うことができる。

ところで、多重人格の場合はどうなるのか。二重人格の場合は、もう一人の私と言っても、正・反・合というプロセスなどを考えると、「同一性《アイデンティティ》」を取り戻しやすいと考えられるが、十六人とか二十四人とかになってくると、これがどうして「一人」ということになるのかと思う。人間のなかには、むしろ沢山の人が住んでいるのだと思う方が妥当な気さえしてくるのである。自分は一応、成人男子となっているが、自分のなかには、女性も、老人も、子どもも住んでいると考えると納得がいくこともある。

最近は多重人格者自身の手記も出版されるようになったが、そのうちのひとつ、ジェイン・フィリップス著、堀内静子訳『魔法の娘　多重人格者ジェイン、苦しみの手記』（早川書房、一九九七年）、を見てみよう。治療者の場合は、どうしても自分の「理論」によって現象を記述しようとするのに対して、これは本人が自分の様子をありのままに書こうとしている点で興味深いものである。手記を書いた本人ジェインは、心のなかの「人格」という表現を避け、「部分《パート》」、あるいは「力の場《フォース・フィールド》」という表現をしている。もっともジェインは自分のなかにＪＪと名乗る少女や、「子どもたち」が居て、時に自分と入れ代わることは認めているのだが。

ジェインが多重人格の発生の原因について述べているところで、「子供のおかれた環境が「補償作用」のないものである」と指摘しているのは注目に値する。ジェインは子どものときに何度も凄まじい恐怖体験をしている。そのとき彼女の家族はそれを補償してくれない。それどころか恐怖を与える者であったりするのだ。そんなときに「解離」の現象が起こる。その繰り返しのなかで、彼女を何らかの意味で補償してくれる人間——彼女に言わせれば彼女の部分《パーツ》——が出現してくる。

二重人格の場合、第一人格の補償をするのは第二人格で、その対比は明確であった。多重人格の場合、補償する側は「多」になっている。これをどう考えるといいのだろう。そもそも、人間の意識の全体を「自我」という唯一の存在、あるいは、唯一の中心をもった存在と考えるところに無理があり、人間の意識は多数性をもつと考えるべきなのだろうか。

自我の多数性などというと、そんな馬鹿なと言われそうである。一人の人物、唯一無二の存在なのだから、自我はひとつであり、それが統合され主体性をもつのは当然である、ということだ。しかし、日本人の場合、果たしてどうか。「タテマエ」と「ホンネ」の使い分けはどうなっているのだろう。欧米人につき合うと、彼らはこの使い分けをしないので、立派であると感じるときと、御苦労様なことで、と言いたくなることがある。相当な無理をしているのだ。こんな点を考えると、唯一の自我に固執するのは、その背後に唯一の神をもつからではないかと思えてくる。唯一の神が全世界をその意志によって創ったという神話は実に強力に作用し続けていると思われる。

日本にも最近は多重人格の症例が発表されはじめた。しかし、やはりアメリカに比べるとまだまだ比較にならないほど少ないと思う。多重人格の発生の要因として、子どものときの恐怖体験があり、アメリカでは幼児虐待の件数が圧倒的に多く、このことが日米の差に影響を与えていると考えられる。ヨーロッパではアメリカほど多くないので、このあたりの文化比較は慎重を要するが、一神教と多神教の相異ということも考慮すべきと思われる。つまり、一神教的に唯一の自我ということに固執していると、恐怖に耐えられないときは人格の解離をするより仕方がなくなる。それが多神教的であると、恐怖に耐えられないときは、タテマエとホンネの区別のように便宜的に自我の統一性を放棄することによって、それもやりすごすことが可能になるのではないか、と思われる。

宗教の多元主義

アイデンティティの問題は追究していくと宗教のことにまでかかわってくる。一神教か多神教かなどということにまでなりそうだが、ここでキリスト教内の新しい動きについて少し触れておきたい。

英国バーミンガム大学の神学者ジョン・ヒックは最近「宗教多元主義」を唱えている。ヒックの言うプルュラリズムを「多元主義」と訳すのがよいかどうか疑問にも思うが、彼の考えを次に示す。ジョン・ヒック著、間瀬啓允訳『宗教多元主義――宗教理解のパラダイム変換』(法蔵館、一九九〇年)からの引用である。

「宗教多元主義とは、自我中心から実在中心への人間存在の変革がすべての偉大な宗教的伝統内において、さまざまに異なるしかたで生じつつあるものと認める見解のことである。救いの道、解放の道がただ一つしかないというのではなく、その道が多数あることを認める見解のことなのだ。」

つまり、簡単なたとえで言うならば、山の頂きに至る道はいろいろあり、神(頂き)に至る道として、いろいろな異なる宗教の存在することを認めようと言うわけである。日本人から見れば当たり前のようなことであるが、キリスト教内部でこれを発言するには相当勇気が必要だったろう。このような考えがキリスト教内でどれほど認められているかは知らないが、このような発言が生まれてきたということは画期的なことである。これは、唯一の神を認めるとしても、キリスト教が唯一の宗教ではないことを認める発言である。ファンダメンタリストはこのような考えを、決して認めないであろう。

日本人としてヒックの考えに同調するとしても、少し気がかりのところがある。彼の他の著書、『宗教がつくる虹――宗教多元主義と現代』(間瀬啓允訳、岩波書店、一九九七年)の日本の読者に対する序文に次のようなところがある。

「かずかずの世界宗教を私はさまざまに異なった、いわゆる「レンズ」だと見ています。私たちはそれを通して究極的に実在者なるものを見ているわけです。世界宗教は宗教概念がそれぞれ異なる集合から成立しており、究極者、実在者にたいする応答において、さまざまに異なる宗教経験の形態を生みだし、またさまざまに異なる生活様式へと導いております。」(傍点、引用者)

引用する際に傍点を付したが、ヒックは宗教の多数性《プルユラリズム》を認めているが、その共通点として、実在者、究極者の存在を前提としている。先の引用では「自我中心から実在中心へ」とあって、「実在」とはあるが、「実在者」とは言っていない。ヒックがどう考えているか、もうひとつ不明だが、おそらく実在者を重視しているのであろう。なぜこのようなことにこだわるのかと言うと、次の、アンリ・コルバンの文を見ていただきたい。これはアメリカのシラキュース大学の神学教授デイヴィッド・ミラーによる『新しい多神論《ニュー・ポリセイズム》』(桑原知子・高石恭子訳『甦る神々 新しい多神論』春秋社、一九九一年)のなかに所収されているアンリ・コルバンの手紙である。

「もし実際、神が全くの存在(Être)であるなら、神自身は当然存在するもの ens あるいは Étant ではないし、また「至高の存在者」(ens supremum)でさえありません。存在を至高の存在者(ens supremum)と混同することによって、すなわち Esse を ens supremum にすることによって、一神論はその勝利の瞬間に消滅してしまう。自らは多神論をまちがって理解して、そこでの偶像のことを非難しているのに、一神論はただ単にそれらの偶像の上に一つの偶像を再び作り出すのです。」

これを見ると、アンリ・コルバンやデイヴィッド・ミラーの「一神教は信じるが、神学は多神論で」という考えと、ヒックの宗教多元主義の根本的な違いは、ヒックが「至高の存在者」を認め、それに至る道がたくさんあると考えるのに対し、アンリ・コルバンは「唯一の存在」を認め、その「存在」はむしろ複数的に顕現してくると見るのである。

日本人でありキリスト教徒であるという事実を深く受けとめ、生涯にわたってその意味を追究した遠藤周作は、最晩年の作『深い河』を書くに当たって、ジョン・ヒックの『宗教多元主義』によってヒントを得たことを自ら認めている(遠藤周作「『深い河』創作日記」『三田文学』五〇号、一九九七年)。ここで興味深いのは、遠藤周作がその考えを表現する上において、「河」のイメージを重視していることである。ヒックの考える宗教多元主義を表わすのには、前述したように、山の頂きに至るというイメージがピッタリである。山の頂きに「至高の存在者」が鎮座している。ところで、河の場合はどうであろう。いろいろな異なる流れがひとつの大河になるのは、山の頂きに集まってくる異なる道のイメージと似ているようだが、河は大海へと注いでいくことを考えると、それは

「存在者」につながるのではなく、無限の「存在」へとつながる、と言わねばならない。遠藤周作がこのあたりのことをどれほど意識したかはわからないが、ともかく、彼の一神教は「存在者」よりも「存在」の方をとっているように思われる。

アンリ・コルバンも言うように、「存在」の一神教は、多神教やアニミズムに近接してくる。ヒックもひょっとしてこのようなことを考えているのかも知れない(筆者は原文を読んで詳細に検討したわけではないので、誤りがあれば訂正したい)。ここで筆者にとって重要なことは、どちらがどうということではなく、一神教の場合も、コルバンのような解釈があり——そちらの方が筆者は好きだが——、それに基づいてアイデンティティのことを考えてみたい、ということである。

ネットワーク・アイデンティティ

アイデンティティは「同一性」と訳されるように「一」ということが必須と考えられる。「多」では困るというのが常識である。多重人格の人には誰も驚かされるし、あるいは、私と同じ人物があちこちに居たりすると大変なことになる。しかし、「一」にこだわりすぎて、あまりにも窮屈になっているという感じがする。先に紹介したデイヴィッド・ミラーは、彼の『新しい多神論』の日本語版の序に次のように述べている。

「科学技術の出現と新しい黄金時代の到来とともに、新しい、そして人を窒息させる一神論という大きな危険が存在しています。科学技術は西洋の一神論というゆりかごの中で生まれました。そしてそれは、発達するにつれてどんどんと階層的構造をとるようになり、複雑な問題を解決する際に、唯一の答えを求めようとするのです。キリスト教の一神論的な神と、現代社会におけるコンピューターの一神論とは密接に結びついています。黄金時代に終わりが来ることと関連した恐れや不安に伴って、人々は、今やこの新しい、息詰まるような一方向的思考の形式に、とりわけやられてしまいやすくなっているのです。」

たとえば、日本人全体がそのアイデンティティを「右肩上がりの経済成長」という一方向的思考に縛られてしまっていると、現代はまったくの閉塞状況ということになる。しかし、そんな単純な考えをなぜするのだろう。ともかく数字で表わせるものを大切にし、その「成長」をはかる。それが「唯一の答え」になってしまう。西洋近代をプロモートしてきた一神論的思考(もちろん、これは一神教と同じではない)に、日本人は縛られすぎたのではないか。このあたりで、多神論的な多様性に気づかねばならない。

このような状況を破っていくこととして、「ネットワーク・アイデンティティ」ということを考えている。私という人間は唯一の存在である。しかし、それを支え、根づかせるものとして「唯一」のものを探そうとしない。「私」を支えるものは「ネットワーク」である。というと、私が家族とか友人とかの関係によって支えられることか、と思う人があろうが、それは間違いである。それは最初に述べたように、その人との関係の喪失によってアイデンティティが崩れ去るものである。ここに述べている「ネットワーク」は自分の心のなかにもつものである。

これまでに述べてきた宗教的な用語を用いるならば、「私」を支えるものを「存在者」ではなく「存在」と考えるのだ。そして、「存在」はネットワークそのものだ。すべてが複雑にからみ合っている。それは多であって一である。

ユングは自我の強化という点にあきたらず、自己などという意識を超えた存在を仮定した。このために「非科学的」と言われたり、不可解だと言われたりした。しかし、一九七〇年以後、多くの人が近代自我の偏狭さに気づいて、彼の考えも相当一般の人に受けいれられるようになった。ユングの言う自己と、エリクソンの言うアイデンティティは、ほとんど同様のことを言っていると考えられる。ただ、自我—自己の軸の重要性などという表現をすると、どうしてもそれは一神論的な堅さをもってくる。このことに対しては、次に示すユングに関するエピソードが端的に答えてくれる。ユングに対して、ある人が「あなたの自己という概念はどうもわかりにくい。もっと具体的に示して欲しい」と尋ねたとき、ユングは「all of you」、つまり「あなたたちすべてが私の自己だ」と答えたという。自分の心にある自己は、すなわち外界のすべての人なのである。私の表現でいうとネットワークである。ただ、それを自分の内にあるものとして認識することが大切である。ユングの自己は、内界と外界の区別をなくする考えである。

それではユングと同じことを言っているのかということになるが、ユングはやはり自己を「中心」として定義づけたがる。自己はすべての皆さんであると言いながらも、彼は「定義」する段になると、自己を「意識も無意識も含んだ心の中心」という言い方をする。これに対してネットワークは中心をもたないところが特徴的である。そのときどきに従って、中心的役割をとるものがあるとしても、それは恒久的に中心なのではない。この点を強調したいのである。この考えによって一神論的な思考を避けることができる。

ネットワーク・アイデンティティは、多重人格とは異なる。多重人格の場合は、各人格の間に関係が完全には成立していない。ネットワークの場合は関係がある。しかし、それは中心によって統合されていないところに特徴がある。そんな状態になると、あいまいになったり、一貫性に欠けるのではないかという危惧が生じる。確かに下手をするとそうなるかも知れないが、そのような状態のなかで、やはり「同一性」を確保する努力をすることによって、その人の個性が磨かれると思われる。

その人間は一人の成人男子であるが、いつも固定した成人男子としての応答が返ってくるのではなく、時に子どものようであったり、女性のようであったり、老人のようであったりしつつ、なおかつ一人の人間としての同一性を他に感じさせる方が、はるかに人間として豊かであるのではなかろうか。もちろん、場合によって変化するが、そこに一人の人間としての同一性を感じさせなくなると、信頼性を失ってしまう。このような、一対多のせめぎ合いを生き抜くことによってこそ、その人のアイデンティティが築かれることになるし、それは目標としてではなく、過程としての意味をもつことになるだろう。

国際化が激しい時代に、日本人として生きつつ、国際社会の一員として他国の人々と対等に生き、世界に対して何らかの貢献をしようとするためには、ネットワーク・アイデンティティということを見出す努力をするべきであると思う。

おわりに

「日本人の心のゆくえ」について、あれこれと論じてきた。日本人ほど「日本人」ということにこだわって、多くの「論」を立てる国民はいないと言われる。確かにそのとおりである。しかし、これも無理ないことだ。いわゆる「先進国」に仲間入りしているなかで、日本だけがキリスト教国ではない。自分だけが異質となると、自分のことにこだわりたくなると思われる。

近代になって、全世界はヨーロッパの近代主義の影響を受けることになった。これは考えてみると、実に大変なことだ。地球儀を見ればわかるとおり、地球上のごく僅かな面積の地方、ヨーロッパの文化が全世界を席捲したと言っていいだろう。そのなかで、日本だけが失敗を重ねたり、それに見合う努力を重ねたりして、何とか「先進国」になることができた。しかし、それも欧米にひたすら「追いつき、追い越せ」でやってきた結果である。このことに専念しながら、日本人は常に、自分たちは「欧米と同じになる」のか、ということを問い続けねばならなかった。つまり、「日本人とは何か」を問い続けねばならなかったのである。

明治以来、最初のうちは「和魂洋才」でやってきたが、大正デモクラシーのように、むしろ精神的にも欧米化することが望ましいと考えたこともあった。続いて、その反動のように「日本精神」や「大和魂」という言葉が日本中に溢れるようになったが、敗戦という手痛い教訓によって、その誤りを自覚した。一時は日本中が打ちひしがれて、ひたすらアメリカをモデルと考える人や、それに対抗してソ連をモデルとする人も出てきたが、「日本精神」は影をひそめてしまった。ところが、経済の驚異的復興と共に、外国からの指摘も加わって、「日本的経営」のよさを見直す動きが出てきた。これは、以前とは異なった形ではあるが、単純に日本精神礼賛になりそうであったが、最近の経済の行きづまりと共に、その勢いは一挙に弱くなってしまった。

どうもありきたりの「和魂洋才」では通用しなくなったことは明らかである。その上、本書に論じてきたように、日本人の心や、生き方は大分変化してきた。十年前と比較してみても、その変化は相当なものであることがわかる。日本人のなかにも西洋近代の自我と相当にわたり合えるような自我を確立している人も、少数ながら出てきた。とは言っても、日本人が努力を重ねて、西洋近代の自我を確立していくことは、大変困難なことであろう。そして、既に論じてきたように、日本人がアメリカ人やヨーロッパ人のようになると幸福だ、などとは言えない。彼らも新しい道を探し出そうと苦労している、と言っていいだろう。

グローバリゼーションのはたらきはますます強くなる、と言っても、世界中が均一化することを意味しないし、また、そうなったのでは面白くない。さりとて、独善的な日本精神や、和魂では通じないのも当然である。

そうなると、日本人の特性を考えながら、それが国際的に見て他の文化の人々に対しても、理解可能であったり、ある程度は参考にもなる、という生き方や世界観をつくり出していくことが必要である。そのようなことを考えた末に提出してきたのが、既に述べた、ネットワーク・アイデンティティということなのである。

地球上の全人類が同じ唯一の神を信じるのであれば、話が簡単である。しかし、おそらくそんなことは起こり得ないであろう。そして、ある集団は一神教であり、他は多神教であったり、アニミズムであったりする上に、それが共存していくことを考えると、単純なアイデンティティを考え出すことはできない。と言って、ただ単に共存をはかっているだけであれば、自分のアイデンティティは稀薄になってしまうであろう。

ここに提出したネットワーク・アイデンティティという考えは、私が日本人として生き、そして諸外国の人たちとつき合ってきた体験と、アイデンティティ・クライシスに悩み、私のところを訪れ、それを克服していった人たちと共に歩んだ体験から生み出されたものである。したがって概念的に考え出したものではなく、私自身にとっては生きる実感と結びついているものである。しかし、その理論的な検討という点においては未だ不十分なものであることを認めざるを得ない。ここに、不十分ながら、これからの考えの緒となるものとして提示し、今後は批判や助言をいただいて、考えをすすめていきたい。

II

日本文化のゆくえ

まえがき

日本、あるいは、日本文化のゆくえを考えることは、世紀の切れ目であるということもあって、多くの人にとっての関心事となっている。そのことを特に感じさせられるのは、現在の日本の社会状況に憂うべきことがあまりに多いという事実である。

ごく最近のことを書くならば、相つぐ少年事件がある。中学生の五千万円恐喝事件に続き、「人を殺してみたかった」という殺人事件、それに、十七歳の少年のバスジャック事件と続いている。後者の場合も、短絡的に殺人を犯しているのが特徴的である。このようなことは、これまでにはあまり生じていない事件なので、与えるショックも実に大きい。恨みとか金銭が欲しいとか、何の目的もなく、自分と無関係の人を平然と殺害する点に、恐ろしさを感じさせるものがある。京都の小学生殺害事件も、犯人と思われる男は成人に達していたが、問題の根は高校時代に発生したと考えられるし、これも自分とまったく無関係の子どもを殺害している。

これらの一連の事件に接して、一般の人たちが感じることは、現代の若者の恐ろしさ、ということだろう。そこで「対策」ということになるが、多くの人が「モラルの低下」を考えるのではなかろうか。あるいは、もっと積極的に「罰」を加える必要性を考え、少年法の改革などへと進むかもしれない。

ここで「モラルの低下」を嘆き、「最近の若者」の非を責める人は、どうしても「昔はよかった」という考えに結びつき、昔の日本文化のよさがアメリカの悪い影響によって失われつつあると考えるのではなかろうか。これはうっかりすると「修身」の復活ということにさえなりかねない。確かに、現代日本において倫理の問題を考えることの必要性については、筆者も極めて重要と思っているが、さりとて、昔の日本がそれほどよかったか、という点については疑問をもっている。

日本文化の病い

若者に対して批判や攻撃を一方的に加える、と言っても面と向かってではなく、同年輩の「仲間」と嘆き合って楽しんでいるだけなのだが、こんなのを見ると、その若者を育てたのは誰かと言いたくなる。そのような若者を育ててきた者の責任というのを考えなくてもいいのだろうか。

責任論はともかくとして、大人の実際の生き方はどうなのか。五千万円恐喝事件に驚いた人たちが異口同音に言うことは、金額がそれほどになるまで、よくぞズルズルと続けたものだ、ということである。歯止めをかけるにしても遅すぎる、と言うのである。筆者はこのような言葉を聞きながら、最近も同じ科白を聞いたぞ、と思った。そして、それはバブル崩壊のときのことだと気がついた。二千億円などという、ほとんど想像外の金額に至るまで、「ズルズル」と融資を続け、「歯止めをかけるにしても遅すぎる」ことをしたのは、すべて大人、しかも極めて偉い大人たちなのである。学歴、社会的地位、人生経験、何をとって見ても、一流の人たちがバブル経済の流れのなかで、しっかりと立止ることができず、大勢に流されていった。とうとう何とか歯止めをかけようとしたときは遅すぎたのではなかろうか。そして、後になってから、「おかしいと思っていた」とか言うのみである。これは、五千万円事件とパターンはまったく同じと言っていいのではなかろうか。少年とか青年のことを嘆いておられない。大人も同様のことをやっている。

バスジャックをした十七歳の少年は、「連帯責任」と称し、誰かが逃げると誰かを殺すと言い、そのとおりにまったく罪もない女性を殺害した。冷血、残虐極まりない行為である。しかし、筆者はちょうどそのとき、保阪正康『昭和陸軍の研究』上・下(朝日新聞社、一九九九年)を読んでいた。ここには、日本陸軍がいかに愚かなことを繰り返したかが明らかにされているが、そのなかでも日本軍が中国においてなした多くの残虐行為は、読みとおすのが辛いほどであった。何の罪もない民衆をどんどんと殺す。そのなかには、自分の戦友が殺されたための報復という気持もはたらいている。しかし、殺す相手は非戦闘員たちであり、女性や子どもも含んでいる。ここには十七歳の少年の殺人に通じる要素をたくさん見出すことができる。

それに前述したような、ものごとが動き出し大勢がきまると、確固とした判断がないままにズルズルとそれに従ってしまう。ここでやめるべきだという決意ができない、などという態度は、まさに昭和陸軍の御得意と言っていいほどである。

これらのことを通じて強調したいのは、現在生じている少年事件は、「近頃の若い者」というよりは、日本文化全体とかかわっている、ということである。青少年問題などと限定して考えるのではなく、日本人全体として——何よりも自分自身のこととして——考えねばならない、と思う。

以前から問題とされている、「不登校」や「いじめ」にしても、それは「文化の病い」であることを、かねがね強調してきた。そして、最近の少年事件は、その病いが実に深刻であることを示している。

しかし、ここで筆者は「病い」という表現をまったく否定的な意味でのみ用いているのではないことを明らかにしておきたい。心理療法家という仕事をしていると、「病い」はしばしば新しい発展の契機になることを経験する。このために、精神分析家のエレンベルガーは、『無意識の発見』(弘文堂、一九八〇年)において「創造の病い」という考えを提唱した。つまり、病いになりそれを克服する過程のなかから、それまでと異なる新しい創造的な考えや生き方が生じてくるのである。エレンベルガーは個人の生活史を対象として、この考えを明らかにしたのだが、それは個人のみではなく、ある文化や社会に対しても適用できる、と考えられる。つまり、日本が今深刻な「文化の病い」に罹患していることは、これを契機として新しい発展の生じる可能性があることを示している。もちろん、「病い」なのだから、克服し得ないときは、致命的な障害をもたらすことも事実である。

このことをよく弁え、われわれ日本人は、現在が日本人にとって極めて重要な時期であると自覚しなくてはならない。そのためには、まず、日本文化の現在の状況を把握することが必要である。これが本書の母胎となった『現代日本文化論』全十三巻の発行の趣旨である。このような認識を通じてこそ新しい展開も生じてくるのだ。

このような考えによらず、現在日本の若者のみを問題と考え、それに対して「道徳教育」をしっかりとすることが必要と主張する人は、戦前に「修身」教育をたたきこまれた日本人が戦争中にどんなことをしたかをよく考えていただきたい。戦争中だから「敵」に対してしたことはとやかく言えないと思う人は、日本の高級将官たちが、日本の兵士の命を平気で棄て去って、自分のみは助かり責任も負わないことがしばしば起こっていることを認識して欲しい。

何度も繰り返すようだが、いまさら昔に帰ることはできないし、たとえ出来たとしても無意味であろう。われわれは先に進むことを考えねばならない。

グローバリゼーション

日本の現在における文化の病いを創造の病いとして捉えるなら、それは、日本文化がグローバリゼーションの強い波のなかで、自己をいかに変革してゆくかという課題と取り組んでいるからである、ということができる。

日本はいわゆる先進国のなかに仲間入りしている。しかし、そのなかで日本のみが非キリスト教文化圏に属していることは、思いの外に重要なことなのではなかろうか。地球全体、人類全体のことを考えるとき、すべての人間が平等であること、お互いに理解可能であることなどを前提として考えるのは当然のことであるが、そちらに単純に同調しすぎると、世界のなかの多くの文化の差に目を閉じてしまうことになる。あるいは、「普遍性」という題目が途方もない力を持つことになる。

「普遍性」という語はわれわれにすぐ近代科学の知を連想せしめる。確かに近代科学の知は普遍性をもつところにその強さがある。もちろん、科学的知識という点で言えば、多くの文化はそれぞれの知識をもっていたが、ヨーロッパ近代のように、明確な方法論をもって普遍性を主張する体系をつくることはなかった。これが技術と結びつき、近代の科学技術の発展が見られたが、それが爆発的に進行したのが二十世紀であると言えるだろう。ヨーロッパに生まれた科学技術が世界を席捲したのだが、その背後にキリスト教があることを忘れてはならない。

もちろん、近代科学の体系そのものはキリスト教と無縁である。近代科学は誰でもどこでも学び研究できる。とはいうものの、それが生まれてきた背景にキリスト教があり、それを駆使して生きてゆく態度を支えるものとしてキリスト教がある。しかも、問題を複雑にするのは、キリスト教文化圏内部においては、近代科学はキリスト教と対立するような形で出てきており、両者のダイナミズムのなかで、ヨーロッパが、そしてアメリカが発展してきている。したがって、現代においては、キリスト教文化圏内部の人間が「普遍的」な考えを世界にひろめようとするときに、それにキリスト教的な意味合いが入っていることに気づかない、ということもある。

グローバリゼーションはアメリカナイゼーションだと言われたりする。これは、アメリカにすれば「普遍的」で「正しい」ことだから世界中で行うのは当然と思っているわけだが、そもそも世界に通用する「普遍的で正しい」ことがあると確信するところに、アメリカの特徴があると言っていいし、その確信はやはり一神教によって支えられていると見ていいだろう。

アメリカが自由な競争(と言っても公正なルールの下においてではあるが)をひたすらよしとするのは、神の意志によって結局は正しい者が勝つのだという確信に支えられているからだと思う。しかし、「正しい者は勝つ」がだんだんと「勝つ者は正しい」に変化してきている感じもするが、一神教にもとづく楽観主義があるように思う。

アメリカがグローバリゼーションとして要請してくることに応えるためには、ヨーロッパ近代において確立された近代自我の強さを必要とするように思う。あるいは、それに対抗し得る強さをもたねばならない。しかし、このことは実に困難な課題である。これについて考えたことは、第一章に述べているが、今後の日本人の生き方を考える上で、われわれを強いジレンマにひきこむものである。それについては第一章を読んでいただくとわかるが、近代自我に対する日本的な自我の在り方を考えるとき、迷いが生じるのだ。

近代自我を超える、などと言うのは易しい。確かにそれは相当ゆきづまりに来ていることも事実である。しかし、「大東亜共栄圏」などと言っていた頃に「近代の超克」という言葉が流行したし、バブル経済がはじまる前、日本経済の優位を誇りと感じたとき、「日本的経営」の優秀さが強調された。しかし、その結果は、既に指摘したような手痛い敗戦となった(日本経済の崩壊を「第二の敗戦」と言う人もある)。個々の日本人の判断力、決断力——近代自我の特性——がいかに弱いかが露呈されたのだ。

二十一世紀日本の構想

小渕恵三前総理の要請を受け、筆者は「二十一世紀日本の構想」懇談会の座長になった。この懇談会においては、「個の確立と公の創出」ということが中心課題となった。詳しいことは報告書も市販された（『日本のフロンティアは日本の中にある』講談社、二〇〇〇年）ので、そちらに譲るとして、この結論に至るまでに、筆者が考えたことのなかで、既に論じてきたことと関連する点について述べてみたい。

「個の確立」が大切なことは、おそらく誰でも賛成するであろう。しかし、それが利己主義に陥らないために「公の創出」をつけ加えたのだが、いったいその「個」はどんな類いのものなのか。その「個」を支えるものは何か。このことを考えはじめると、答は簡単に出て来ない。

この問題はまた、簡単な対立図式で言えば、アメリカ文化か日本文化か、という形でもとらえられる。グローバリゼーションの波にうっかり乗ってしまって、日本のよさはどうなるのだ、という類いの論になってくる。そこで私の考え——および懇談会の主流となった考え——の結論だけを言うと、ここで日本のよさを言い立てると、結局はこれまでと同じ誤りを犯し、相も変らぬ失敗の繰り返しになるのではないか。それよりも、思い切ってアメリカの主張している線を取り入れていいのではないだろうか。よほど思い切った取り入れ方をしても、日本人がにわかに根本からアメリカ化されるわけでもない。それほどの正面からの対決をしてこそ、むしろ、新しい文化が創出されてゆくのではないか、ということであった。

考えてみると、われわれが日本文化と今呼んでいるものの柱として、仏教、儒教、道教などがあるが、それらはすべて外来文化である。日本古来の文化ももちろんあった。そのため、外来文化をそのまま継承したのでもないし、外来文化が日本の古来のものを抹殺したわけでもなかった。日本人は外来のものを思い切って取り入れつつも、やはりそれとは異なる日本的なものをつくりあげてきたのだ。

欧米の文化に対してもこれと同様に考えてはどうであろう。ただここで大切なのは、欧米の近代に築かれた自我、あるいは、意識というものが実に強大であることの認識である。したがって、これまでの日本人がしてきたように、無意識的に取り入れ、無意識的に日本化するなどということは不可能であり、相当に自分の行なっていることを意識化し、言語化してゆくことが必要である。このとき注意しなくてはならないのは、「意識化」するというときの人間の意識はまず「二分法」によって成立している。創造神話を読むとわかるが、天と地、光と闇などが分離することによって人間の意識が発生する。この二分法の意識を徹底し洗練していったのが西洋の近代であり、そこから近代科学も生まれてくる。これに対して仏教の教義に述べられるように、いったん分離したものを融合して捉える意識を東洋は発展させてきた。自と他の融合、人間の意識の宇宙との一体感などの意識を洗練させてきたのだ。そこで西洋の意識化パターンにうっかり乗ってしまうと、日本の文化は消え失せる、と言ってもいいのだ。したがって、意識化する過程で、われわれは相当慎重にならねばならない。

　こういう点に留意しつつ、なおかつ思い切って欧米の方法を取り入れてゆく。これは実のところ、大変な実験である。文化の興亡を賭けた実験である。しかし、もう逡巡は許されない。このような実験を行なってゆく上で、日本文化についてよく知りよく考えることが、日本の現代人にとっては必要である。その認識なしに欧米の文化に立ち向かうと、大変危険なことになるに違いない。現代の日本の状況に照らして、「現代日本文化論」を打ち出してゆくことに力を注がねばならない。

　以上に述べてきたような考えを背景に本書は書かれている。一人の人間が考えるにしては範囲が広すぎて手にあまる感じもあったが、多くの人々の知恵を借りて、これまでのものになった。

　これを読まれた方々がそれぞれ自分なりの「現代日本文化論」を築きあげ、この困難な時に新しい世紀に向かって進んでゆかれることを期待している。

1 「私」探し

「私」の発見

最近、「自分探し」という言葉をよく見聞きする。「自分探しの旅」という表現もある。三田誠広『僕って何』が話題になったのは、一九七〇年代の末である（河出書房新社、一九七七年）。しかし、三田誠広が大学生だった頃の青年たちはむしろ「社会」の方に関心が高かった。いかにして社会を改革するか、その情熱によって烈しい学生運動が湧き起こる。『僕って何』の主人公の大学生は、入学した途端にその運動のなかに巻きこまれ、もみくちゃにされる。わけがわからないままに、母親が現われて何とか安定した結末に至るが、そこに「僕って何」という問いが、答のないままに残される。

この小説は、日本の若者たちが「社会」離れをし、「私探し」の方に向かうことになる著しい方向転換を予測する役割をもったのではなかろうか。そして、現在は若者のみならず、老いも若きも、男も女も、「自分探し」に強い関心をもつ世の中になったのではなかろうか。これまでは家に閉じこもりがちだった主婦や定年退職後の高齢者が「自分探しの旅」に出ようとしている。

人間が自分自身のことに関心をもつのは当り前のことのように思えるが、実はこのような傾向は実に新しいことであることをよく認識しておくべきである。

最近は「自分探し」が流行気味なので、いろいろの場合があるが、一昔前までは、われわれ心理療法家のところに、稀ではあるが、「自分自身のことを知りたいので」という理由で来談される人があった。それに対して、われわれはまず「安易に引き受けないこと」という警戒心をもって接したものである。悩みとか症状があるからではなく、別に何もないのだが「自分のことを知りたい」から分析を受けたい、という人はなかなか殊勝に思えるが、実は引き受けると後で困る場合が多い。はじめは何も悩みがないなどと言っていた人が、実は大変な問題をかかえていたことがわかったり、分析しているうちにノイローゼの症状が出現し、なかなか治らなかったりする。はじめからそのつもりでいたのならともかく、「何もない」と思っていた人がこのような状態になるから困ってしまう。時には、「分析を受けたためにおかしくなった」などと言って恨まれることもあるので、ますます厄介なことになってくる。このようなことをわれわれは経験的によく知っているので、まず警戒気味になる。もちろん、このような人で優秀な人もあるのだが、こちらの方は数少ないのである。

なぜ、そんなことになるのか、それは一昔前であれば、大方の人は「私」のこと以外に関心をもつことが多くあった。少し前には、多くの人が「社会」に関心をもったことは既に述べた。もっと以前であれば、多くの若者は「天下国家」を論じたものである。あるいは、ごく最近までは、多くの男は「会社のために」頑張ることを第一義とした。あるいは、母親は「子どものために」は我身のことをかえりみない生き方をした。このような一般的傾向のなかで、「自分に関心がある」という人は、時流に逆らう強さをもった人か、時流に乗れない、あるいはそこから落ちこぼれた弱い人か、どちらかであり、数で言えば後者の方が多くなる。後者の人がはじめは「問題ない」ように見えるのは、自分の問題を問題としてかかえる力が不足しているためなのである。というわけで、かつては「自分を知りたい」などという人は警戒せざるを得なかった。

しかし、今は「自分探し」の流行である。これはどうしてだろうか。人間はもちろん、自分自身の利益、その保存などについて強い意欲をもっているが、古来からの人間の生き方を見てみると、それらを必ずしも第一義としていないように思われる。少なくとも「理想」としては、自分自身の利益よりも何らかの他の存在に重きを置く生き方をしてきたように思う。それは、家族、部族、神などといろいろなものが考えられるが、それらのためには個人としての自分の利益を犠牲にする生き方が望まれてきた。そして、実際の生き方においても、そのような傾向が強かった。

たとえば、結婚の場合でも、個人としての男と女がその意志によってするよりは、他の要因によって決められて、それに若い者が従うというパターンが普通であった。日本において自由恋愛が価値あるものと考えられるようになるためには、欧米の考え方の強い影響が必要であった。

ここに欧米の影響という点に触れたが、現在の日本において、これほどまでに「自分探し」が流行するもとに、西洋近代に成立した個人主義があることを認めねばならない。「近代自我」というものを確立し、そのような強力な自我をもった個人が、あくまでも自分の主体性を大切にして生きていく。つまり、発想の出発点に自分自身を置くわけである。これは既に述べたように、古来から人間の生き方としてあった、自分以外の存在の方に第一義的な価値を置く生き方と比べると、実に画期的な変革である。

日本人はこれまで、家族のことを考えたり、世間の目を気にしたりして、自分のやりたいことや好きなことをするのをためらったり、断念したりする生き方をしてきたが、西洋の個人主義に触れて、それを徐々に取り入れてきた。と言っても明治以来のこととして考えると、実にゆっくりとした変化ではあった。まず、知識人が「自我の確立」ということに惹かれるのだが、それが一般化されるよりは、反動的な日本的集団主義の方が力を得てしまい、無謀な戦争に突入する。敗戦によってその愚を悟り、人権を大切にする民主主義の社会を築こうと努力してきたが、これも後述するように極めて日本的な色合いをもつものであった。ただ、その日本的特性について自覚する人が少なかったようであるが。

　戦後の民主主義の時代になって、日本人は以前に比べてはるかに、「私」を大事にするようになったことは事実である。親の言うとおりに見合結婚をする人など非常に少なくなった。親の職業とは関係なく、自分の欲する大学に行き、好きな仕事につく人も多くなった。このように数えたてていくと、日本人は全体として、自分個人を生かす方向に進んできたと言うことができる。しかし、よく考えてみると、それは欧米の個人主義に比してまだまだ異なるものであった。日本が発展途上国の間はあまりそれが問題にならなかったが、経済的に急成長し、先進国のなかでもトップクラスになったところで、急にその問題が露呈されることになった。この点については後に論じることにして、欧米の真似をしているつもりで、それと異なることをしてきたこともあって、日本はいまひとつの行きづまりを体験しつつあり、それが最近の「自分探し」の流行に結びついてきたように思う。

　現在は日本の経済的成長がとまり、常に「右肩上り」の成長をもとにして考えてきたシステムが行きづまりを見せてきた。これまで、日本人が頼りにしていた企業が頼り甲斐のないことが、相つぐリストラや、大企業の倒産などによって明らかになり、閉塞状況はだんだんと深刻になってきた。こうなると、頼れるものは自分自身しかない。外へ外へと向かっていた関心が急に内に向いて、「自分探し」ということが大切になる。そのときに、西洋近代が確立した、個人主義というものが、われわれの支えとして役に立つのだろうか。「個人」をあるいは「私」というものを発見したのは、西洋の近代である。それは、現在において日本人の範となるものであろうか。このような点について考えてみることが必要である。

「私」を支えるもの

人間は一人ひとり異なるし、各人が自分の欲望や意志をもっているのだから、自分のことが大切であるのに決まっている。にもかかわらず、「個人主義」が出てくるのに実に長い間かかっている。そして、日本人が何とかそれを輸入しようとしている現在においても、「近頃の若者は個人主義になって、仕方がない」と嘆く人もたくさんいる。これはどうしてなのだろう。

もちろん、人間は一人で生きているわけではないので、いかに自分を大切にと言っても、他人との関係や、集団として生きることを考慮せずに生きることはできない。「個人主義」にしても、各人が好き勝手をすることをよしとしているのではない。人間は常に他の人間と共存することを考えねばならない。この点はしばらくおくとして、「私が私について考える」際、どうしても不問にできない、これとは異なる点についてまず考えてみたい。

それは、人間は何らかの自分の「支え」を必要とするということである。ここで言う「支え」は、実際的に他人の援助とか、生きていくのに必要な環境などについてではなく、心の問題として述べている。私が私のことを考える際に、私というものが何かによって支えられていると感じない限り、極めて不安になってくる。その支えがない限り、人間は孤独に耐えることができない。

あるいは、違う観点から言うと次のようにも言えるだろう。「私」はこの世に存在している。それがいかに大切と考えても死んだらどうなるのだろう。死によってまったく消滅するのだったら、ほんの僅かな時間、この世に存在して、その間に好きなことをしたとか、やりたいことをしたと言っても何になるのだろうか。極めて限定された「私」という存在が、何らかの永続性をもったものと関連づけられないと、どうも安心して生きておられない。

　これは既に他にも引用していることだが、柳田国男の『先祖の話』のなかに次のような例が紹介されている。柳田国男はあるとき、年輩の人で、ゴム長靴を履き、はんてんを重ねて、白い髪の垂れている大工さんが、自分は死ぬと「御先祖様になる」と言っているのに印象づけられた。この人は実に「安心」な人生を送っている。死後に行く世界がはっきりとしているのだ。死んで御先祖様になるという確信が、この老人の「私」という存在をしっかりと支えているのである。このような支えを持ってこそ、「私」は安心して生きていることができる。

　御先祖様になるには、「××家の先祖」にならなければならない。つまり、何らかの「イエ」に所属していることが必要である。かくして、日本では個人の存在に永続性を与えるものとしての「イエ」が非常に大切なものとなった。これは必ずしも血縁である必要はなく、養子を迎えたりするのが特徴的である。これはアジアの他の国々に比べると著しい差を示している。イエのためには個人が犠牲になることが要請された。

　韓国や中国(文化大革命以前の)、フィリピンなどのアジアの国々では、血縁の家族が大切である。これは国よりも大切と言えるだろう。ただ中国においては、国の中央集権の力を強め、家族集団の力を弱めるためと推察されるが、文化大革命のときに密告が奨励され、家族の成員相互間にそれが生じたので、家族の一体感が破れ、個人を「支えるもの」が喪失した感じがある。これは現在の中国の大きな問題であろう。

　個人はそれを「支えるもの」を欠くと、非常に弱くなったり、不安定になったりする、かと言って、「支えるもの」の方が強くなりすぎると個人の自由を圧迫する、というジレンマがある。もちろん、個人の自由などという概念がない間は、人々はそれほど問題を感じずに生きているわけである。実際、アジアの国々では、個人主義などというのは生まれて来なかったのである。

　このように考えてくると、西洋で生まれた個人主義は実はキリスト教を支えにしていたらしい、と感じられる。

ヨーロッパにおいても、キリスト教が非常に強力な間は、個人の欲望や意志などが、それほど尊重されることはなかった。すべては、神の意志によって起こるのだから、人間の出る幕はないのである。このような状態のなかから、西洋の長い歴史において、人間が徐々に力を得て、人間の主体性や自由意志の存在を重視するようになったが、やはり、それは「神の支え」を背後にもっているからこそ、「個人」の重要性を主張できたのだと思う。

個人が自分の欲望をできるだけ満たし、自分の能力をできるだけ開発するとしても、死んで無になるのだったら、どうということもないのではないか。個人の欲望を満たすことがそれほど大事であるならば、各人が自分の好きなことをしようとして、常に争いが生じるのではないか。これらの問題を解決するために、キリスト教が重要な役割を果している。個人主義はキリスト教を支えにしているのだ。個人がいくら自分の欲望の充足を心がけるにしても、そこに神の目を意識する限り、そんなに好き勝手なことはできない。善行を行なっている限り、神は死後に天国という場を保証してくれている。しかし、悪を行なった者に対しては厳しい裁断を下すのも神である。

とすると、キリスト教抜きで、日本人が個人主義を輸入した場合はどうなるのだろう。「自分探し」をしたり、あくまで「私」を大切に生きようとするときに、それを見ている神の目なしにやって、うまくいくのだろうか。日本では「世間の目」が人間の行動を監視していた。「世間様」などという表現もあった。世間様に笑われるようなことをしては、生きていけない。しかし、その「世間の目」の圧力によって圧迫されていた人間の自由をなんとか獲得しようとして、日本人は欧米の個人主義を輸入しようとしたのだった。しかし、世間の目も神の目も意識しない個人主義は暴走しがちになるのではないか。

だからと言って、日本人はキリスト教を信じるべきである、というわけにもいかない。それにもっと困ったことに、欧米において、キリスト教の力が弱まり、「私」の力が暴走しはじめているような現象が認められるのだ。

たとえば、アメリカにおける貧富の差があまりにも大きすぎること、青少年の犯罪や麻薬の害が多いことなど。自由に競争することをよしとするあまり、能力のない者、弱い者にとっては厳しすぎる社会になっているように見える。キリスト教の力はまだまだ強いとは言うものの、社会全体としてみるとき、神の目の力は随分弱くなってしまっていると感じられる。

「私」を支えるものとして何らかの「私を超える存在」を必要とすることは、おそらく人類に共通に認められることと考えられる。そのなかで、キリスト教文化圏においては、唯一の神を人格神として認めることによって、強力な支えを獲得したが、それが人間に対して及ぼす抑制力も強力であったため、キリスト教徒はそれと対峙している間にだんだんと強力になり、神と対抗し得る「個人」をつくりあげ、そして、現在においては、人間の手にした科学技術という武器を手に、ほとんど神の座を人間が奪ったかのごとき様相を呈するようになったと思われる。

西洋におけるこのような長い歴史のなかから生まれてきた「個人」ということを考えるとき、今頃急に日本人が「自分探し」を好きになってみても、それはいったいどのような「私」を見出すことができるのか、と危惧の念を持たざるを得ないのも事実である。たとえて言えば、生まれたときから厳しい父親に鍛えられた息子と、お母ちゃんに甘やかされて育った坊やが、にわかに対抗できるのか、という感じがするのである。

日本人と個性

最近になって急に個性教育ということが強調されるようになった。筆者も参加している第十五、十六期の中央教育審議会において、個性を重視する教育をいかに行うべきかが極めて重要な課題として論議されている。

このような状況が生じる要因のひとつとして、欧米諸国の日本人に対する厳しい批判がある。日本人は全体的、平均的に知識のレベルを向上させることが上手であるが、特別に創造的な仕事をする人を育てることができない。全体の知的水準の高さを基礎にして、科学技術を発展させ、経済的には一流になったが、そのようなことを可能にした基礎としての科学研究の領域で大きい仕事を何もしていない。端的に言うと、上手な人真似で金を儲けるが、その基になる発明や発見は他人まかせにしていてズルイというのである。日本の外交官、近藤誠一は在米大使館が行なったアメリカ人の対日深層心理調査の結果にもとづいて「アメリカ人の間には、予想以上の否定的対日感情が、その心理の底流に流れている」ことを明らかにしている(近藤誠一『歪められる日本イメージ』サイマル出版会、一九九七年)。日本人は「ずる賢く」、「世界を征服しようと企んでいる」、「気の許せない」人間と思われているという。

つまり、他人のもっているものを上手に取り込んで、ずる賢く立ち回り、やがては世界を征服しようとしている、というイメージをもって日本人を見ている人が多い、ということである。そんなのまったくの誤解と日本人は言うだろうが、それはある程度仕方がない、と言うべきであり、その要因として、日本人の個性のなさということがある。うまく他人の考えを取り入れるのに、「あなたの考えは」と訊かれると、ほとんどの人が答えない。いつも、あいまいである。これは背後で何か企んでいるのだと思われてしまう。私自身もそのような誤解を受けることがあって、なるほどと思ったが、おそらく、日本の外交官やビジネスマンで外国人と交渉する機会をもった人は同様に感じたのに違いない。そこで、日本人の個性を伸ばす教育の重要性がにわかに認識されてきたと思われる。

個性を大切と考える欧米においては、人間の能力差の存在ということは当然と思われている。しかし、この点について日本人は呆れるほどの「平等感」をもっている。十五期の中央教育審議会において、欧米の創造的な学問研究の流れに遅れないようにするひとつの方策として、あちらでは普通のことになっている、小中学校におけるいわゆる「とび級」など、要するに能力に応じて年齢と関係なく進級できる制度を日本に導入することについて論議された。欧米においては、特に優秀な人物は、年齢と関係なく大学や大学院へと進んでいる。そこで、日本においてもと考え、小中学校での「とび級」を見送るとしても、特に優秀な者はせめて大学入学のチャンスを一年くらい早くするという案が提示された。しかし、これに関する一般、あるいは大学の反応は否定的な方が多かったようだ。

欧米では常識になっていることが、なぜ日本ではできないのだろう。それは、日本人のもつほとんど絶対と言えるほどの「平等感」による抵抗のためであると思われる。日本ではこのような平等感を盾にとって、創造的な才能をもった人の「足を引張る」ことが多く、これまでも、優秀な学者が海外に流出することが多いという事実がそれを証明している。これが現在日本の問題なのだ。

ところで、興味深いことに、日本でも戦前はある程度の「とび級」を認めていた。旧制の中学は五年制だったが、四年修了で旧制の高校を受験することができた。つまり、よくできる者は四年修了で高校、大学と進むことができたのである。

あるとき、鶴岡市の史跡である庄内藩の藩校「致道館」を見学した。これは一八〇〇年初頭に設立された藩校であるが、その教育方針は徹底した能力主義に貫かれている。『史跡庄内藩校　致道館』(社団法人庄内文化財保存会、一九七一年)によれば、「入学当初以外は年齢による規制はなく、入学後は学力に応じて進級できる仕組み」になっていた。そして士分以下のものでも秀才については特別入学を許し、身分制度に対しても自由な道をひらいていた。この藩校の教育方針は、現在においても参考になることが他にもあるが、それは割愛して、ここに示された「とび級」の思想について考えてみたい。

致道館において完全な「とび級」が認められていたもとには、この館の教育に関する趣意書ともいうべき「被仰出書」に次のような文が認められる。つまり、「天性得手不得手有之者候」とか、「天性可大者致大成、可小者致小成」などの文が認められる。ここでは、人間に性来にそなわっているものとしての「天性」が重視され、天性が大か小かによって将来が異なるので、指導者はその点を弁《わきま》えるべきだと述べられている。

このような考えは、もともと荻生徂徠の思想に基づくものである。荻生徂徠は朱子学を学びつつも彼独自の考えを発展させた人である。したがって、おそらく当時の日本中の藩校の教育方針がすべてこのようだったとは思わないが、ともかくこのような思想に基づいて、「とび級」を徳川時代に行なっていた、という事実は注目に値する。

それではこのような考えや制度が存在したのに、戦後に一挙にそれがなくなり、現在においてなぜ一般の人々(インテリも含めて)が、「とび級」に対してアレルギーと言っていいほどの反撥を示すのだろうか。それは多くの人々は絶対平等感を「民主主義」の考えとして欧米から輸入したものと考えているからである。ところが、その欧米において「とび級」は普通にあるし、興味深いことに、日本の徳川時代にもあったのだ。これは重要な問題だと思われる。これにはいろいろなことがからみ合っているので、簡単には解明できないとも思うが、私なりに考えたことを述べてみよう。

まず言えることは、欧米において言われる個性と、荻生徂徠の言う天性とは、似てはいるが異なる、ということである。結果的には個人差を認めているが、日本の場合の発想は「天」からはじまっており、人間の持っている天性の差が問題とされるのに対して、欧米では、個人から発想し、個人の間の能力差を問題とする。おそらく、ヨーロッパでもはじめは個人の能力を神から与えられたものとして受けとめていただろうが、既に述べたように、だんだんと人間の力が強くなるに従って、個人を中心とする発想に変化していったのだろう。

ところで、日本は欧米の強い影響を受けて、「天性」などという非合理と思われることは棄ててしまった。そして、「民主主義」を取り入れるときに「個性」抜きにし、日本人的母性原理と結びつけてしまったので、まったく没個性的な絶対平等感ができあがってしまった。これを日本の伝統的考えによるものと考えず、進歩的な外来思想のように思い込んだので、これは余計に日本に強固になったと思われる。

人間存在の本質にかかわる平等感と、能力差の肯定は区別して考えるべきことである。しかし、これは実際にはなかなか難しい。これを行うためには、次に述べるように、通常の「私」の背後に、何らかのそれを超えるものの存在を認めざるを得ない。ここで、西洋の「唯一の神」ではなく、「天」という存在を認める考え方が、わが国にあったのはまことに有難い。必ずしも借りものによらずに考えることが可能となるからである。

「私」の二重性

「私」という存在がこの世において、唯一無二の存在であることを、誰しも信じている。考えてみると、子どものときから大人になって老いていく一生の間には、相当に変化するものだが、ともかく「私」という一貫して不変な存在があるのは自明のこととさえ感じている。「私は私であって、私以外の何者でもない」ことは当然とさえ言える。

しかし、このような確信を揺がす現象が存在する。たとえば二重人格の場合では、ひとつの体に二つの独立の人格が存在し、片方は他の人格の存在をまったく知らないということがある。二重人格どころか、最近は多重人格（時には十六重人格）の症例が相当一般に知られるようになった。あるいは、自分自身に出会うとか、もう一人の自分の存在を確信するなどという「二重身《ドッペルゲンガー》」の例もある。これらの病理現象は「私とは何か」を考える上でも重要なことであるが、これまで他に多く論じてきたので今回は省略する。

ただここで指摘しておきたいのは、二重人格という病理的現象に対して、C・G・ユングがはやくも今世紀の初頭に、そこには「新しい人格の発展の可能性」を読みとることができると、肯定的な側面があることを明らかにしている事実である。二重人格の現象については十九世紀末より二十世紀初頭にかけて多くの症例が発表され、どうしてもその「異常性」の方に関心が向けられたが、ユングは、たとえば第一人格が善玉で第二人格が悪玉のように見えるとき(このような例が多かった)、その第二人格を「悪」として否定するのではなく、第一人格の一面性を補償し新しい人格の発展の可能性をもつ傾向が、第一人格との統合を妨害された結果生ずるものと考えた。人間の心は全体として(意識も無意識も含めて)、高次の統合を志向するはたらきをもっていると考えたのである。

ユングはこのような考えをさらに押し進め、自らの病的体験とその克服の過程のなかから、当時のヨーロッパにおいては最も重要と考えられていた「近代自我」を超える存在を、心の奥底に仮定せざるを得ないと考えるようになった。彼は、近代になって確立された自我《エゴ》と区別して、それを超える存在を自己《ゼルブスト》と呼んだ。「自己は心の全体性であり、また同時にその中心である。これは自我と一致するものでなく、大きい円が小さい円を含むように、自我を包含する」と言っている。

ユングがフロイトと別れた後、一九一三年頃に体験した精神の混乱は、精神病と変らない、幻覚や妄想に近い症状を伴うものであった。ユングは自らの分析によってその状態を克服するが、だんだんと心の統合性が回復していくとき、言語的にそれを表現することができず、自発的に多くの図像を描いた。彼はそれによって自ら癒されていくと感じた。円と四分割を基調とするこのような図形が何を意味するか、彼自身にもその当時はわからなかった。彼は精神障害の患者の心理療法の際に、患者の回復期に絵を描くことをすすめると、同様の絵が現われることを知ったが、当時のヨーロッパの学会では誰もそんなことを語らないので不思議に思いつつ沈黙を続けていた。

ところが一九二八年に中国にいたリヒャルト・ヴィルヘルムから道教の錬金術に関する論文がユングのところに送られてきた。これによってユングは、自我を超える存在としての自己、およびその象徴的表現としての図像(後に、マンダラであることを知る)などについて彼の経験していることが、東洋においては古くから見出されていたことを知った。つまり彼が当時ヨーロッパにおいて唯一人考えていたことに思いがけない確証を与えてくれたのである。彼はこれについて、「これは私の孤独を破った最初のことがらであった。私は類似性に気づき始めた。私は何ものかと、そして誰かと関係を打ち立てることができるはずだ」と語っている(『ユング自伝』1、みすず書房、一九七二年)。

ユングが関係を打ち立てることができたのは、東洋の知恵であった。彼は西洋人があまりにも「自我」(特に近

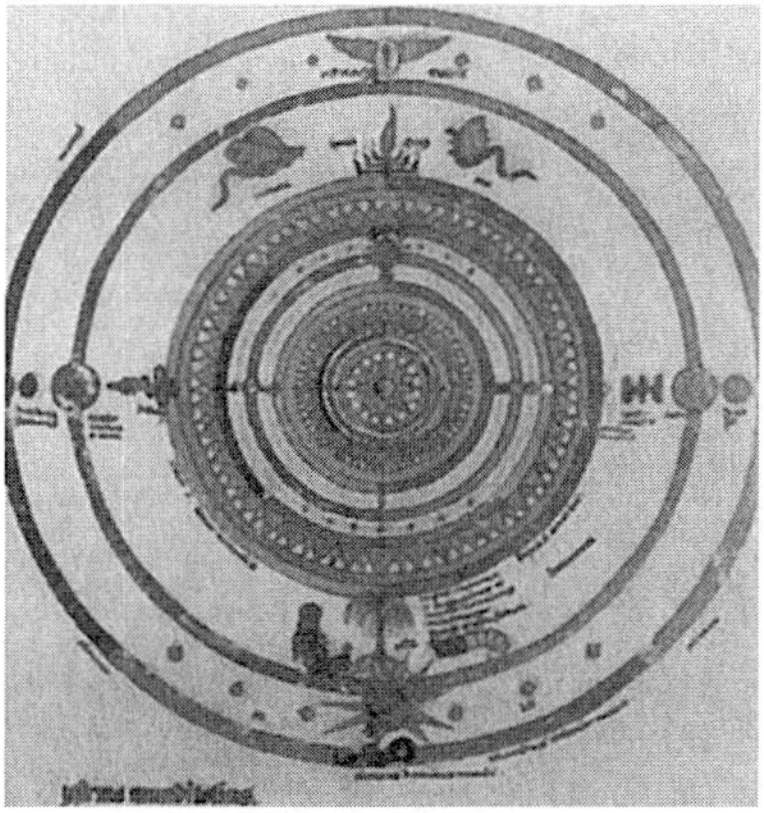

ユングの描いたマンダラ

代自我）の重要性に気づき、それについて知りすぎるほど知っているのに対し、東洋人は「自己」についての知恵をもっているが——あるいはそれゆえに——近代自我のことがわかりにくいのだと考えた。

ユングはこのような東洋とのつながりに支えられ、一九二九年に「マンダラ図形」について発表し、「自己」についての考えも明らかにするが、当時のヨーロッパにおいてはほとんど注目されず、むしろ拒否や冷笑をさえ招いた。当時はヨーロッパ・キリスト教中心の考えが強く、近代自我はそれ以後もその力をふるい続ける（ユングの考えが欧米で受けいれられるのは一九七〇年以降である）。

一九五九年に私がアメリカに留学し、ユング心理学に触れるようになった頃も、それは明らかにマイノリティ・グループであった。私自身もまだ西洋の近代自我に憧れていたので、ユング心理学にすぐになじめなかった。しかし、分析の体験を通じて理解を深めていくうちに、前述の「自己」の考えを知るに及んで、ユング心理学が東洋と西洋の架橋として役立つこと、またそれが私自身の大きい課題であることを認識したのであった。もっとも、ユングは東洋を理解しようとしてこのようなことを考えたわけではない。自分自身を理解しようと努力しているうちに、当時の西洋では稀有な考えに逢着し、それが東洋へのつながりとなった、と言うよりは、彼は東洋の知恵に支えられて孤独を救われたと感じたことであろう。

ユングの自我と自己という考えは、「私」のことを考える際に有用に感じられる。自分が知っており意識し得る「私」を超えて、あるいはその支えとして、より広い「自己」と呼ぶべき「私」が存在している。このような「私」の二重性を認識することによって、「自分探し」の旅も深さを増してくる。たとえば、何かをしたいと欲するとき、それは自分の「自我」による要求か「自己」によるものか、と考えてみるのも面白い。あるいは、思いがけないことが起こったり、自分でやってしまったりしたとき、「自我」にとって思いがけないにしろ、「自己」はそれをどう受けとめているのか、「自己」はそれを欲していたのではないか、などと考えてみるのもいいだろう。

心理療法家としての私は、このような「私の二重性」に注目し、クライアントの訴えにひたすら耳を澄まして聴き入ることによって、そのなかからその人の「自己」の声を聴き分けようとしている、ということができる。その人が「自我」の観点から嘆いてばかりいるときに、焦点を「自己」に移しかえることによって、異なる世界が開けてくる。いつもいつも自分の苦境を訴えていた人が、「考えてみると、先生をゴミ箱代わりにして、一週間溜った心のゴミをぶちまけるようなもので……偉い先生をゴミ箱代わりにして申訳ない」と言われたので、「皆さんがゴミと思って棄てに来られるもののなかに、時にダイヤが混じっているので、この商売やめられません」と言ったことがある。これは正確には、ダイヤの原石と言うべきで、せっかく見つけても磨くのが大変で、また棄ててしまうことだってある。というわけで一攫千金ということでもない。

ユングは心理学の研究から「私の二重性」に気づいたのであったが、最近、宗教哲学の観点からこれについて論じた評論に触れたので、それをここに紹介したい。それは、上田閑照『ことばの実存 禅と文学』(筑摩書房、一九九七年)である。上田閑照さんとはかつて京都大学教育学部に共に勤務していたことがあり、そのときにはよく禅について話を聞かせていただいたり、時には、スイスのアスコナで行われるエラノス会議に共に参加し、上田さんはドイツ語、私は英語で発表したりした仲である。この原稿を書きはじめたときに、この本が送られてきたのも奇遇と思い紹介することにした(以下敬称略)。

上田によると「経験を可能にする(世界)地平には必ず地平の彼方がある。ということはすなわち、地平と地平の見えない彼方との重なりが経験の本当の地平になるということである。そしてこの二重地平によって経験の深みの次元が開かれる」という。人間の経験する地平構造に関して、その「地平の彼方」が必ずあるはずと考える。地平の彼方の「限りない開け」を上田は「虚空」とも呼ぶが、この「世界／虚空」を通じての自己はいったいどのようになるのか。
「「限りない開け（虚空）」は、かりにそこだけ見て実存の言葉でかろうじて言えば、「死に逝くことによってのみ行くことのできる何処――そこには我なし」であるように、「我なし」という仕方で通っているのである」。つまり「我」は「我なし」という二重性をもって「我」なのであり、これを上田は「我は、我なくして、我なり」と表現している。これをユング心理学の用語に言い換えてみると、「私は自我を超えて自己の存在を知る」ということになるだろう。

「我は、我なくして、我なり」の二重性は元来目には見えない二重性である。しかし、一般には見える世界だけが世界とされ、自分も「我は我なり」と一重化してしまう。これは暫くの間はうまくいくように見えるが、「世界内に疑似二重性を施設しつつ、あるいは、疑似無限世界や異世界を空想定しながらでも、救いと解放を求めるということになるであろう」。つまり、偽宗教や偽科学がはびこるわけである。

これに対して、「主体が見えない二重性に相応しく「自己ならざる自己」として、世界に於て自己としてありつつ同時に「我ならず」として限りない開けに於てあるとき、元来の見えない二重性が何らかの仕方で見える二重性になってくる」ときがある。「その最も顕著なそして徹底した場合はやはり宗教であろう。ナザレのイエスがキリストであるイエス・キリストはまさに見えない二重性の受肉である。親鸞にとって法然上人は菩薩であった」。

ここに「私の二重性」という点について上田閑照の考えをごくごく簡単に示した。これを見ると、心理療法家としての私の日常の仕事が、結局は宗教ということとかかわらざるを得ないことがよくわかってくる。臨床家として人間の生きることについて経験的に考えてきたことが、宗教学において追究されている問題と重なり合ってくるのである。このようなところまで至ってくると、「自分探し」も実に深いことが明らかになってくる。

「自分探し」のパラドックス

「自分探し」が現在は一種の流行である、と述べた。しかし、以上に述べてきた点から考えると、それは少し表層に流れている感じもする。私という存在の二重性を認識せずに、一重の私の層においてのみ「自分探し」をしている人が多いのではなかろうか。上田の言う「我なし」という強烈な自己否定あるいは拒否の苦しみを経験せずに「我」、「我」と言ってみても、それはあまり本格的な「自分探し」にはならないだろう。

ただ困ったことに、日本の伝統的な考え方は、上田の提示した考えに本来は基づいているのだが、上田の言う「限りない開け(虚空)」の存在に気づかず、単に「自我の否定」ということだけを前面に押し出すと、日本の体育会や芸道修行の低級な指導者のように、ただ初心者を苦しめることだけに熱心になる、ということになる。これは、おそらく、宗教の修行の場合も同じことではないだろうか。よき指導者につかない限り、苦行などと言っても本質は単なるいじめに過ぎないようなこともあるだろう。

日本の悪しき伝統に対する反撥もあって、「自分探し」がひろく受けいれられ、特に日本では近代自我の確立がむしろ一般には疎んじられる傾向が強かったので、「自分探し」が、まず自我の欲するところからはじめようということになるのも当然とも言える。しかし、そのことが「自分探し」のすべてではない、というよりは初期の仕事であるという認識をもった方がいいだろう。

「自分探し」の旅が究極的に宗教的な深さをもつことは、上田の説によって明らかであるが、そこにも危険性がある。「元来の見えない二重性が何らかの仕方で見える二重性になってくる」場合として宗教が考えられるが、「見えない二重性が見えるようになった二重性は、見えただけに、見えるままに受けとられ受け渡され受け継がれてゆく危険性を伴っている」と上田は指摘する。「見えないところまで見たとして、見えたところに滞る危険性である」。こうなると本来の二重性を失って一重になっている。「しかも二重を構造的に取り込んで一重に固められた強固な一重世界となり、人間をかえって強く縛ることになるであろう」ということになり、「人間存在の核心から成立する宗教ほど頽落しやすいものはなく、頽落した宗教ほど人間存在の否定面を如実に具現するものはないとすら言えるであろう」。

上田の言葉は厳しいが、賛成せざるを得ない。自己の二重性、「自分探し」におけるパラドックスに耐える力をよほど持っていないと、「自分探し」は不毛のものになる。それどころか、「人間存在の否定面を如実に具現」して、多くの害毒を流すであろう。

「自分探し」を本格的に行うためには、途方もない勇気や細心の注意力、的確な判断力が要求される。ユングが「自分探し」の旅において、精神病と同等の症状に悩まされたことを思い出していただきたい。そのくらいの深い世界にわけ入ってこそ、当時のヨーロッパの知識人でありつつ、東洋のことをあれほどまでに理解できたと思われる。ここで、ユングが「自分探し」の旅に出て「東洋」に出会ったという事実も面白いことである。つまり、自分を発見するために、多くの「他」を発見しなくてはならない。心の深みにゆくにつれて、自と他との区別があいまいになってくるのだ。われわれ日本人なら、「自分探し」に出かけると、まず「西洋」に会うのではなかろうか。

宗教とか二重性とか難しいことは御免で、自分はただ自分の好きなことをしたいだけなのだと言う人は、それはそれで結構である。「自分探し」の入口は、自分の好きなことである。ところが、自分の好きなことをしようと熱心になればなるほど、他人のことを考えねばならなくなるものだ。自分の好きなことを妨害してくる「他人」とどうつき合い、どう関係するかに苦心しているうちに、その「他人」も「自分」なのだということに気がついてくることだろう。「自分探し」は「世界探し」に直結してくる。こんなところにも「自分探し」のパラドックスがある。

「私」や「自我」を支えるものが必要であり、日本人が必ずしもキリスト教によらずに個性を考えることは可能であり、たとえば「天」を背後にもつこともできると述べた。これは日本古来からの伝統に根ざしている強みと、「天」というあいまいな存在をそのままでわかったと思うところに「滞る危険性」も持っている。支えるものがあいまいなだけに、個性の方も極めてあいまいになるとも考えられる。

このように「自分探し」については、何をどのように語っていてもパラドックスがつきまとう。それは「失せもの」を探すように、どこかでそれが「見つかった」などということはなく、その過程にこそ大きい意味があるのであろう。「見つからない」ものを探し続ける強さが「自分探し」には必要と思われる。

2　家族の未来

「家族的」ということ

家族というのは、まったく不思議なものである。これを単純に「定義」するのはあんがい難しい。「同居」を鍵にしようとしても、単身赴任などということもあるし、旅芸人などはどうなるのか、ということになる。同居している他人もあれば、別居している家族もある。「血縁」を鍵にできないのはすぐわかる。養子の場合はどうなるのか。そもそも、夫婦の間には「血縁」はない。また、家族の範囲をどこまでにするかは難しい。かつての中国や韓国では相当な「大家族」の意識をもっていた。世界中の文化の異なるところまで考慮にいれると、おそらく一義的な定義はできないであろう。

明確な定義はできないままに、それでも各人はそれなりに家族の定義をもっており、「家族を大切にしたい」などと思っているのだから、不思議と言えば不思議である。夫婦は離婚によって、その関係をまったく失ってしまう。親子の場合にも勘当などということがある。もっとも、相談に来た人が「勘当した息子のことですが……」などと話され、「いくら勘当しても、息子は息子なのですね」と言ったことがある。法律的には関係は切れても、心理的には関係は切れていない。

考えはじめると切りがないほどに、いろいろな場合があるが、今でも日本でよく聞く表現に、会社やその他の人間の集団が「家族的にやっております」というのがある。たとえば、会社の社長などが「うちは家族的にやっておりますので……」と言う場合、一般にそれは誇らしい調子であることが多い。それが内包している意味は、「皆仲良く、争いなく、一体感をもって共存している」ということであるらしい。

このような社長さんの得意そうな顔を見ていると、「ここの社員は苦労しているだろうな」と思ってしまう。人間が多数集まって、常に仲良く争わずになどいられるだろうか。おそらくそのなかの誰かが「忍耐」か「あきらめ」の美徳によって、全体の支え役になっていると考えて間違いないだろう。「家族的」ということの怖さがそこにある。

日本の家族の問題点を、なだいなだは「いじめ」という視点から的確にとらえている(「イジメから家族を考える」『現代日本文化論』第2巻「家族と性」)。集団の成員がまったく争わずにいると、集団としては平和であるが、成員の心の内部に「争い」、つまり葛藤が生じたり、「圧政」、つまり抑圧が生じたりする。ここで、「あきらめ」の心境に達する人はいいが、なかなかそうは簡単にいかない。そこで、なだいなだの指摘するような、いじめが家族内に発生する。それは家族の解体を防ぐ安全弁の役割をしている。

「家族団欒」という言葉がある。最近はあまり聞かなくなったが、これも「家族的」であることのひとつの理想像として提出されたものである。このような言葉は明治の文明開化の産物である。それまでは家長以下、見事に序列づけられた家族が、それぞれ自分の「箱膳」を前にして座る。そして、黙々と食事をするという形が守られていた。しかし、西洋の文化を取り入れるために、家族の序列を排し、全員が共に「団欒」しながら食事をする、という形に急激に変化した。このときにチャブ台というのが、各家庭において用いられるようになり、箱膳は一挙に姿を消していく(箱膳で食事をしたことのある読者は、今では極めて少ないことだろう)。

家族団欒の夢は今も続いている。あるサラリーマンは、日曜日になると、マイカーで家族そろってどこかに遊びに行き、帰りはファミリーレストランに立寄って、家族が一体となって楽しむように心がけた。子育てにおいて、家族間の親密な関係は非常に大切である、と彼は考えて努力を続けた。ところが、中学生の長男が、日曜日のドライブに参加しないと言った。せっかく家族がそろって出かけるのだから、と説得しても駄目である。要するに「何も面白くない」と言うのである。中学生ともなると言うことも厳しい。今まで嬉しそうにしていたが、あれは「お父さん、お母さんのことを考えて無理していた」と言う。家族団欒を子どもも楽しんでいるものと思い込んでいた父親は、これは反省しなくては、と思っていると、追い打ちがあった。「お父さんかて無理してるくせに」。

これには父親もガックリとした。父親も実は日曜日のドライブを楽しんでいない。ほんとうは同僚とゴルフに行きたい。しかし、よい子を育てるために大サービス、つまり、子どもが見破っているように「無理してる」のである。親も子もそれぞれが自分の気持を抑えながら家族団欒ごっこを毎週繰り返すのも、子どもが将来日本社会に適応していくためのよき訓練としてなされているのだったらいいが、それはこの父親の意図とは異なるであろう。

最近では、このようなことが意識されはじめたのか、家族のそれぞれが「無理をする」ことをやめて、自分の好きなことをする傾向が強くなってきたように思う。日曜日になると、父親はゴルフ、母親はカルチャーセンター、子どもはゲームセンターに行ったり、塾に行ったり。各人がバラバラに行動し、食事を共にすることも非常に少ない。各人がこの頃流行の「自己実現」とやらに励んでいることになる。

このような家族像の変化を、芹沢俊介は、非常にわかりやすい形で提示してくれている。彼の「多世代 - 同居型家族、単世代 - 同居型家族、個別 - 同居型家族、個別 - 別居型家族」という家族形態の変化の図式によると、要するにだんだんと個人の個別的な欲求の充足を尊重する方向に進んできていることがよくわかる(『現代家族の保たれ方・壊れ方」『現代日本文化論』第2巻)。端的に言えば、家族の他の成員との関係に縛られず、できる限り自由に行動したいのである。

人間がほんとうに「自由」を望むのだったら、家族などむしろ邪魔になるのではなかろうか。私が一九六〇年にヨーロッパに留学していた頃、理想の家庭として冗談半分に言われていた言葉に、"Zwei Auto Ein Kind"(車は二台、子ども一人)というのがあったが、二十年後に行くと、"Zwei Auto Kein Kind"(車は二台、子どもなし)に変化していた。夫婦がそれぞれの車をもって自由に行動する。そして、子どもはない。これが理想だ。そうだったら別に夫婦になる必要がないではないか。まったくそのとおりで、同棲したり、あるいは別居していて、二人の間にステッディな性関係はあるが、法律的に夫婦として生きているわけではない人も多い。

それでは次のような事実はどうなのか。一九九四年に、私はしばらくプリンストン大学に客員研究員として滞在していた。せっかくの機会なので、学部の学生と雑談して、アメリカの若者の考え方を知ろうとした。そのなかで、次の夏休みの楽しみはという質問をすると、「家族で旅行する」、あるいは「父親と山登りをする」などという答がわりにあったので、大いに考えさせられた。日本の大学生で、休暇に親と旅行するのを楽しみにしているなどというと、親離れしていないと批判されるのではなかろうか。これに対する答えは簡単で、アメリカの学生は早くから親離れしているので、親と人間としてつき合うのを結構楽しんでいる、それに対して、日本の学生は親離れしていないので、ひたすら接触を避けている、ということになるだろう。

これはともかくとして、自由の国アメリカでも、家族関係を大切に生きている人はたくさんあり、その関係は日本よりも、ある意味では強いと言えるかもしれない。家族のもつ魅力は、簡単になくなるものではなさそうである。日本でも、それぞれがバラバラに行動しながらも、ともかくひとつの屋根の下で眠る、ということを保持しようとしているのは、家族であること(家族的ではないが)を大切にしなければ、という意識があるからだろう。

家族のどこにその重要性があるのだろう。

血族・イエ・家庭

人間が多数集まって、常に仲良く争わずにいることなど、あり得ないと述べたが、これも現在の時点で述べていることである。過去にはあったかもしれない。あるいは、人間以外の動物においては可能なようである。たとえば昆虫の世界など見ればどうだろう。もちろん外敵に対しては別だが、自分たちの集団内においては、それぞれがその役割を果して、争わずに共存している。もっとも、それに「仲良く」などという形容詞は使えないだろうけれど。

人間もかつては、そのような家族集団を形成していたことがあったのではなかろうか。人間が生存していくためには、集団の力に頼るより仕方がないし、それぞれの役割分担も必要であろう。それらの実際的な目的以外に、人間にとっては、アイデンティティという厄介なことが関係してくる。人間は自らが死ぬことを知っている。そこで、何らかの永続性をもったものとの関連において、自らのアイデンティティを確立しておきたいという欲求をもつ。そこに超越的存在がからんでくるが、もっと現実的で、しかも永続性を感じさせるとなると、家系ということがある。

遠い昔から今に至り、そして未来へ向かっても流れていく確かな流れ、そのなかに自分を位置づける。これを端的に感じさせるのが家系であり、それは「血」によってつながっている。このことを純粋に行おうとすると、エジプト王朝時代のように、王と王妃はきょうだいでなければならない、ということになる。おそらく長い実験の末に人類は、肉親の結婚が不利なことを知り、家族に他の「血」を入れる必要性を感じたのであろう。夫婦には血縁関係のない方がいいと知った。しかし、先に述べた「純粋な永続する流れ」を保持したい気持もあるので、父系、母系などのいろいろな制度をつくり、妥協点を見出しながら、つまり、他家の者を自分の家族のなかに位置づける方策を考え出しながら、家族の流れを維持してきた。

血族による「家族」を大家族に拡大して大切にする方法は、韓国、かつての中国、その他の国々に多く見られる。韓国では今でも、その大家族の成員の間での結婚は認められないようだ。したがって、若い男女が会うと、自分たちがどの「家族」に属しているかを最初に明らかにしておく必要がある。日本的に言えば「氏族内相姦」の悲劇が起こる。このような大家族に帰属している意識を明確にもつことは、その人のアイデンティティを強固にする。死んだ後も、子孫たちによって祀られることが確実なので、大いに安心である。

これに対して、日本はいつの頃からか、「イエ」を重視することになった。わざわざ片仮名で書いたのは、それが必ずしも血縁によるとは限らないからである。「××家」という「イエ」を大切にするので、その家を継ぐのに実子がふさわしくないと判断すると、わざわざ養子をもらってきて継がせたりする。落合恵美子は、実に具体的に日本の「イエ」の在り方を示している。落合は「他人を親族に取り込む擬制的親族関係がきわめてよく発達していたことが、日本の伝統社会の特徴であった」と述べている(「失われた家族を求めて」『現代日本文化論』第2巻)。ここに不思議な能力主義が入ってくるのである。血統を大切にする場合は、何と言っても血のつながりがどれほど濃いかが問題となってきて、個人の能力や性質は二の次のことになってくる。ところが、日本は個人の能力を第一に考えたわけではないが、「イエ」の存続のために、その継承者として血よりも能力を大切に考えようとした。

一方、キリスト教文化圏においては、人間のアイデンティティは何よりも、唯一の神とのつながりに基礎をおくことになった。家族も大切である。しかし、それは、まず神とのつながりが優先し、神の説くところによって家族の重要性が生じてくる。家族が第一ではない。これは儒教のように、親に対する「孝」を通じて天とつながる考えとは異なっている。

キリスト教文化圏においては、個々人が唯一の神につながることを基礎として個人主義が生まれる。そうして生まれてきた個人がだんだんと強くなり、神のことを忘れがちになるが、ともかく、唯一の神の存在は今も強いと言っていいだろう。これに対して、東洋の国々は欧米の個人主義の影響を強く受けているが、キリスト教の神抜きであるために、いろいろと問題も生じてくる。芹沢俊介が指摘しているように、日本の家族もだんだん個別化してくるが、神抜きの個人主義になると、バラバラになってしまうのではなかろうか(「現代家族の保たれ方・壊れ方」『現代日本文化論』第2巻)。

敗戦のとき、日本の「イエ」の非民主性に気づいたアメリカ人は、その構造を壊すことに力をふるった。新しい考え方による憲法は、「イエ」の破壊を徹底的になし遂げる内容をもっていた。しかし、既に述べたように、日本の「イエ」は血縁を重視していないところがあるという特徴をうまく取り入れ、日本の企業が「イエ」の代用になった。それ故にこそ、それは「家族的」に運営されねばならなかった。そして、日本人の多くはその代用の「イエ」への帰属によって、アイデンティティを保証されることになった。

これはこれである程度うまくいっていたが、思いがけないことが起こった。日本人の平均寿命が急激に長くなったのである。会社という「イエ」のために働き、退職後しばらくでお迎えが来ればいいが、退職後も二十年、あるいはそれ以上生きねばならない。会社をやめて帰ってきたところでは、母と子どもがガッチリと「ホーム」をつくっていて入り込めないのだ。「家なき子」という話は昔によくあったが、今は「家なき老人」である男性の悲劇が生じてきた。

父親抜きで、母と子がつくっている「ホーム」とはどんなものだろうか。英語のホームを訳して「家庭」という呼び方もするが、これは、もちろん欧米のホームを模範として考えられたもので、「血族」とも「イエ」とも異なっている。家族の成員がそれぞれ個人としての自立性を認められ、対等の立場に立ちながら共存している。

しかし、現在のような相当に自由な「ホーム」ができるのは、欧米でもごく最近のことであり、何と言っても家長としての父の権力が強く、特に子どもに対しては厳しかったことを忘れてはならない。日本人によく知られている、アメリカの児童文学、ローラ・インガルス・ワイルダー『大草原の小さな家』は一九三二年に出版された本であるが、そのなかで、食事中に父親が話をしているときは、子どもが途中で口をはさんではいけない、というところがある。この本を読むと、家長としての父親の姿がよくわかる。

ところで、西洋の「ホーム」が日本に入ってきて「家庭」になると、「イエ」の構造を否定し、家族が自由・平等ということになる上に、日本人のもっている「甘え」が加味されることになるので、相当始末におえないベタベタした関係になってくる。こうなると、母と子の関係は一体化してきて、他人の入り込む隙間がない。そこへ、会社という「イエ」に所属していた父親が帰り新参でやってきても、もう粗大ゴミになるくらいしか余地がない。

しかし、このような日本式ホームでも、母親が一人の個人として自立を考えはじめると、母子一体の世界に安住しておれなくなる。となってくると、「イエ」の次に「家庭」が崩壊することになる。別にそれでもいいじゃないか、一人一人が独立していけばいいのだから、と言う人もあろう。しかし、よく考えてみると、大庭みな子が論じるように、「人は男であろうと女であろうと自立はできない」(「雪解けと和解の時代」『現代日本文化論』第2巻)のがほんとうのところなので、それほど各人が自立するのも、どこかで無理があると見てよいのではなかろうか。自分だけ自立したと思い込んでいる人間が同居していると、まったくたまらない。そんな家族も出てきたようである。

男と女

家族関係の難しいところは、親子という血のつながりによる縦の関係と、夫婦という性のつながりによる横の関係とが、十文字に切り結んで存在していることである。この両者があまりに異質なので、両者を同じ重さで受けとめるのが難しく、どちらかの関係を主とし、他方を従とするような家族関係をつくるのが、これまでの家族の在り方であり、それは家族の属する文化によって、いろいろな差があった。

日本においては、親子の縦の関係が重視されたが、既に述べたように「イエ」という集団を第一義にして、そのためには親子という血の関係をも犠牲にすることさえあったのは、あまり他の文化には見られないことである。しかし、夫婦という横の関係が第一義のものでなかったことは明白である。結婚はむしろ「イエ」と「イエ」との関係であり、都合によって離婚が多く行われたことを、落合恵美子は指摘している（「失われた家族を求めて」『現代日本文化論』第2巻）。そして、その「イエ」の存続の責任を負う長としては男性がなると定められている。このため、昔の家系図を見ると、男性の名前だけで、女性（つまり、その妻となった人）の名前が書かれてないときさえある。

このような点を、今日の欧米の考え方で見ると、女性差別もはなはだしいように見える。そのような面があったのは否定できないが、単純にヨーロッパ近代、あるいはそれを極限にまでもっていったようなアメリカ人の目でのみ見るのもどうかと思う。男女の関係はなかなか微妙で、表面に見えてこないこともたくさんある。「イエ」のなかで、当主の男性の妻は、家刀自《いえとじ》としての座をしっかりともっていた。刀自の語源は「戸主《とぬし》」である。戸主は現在は「こしゅ」と発音され、男性がなっている場合が多いが、こんな点から考えても、かつての女性の地位が、やたらに低いものでなかったことがわかる。ただ、男にしろ女にしろ、それはあくまで「イエ」全体とのかかわりのなかに位置づけられており、現在のような、「個人」という考えがなかったことを認識しておかねばならない。

個人としての男と女、ということを考えはじめると、つきるところがないし、わからないことばかりである。大庭みな子が強調するように、男にとっての女、女にとっての男は、不可解極まりない存在である(前出「雪解けと和解の時代」)。このような不可解さと、それにもかかわらず「合一したい」という強い欲求が生じるところから、どうしても異性像というものは、「たましい」の投影を受けやすい。分析心理学者のC・G・ユングは西洋人の夢に出現する異性像から類推して、すべての男性にとってそのたましいの像は女性像(アニマ・イメージ)として顕れ、女性にとっては男性像(アニムス・イメージ)として顕れると考えた。このため、男性が自分のたましいのイメージをある女性に投影したり、また、女性がそのたましいの像を男性に投影したり、というわけで、男女が互いに惹き合うのも当然というわけである。確かにこの考えはなかなか面白く、一理があって、これで男女関係のことを考えるとよくわかるときがある。一人の男性と一人の女性の関係は、実は二組の男女の関係のようになって錯綜するのである。一例のみあげると、妻のアニムスが強く前面に出てくると、「子どもは時間通りにしっかり勉強すべきである」という主張になり、それに呼応して夫の方はアニマが出現してきて、「そんなこと言うとかわいそうだよ」というようなことになる。

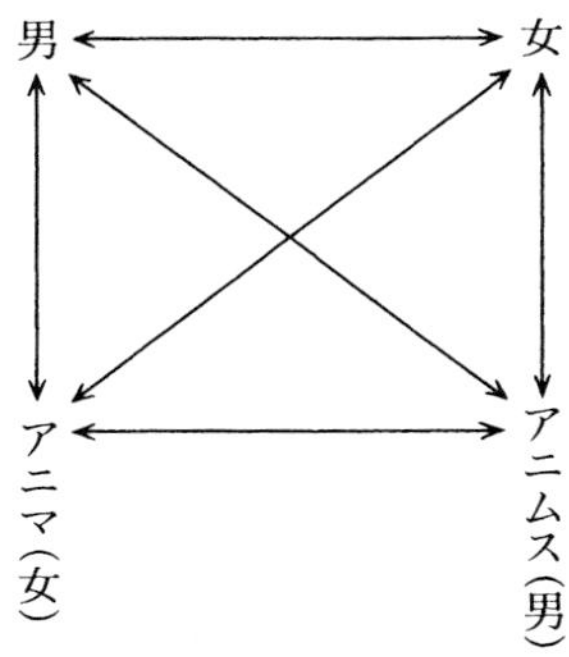

男女の関係

この考えは有効なときもあるが、男女についてやや割切って考えすぎるところがあるなど、もう少し詳細に検討する必要がある、と私は思っている。たましいの像も必ずしも異性像によって示されるとは限らないと思う。

この点は他に論じた（拙著『とりかへばや、男と女』新潮社、一九九一年〔第Ⅰ期著作集第一〇巻所収〕）ので省略するが、ともかく、男女のことを考えるのは一筋縄ではいかないという認識は必要である。

日本の昔の夫婦の場合、「イエ」に属する者としての夫婦は個人としての意識は強くない。そこで、男性がたましいにかかわる世界に関心をもつのなら、日常の世界を超えたところ、つまり遊里において、自分のアニマ像としての役割をもつ女性を探し出し、そこにもっぱら美的洗練を意図する、という方法によって、「イエ」の夫婦関係を破壊しないという方法を案出した。この際、女性はそのような制度をもっていない、という点で明らかに男女差のあるシステムであった。ただ、女性の場合は、刀自とか「母」とかいう役割によって満足することが期待されたのであろう。

ヨーロッパにおいてなされた工夫は、たましいとかかわる男女関係には肉体関係を伴わないことにした。これがヨーロッパの中世の騎士たちの間に生まれてきたロマンチック・ラブである。愛する女性に命を捧げるが、それはあくまで精神的なものであり、日常生活の結婚と区別された。

そのうちに、ロマンチック・ラブは、唯一の相手と永遠に相思相愛の関係を誓い、結婚するという考えに変化する。非日常性と日常性がひとつに溶け合って、言うなればこの世に「たましいの楽園」を建設するような考えである。このようなことが生じてくるのも、個人が唯一の神との関係によってアイデンティティを打ち立てる、という考えが後退していった、つまり、神に対する信頼が人間関係に置きかえられていったという、キリスト教文化圏における、神から人へという傾向によるものと思われる。

ロマンチック・ラブを基礎とする結婚は、「理想的」とも言えるが、理想が現実的に永続することは極めて少ないという事実を見逃していたようである。このような考えの結婚は永続性が少なく、特にアメリカにおいて離婚率が急上昇する。愛によって結ばれ、愛の消滅によって離れるというときの「愛」についてもう少し考え直す必要があるのではないか、とアメリカでも反省をうながす声もある。たとえばユング派の分析家ロバート・ジョンソンは、ロマンチック・ラブだけではなく夫婦の絆となるものには、もっと日常的な愛もあるのではないかと示唆している（長田光展訳『現代人と愛』新水社、一九八九年）。

ジョンソンはロマンチック・ラブに対して「オートミールをかきまぜるような愛」の存在を強調する。「オートミールをかきまぜるという行為は、別に胸のときめく行為でもなければ、胸をわくわくさせる行為でもありません。いたって慎ましやかな行為です。しかしこの行為は、ややもすれば舞い上がりがちな愛を現実に引き戻してくれる関係性の象徴となり得ています」と彼は言う。そう言えば、日本には「お茶漬けの味」というような表現もあると思っていると、「インドと日本に滞在していたあいだ、私はロマンスに基づくのではなく、温かくて献身的で永続的な愛に基づく多くの結婚や愛の関係を見てきました」という文章に出くわした。ほめられて嬉しい気もするが、離婚する元気がないので静かに同居している夫婦も、日本にはあんがい多いのですと言いたくもなる。

アメリカにおける家族内の男女の問題で、非常に深刻なことは、子どもに対する性的虐待の増加である。これは離婚、再婚が増加して、親子の間に血縁がない場合が多くなってきたことも遠因になっているが、それにしても件数があまりにも多いのである。この現象についてはいろいろと考えられようが、その背景に「神なき個人主義」の問題が考えられる。神を失った個人主義があまりに強くなると、家族関係がバラバラになってくる。そのときに感じられる孤独感の強さは、日本人には想像もつかないと言っていいだろう。そのような孤独感から逃れて、家族のなかの誰かと「結ばれる」ことを、性急に行動化してしまうならば、子どもに対する性行動となってしまうのではなかろうか。

実は、日本においても子どもに対する性的虐待の件数が増加しつつある。もちろん、アメリカの比ではないが、これが今後どのようになるのかについて、注目する必要がある。

家族の多様性

日本の家族の在り方が最近になって急激に変化してきた。これは女性の力によるところが大きいと思われる。男女同権ということが叫ばれても、長い伝統がなかなか急に変るものではない。したがって日本の社会全体としては、特に企業内などにおいては、それはゆっくりとした速度で変っている。しかし、家族においては、伝統的な「イエ」が崩壊し、核家族化が急激に進んだので、若い世代の夫婦においては、男女同権の意識や行動が相当に見られるようになった。あるいは、女性が家庭外で働き、男性が家事をするようなところも生じてきた。男と女の役割をステレオタイプに区別する考えが、徐々に弱くなりつつある。何でも画一的なことが好きな日本において、家族の在り方に多様性を許すようになるのは望ましいことであるが、日本人の画一的で多様化を許さぬ姿勢はまだまだ現実には強いのではないだろうか。(この点で『現代日本文化論』第2巻の同性愛と家族の問題を扱った掛札悠子(「抹消(抹殺)されること」)と人工受精を扱った赤城恵子(「「不妊」から見た家族と性」)の論考を参照されたい。)

家族の変化として最近感じられることのひとつに、「老後のことを考えると、息子より娘をもっている方がよい」というのがある。これは巷間によく聞かれる言葉である。以前の考えであれば、息子をもてば「跡取り」ができるので老後は安心、というのであった。それが変化したのだ。これはどうしてであろうか。

家族の結びつきで一番自然に近いのは、母・娘の関係であろう。子どもは女性から生まれてくる。したがって、母が娘を産み、その娘が母となって娘を産む、という考え方をすると、母・娘というのが人間が生存していく基盤と考えられる。そのような一元的な強さを補償しようとして、いつの頃からか父系などということが考え出され、男性と女性の役割や地位などを無理に区別してしまうことが行われるようになった。人間が「思考」を発展させ、組織化するのに二分法というのは便利なものなので、男と女の区別が不必要に決定され、それが「秩序」を支えるものとさえ考えられるようになった。このあたりのことを論じはじめるときりがないので止めておくが、ともかく、現在になって、このような人工的な男女の区別が間違っていることがわかり、それは否定されるようになった。

家族のなかでも父親が偉いとか、男が跡をとるとか、そのようなことがなくなると、急激にもとに返ることになって、母・娘の一体感が前面に出てきて、結婚した女性が自分の生家との結びつきを強く出してくるとき、男性はこれに対してまったく無力になる。日本の男性は女性に対抗するような個人としての力はほとんどもっていない。それは「イエ」という制度に守られて強そうにしていただけだからである。

ユングのアニマ・アニムスの考えは、要するに潜在的可能性にまで拡張して考えると、男女は心理的に差がないということになる。ただ、そのような可能性のなかのどの部分を、実際的に生きているかという点で差が生じてくる。したがって、従来から「男らしい」と言われる傾向を女性が生き、「女らしい」と言われている特性を男性が生きることもあり得るわけである。そして、理想を言えば、個人が両性具有的に生きるのが面白いということになる。ただ、古来からほとんどの文化でそれなりに男女の役割や特性を分けて考えてきたことに示されるように、両者を一個の人間のなかに両立させることはほとんど不可能なのであろう。それに、明らかに身体的には差があるので、普通に心理的と言っているような層では男女差がないにしても、身体とかかわるほどの深さになると、ほとんど言語化できないにしても、その層に男女差があるのも当然である。

このようなこともあって、夫婦はどうしても役割を分業することになる。この分業は非常に広い意味で言っており、たとえば、母親が子どもに対して厳しくすると、父親は甘くなる、あるいは、夫が他人に対して愛想よくふるまうと妻は距離をおいて接する、などのように、すべてがそうだということはないが、無意識的にバランス機能がはたらくのである。そのなかで、これまで行われていて最近は評判の悪いのが、男は外、女は内、というような分業である。

個人をあくまで大切にと考えはじめると、分業のことが気になってくる。どうして自分の仕事が限定されるのか、と不満に思う。そうなると、夫も妻も一人の人間として生きることが大切で、下手な分業による限定をやめることになる。この方が人生が面白くなると言えるが、いいことばかりではない。時には夫と妻がライバル関係になり、家庭は気の休まるところというよりは、潜在的戦場になる。夫も妻も自分の能力や仕事の成果を相手に対して誇ろうとする。こうなると、家庭以外に気の休まる場所が欲しくなる、というよりは家族関係以外のところに「家庭的」な場所を探し出すことになったりする。夫も妻も優秀で、近代的な夫婦の理想のように思われる結婚が、こんな点から破綻してくる。

現在の家族の多様性という点では、特に欧米において同性愛者(男性および女性)の家庭が認められつつあるのも注目すべきことである。キリスト教の考えもあって、かつては、同性愛者は「犯罪者」と見なされていたこともあった。しかし、最近はようやく一般に認められてきたようである。と言ってもまだ偏見は残っているが。人間はほんとうに多様にできているので、いろいろな家族形態が許容されるようになるのは望ましい。

現在では一人で生活している人も多いが、高齢になってくると一人では何かと不便であったり、不安になったりすることも多い。そのようなとき、互いにプライバシーを守りながら上手に同居するような場合もある。「家族」とは言い難いかも知れぬが、キッチンのみを共有して、朝食を共にするように心がけたり、あるいは、キッチンも別だが、一室は共有にして気の向いたときにそこで話し合ったり、という生活をする。以前は同性愛に対する一般の拒否感が強かったので、こういう生活をしていてもすぐ同性愛者と疑われたりしたが、現在はその点で気楽になったと言っている人があった。これからは、このような高齢者の同居も増えるのではないだろうか。高齢者になってから自分の家族といがみ合って生きるよりはいいかもしれない。

家族の意味

いろいろな家族の在り方について述べてきたが、いったい家族の意味というのは、どんなところにあるのだろう。最初にいわゆる「家族的」ということが個性を抹殺することにつながりやすい点を指摘した。その点に気づいて、日本の家族も西洋のそれをモデルにして、家族の成員の個別性を重んじる家庭をつくろうとするように努力しはじめた。そのことは、芹沢俊介の言う「個別‐別居型」家族にだんだんと近づくことを意味する。とすると、それは家族解体のはじまりではないのか。現在の先進諸国において、もっとも価値のおかれているのは、個人の自由、自立ということであり、それを押しすすめていくのに、強力な妨害者となるのは、結局は家族ということになるのではなかろうか。

もっと自由に行動したい、もっと自分を伸ばしたい、というときに、家族のなかの誰かがいるために、それがままにならないと思うことが多いのではなかろうか。夫婦はお互いにそう思っているかもしれない。あるいは、年老いた両親がいるために自由が束縛されている。あるいは、子どもがいるために……と思う。そして、子どもの方は親がうるさくてと思っているかもしれない。要するにお互いに束縛し合っている。家族は「自己実現」の手枷、足枷であろうか。

この問題を考えるヒントとして、日本でも既に平安時代に、家族が自分の意志を妨げる存在として強く意識されていた事実をあげたい。それは、「家族の絆《ほだし》」という言い方で表現されていた。絆《ほだし》は馬の脚などをつなぐ縄で、自由を束縛される意味をもっている。王朝時代の物語に「家族の絆《ほだし》」という表現がよく出てくるが、それらはすべて、家族との関係によって自分の自由な行動が阻まれる意味で使われている。これに対して「家族の絆」という表現が、きずなと呼ばれ、たとえば非行少年を防止するためのスローガンとして現代の教育界に用いられているのは、非常に興味深いことだが、それはともかく、王朝時代の絆《ほだし》は具体的にどのような意味で用いられていたのだろうか。それは、ある人間が出家しようとするとき、出家を妨げるものとして「家族の絆《ほだし》」があると語られている。つまり、あの世に向かって旅立とうとするときに、この世の情にほだされて妨害されると考えるのである。

この考えの大切な点は、死の方の視点から人生を見ていることである。そう考えると、「イエ」を大切にして、死後は「御先祖様」になると考えて安心するのも、「死」の方から家族を見ている態度である。キリスト教文化圏においても、かつては、天国に至る階梯として家族との関係を重んじてきた。これらのことを考えると、現代人の生き方は、「死」のことをあまりにも無視したり、忘れたりしている生き方ではないかと思われる。

自己実現というのも、必ず訪れてくる自分の死のことを考慮の外においてしまうのは、偽ものではないかと思う。本論において、これまで「自己実現」とわざわざ「　」をつけて表現しておいたのは、そのような偽の、あるいは、あまりにも偏った考え方によるものと思われたからである。

と言っても、死のことだけを考えたり、それを「目標」とするのではなく、いかに生きるかということも忘れることなく、生と死の両者を視野にいれて自己実現を考えるべきである。死の裏打ちなしに生を考えると薄っぺらになってしまう。それが人生の特徴である。これは「自由」についても言えることではなかろうか。ただただ何の拘束もない「自由」は、わけがわからなくなってしまう。何らかの限定内における自由となってこそ、人間が味わうことのできる自由になる。

このような人間存在に必然的に伴う矛盾の重要性に気づいてくると、人間にとっての家族の意味ということがわかってくる。家族は自由を束縛する。しかし、それによってかえって自由ということがわかったり、生きることや死ぬことについて一味異なるレベルで考えることができたりする。便利に快適にホイホイ生きて、ついでにホイホイ死ぬのでは芸がなさすぎる。あるいは、死が近づいてくると、これまでの生き方が死の準備に対しては逆効果であることに気づいたりする。そのようなことがないように、家族という存在は、人生の矛盾をよく味わわせてくれる。そんな意味で、神や仏に会いにくい現代においては、家族が宗教性に対する入口となることが多いのではないか、と私は考えている。

このことは、家族を通じてこそ、あるいはそれによってのみ宗教性に触れることができると言っているのでは、もちろんない。現代においても、家族と無関係に宗教性に触れている人はいる。ここに述べている「宗教性」は、特定の宗派に属することを意味していない。人間の生活において、極めて不可解で、われわれのたましいを震撼させるような事象に対して、たじろぐことなくつき合っていこうとする態度について言っている。もともとそういう世界に開かれている人は、別に家族のことを手がかりとする必要もない。しかし、われわれ俗人にとっては家族が宗教性の入口になることが多いのではないかと思う。

昔は人間が日常的に生きることさえ大変だったので、家族による援助、支えなどということがよくわかった。家族が協力しないと「イエ」など支えていけない。ところが、現在では、経済的に豊かになり、テクノロジーのおかげで日常生活が快適で便利になってきたので、家族の援助などなしですませられる。とすると、既に述べたように家族はむしろしがらみとして意識される。

ここで、援助とか協力とかではなく「理解」という点に注目すると、親と子、夫と妻の間で互いにほんとうに理解するのがいかに難しいかということがわかる。ほんとうに他を理解しようとすると命がかかってくる。大庭みな子は、「現在、もし人類の未来に希望があるとすれば、家族の愛情、深い人間性のある理解力ぐらいが人を救うかも知れない」(前出「雪解けと和解の時代」)と述べているが、同感である。

たとえば、夫が能力が高く、家の外でも内でもよく働き、優しい人だったら、その人と共に夫婦でありたいと多くの女性は思うだろう。しかし、そんなのは「愛」とは呼べない。要するに便利であるというだけである。男性から女性に対しても同じようなことが言えるだろう。もちろん理想の男(女)と思えるときはあり、結婚することもある。ところが、共に住んでいると「理想の人」が思いがけない面をもっていることがわかる。それを「理解する」ことは実に大変だ。普通の「わかる」などというレベルを超えるだろうし、頭でわかるのではなく、何よりも自分の存在を賭けねばならぬことになろう。そんな意味で「宗教性」と言っているのだ。

親子の場合は、選択によらず運命的に決定されているのだからなおさらである。どんなことがあろうと、運命的に決定づけられた関係を生き切ることが「愛」と言えるのではなかろうか。自己実現というのは、他人との関係を不問にすることはできない。家族という不可解な存在の理解を通じて、「自己」というのが理解されてくる。

このようなことを言っても、馬鹿なことを言っていると思う人も多いことだろう。そんなわけのわからぬことを考えるより、もっと自分の「自由」が大切であるという人もあろう。そのような人は「家族」ということにほとんど重きをおかないだろうし、人間が一人で快適に暮らせる環境もますます整ってくるだろう。おそらくこのような生き方を望む人の方が増えてくると思う。にもかかわらず、私のような考えの人間も、少数であるにしろ、いてもいいのではと考えている。

一生、一人で暮らしていても、心のなかに私の言うような意味での「家族」をもっている人もあるので、私の考えは、人間は必ず結婚して子どもをもつべき、などというのではないことを最後につけ加えておきたい。

3　学校のゆくえ

日本の学校

現在の日本の学校や教育の在り方についての批判は、非常に厳しく強い。それはあらゆる機会に、あらゆる人から聞くことができる。確かに、それらは改革していかねばならない。しかし、それらがいかに困難であるかという認識はあるのだろうか。現在のことを嘆く人はすぐに、昔はよかったと言いがちである。「昔の先生は偉かった」、「昔の学校は素晴らしかった」と言う。果してそんなによかっただろうか。なかには偉い先生もおられただろうし、よい学校もあっただろう。しかし、冷静に現在と比較して、それほどもよかったと言えるだろうか。話はそれほど簡単ではない、と私は思っている。

国内ではあまり評判のよくない日本の学校も、特にその初等教育に関しては国外でむしろ高く評価する人も多かったことを、まずは指摘しておきたい。ごく簡単に言うと、少ない教師で子ども全体の学力を高め、まとめていくという点で、それは高く評価されている。欧米の一クラスの児童の数に比して、日本ではははるかに多いのに、学習の効率は非常に高い。このことを、戦後の日本の経済発展の早さの原動力にあげる人さえいる。つまり、日本の労働者の知的水準が高いので、新しい技術などの導入に大いに役立った、と考えるのである。このような点を詳しく書くといくらでも書けるが、むしろ、今後の課題の方に焦点を当てるため、この点はこれで切りあげるが、以上のことは、まず明確に認識しておかねばならぬ事実である。

ところで、日本の経済が発展し、いわゆる「経済大国」になったあたりから、日本の教育に対する評価も変ってきた。これは、日本の経済力に対する攻撃も含めてのことだが、「日本人は他の真似ばかりする」、「創造的な仕事が少ない」という批判が生じてきた。日高敏隆氏もそうした批判に触れているが(「日本文化と大学の効用」『現代日本文化論』第3巻「学校のゆくえ」)、いわゆる「日本タダノリ論」である。アメリカの友人が、「日本は、先に行く者の真似をして、すぐに追いついて来たが、追い越してしまってからは誰の真似をするつもりか」と言ったことがある。自分のアイデアで、自分の発見をもとにしてトップを走ることが、日本人に可能か、というわけである。これはなかなか厳しい言葉である。これと同様の言葉を、多くの日本の政治家、外交官、ビジネスマンなどが、欧米人から聞かされたことと思う。

端的に言って、日本の教育は明治以来、「追いつけ、追い越せ」の教育であった。そして、暗々裡に、まさか追い越すことなどないと思っていたのではなかろうか。それが経済的に実現した。ところが、この追いつけ方策は、なりふり構わずであった。小学校の教育は徹底してヨーロッパをモデルに考えた。日本のもっていた多くの伝統を棄てて追いつこうとした。そして追い越そうとするときに、「お前本来のものをもっているのか」と問われることになった。いや、われわれは和魂洋才でやってきたと言う人があれば、その人に対しては、あなたの「和魂」はどんなもので、「洋」の真似をするのではなく、「洋」を追い越すときにも役立つものですか、と問わねばならない。

実際、私は日本人は意識的、無意識的に「和魂洋才」を明治以来今まで継続してきて、とうとうそれが続かなくなったのが現在ではないか、と考えている。日本の教育のこれまでをそれなりの成功と評価するにしろ、それを成功せしめてきた「和魂」の在り方が、現在の困難点に大きくかかわっている。これからの日本の教育、学校の在り方を考えていく上で、日本文化ということをどうしても考慮にいれなければならない。日本の教育について論じるのは極めて困難であると最初に述べたのは、それを論じることはすなわち、日本人としての自分の生き方にかかわることであり、日本の教育の改革を考える際に、日本人としての自分の変革を棚上げにして考えることはできない、と思うからである。

問題の困難さを大きくする要因はもうひとつある。それは、経済における追いつけ追い越せの図式の問題点を既に指摘したが、教育においても、実のところ単純にモデルとしてあげられる教育などというのはない、と思われるからである。ひと頃は、アメリカや旧ソ連などを「理想国」のように言う人もあったが、現実をよく知ってみると、それをモデルにするべきだなどと決して言えなくなる。アメリカの教育が成功して、非行少年が少なくなったということはない。青少年の凶悪犯罪とか、麻薬常習者などを調べると、アメリカの方が日本よりはるかに多い。暴力が問題となるアメリカの高校では、ピストルをもった警官が常時校内を警らしている状況である。アメリカの中学校で日本の制服制度を取り入れようとしたところがあったのも周知のとおりである。

欧米の国をそのまま模範とできないことは事実である。しかし、日本はこれまでできる限り欧米の考え方や教育の方法などを取り入れてきたし、今後もそれをある程度は続けていかねばならぬことも認識しておかねばならない。特に今、日本の教育の改革を考えようとする多くの人が、子どもの「個性の尊重」を取りあげ、子どもが主体的に自分の考えを発展させそれを表現できるような教育の重要性を強調する点を考えると、ますますそうである。日本は相当に欧米化されているが、その根本のところでは、まだまだ日本的なものを引きずっている。そのことの善悪は簡単に判定できないにしろ、ともかくそのことを明確に認識することは大切だと思われる。その上に立って「改革」を考えるのでなければ、結局は小手先のことになってしまうであろう。

身分への固執

人間社会はその秩序を維持し、個人の安全を守るためにいろいろな工夫をし、それを制度としてもっている。いずれにしろ一長一短で「理想的」なものはないとさえ考えられる。無理に理想を追い求めて制度化を行うと、かえって多くの不都合が生じることは、人間の歴史が教えてくれている。一見して問題をもつような制度にしても、全体として考えると、それなりの意義をもっている。日本のかつての身分制度などもそのひとつであろう。その不平等性という点で問題なことは論ずるまでもないし、だからこそ日本は身分制度を廃止した。しかし、日本人の心のなかには、それはまだまだ尾を引いているようだ。

身分を廃止し、すべての人は平等であるというとき、権利や義務などにおいては平等でも、人間には個人差があって、能力差があることは認めねばならない。欧米においては、個人の能力差の存在を前提として、教育が考えられる。ヨーロッパでは小学校でいわゆる「とび級」があるのみならず、「落第」もあることは、あんがい日本で知られていない。フランスでは小学校六年間で一度も落第しない子どもの方が少ないとのことである。このようなことは日本では考えにくい。日本人のもつ絶対平等感は能力差の問題を無視する傾向をもっている。最近は、このような点が大分認識されてきたが、これまでは能力差に言及することは「差別」であると誤解されることが多かったので、常に相当な慎重さを必要とした。これは、いかなる差も「身分」の差に関連づけて考えてしまうほど、日本人が「身分」ということに縛られていることを示している。

大学受験の凄まじさがよく問題にされる。日本の教育の悪の元凶という感じで試験地獄が取りあげられ、それを何とか「改善」しようとする努力が続けられてきた。これはもちろん今後も続けていくべきである。しかし、その前になぜこれほどの試験地獄が起こるのかについて考えてみたい。

まず第一に考えられることは、日本の経済的水準の上昇である。かつては経済的制約によって大学に行けない人が多くいた。また、大学に進むにしても自宅通学の範囲内に限定される者も多くあった。現状はこれらの制約が相当に弱まり、多くの人が自分の希望する大学を受験できるようになったのだから、これは非常に嬉しいことである。その結果として大学入試の競争が激しくなるのもやむを得ない。この認識をわれわれはまずもつべきである。さもなければ、単純に「昔はよかった」ということになってしまうからである。しかし、それにしても何とか少しでも「よい」大学にという競争が強すぎるのではなかろうか。

この点について経済学者の森嶋通夫が興味深い指摘を行なっている[1]。彼の意見を簡単に要約すると、経済的に考えると、子どもに対して教育に投資するよりも、そのお金を投資信託にして預金しておく方が子どものためになると思われる(今は低金利なので、このとおりとは言えないが)。にもかかわらず、フランスやイギリスなどに比して、どうして日本人は経済原理を無視してまで、子どもを大学にやらせようとするのかと考え、その答として、日本人は今だに知識人階級と一般庶民をはっきりと区別する儒教的階級観にとらわれているからだと考える。これは韓国、台湾でも同様で、「受験地獄は、教育体制が平等主義的であることによるのではなく、人々が儒教的社会観に基づいて行動していることの結果である」と森嶋は結論している。

これにヒントを得て、筆者は日本人がまだまだ階級というより「身分」にとらわれているためだと考えた方がいいと考える。そして、それも単に「大学出」という身分ではなく、「××大学出」ということを、ひとつの身分と考えるのではないかと考える。したがって、高い身分を獲得するためには、少しくらい浪人をしても、「××大学」に入学しなくてはならぬと無理な努力をすることになる。

日本人は「個人」ということを発想の出発点に置くのが極めて苦手である。個人と個人が知り合って親しくなる、という類のアメリカ人タイプの人間関係は非常に難しい。日本人は、二人以上の人間が集ると、その成員に一様に序列がつき、一番、二番、……と決まっていないと落ち着かない。「先輩」「後輩」などということに強くこだわる。日本人の序列好きのことに関しては、これまで他に繰り返して論じてきたので、その理由などは略するが、要は個人が各人の個性に基づいて判断を下すことはせずに、前もって決まっている序列によって、その人の位置を定めてしまう。これは昔は「長幼序あり」で年齢によって運命的に決められていた。この名残は今もあって、その集団のなかで古参のものがともかく威張るような点に認められる。

西洋の影響で、ある程度能力差を認めるようになったときも、昔の軍隊にあったように、たとえば陸軍士官学校や海軍兵学校の卒業時の成績順位がずっと後まで効力をもつ、というような現象が生じる。つまり、卒業の試験は個人の能力による差を認め、競争原理を承認しているが、卒業後は、その順番が一種の「身分」のようになってくる。運命的で変更不能となるのである。

そうなると、「××大学」出身ということが一種の身分のようになる。日本の大学は一般に入学すれば卒業できるので、大学入試というのが、その人に一生つきまとう「身分獲得競争」のような様相を帯びてくる。受験産業の方もこの考えに参加して、日本中の大学に何とか一様な序列をつけようとする。そこで、どの大学はどのような特色をもつか、どの大学のどの教授がどんな研究をしているか、ということによって大学を選ぶのではなく、少しでも「身分の高い」大学に入学しようと考える。また、進学指導をする人も、実際にあった例であるが、ある高校生が「A大学の教育学部に行きたい」と言うと、「お前の成績ではそんなのはもったいない、B大学の医学部を受けなさい」と指導したりする。つまりその生徒のやりたいと思っていることや興味などを不問にして、その成績に見合う「高い身分」をすすめている。この際、大学のみならず学部などまで、その考えで決めるのだから、いかに「個性」と無関係の選択を考えているかがよくわかる。

さる医学部教授から、「医学部の学生に医学を学びたいというモチベーションを起こさせるにはどうすればいいか」という相談を受けて驚いたことがある。多くの学生がただ自分の成績に見合う「高い身分」の獲得のため医学部に入学してきたものの、もともと医学などにはあまり関心のないものが多い、というのである。こんな大学の選択を、イギリスやフランスの高校生がすることは考えられないのではなかろうか。

身分は一度決まると変らないのが普通である。そうすると、誰かとつき合うときでも相手の「身分」さえわかれば、お互いにどのようにふるまえばいいかがすぐわかる。しかし、個人と個人のつき合いとなると、その都度考えねばならぬので面倒である。そんなわけで日本人の身分好きはなかなか変らないし、身分変更を容易にする制度、つまり、大学間で学生が転校したりすることは非常に嫌がられる。あるいは、教師という身分を得ると、それは生徒とは異なるので、「分を心得ない」生徒のふるまいは極端に嫌がられる。

日本の教育に「個性尊重」の考えを入れようとするなら、以上述べてきたような点を、各人がよく認識することが必要である。そして、実際のところは、「××大学入学」ということが「身分獲得」にはつながらないことの認識をあらたにする必要がある。大学入学が身分と関係ないことを日本人がしっかり認識すると、入試問題も大分変るであろう。

型から入る

日本の教育に「個性」ということを導入しようとするとき、どうしても考慮すべきことに、日本の教育・訓練における「型」の問題がある。これも既に他に論じたことであるが(2)、重要なことなので少しでも触れておきたい。日本の伝統的な芸能である、茶道、華道、舞踊などでは、ともかく誰でも熱心に訓練して、よい「型」を身につけると師匠クラスになれるという考えがある。この方法の背後には既に述べた日本式の絶対平等感があり、個人差とか能力差をまったく不問にして、ともかく誰でも型を身につけると成功する、というので、「易行《いぎょう》」と呼ばれたりする。これは確かにある点では非常に素晴らしい考えである。どんな人でも努力さえすれば、ある水準に達すると考え、その方法を提供しているのだから大したものである。

しかし、このような「型」に対するこだわりが「個性」を殺すことにつながることは、容易に推察できる。日本の伝統的な芸能ではなく、まったく異なる発想——個人を大切と考える——から生まれてきた西洋の芸術やスポーツなどの訓練においても、日本人的な「型」の押しつけをするのだから、うまくいくはずがない。才能のある——つまり個性的な——日本のスポーツ選手が、コーチによる「型」の押しつけによって、選手生命を奪われた例は多いのではないか、と思われる。

スタンフォード大学教授の文化人類学者、トーマス・ローレンは一年間、日本の高校で自ら生徒と同様に教室で学んだりしながら、綿密な調査を行なった。その報告(3)は実に興味深いが、そのなかで、彼が日本の高校の授業が単調で退屈なこと、および日本の高校生がその退屈さに耐える能力をもつことを指摘している。アメリカの生徒だったら、これには絶対に耐えられないだろうと言う。アメリカでは、生徒の一人一人が活躍し楽しく学んでいる。

これは日本において「学ぶ」ということは「型」の修得のための単調な繰り返しであり、それに耐えてこそ学習がすすむ、という考えが非常に強いことを示している。ここで注目すべきことは、日本の芸能修得の易行の方法が、西洋の学問を学ぶ際にまで拡大されている、という事実である。そこには「型」などはないが、教師の示すこと(手本)をできるだけ早く身につけるべきだという考えがある。したがって、勉強というものは苦しく面白くないものだという前提がある。筆者が高校の教師をしていたときは、できるだけ楽しい授業をしようと思ったが、そんなのは「不謹慎」であると感じていた同僚もあったようだ。これは大学でも同様である。退屈に耐える力もなしに学者になろうとするなどは、もってのほかという雰囲気がある。

このような教育に対する考え方は、日本が欧米に追いつこうと努力しているときは、効果的だったことも事実である。欧米の学問を何とか効果的に早く学びとるための方策(ここに型の考えが関係している)を考え、それを学生に伝える。学生の方は先生のあてがう方策を、何の疑いもなくできるだけ早く身につけるように反復練習する。こんな方法がうまく成功して日本は欧米にどんどん追いついて来た。しかし、ここで「追いつく」のではなく、自らがトップに立つとなると、この方法はまったく意味を失ってしまう。

型を重視する教育は、教師にとっては楽な方法である。教師は既に型を身につけ、それを知っている者であり、生徒はそれを身につけていない者として教師と明確に区別される。そして、生徒が型を自分のものにしようと努力する間、教師は生徒の型にはまってないところを指摘し、「努力が足りない」と叱責すればよい。教師はあまり考える必要も努力することもないし、その立場は安定している。これが少し行きすぎると、先輩による後輩の「いじめ」へと変化してくる。

「戦い」の評価

個性を伸ばそうとする者は、何らかの「戦い」を避けることはできない。他と異なるものとしての自分の存在を現わしていこうとする限り、他との衝突が生じる。しかし、そのような「戦い」や「衝突」によってこそ、人間は磨かれていくのではなかろうか。一神教としてのキリスト教を信じている文化圏では、結局は「正しい者が勝つ」という信念が強い。このことは「勝った者は正しいはずだ」という考えにつながってくる。したがって、生じてくる戦いを避けたり、なくしたりして世界の秩序を保とうとするのではなく、戦いを「公平に《フェア》」やろうと努力することになる。戦いがフェアに行われる限り、勝った者は正しい者だ、と考えるのである。

戦いと言ってもいろいろある。教育の場面で欧米で認められている戦いの最たるものは、「論戦」ではなかろうか。それに勝つことによってこそ「正しい」ことが証明される。

これに対して日本では、「身内」のなかでは論戦をさえ嫌う。日本人は欧米人の好きなディスカッションが苦手である。日本人はたとえディスカッションであれ、相手と対決することは「敵」と見なしていると思われないかという危惧を感じてしまう。「身内」か「よそもの」か、の判断が先行し、よそものとはいくらでも戦うが、それは勝つことが目標になり、ディスカッションを通じて共に新しい、正しいことを見つけようとする姿勢とは異なるものになる。日本の学校内にディスカッションの機会や訓練の場を与えることは、今後大切な課題となることであろう。

これを実現していくためにまず行うべきことは、教師が(小学校から大学まで)、教師と生徒という潜在的身分意識を超えて、個人と個人として意見を述べ合うことの大切さをよく自覚し、それを実行していくことであろう。障害者の社会進出の運動にとりくむ牧口一二氏は、障害者問題をともに考えるために学校をまわって講演を続けておられるが、その記録において、子どもたちとの会話のやりとりにわれわれが感動するのも、「教える者」と「教えられる者」、「障害のある者」と「障害のない者」といった区分けを排して、両者が人間と人間としてまっすぐにぶつかり合っているからだと思われる。あるいは子どもの表現をめぐってユニークな活動を続けておられる鹿島和夫氏がつくる学級文集「あのねちょう」においても、子どもが教師に対して臆せず自分の意見や感情を表現できるような状況を、鹿島和夫がつくっているから可能なのである。そのことを知らず、一年生担任の教師が単に「あのねちょう」を子どもに書かせても、意味深い詩作品は生まれて来ないだろう。日本の教師がこのような点を自覚することによって、日本の学校も変っていくだろうと思う(詳しくは『現代日本文化論』第3巻の牧口、鹿島氏の実践記録をお読みいただきたい)。

既に述べた日本の一様序列性、しかもそれを身分にして固定しようとするはたらきなどに嫌悪を感じる人は、よく日本の欠点として「競争社会」ということを強調するが、それは見当違いだと筆者は考える。「競争」という点から見れば、欧米の方が日本とは比較にならない競争社会である。日本人で「競争」を排しようとする人は「平和共存」を唱える。これも一理あるが、それは欧米とはまったく異なる考えであり、それを国際社会のなかで押し通すのは並大抵のことではないという強い自覚がいる。そして、「平和共存のためにはいかなる敵とも戦い抜く」などという矛盾したことを、どのように表現していくかについて相当な工夫がいることも認識していなくてはならない。国際社会に生きることは、大変なことである。

競争そのものが問題なのではない。一時的な競争の結果として一様序列を決定し、それを身分のように考えるところが問題なのである。しかもこの考えの基礎に絶対平等感があることを知っておく必要がある。さもなければ、競争をなくして皆平等であることを強調すればするほど、無意識的に日本的序列をどこかで生み出すことになるからである。

これからの日本の教育は、競争をなくすのではなく競争は必要な限り行い、論争も歓迎するが、その勝負によって人間の価値を決めてしまわない、という方向に向かうべきだと思われる。人間の個性ということが明確にわかり、人間のほんとうの価値ということがわかってくると、学科やスポーツなどの優劣によって人を測ることなどしなくなるだろう。

欧米は日本よりもはるかに競争社会であると述べた。競争をなくすことよりも、それをいかにフェアに行うかに努力を傾けてきた。そして、競争のなかで勝ち抜くため、各人が自分を精一杯に表現し、その個性を打ち出すことによって社会も進歩していく、と考える。これはこれで立派なことであるが、それではその戦いに敗れていく者はどうなるのか、ということが日本人としては心配になってくる。そして、アメリカに行き、現実に失業者や犯罪者が多く、凶悪犯罪の多いことを知ると、アメリカの教育に対しても疑問を感じさせられる。

こんな点で私はジレンマを感じざるを得ない。このジレンマの解決は、アメリカを模範とは考えられないし、さりとて日本の教育の欠点は、既に述べたとおりである。灰谷健次郎さんが「登校拒否」の中学生の作文を引用して論じている例(4)を用いるなら、特急列車と普通列車に同時に乗り込むようなことである。それは不可能である。ではどうすればいいのか。おそらくこれは、明確な「目的地」を前提としてのイメージなので、うまく使用することができないのであろう。そもそも、人間の個性を考える限り、目的地もさまざまであろうし、もっと徹底して考えると、そんな明確な目的地など、はじめから誰もわかっていないと言える。したがって、ある人にとってあるときには、特急が適切かも知れず、鈍行が必要なときもあるだろう。それらに対して速断した評価を与えることなく、まっとうにつき合っていくとなると、教師の役割というものは大変なことになるが、考えてみると、これからの日本の子どもたちがこのような道を歩むのだから、教師も覚悟をあらたにしなくてはならないのだろう。

物語のある教育

現在が既に述べてきたように質の異なる文化のぶつかり合いのなかにあるために、教育のことを論じるのは一筋縄でいかない難しさがある。これまでのところは、それでも欧米の文化をもう少し根っこから取り入れようとする努力が必要であることを述べてきたが、ここでは、ヨーロッパ近代から受けた影響の問題点について論じなくてはならない。

教育学者の佐藤学はその著書『学びその死と再生』のなかで、教育における「物語」の必要性を何度も強調している。現在日本の教育は「物語の喪失」に喘いでいるのではないか。「学校の危機が中心領域にある制度と政策に起因するだけでなく、むしろ、周辺領域に生成するはずの象徴的経験と人びととの絆の衰退にあり、その生成に携わる私たちの想像力の衰退にあるとすれば、学校のあり方を探究する作業は、「制度論的アプローチ」と並行して、学校生活の価値や意味を問い直す「存在論的アプローチ」によって推進される必要があるだろうし、学校生活に豊かな「物語」を復活する努力として展開される必要も生まれるだろう[5]」と佐藤は述べている。

では、ここにいう「物語」とは何か、それは佐藤の言葉から拾いあげるなら「人びととの絆」と「想像力」から生まれてくるものである。それは「関係の切断」と「思考」とに頼るテクノロジーの対極に位置している。テクノロジーにおいては、対象との関係を明確に切断し、それを「操作」することが必要である。それは明確な、1(イエス)と0(ノー)の組合せによって現象が解明されており、それをどのように支配していくかという思考力を必要とする。この方法は極めて有効である。自然科学とテクノロジーの結合によって、今世紀になって人間は実に多くのことを成し遂げた。

したがってこのような方法を教育においても用いようとするのは当然であり、それはまた成果をあげてきた。しかし、これだけに頼ろうとしたり、行きすぎたり、たとえば受験技術の切り売りになったりすると、子どもたちは――しばしば不登校の子どもたちが言うように――「居場所」を失ってしまう。居場所とは、そこに子どもが安心していられるところであり、その「安心」は人間関係によって支えられている。

しかし、ここで注意しなくてはならぬのは、「物語」というのが昔によくあった「教育美談」への逆行になってしまうことである。教育における「物語の喪失」に気づいている人は、昔の教師の宿直のことなどを懐かしむことになる。確かに私自身にも覚えがあるが、教師の宿直のときに、生徒たちがやってきて、お喋りをしたり、いっしょに食事をしたりする。その間にいろいろな「物語」が生まれる。そして、それは時に美談にまで発展する。しかし、ともするとそれらの美談の精髄は、日本的人間関係の極みであり、その基本類型は、慈母と子どもの物語である。

日本の教育を考える上において、子どもの自立や個性の尊重などを重視するとなると、いつまでも、母と子の物語にばかり頼ってはいられない。というのは、母は子どもを慈しんでくれるが、特に子どもを抱きかかえすぎて、その自立を妨げるからである。「美談」は時に子どもにとって重荷となり、その子の自由を束縛するものになる。となると、われわれは今後の教育における「新しい物語」を創り出すことを考えねばならなくなる。

先にあげた佐藤学が彼自身の体験として語っていることを、要約して次に述べる。

佐藤は瀬戸内海の島に住んでいたが、思いがけず県下一斉模擬テストでよい成績をとったため、周囲の人の期待を背負って、島を離れ有名な進学校に入学する。しかし、進学校特有の雰囲気になじめず、佐藤少年は教師に反抗を繰り返し、友人からも見離され孤立していく。教室に居場所を失った彼は、図書室に一人でこもって乱読したり、音楽室でさまざまの楽器をもてあそんだりしてすごす。そして、遂には赤面症、吃音、失語症などになり、他とのつながりを失ってしまう。

二年生のとき高校中退を決意し、島へ帰ろうとするが台風で連絡船が欠航する。その翌日、音楽室で無為にすごしていると、音楽教師のY先生がレコードをいっしょに聴かないかと声をかけてくれ、シェリングの弾くバッハの『無伴奏ヴァイオリン・パルティータ』第二番の「シャコンヌ」を聴く。「その衝撃的な音の体験は、魂の昇華あるいは解脱としか言い表しようのないものだった。この偉大な作曲家の作品は、畏れとも悟りとも呼べる圧倒的な感動で、私の偏狭な心の密室の壁を内側から砕き、宇宙的な広がりのなかで溶解させた」。これが佐藤少年にとっての転機となった。後のことは省略するが、是非つけ加えるべきことがひとつある。

それ以後二十六年、佐藤はY先生が定年で退職されることを知り、かつての思い出を記した手紙を出した。一週間後にY先生より返事があって、佐藤はその内容に驚く。「あの頃、Y先生ご自身も、音楽を教育することの意味を見失うという根源的問題に悩み、教職生活を中断する誘惑にもかられながら、祈る思いで生徒と音楽を共有する道を模索されていたのだと言う。先生と私は、くしくも「シャコンヌ」を仲立ちとする深い沈黙のなかで、象徴的な体験を交換しあっていたのである。偶然と言えば偶然とも言えないではないが、なるほど、象徴的経験は、祈りを共有する人と人との出会いにおいて準備されるものなのである」。

ここに示した佐藤とY先生の間には、明らかに「物語」がある。そして、特に強調したいのは、これは明らかに従来の日本的美談とは質を異にしていることである。Y先生は、あわれな少年を慰めるためや、立ち上りのきっかけをつくるためにレコードを聴かせたのではない。むしろ、彼自身が音楽教師の意味を見失いそうになり、「祈る思いで生徒と音楽を共有する道を模索」するなかで、バッハの音楽を、そこにいる生徒と共に聴くことを思い立ったのである。しかも、それを聴いた生徒も教師と同じく、学校をやめることを考えていたのだ。

将来の道を見失いそうになっている教師と生徒を共に癒したのは、バッハの「シャコンヌ」であった。教師が生徒を矯正したのでもなく、指導したのでもない。二人の人間をつなぎとめる物語がバッハを媒介として成立するが、二人の間に恩や義理が生じたのではない。この点が大切である。

物語の重要なはたらきのひとつは、「つなぐ」作用である。この物語によって、佐藤少年とY先生がつながったのみではなく、二人はそれぞれの立場で学校とのつながりを回復している。今の学校は、教師、子ども、保護者、それを取り巻く環境、それらの間に亀裂が入りすぎている。それらの関係を復活するために、「つなぎ」の作用を果す物語の復活を願っている。

個人の発見

日本の教育はこれまではどうしても「全体」を優先した。これはこれで日本の「追いつけ」政策を促進させる効果があったことを既に指摘したが、これからは、それを変革して、何とか子ども一人ひとりに注目してゆきたいと考える。灰谷健次郎さんが典型的な授業の例を最初にあげ、「子どもが殺されていく」と端的に表現している。これは実は一人の子どもが殺される話ではない。自分は「優等生」と思っている子が、実は自分の「魂を殺す」ことと引きかえに、その地位を得ていることも多い。教師が「模範生」と思ってみている子どもが、実は息も絶え絶えの気持で登校してきていることもある。

学校内における個人の発見に対する思い切った方策として、最近文部省の行なった、スクールカウンセラーの試験的導入がある、と私は思っている。これは日本の教育史上極めて画期的なことである。これまで「聖域」とさえ見られていた日本の教育界に、学校外の者が入り、教師と共に仕事をすることになった。

この事実に対して、「教育界における黒船の到来」と言った人がある。これまでの日本の学校教育の考え方と発想を異にして、ひたすら個人を中心に据えて考えようとする臨床心理士がカウンセラーとして、学校内に入ってきたのである。当然のことながら、これによる混乱が予想された。カウンセラーに強い反撥を感じる教師や、これと逆に特効薬のように思って依存しようとする教師も出てくるだろう。しかし、実際は試験的に少数のカウンセラーを導入したこともあって、カウンセラーも受入れ校もその困難さを認識して行なったので、個々には問題点もあるが、全般的には思いのほか成功したと言ってよい。

現場に入った臨床心理士たちは、不登校の子どもたちを登校させるように、いじめを無くするように、ということを直接的な目的としているのではない。そのようなことを通じて会う子どもの一人ひとりが、どのような人生を歩もうとしているのか、前節とのつながりで言えば、その子どもの「自分の物語」をどのように創り出そうとしているのか、それらを理解し援助することを第一の目標にしている。このような見方は現場の先生方にとって新鮮なこととして受けとめられた。生徒のために「何をするべきか」、「どんな指導をするか」と焦りがちになる教師に対して、子どもたちを理解することからじっくりとはじめようとするカウンセラーがかかわることにより、両者の関係のなかから新しい建設的な動きが生じつつある。

このようなことが思いのほか可能となった要因のひとつとして、ある教師が言ったように「今の子どもは熱意や親切ではどうにもならない」現状がある。ここに述べられる「熱意や親切」は、かつての美談的物語のなかに属している。現在の日本の子どもたちは新しい物語を必要としている。したがって、新しい血が日本の教育界に流れ込む必要があるのだ。

カウンセラー制度の成功のもうひとつの要因として、子どもたちがカウンセラーのところに来談するのに昔ほどの抵抗を感じない、という点があげられる。何か「変な」子だけが相談にいくというイメージが弱くなっている。したがって、割に多くの子どもが抵抗なくやってくるのである。ある札つきのつっぱり生徒と見なされる中学生がカウンセラーのところに来た。少し雑談した後に、その中学生はカウンセラーを正面から見つめ、「先生は何のために生きているの」と問いかけた。それは相当に気合いのこもった瞬間であったという。この中学生は、この疑問を常に心にもっていたが、誰一人問いかける人を見出せなかった。自分の物語を創り出すきっかけとなる問いを発して、誰かと関係をつくろうにも相手がいない。その上、学校の教育や指導はそれを破壊するものとして投げかけられる。こうなると自衛のために「つっぱり」続けざるを得ないのではなかろうか。しかし、幸いなことに、その問いを発する場を学校のなかに見出すことができたのである。

カウンセラーと現場の教師と、異質なものが相互に話合い、時にはぶつかり合ったりしながらお互いに成長していく。このような状況は子どもたちの教育においても非常に望ましいのではなかろうか。最初の試験的な導入が好結果をもたらしたので、カウンセラーは既に増員され、今後も増加が期待されている。ただ問題はそれに値する資格をもった臨床心理士が十分にいないことである。しかし、これも今後の大学教育の改善などを通じて徐々に解決されていくであろう。

それにしても、このような思い切った施策を文部省に取らせることにしたのも、従来の教師の「熱意や親切」に反応しない子どもたちが多くなったからではなかろうか。したがって見方を変えると、このような子どもたちこそが、日本の教育を変える原動力になったとも言える。これらの子どもたちは、新しい教育の物語の創造にかかわろうとしているのである。

これからの学校

これからの学校においては、いっそうの多様性が望まれるだろう。しかし、そのときに、人間の価値という点について、一人ひとりの命の尊厳という点について、日本人のそれぞれが相当に確固とした考えをもつことが必要であろう。少なくとも一様の序列によって人を測らない、ということが大切である。個性の輝きということは、測定を超えることを認識しなくてはならない。

多様性と相まって、小学校から大学、大学院まで、日本の学校はもっとオープンになるべきである。学校外の人が学校に入りやすい、あるいは教育に参画しやすい状況をつくる。既に述べたスクールカウンセラーの制度などは、その一例である。おそらく、今後は週休二日になるだろうから、それらの休日を利用して、いろいろな学校外の教育活動が盛んになるだろう。

この際、もっとも注意すべきことは、日本で「教育好き」と言われる人は、子どものたましいを殺すことが多いという事実である。型にはめようとしすぎたり、教えるものと教えられるものの「身分」に固執したり、あるいは効率のみを重視して関係の切断に努力したり、しかも、それを「教育」「指導」の名前をもって押しつけてくる。このような類の人を受けつけない厳しさが必要である。しかし、現実としては、日本においてはまだまだこのことはつきまとうだろう。

個人差を認め、競争が生じるにしろ、欧米のように一度落ちた者がカムバックしやすいシステムを考える必要がある。日本では「うち」と「そと」の区別が重要で、潜在的な身分観念があるので、学校間の自由な移動を嫌う。大学の教官にしてもあまりにも流動性に欠けている。大学院までも含めて学生の移動をもっと容易にすることを考え、××大学卒ということを、一生つきまとう身分として固定させないことが大切ではなかろうか。

一人ひとりの子どもを大切にするためには、学級内の児童数を欧米並にすることが必要である。日本は一学級四十五名で、これは欧米に比して倍くらいだろう。「経済大国」などと言いながら、次の世代を背負う子どもの教育に対して使う金が少なすぎるのではなかろうか。と言っても、学級の児童数を少なくしても、教師の質がそのままでは、教師による子どもの統制力が強まって、事態はかえって悪くなるかも知れない。

教師の個性ということが、これからは大いに大切になる。教師の研修が望まれる。と言っても、偉い先生が来て講義をして終わり、という研修では、日本の旧式教育の原型どおりで、意味が無いのではなかろうか。研修に参加した者がもっと積極的に動け、講師と研修者がもっとぶつかり合うような研修を企画して欲しい。改革すべきところは、いろいろなところにある。

以上に述べてきたように、日本の教育の問題は日本文化の問題と不可分にからみ合っている。このことを自覚せずに、制度を変えることによって教育を改革しようとしても、うまくいくはずがない。前述したように、制度的に改革すべき点についても希望を述べたが、そのような制度を生かしていく、個々の人間の変革を通じてこそ、その改革が意味あるものとなるのだ。日本人の一人ひとりが自己変革するほどのつもりで、教育の改革に取り組んで欲しい。そうしてこそ、日本の学校のゆくえにも光が見えてくると思われる。

(1) 森嶋通夫「転換期における日本の教育」『岩波講座転換期における人間 別巻 教育の課題』岩波書店、一九九〇年。

(2) 型や易行などについては、拙著『臨床教育学入門』岩波書店、一九九五年を参照されたい。〔本著作集第五巻所収〕

(3) トーマス・ローレン、友田泰正訳『日本の高校』サイマル出版会、一九八八年。

(4) 作文は次のようなものである。

「自分は人をむりやり押しのけてまで前へ進んで行こうとは思わない。鉄道でいえば、他の列車を無視(待避させて)してまで早く目的地まで行く特急列車は好きではない。多少は遅くてもすべての駅を知っている鈍行列車のほうが好きだ。遅くても多くのことを知っていきたいし、自分の意志と共に、人の意見も尊重していきたい。自分のことしか考えないような人間よりもよっぽどいいと思う。旅先の鈍行列車での人々を見てふと、こんなことも考えた」(灰谷健次郎「はじめに」『現代日本文化論』第3巻「学校のゆくえ」)。

(5) 佐藤学『学びその死と再生』太郎次郎社、一九九五年。

4　仕事づくりの構図

仕事のルーツ

人間はこの世に生きている限り、何らかの仕事をしなくてはならない。もっとも、ホームレスで「何もしない」で生きている人もいる、と言う人もあろうが、ホームレスの人も結構「仕事」をしている。寒くなったときは、凍死しないような場所を確保しなくてはならない。毎日食べていくためには、物乞いが必要かもしれない。ともかく、まったくの「無為」では人間は生きていけない。

これは極端にしても、人間は生きていくためには仕事をしなくてはならない。太古の頃は、ともかく食糧の獲得と、気候の悪いところでは、それに耐えていくための方策、住居とか衣服の確保が必要だったろう。そして、実際はどのような過程を経たか、詳細は不明にしても、ともかく人間は集団で生活するようになった。そして、集団で生きていくための方策として、分業が成立した。つまり、一人の人間が自分が生きるためのすべてのことを受けもつのではなく、各人が自分の受けもつべき仕事を分担し、全体として人間が効率よく生きていくようにし、そこに人類の文明ができあがり、発展してきた。

かくて、現在の日本においては実に多くの職業が存在することになった。仕事というよりも職業というと、それは社会のなかで有用として認知されていることが明らかである。そして、「職業に貴賤なし」ということが、現在の社会の標語となっている。職業の種類によって、人間の価値判断を行なってはならないと考える。

しかし、明治維新前の日本においては、職業と身分とは相当に明確に関連していた。士農工商という言葉があるように、これらはもともとは職業を示すための言葉であるのに、それは「身分」として固定されたものと考えられた。そして、それらは上から順番に身分の差を示していた。人間は生まれながらに、身分が決まっており、そして職業もそれに従って決まっていた。

今日の考えによると、これは極めて不合理である。現在の日本においては、すべての国民に職業選択の自由があり、職業の種類によって人間の価値判断を行わない。昔は何と馬鹿なことをしていたのかと思うが、制度というものは、それなりの利点をもっているもので、単純に非難するばかりのことでもない。現在の仕事について考えるために、少し昔にかえって、その当時の仕事観について考えてみよう。

現在の観点から、昔の人は「不自由」で気の毒だったとのみ思うのは間違っている。昔の人々はそれぞれが自分の職業に誇りをもっていた。それは、その職業が深いルーツをもっていたからである。そのひとつはすぐにわかることだが、世襲ということである。自分が従事している職業は、父親が、祖父が、そうして曾祖父がやっていた。つまり、長い時系列のなかに自分の行為がしっかりと位置づけられている。それに、あまり「進歩」ということがなく、むしろ「伝統」が重んじられるとなると、上から下へと伝えられることがそのまま意義があるので、しっかりとした線上に自分が位置していることがわかりやすい。

次にもうひとつ大切なことがある。それは、農業であれば、「土」という人間存在を超える大きいものが、その職業の背後にある。このことは実に比較にならない重みをその仕事に与える。士農工商の最高位にある「士」は、そのようなものとして「死」をもっていた。常に死と対峙して生きる。そこに武士としての誇りがあった。「工」の場合は、それによってつくり出す「もの」がそれであった。刀鍛冶のつくる刀などは、その最たるものだが、「もの」はすなわち「いのち」であり「たましい」であった。しかし、「死」、「土」、「もの」、と並べてみると、そこに自ら段階が感じられるようなところもある。そして、このような考えに立つと、「商」の背後に見えるものが定かでない、ということもあって、それは下級と見なされた、と思われる。

以上のような考えを具体的に示すものとして、それぞれの職業が自分たちの職業神をもっていた事実があげられる。農業は四季おりおりの神事と結びついていたし、たとえば、大工、屋根葺、左官などの建築関係者は聖徳太子を祭り、太子講を年中行事としていた。鉱山関係者は金屋子神や山神を祭った。興味深いのは金屋子神で、一つ目で片足が不自由ということだが、これは、ギリシャや中国にも同様のイメージがある。話が横道にそれたが、各職業が何とかして自分のルーツを深くもつのに努力しているのが認められる。商業も、いろいろな座が神社や寺に関係しているのは、その権益の保護ということもあるが、やはりルーツの確立ということがあったと思われる。

職業に従事しているという事実が、自分という存在を根づかせることに大いに役立っていたので、身分によって固定され不自由であるとは言っても、毎日を安定感をもって生きていくことができた。それぞれの人が自分の仕事に誇りをもつことができたのである。

士農工商の逆転

近代になって、日本は欧米の影響のもとに近代国家として生きてゆこうとした。特に敗戦を契機としてアメリカの影響を強く受けるようになったので、前節に述べたような職業観は急激に変化してしまった。

ともかく、自由で平等ということが日本人にとって非常に魅力あることになった。職業選択の自由が誰に対しても保障される。このようになると、親の職業を継ぐのは「古い」と感じられる。多くの子どもが親の職業を世襲することを拒否するようになった。誰でも好きな職業を選ぶことができる。こうなると職業に貴賤はないと言いつつも、そこに一般的な価値づけのようなものができてきた。まず、できる限り「大学」を卒業しようとする傾向が強くなり、大学卒の人が職業を選ぶときの「人気」が形成される。

このときに、前述したようなルーツからは、まったく切れて職業選択をする者が多い。その場合、これまで実に多様な職業がそれぞれのルーツをもって存在したのであるが、現在においては、経済的価値という、すべてのものを一様にする力がはたらいているのが特徴的である。つまり、その職業の内容がどんなことなのか、どんな歴史をもつかなどということとは無関係に、それによって得る収入という尺度によって、一様に序列がついてしまう。もっとも、その職業によっては疲労度が特に高いとか、いわゆる「汚い」という感じがあるとかによって、価値が減じる場合があるが、何と言っても経済的価値の強さは認めざるを得ない。端的に言って、よく儲かる仕事はよい仕事なのである。

このような傾向が強くなり、敗戦後は急激に日本人が平和好きになったこともあって、興味深いことに、現代の日本では、士農工商の順序が日本人の心のなかで逆転したようなところがある。一番お金をよく儲けるビジネスマンがトップで、それについで工業、そして農業となる。そして、自衛隊というのを何となく低く見る。もっとも、最近は災害のときに活躍してくれるので、その評価も変ってきたが。それにしても、商工農の上に位置するとは言えないだろう。これは一応冗談半分としても、存在の根っこという感じではなく、「お金」というものが職業の価値づけとして力をもってきたことは事実である。

お金さえあれば何でもできるし、何でも手に入ると言う。しかし、人間は不思議なもので、お金さえあれば「安心立命」とはいかない。「安心」するためには、人間は何らかのルーツとつながっていないと駄目である。あるいは、アイデンティティと言ってもいいかもしれない。

日本人はこれまでの職種ごとのルーツと切り離された結果、職場という「場」をアイデンティティの支えとするようになった。これはこれまでも多くの人によって指摘されてきたように、自分は「電気技師」であるというよりは、「××会社」に勤めています、ということによって自分の存在を明らかにする、日本人の特徴となって現われている。自分がどこに所属するかということによって、自分のルーツとするのである。

日本以外の東アジアの国々においては、血縁を基にする「家族」が、各人のアイデンティティのよりどころになっている。個人主義をベースにする欧米の近代文明を取り入れるときに、それがひとつの妨害要因としてはたらいているようである。これに比して日本は、血縁をそれほど重要視しないので、近代化をするときに、比較的早く行うことができた。

日本人はこのような考えによっているので、会社が一種の擬似家族的役割を果すようになってくる。日本人は「仕事好き」とか「はたらきすぎ」と言われる。そのような面も確かにあり、それについても考える必要があるが、就労時間が長いことの要因のひとつとして、会社内の家族的一体感の保持ということが大いに関係していることも認めねばならない。ともかく、なるべく一緒にいることが大切になってくるので、「つきあい」のために残業することも生じてくる。そして、たとえば二週間も三週間も休暇をとると、その間に自分の位置がどんなふうに変化しているか心配になってきたりする。

職場が擬似家族的な意味をもちはじめると、就職に当っては、どのような仕事の内容なのかということよりも、「寄らば大樹の陰」で、安心できる大企業を優先しようとする気運が生まれてくる。自分の存在をあずける「場」を求めるのである。

ところが、このような状況も最近では変化してきた。リストラの波が押し寄せてくると、擬似家族はしょせん擬似でしかないので、容赦なく解雇がある。これよりも、もっと深刻なことは、定年退職である。退職してしまうと、会社内の人間関係が自分が感じとっていたのよりも、はるかに稀薄であることを思い知らされる。部長として在任していたときは、多くの人が自分を大切にしてくれていると思っていた。しかし退職してみると、それは自分という「人間」に対してよりは、部長という「地位」に対してのものであったことがわかってくる。それに、もっぱら擬似家族の方にエネルギーを投入してきたので、今さら本家族の方に戻るにしても、うまく戻れない。もっとも深刻な場合は、退職と共にいわゆる退職金離婚を申し渡されて、どこからも所属を拒否されるという場合もある。

昔は、働きづめに働き、だんだんと枯れてきて、退職してしばらくするとお迎えが来て、皆に惜しまれて去る、というようなパターンができていたが、近代医学の進歩というのが、このような日本的な美的完成を阻むようになった。

生きることと仕事

人間が生きる生涯を、子どもと大人という二つの時期に二分する。大人であることの条件は、職業をもって自ら収入を得、家族を養っている、という考えが、昔の考えであった。そして、この考えは男性中心であり、女性は、大人の男と結婚し、子どもを生んで育てることが大人であることの条件であった。

人間の文化や社会が変化(あるいは進歩)するに従って、このような単純な二分法は通用しなくなって、子どもと大人との間に「青年期」という中間帯ができた。青年は、自ら収入を得ようとすると可能かもしれないが、より有効で適切な職業を選択するための準備をしている期間ということになる。この期間がだんだんと延長される傾向があり、青年期の「モラトリアム」などということが言われるようになった。

これに続いて生じた大切なことは、女性の社会進出である。男女同権の考えに基づいて、女性も男性同様に職業をもち、社会に出てくる。職業をもつ人と家事を受けもつ人との二分法が通用しなくなった。このことは、男女が共に家庭を築いていく上で、その「仕事」は、職業上のことのみを考えていては成立しなくなったことを意味している。夫婦がどのように「仕事」をするのかを二人で考えねばならない。

これに加えて既に少し触れた高齢化社会の問題が生じてきた。定年退職まで一所懸命に働いたとしても、それ以後八十歳まで生きるとすると、二十年の年月をどうして暮らすのか、その間にどのような「仕事」をするのか、という問題が生じてきた。これはなかなか難しいことである。それまでの延長上に仕事を続けられる人はあるが、それはむしろ稀である。残りの人生を意義あるものとし、周囲の人々ともうまく関係を維持していくとなると、これは老年になってから、まったく新しい課題と取り組まねばならぬことになる。

このような状態になってくると、人生における「仕事」という概念を、これまでのどうしても職業に結びつけて考える考え方から離れ、拡大して考える必要があると思われる。仕事は英語で言えば、work である。この語から派生した、ワークショップ(workshop)という言葉は、日本でもよく使われているが、このことは、「仕事」概念の拡大解釈に大いに関係している。ワークショップは文字どおり「ワーク」を売っている。これは、これまでの講習会が「知識の切り売り」であったことに対する反省から生じている。知識を売るのではなく、「仕事」を売るのだ。

物理学でいう「仕事」を考えてみよう。力学における慣性の法則により、停止している物体は永久に停止している。それがもし移動するとなると、それに相応する「仕事」がなされたと考える。重いものを動かすのには、それだけの「仕事」をしなくてはならない。動かすときに摩擦があると、それによっても異なってくる。ともかく、「仕事」がなされるためには何らかのエネルギーが必要になってくる。

人間の「仕事」も広く解釈すると、人間を「動かす」ことであり、それには何らかのエネルギーが必要である。物体は外からエネルギーが与えられない限り動かないが、生命体は自分の内部にエネルギーをもっている。人間が自分のもつエネルギーを用いて、自分を「動かす」、あるいは「働かせる」のを仕事と考えると、その定義は非常に広くなる。そのようにして、人生の設計を考えてみてはどうであろう。自分は自分の生涯において、どれだけの、どのような「仕事」をするのか。これはもちろん、使用されるエネルギーとの相談の上のことである。

生まれてから死ぬまで、人間は相当な「仕事」をする。この「仕事」のなかには、もちろん「遊び」も入っている。つまり、自分のエネルギーを一生の間にどのように使用するのか、という問題である。

調子に乗ったり、外からの要請に応えすぎたりして「仕事」をしていると、燃えつき《バーン・アウト》ということが起こる。と言って、何も働かない人がエネルギーがあり余っているとは限らないところが人間の面白いところである。あまり仕事をし過ぎると損だとか疲れると考えて、やりたいことをおさえたり、好きなことばかりしていてはいけない、やるべきことを先にすべきだと思うものの、なかなか仕事に手がつかずにいる人などは、外見的には仕事をしていないようだが、心のなかでいろいろ摩擦が生じたりしてエネルギーが消費され、結構「仕事」をしていることになる。ただ、その「仕事」は何も結果を残さないわけである。

生涯にわたる「仕事」の設計のなかに、職業ということが入ってくる。職業によって収入を得、それによって生活を支えるのだから、職業が自分の「仕事」のなかで重要な位置を占めるのは当然である。それも一昔前のように、何と言っても衣食住の最低限を確保するのが大変なときは、何のかのと言っている暇がなく、ともかく職があって生活しているだけで有難かった。しかし、現在は幸か不幸か経済的に日本人は相当に余裕をもっている。その上、長生きもするようになった。そうなると、ともかく職についているだけでは満足できないし、それだけでは十分ではない。職を辞して後、二十年ほどをどのような「仕事」をするのか、ということも視野に入れて、職業としての仕事をしていかねばならない。

何を世迷い言を言っている。よく働いて――お金の儲かる職業について――金さえ貯めておけば老後も心配ない。「恒産あれば恒心あり」、「衣食足りて礼節を知る」と昔から言われているではないか、と言う人もある。しかし、私は心理療法家としての私のところに悩みをもって相談に来る人を見ていると、「恒産余って、不安が生じ」、「衣食余って、礼節を忘れる」と言いたくなってくる。過ぎたるは及ばざるが如し、である。

一例をあげると、家庭裁判所にもちこまれる遺産相続をめぐる争いは、最近急に増えている。地価が高くなったことと相まって、少ない遺産ならすんなりと分けられたり、相続権の放棄も簡単に行われたのに、遺産が予想外に多くなると、相続人たちは「礼節を忘れる」ことになる。

恒産のある老人が、抑うつ症になる。何をしても面白くないし、何もする気がしない。自分が「生きている」証しとなるものが何もないのである。昔なら僅かの小遣いを節約して孫に飴玉を買ってやるだけでも、随分楽しかったかもしれない。しかし、孫は親から何でも買い与えられている。自分が老いて死んでいくことを意義あるものとするための「仕事」が必要なのだ。物が豊かになったために、かえって「仕事」が見つかりにくいという皮肉な結果になっているとも言うことができる。

仕事と遊び

遊びは仕事に対するものとして、何と言っても生きていくためには稼ぐことが大切と考えられているときは、低い評価を与えられていた。しかし、これまで述べてきたように「仕事」を広義にとって考えると、それは「遊び」も含むことになり、それらを全体として見る広い視野で考えることが必要となってくるであろう。経済的に豊かになってくると、金を稼ぐということのみを第一義に考える考え方では、人生設計がうまくいかない。このようなことを反映して、昔ならば「遊び人」として軽蔑されたような人が、今はむしろ高く評価されたり、高収入を得たりしている。たとえば、スポーツ選手、芸能人などがそうであるし、芸術家、学者などもある程度はそう言えるだろう。

今流行の「ボランティア」というのも、「仕事」であることには違いないが、職業ではない。それでは、それは「遊び」だと言うと、おそらくボランティアの人は怒るだろう。「われわれは真剣にやっているのだ。遊びなどではない」と言うだろう。確かにそのとおりである。去る阪神・淡路大震災のときも、多くのボランティアが活躍して感謝された。「近頃の若い者」の悪口を言う人は多いが、実のところ、多くの若者がボランティアとして来てくれたのは嬉しいことであった。

しかし、何事であれ、よいことばかりはない。たとえば「心のケア」のためには、震災の恐怖体験を他の人に表現するとよい、などということを生嚙りで知ると、避難所を訪ねていって、「震災の体験を話して下さい」とか、相手が子どもだと「震災のときのことを絵に描いてみなさい」とか言って、被災者に嫌がられたりする。そのような話をするにしろ、どのような人間関係のなかでどのように話すかが非常に大切で、表現を強要したりするのは有害なだけである。ところが、ボランティアの人は熱心に大マジメにやっている。

このようなことは、老人ホームなどでもよく生じている。一日だけ訪問してきたボランティアがやたらに親切に世話を焼きすぎると、老人の依存性が強くなって、翌日から施設の職員が困ってしまう。

このようなボランティアは、ともかく熱心に働いて利益を多くあげるほどよい、と考える「仕事」感覚をそのままボランティアにもちこみ、利益の代わりに、自分の「善意」ということを入れて、それによって自分は随分と「よいこと」をしたと思っている。既に述べたように、現在では職業においても「利益」のみを優先に考えていたのでは、ほんとうに生きることにつながってこない。ボランティアの場合も「善意」優先では困ってしまう。よほど広い視野をもち、他人の心を察することができないと、単純な「仕事」感覚でボランティアをしては、近所迷惑を引き起こすだけになる。

ボランティアをするにしても「善意の押し売り」にならないためには、そこに「遊び心」を入れてはどうであろう。そんな不真面目なとすぐに怒られそうだが、ここに言う「遊び心」というのは、いいかげんな気持や態度というのではなく、心に余裕をもたせること、自分の行為を少し離れたところから、すぐに役立つとか社会のためとかというのにとらわれずに眺めてみること、を言っている。遊びというのは他人のためにするのではなく、自分が楽しい、面白いからするものだ。ボランティアもそれに近いのではないだろうか。他人のためなどではなく、それをすることが自分にとって意味があるからする。つまり、やらせてもらっているのである。仕事ではなく遊びでやっていると思うと、少なくとも威張りたい気持はなくなるだろう。「遊び心」としての余裕をもって見ている方が、自分のしていることのほんとうの意味がよく見えてくる。

このような意味での「遊び心」は職業においても、実のところ必要ではないかとさえ私は考えている。この問題において飯田哲也氏は「三つの『本職』」という新しい視点を提示している（『現代日本文化論』第4巻「仕事の創造」）。職業が「三つ」あると主張するところに、飯田氏の遊び心を見ることはできないだろうか。これが「天職」とか、この仕事に賭けるなどというときは、ひとつの職業であることを前提にしているだろう。かと言って内容を読めば、いいかげんな気持で彼が三つのことに手を出しているのでないことはすぐわかる。それを明らかにするために、わざわざ「本職」という言葉が用いられている。もちろん、そのいずれに対しても極めて真剣にかかわっていく。しかし、環境問題に熱をあげる人が、環境のことで頭が一杯で周囲の人のことなど考えておれない、というようなマジメぶりを発揮するのに比べると、飯田氏の視野の広さと柔軟性は、素晴らしい。このことを、彼の遊び心が支えているのだと言ってはいけないだろうか。

飯田氏は、環境NGOである「市民フォーラム二〇〇一」設立に当って「超人的活動でロビーをこなした」住野節子氏を次のように紹介している。「UFOを見ることもあると真顔で言う彼女は、その超人的活動からも「宇宙人」とあだ名されている」。これを見ると、住野氏も遊び心をもった人だと思う。そして、単なるマジメ人間と異なり、そのような遊び心が、彼女の仕事に超人的な活力を与えているのである。

ここは遊び論を展開するところではないし、それは他でも既に論じたことなので省略するが、これからは職業(飯田氏のいう「本職」)のなかに、どれほどの遊び心を入れることができるかが、重要な課題となるだろうことを指摘しておきたい。欧米においては、聖なること、仕事、遊び、が明確に分けられ、仕事によって利益を得、それによって生じてきた余暇の間に、聖なる儀式に参加したり、遊びによって楽しむ、と考える。そこで何に価値をおくかによるが、宗教的なことに最も価値をおく人は、それに役立てるために仕事があると考える。あるいは、遊びによる楽しみに価値をおく人も、仕事はそれのためにお金を稼ぐものと考える。(ここでは遊びの高い意義を論じたホイジンハの考えは、一応不問にしておく。)いずれにしろ、仕事は第二義である。

しかし、遊び心のまじった仕事、という考えをもちこんでくると、仕事は第二義で、それをできるだけ少なくしようなどという考え方とは異なってくる。このようなことは、日本人はあんがい上手なのではなかろうか。そして、このような意義を欧米人に明確に伝えることも必要であろう。さもなければ、日本人の働き過ぎが非難されるだけである。日本人の労働時間には遊びがまじっているのだ。

仕事づくり

人間の生涯と仕事という考え方に立つと、生涯設計のなかに、自分の仕事を「いかにつくり出すか」という課題が含まれていることに気づく。与えられたものとして職業につくというよりは、職業を含め遊びや、その他の人生の課題などをすべて考慮にいれて、自分にふさわしい仕事をつくり出していかねばならない。

こうした態度による、従来の「仕事」観をくつがえすような「仕事」を創出する「現場報告」ともいうべきエッセイを『仕事の創造』(『現代日本文化論』第4巻)で集めることができた。実に迫力ある「仕事づくり」の報告である、と言える。小池一三氏の「自然と共生する住宅」を例に取りあげてみよう。

小池一三氏は東京芸大の奥村昭雄のアイデアを基にしてソーラー住宅推進を目的とする地域工務店のネットワークとしての「ＯＭソーラー協会」をつくっていく。その奥村については、次のように述べている。

「学者の中には、自分の教条から外れることにひどく神経質な人が少なくないが、奥村昭雄には、自分が考案したシステムを種にして皆に楽しんで貰えばそれでいいと思うところがあって、まことに恬淡としている。およそ世俗的な欲は見られず、これまで協会の経営に口を出したことも、一度としてない」(傍点、引用者)。

このような奥村の考えを受けて、「ＯＭソーラーにとりくんでいる人たちに共通していることは、めいめいが自分のＯＭソーラーをおもしろがっていることである」と小池氏は述べている。学者は自分の考案したことを種に「皆に楽しんで貰えばそれでいい」と考える。それを応用する人々はそれぞれが「おもしろがっている」。これこそ先に述べた、仕事のなかの「遊び心」そのものではなかろうか。

話はこれだけではない。ＯＭソーラーの普及のため小池氏はキャラバン車を仕立てて、全国七千キロに及ぶ旅をする。なかなか大変だったらしいが、そのことを思い起こして小池氏は次のように述べている。「不安はあったけれど、実におもしろかった、というのが実感である。おそらく一生に一度あるかどうかの、魂に香を焚くような、生の充実を感じられる日々だった」。

ここにも「おもしろい」が出てくる。しかし、「魂に香を焚くような」という表現は、これはもろに宗教性を感じさせる言葉である。欧米において三分されている、聖なること、仕事、遊びがすべて、このなかに生かされている。これはどうしてだろう。

最初に述べた、仕事のルーツのなかにおいて、「工」は「もの」をルーツとしてもち、その「もの」は「いのち」であり「たましい」であったと述べたことを想起して欲しい。つまり、伝統的なルーツは最新式の工業システムのなかに、まだまだ生きている。そもそもOMは奥村の名より名づけたのだが、「本人がどうしてもイヤだというので、今では、OMのOは「おもしろ精神」、Mは「もったいない精神」だと説明するようにしている」と小池氏は述べている。この「もったいない精神」が日本の伝統的宗教性にかかわるところである。すべての「もの」は「こころ」をもち「たましい」をもっている。

「ものづくり」が「たましいづくり」と関連してくる。この感じは栗田孝一氏が書く鋳物づくりの厳しい現場の中での創意工夫をめぐるエッセイ「「物作り」の現在」にも感じとることができる。情報化の時代と言われたり、サービス業などによって巨万の利益を得る人も出てくる。しかし、以上のことは、日本人の職業における「ものづくり」(これには農業も含まれる)の重要性を強く感じさせる。

仕事の意義について、現代において忘れてならないのは、競争に対する共存の原理であろう。既に述べた仕事のルーツという考えは、それによって人間が縦に根づくというイメージとすれば、共存は、人間が横につながっていくイメージである。

今はアメリカの圧力もあって、競争原理に注目がいきすぎているようだ。しかし、アメリカ社会の現状を見ると、個人主義、競争原理による社会が決して多くの人を幸福にするものではないことは明らかである。

自分の仕事をつくり出す上において、共存原理を入れこんでいくことも大切ではなかろうか。それによってこそ、自分が「生きている」意味と「仕事」が関連づけられてくる。そのような点で、布藤明良氏の阪神大震災後の生協の活動を扱った「震災と生協」、堀田正彦氏のフィリピンとのオルタナティヴ・トレードを軸としたNGO活動を扱った「「こと」から「もの」へ」は参考になるだろう(いずれも前記『仕事の創造』所収)。いずれも貴重な現場報告である。

いずれの場合も、共存が競争を不問にしているのではなく、それがビジネスとして他と競争しつつ立っていけることを明らかにしているところが、注目すべき点である。これらの考えの理論的根拠は『仕事の創造』共編者の内橋克人氏の「新しい多元的経済社会の中での仕事の創造」という論考に十分に述べられているのでぜひとも参照されたい。

5　豊かな消費を求めて

ショッピング・アディクト

日本はごく短期間に大金持になった。この五十年間に日本人の生活様式は急激に変化した。敗戦のときは、世界でも稀に見る貧乏国だったのが一挙に経済大国になったのだから、「成金」もいいところである。自分の生活を考えてみても、文字どおり食べるもののないところから、飽食の状態までを体験したのだから、一人の人間が体験する生活様式の変化という点では、これほど大幅なのは、まずないと言っていいだろう。

成金の特徴は、一般的に言って、お金を持っていてもいつまでもケチであるか、あるいは、やたらに金を使いたがるか、要するに、お金の上手な使い方を知らない、ということである。今の日本人や日本の国を見ていると、多分にそのような感じを受ける。出さなくてもよいときに、やたらに気前よくお金を出したり、出すべきときに急にお金を惜しんだりする。

成金の金使い、という点で言えば、日本人が外国に出かけて行って、いろいろと多くのものを買うのは世界中に知れ渡っている事実である。この点について、『Ｈａｎａｋｏ』の創刊編集者椎根和が「『Ｈａｎａｋｏ』と80年代とは何だったのか」でその状況をよく語っている（『現代日本文化論』第8巻「欲望と消費」）。一九八八年四月の『Ｈａｎａｋｏ』創刊時を思い起こして、椎根は「当時、あるいはそれ以前にも外国の女性たちには、年齢・地位・収入・性別・慣習を無視した、そのような消費行動は見られなかった」と述べている。

敗戦後、日本は「民主主義」の国になって、今まで軍閥の力で押さえつけられていた日本人は、各人が「自分の好きなことならなんでもできる」というので、個人の欲望をどんどん充足させる喜びを味わうようになった。その上、たくさんのお金を持つようになったのだから、外国に出て行って好きなものを買うのも当然である。別に何の遠慮することもない。ところで日本人が「民主主義」の国と考えているヨーロッパの国々、それにアメリカでさえ、人々はほんとうに「自分の好きなことならなんでもする」のだろうか。椎根の前掲の引用文には、「外国の女性たちには、年齢・地位・収入・性別・慣習を無視した」消費行動は見られない、とある。そして、実際に日本人のこのような消費行動に対して、「はしたない」とか「馬鹿げている」とか、ともかく好ましくないこととして、多くの外国人が感じたことも事実である。それは単に羨ましいという感情の裏返しだけであろうか。この点については後に少し考えてみたい。

このような日本人の行動を見ていると、何だか日本人全体がショッピング・アディクトの症状に罹ったように思えてくる。われわれ心理療法家のところに、ときどきショッピング・アディクトになった人が家族や、あるいは会社の上司などに連れられて来談することがある。このような人が自ら来談することは滅多にない。話を聞いてみると、ともかく何でもかんでも買いたくなる、というのが実状で、それを行動化するのに便利なカードというものがある。あるいは、サラ金というのもある。ともかく、ショッピング・アディクトを促進する仕掛けは、現代社会は十分に備えている。

「腹が立って収まらないときは、どんなことをするか」という問いに対して、「百貨店に出かけて行って、やたらに買物をする」と答えた人がある。あれもこれもと買っているうちに、腹立ちがだんだん収まってくるのだそうである。このような人は、それでも片方で自分の使える金額の限界を考えながらやっているので、ショッピング・アディクトとは言わない。無茶をしているように見えながら、大きくは自分のコントロールし得る範囲内でやっているのだ。これに対して、アディクトと呼ばれる人は、自分のコントロールを超えているところに特徴がある。あるいは、財政が破綻していることを知ってもやめることができない。こんなことを書いていると、日本の政府も何やらこのアディクトに罹っているように思えてくるが、このことは置いておこう。

ショッピング・アディクトの人にお会いすると、確かに何でも買いたいという気持はある程度理解するとしても、それがほんとうに欲しいのかな、と疑問に感じることが多い。せっかく買ったものをすぐ他人に与えてしまったり、どこかに置いておいて、その後ほとんど関心を持たなかったり、ということが多い。あるいは、シャンプーなども、ともかくたくさん買ってきてズラリと並べてある。そんなに並べておいても、結局はひとつずつ使うのだから、別にどうということはないのに、と思ったりする。

一番大切なことは、ショッピング・アディクトの人は、それだけ買物をしながら何も満足していない、ということである。一時的には満足かも知れないが、どうも満足できない。したがって何か他のものをつぎつぎと買わざるを得なくなる、というわけである。

こんな人に「節約」の美徳を説いてもはじまらないし、「ほどほどに」せよと忠告しても止まるものではない。じっくりと対話を重ねて、というよりは、その人の言いたいことに耳を傾けて、その人をそこまで突き動かしている欲望の在り方について、二人で調べていくことをしなくてはならない。そのことは結局はその人の欲望ということをこえて、生き方全体を考え直す仕事になってくる。そんなことをしているうちに、その人の生き方の改変が生じて、ショッピング・アディクトも収まってくる。別に、それ程、ものを買う必要がなくなってくるのである。

消費と満足度

ショッピング・アディクトの人は、決して満足していないと言った。これはどうしてだろうか。これに似たような体験を私自身がしたことがある。それは一九五九年、今から四十年ほど以前にアメリカに留学したときのことである。貧乏学生なので――その上旅行もしたいなどと思っているので――食費を節約する。と言ってもアメリカのことだから栄養は十分にある。学生食堂でおきまりのものを食べているうちに、急に贅沢《ぜいたく》がしたくなる。こんなときは思い切って高価なものを食べようと決心を固め、レストランに行き、いろいろと注文をする。何とも豪華な気分と言いたいのだが、さにあらず。料理が運ばれてくると、あまり食べたくない。もっと他のものを注文したらよかった、と思ったりしながら、ともかく「もったいない」ので全部食べるのだが、おいしく思わない――これはアメリカ料理のせいもある――だけではなく、食べた後も満腹感がない。確かにたくさん食べたのだから、満腹であるのは事実だが、満腹感がない。満足感がない、と言う方がいいだろう。

このことを、日本人の留学生に話すと、誰もが同じ体験をしていることがわかった。そこで皆がお金を出し合って、日本人町で、うどん、しょうゆ、だしじゃこなどを買ってきて――当時は、これらは貴重品であった――うどんを腹一杯食べ、「こんなにおいしいものを食べたのは久しぶりだ」と一同満足した。つまり、ほんとうに欲しいものは、贅沢な食事ではなく、日本的なもの、それは料理だけではなく、それを食べるときの日本人的な仲間の共有意識などであるが、そのことがわからず、「贅沢な食事」が食べたいと思うところが、人間の面白いところである。

最近は、別に外国に行っても特に日本食が食べたいなどと思わないが、当時は日本的なものをいろいろと引きずっており、しかもそのことを意識していないので、自分が本来欲しているものが何かわからず、欲望の取り違いをしてしまい、お金を使って欲しいものを手に入れながら満足できない、という失敗をしたのである。

このことは、ショッピング・アディクトの心理の一端を説明する。つまり、アディクトの人は自分のほんとうに欲しいものがわかっていないのだ。自分を突き動かしているものが何かわからないまま、ものを買いたいという欲求に従って行動している。どこかに欲求の取り違いが生じている。これは別にアディクトの人に限らない。われわれも何かを買ったときに、それによってあまり満足していないことに気づくことがある。欲しい欲しいと思っていたのに、手に入った途端にそれに対する関心が薄れる。逆に、後悔することさえある。なぜこんなものを買ったのかと思うと腹が立つ。お金を使って「満足」を手に入れるどころか「腹立ち」を手に入れるのだから、何とも割の合わない話である。

このことに気づく人は多い。そして、すぐに出てくる反応として、いわゆる「清貧」という考えがある。あれも欲しいこれも欲しいと言ってもきりがないし、お金を使うことによって満足できないのは、考え方が根本的に間違っているのだ。「足るを知る」境地になると、僅かなもので、しかも清らかに生きていると、人間は十分に満足して生きられる。これも、ひとつの考えである。立派な考え方であると言える。

日本人は一般的に言って、清貧の思想に感じやすい。これは長い間日本人を支えてきたものである。もともと「貧」だったので、清貧とでも言わなかったら立つ瀬がないと言うところもあった。しかし、これはやはり仏教の教えとも結びつくことも大きいであろう。仏教において、この世の現実というのは幻に等しい。そのような幻を追い求める人間の欲というものを払拭することによってこそ、心の安心が得られる。色欲、物欲などのあらゆる欲を棄て去ることが最も大切である。つまり、消費は地獄へ向かう切符のようなものである。

あらゆる欲を棄てることを説くお坊さんが、荒かせぎをして飽衣飽食しているのなどを見ると、「清貧」というのは、他人に説教する場合は非常に便利ではあるが、自分が生きる原理としては、難し過ぎるのではないかと思ったりする。もちろん、不可能と言っているのではなくて、古来から「清貧」のなかに生きた仏僧が実在したことも確かである。これも否定できない事実である。だからと言って、現在の日本において、全員が「貧」の方を選ぶなどは考えられないことである。貧どころか、日本人全員が倹約を重んじると日本の経済は成り立たなくなるであろう。

「消費は美徳」というスローガンが「贅沢は敵だ」より強くなってきた現在において、われわれが今考えねばならぬのは、「満足感と結びつく消費」あるいは、「幸福な消費」とはどんなことか、それはどうすれば得られるのか、ということではないだろうか。それと共に、諸事節約を中心として形成されていた日本人の生活倫理を、ものを消費することを中心とした倫理へと、いかにして転換するかについて真剣に考えるべきだと思われる。

現代における倫理の低下を嘆く人は多い。しかし、そのときのスタンダードとして示されるものは、常に昔の倫理であり、前述したように現代の日本の実状に合っていない。したがって、それは主張している本人も結局は守れていないようなことになって、まったく無力である。評論家がいくら頑張って「清貧」を説いても、日本人の海外での買物は減少することはない。人間の欲望というものは、なかなか簡単におさえられるものではないのだ。欲望を何とか成就しようとして努力を続けてきたのが、人類の歴史である、と言ってよいほどである。それが現代の日本においては、相当に達成されているのだが、それによって大多数の人が満足しているといい難いところに問題がある。

欲望の内と外

人間の欲望について、その根元をつきとめようと努力した人として、ジークムント・フロイトを思い浮かべる人は多いだろう。フロイトは十九世紀の後半に当時の人々の強い抵抗に会いながらも、人間の欲望の根本が「性欲」にあると主張した。これは西洋の人たちに強いショックを与えた。このため賛成・反対の相当な論議を呼んだが、それは大筋としては大体認められていった、と言ってもいいだろう。

フロイトに対して、アルフレッド・アドラーは、性よりも「力」の方に注目し、人間の欲望の根本には、権力への欲求があると考えた。かくて両者間に論争が生じ、フロイトが性衝動によって説明していることも、権力欲求によって証明できるとアドラーは主張し、フロイトはもちろんその逆のことを言う。この論争について考えるのも面白いが、それはしばらくおくとして、われわれは、特にどちらにくみするというのではなく、ともかく「性」と「力」というのを、人間にとって相当に根元的な欲望として一応認めることにしよう。

この頃よく話題になる、いわゆる援助交際にしても、もちろんこれに群がる男性の方はフロイトの理論が当てはまることになろうし、売春をする少女は別に性欲を満たすためにしているわけではないが、それによって中年男を手玉に取ったり、多額の金を手に入れるところは、アドラーの理論で説明できるだろう。お金はしばしば権力の象徴になる。

しかし、もうひとつ、この頃よく問題になるセックスレスの夫婦というのはどうなるのだろう。夫婦でなくとも、若い男女がセックス抜きで親密な関係になる。そして、別にどちらが相手に対して「力」をふるうわけでもない。このような場合はどうなるのか。

性欲とか権勢欲などというが、もっと根本的なものは食欲と睡眠欲だという人もある。食べるものがない、眠くてたまらない、というときは、性欲も権勢欲も消え失せてしまう。したがって、この二つこそが人間にとって根本だというのである。しかし、そうなると、われわれ臨床家のところを訪れる多くの不眠症や拒食症の人たちというのはどうなっているのだろう。不眠症の方は現在は相当によい睡眠薬ができたので、不眠症だけで心理療法を受けに来る人は少ない。しかし、他のことで来談した人が不眠を訴えることが多く、睡眠薬を飲んで眠っても、それが満足できる眠りではないことが強調される。

それに、この頃の若者についてよく語られる「無気力」ということがある。これは要するに「無欲望」である。何に対しても興味がないし、欲望が湧かない。性とか力とか言うよりは、生きることに関心がないと言ってよい。自殺をしないのは、それもメンドウクサイからである、と彼らは言う。どんなことに対しても「別に」というような反応が返ってくる。

根本的と考えられていた欲望が消失する現象は、現代日本の病理として多く生じている。これについて考える手がかりのひとつとして、拒食症は先進国以外に起こらないこと、日本においても食糧の豊かさに比例して発生件数が増加してきたことがあげられる。要するに、食べるのに困るような状況では拒食症は生じないのである。これは、たとえば、セックスレス夫婦についても言えるかも知れない。セックスに関する情報がこれほど豊かに得られる時代はかつてなかっただろう。

このような「欲望の不自然化」または「欲望の自然破壊」が生じている大きい要因は、欲望を満足させるものが人間の外に多くありすぎて、それが本来的な欲望を、萎縮させていると考えられる。上野千鶴子は、現在人間の欲望は内からではなく外から決められるような状況になったと論じている(『現代日本文化論』第8巻)。外からの規定に内側のはたらきがうまく呼応できなくなったときに、欲望の自然破壊の現象が生じると思われる。これは既に述べたような欲望の衰退のみならず、欲望の暴発として現われる場合も考えられる。拒食が過食に転ずることはよく知られている事実である。また、お金がいくらあっても収賄をくり返して大金持になるような例も、これと関連して考えられるだろう。欲望を満たす手段としてのお金が、それ自体として目的化し、肥大化してしまう。ともかく、お金を得るためには何でもしようということになる。

ここで一番問題となってくるのは、個人の欲望が外から規定されたり、誘発されたりすることだろう。援助交際にしても、最初は大都会のことであったが、テレビによって情報が流されると、日本のあちこちに飛び火する。もちろんそのようなことが生じる潜在的可能性はあるのだが、現実化された形として示されると、すぐそれに従ってしまう。つまり、欲望の現われ方が外から与えられるものによって決まってくるのである。

外からの力は欲望の禁止としてはたらくこともある。その典型例はアメリカにおける煙草であろう。現在のようにアメリカの一般的嫌煙傾向が強くないならば、煙草を吸いたいと思う人はアメリカでも多くあることだろう。しかし、今では吸いたいと感じる人の数さえ減少しているに違いない。個人の欲望が外からの力によって変化する。こうなってくると、そもそも「個人」の欲望などあるのだろうか、という疑問が湧いてくる。

アメリカに滞在していると、金曜日に知人と別れるとき、“Have a nice weekend.”といわれる。月曜日に会うと、どのようにナイス・ウィークエンドを過ごしたかを聞かれるし、何か言わねばならない。「ゴロ寝」という答はあまり聞いたことがない。その上感心するのは、ほとんどの人がナイス・ウィークエンドのためにどこかに出かけたり、何かしらしていることである。おそらくそれによって疲れることもあろうと思うが、そのような話題は——よほど親しくない限り——あまりない。ほとんどすべての人がパターン化された幸福を楽しんでいる。これは果して「個人主義」なのかと思わされる。アメリカにおいて、同調性の強さが時に問題視されるのも、このためである。

これを知って、日本と同じと思う人は気が早い。日本人も同調性が高い。というより集団としてひとつになって行動することは、よく欧米人から批判される。アメリカ人と日本人の同調行動の根本は異なっている。アメリカ人は「正しい」ことをしようとする傾向が強いのに対し、日本人は「世間」を気にしている。正しいとか正しくないとか考えるよりも、世間とあまり異なること、特に世間から笑われることはしたくないと思っている。アメリカ人は他人の判断などにとらわれず、自分の正しいと思うことをやり抜くべきだと思っている。ところが最近は「科学的に正しい」ことがつぎつぎと発表され、困ったことにその正しいことは普遍性をもつと信じられているので、結局のところ、個人個人が正しいことをしようとして同じことをするという結果になる。ヨーロッパ人は長い歴史を背負っているので、「正しい」などということが一筋縄でいかぬことをいろいろ体験してきている。このために、アメリカ人ほどの同調性はない。と言っても、アメリカナイゼーションがいかに強いかは、本書においても論じられているところである。

外側から喚起される欲望に従っていると、どうしても疲れたり、不満が残ったりしやすいようだ。もっとも、外側からの形と、内からの欲望がピッタリと合い――そう錯覚したり――それが満足させられるときは、その人は満足感、あるいは幸福感を感じるだろう。しかし、それがうまくいかないと、お金を使ったり時間を使ったりして、いろいろなものを獲得しながら、イライラしたり、何とも楽しくない気持になったりする。

そこで、大切なのは内的な欲望である。自分がほんとうに何を欲しているのかを知ることが大切と言う人がある。確かに、自分のほんとうに欲しいものがわかりそれに邁進している人は、外側にいろいろなものをぶら下げられても、そんなのには見向きもしないであろう。何かの領域で大成功した人が、若いときに自分の目標達成のため熱中しているときに、貧しくてもどんなに楽しかったかなどと語るのに、それがよく示されている。

この考えを少し進ませて、要するに現在は、物が豊かになり過ぎて、人間がそれに目がくらみ、精神の豊かさを忘れてしまったのだ、と主張する人がある。物質的欲望に人間が動かされているのが問題である、人間はもっと高い欲望をもっているはずである、という考えである。確かに、かつては「暮らしは低く、想いは高く」と言った人もあった。現代の日本人は「暮らしは高く、想いは低く」生きているのだろうか。

物と心

物と心の問題は簡単に論じられない。殊に、わが国においては、「もの」は「もののけ」などの表現に見られるように、物も心も含む概念として長らく用いられてきた。物と心とを明確に分離するのは西洋近代の考えである。そのような考えを前提とし、近代の科学技術の発展によって現在の豊かな物の時代を迎えている。物は豊かになったのに心は貧しいと言う人があるが、そのような物を欲したのは心であり、それだけ物が豊かになったのは、すなわち、心が豊かになったと言えないだろうか。それだけ物が豊かになり、心の欲することが成就したのだから、心も豊かなはずである。

ところが、既に述べてきたように、実際には、心はそれほど豊かになったと感じていない。むしろ、イライラしたり、ギスギスしたりしている。これはどうしてだろうか。

この点について詳しく考えてみる必要がある。ここでまず、心と物とは一応分離できるものとして考えてみることにしよう。次に、欲望の在り方について考えるとき、上野千鶴子が論じているように、消費のみではなく生産も考えねばならない。人間は消費するだけではなく、生産したい欲望ももっている。これを、生産-消費、物-心、の直交する軸で示すと、図のように第Ⅰ象限から第Ⅳ象限に至る四つの欲望の在り方が、機械的に分類できる。このなかで、第Ⅰ象限の、物を消費することが、現代において特にクローズアップされているところが、現代人の生き方の特徴をよく示している。言うなれば、これに関する欲望の充足が一番目に見えやすい。ここはまた金さえあれば欲望を満たせるところと言っていいだろう。

第Ⅰ象限の欲望の肥大化に注目すると、どうしてもそのカウンターパートとしての第Ⅲ象限の存在を強調したくなってくる。つまり、心のなかの生産の欲望を満たすことに重点をおきたくなる。物などあまりなくとも、自分の「想いを高く」築きあげたい欲望が人間にはあるはずだし、そのことにこそ力をつくすべきである。それがわかってくると、第Ⅰ象限の欲望などはあまり問題でなくなる、という主張が生まれる。

現在は、物の消費ということに注目が集っている。ここは金の力が大いに発揮される。地位や財産などが、この欲望の充足にかかわってくる。しかし、一九六〇―七〇年代の頃、若者たちの多くが人間の「上昇志向」に強く反撥したことがあった。地位や財産などを獲得しようとする上昇志向は「悪」と考えられ、すべての人々と共に平等に平和に暮らすための努力をすべきである、と主張した。その結果はどうなったか。あのときに強い主張をしていた人たちのなかで、現在は上昇志向に転じたなどというより、あまりにも極端にそうなっている人が相当にいるのではなかろうか。あるいは、仕方なく上昇志向はあきらめているものの、自分がいかに正しいかを常に大きい声で訴えたり、少しの上昇をも「悪」として、他人の足を引っ張ることに自分の欲望のすべてを賭けたり、要するに近所迷惑なことをしている人もある。人間はあまり無理をしない方がいいように思う。

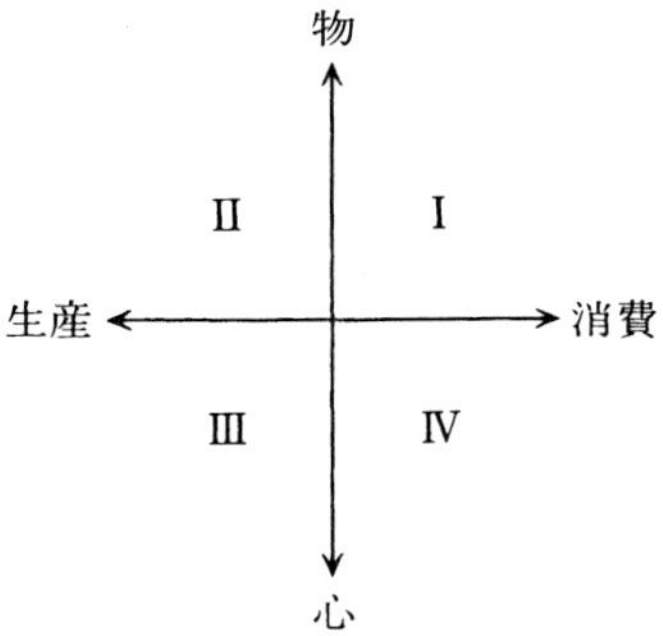

欲望の平面

第Ⅰ象限の欲望のみをすべてと思うのもどうかと思うが、自分のなかにそのようなものがあれば、あると認めた上で、他の欲望もともに満たしていくようにした方が得策のように思う。それに物の消費によって心が満足したり、物の消費を有効適切に行うことを考えることのなかに、心のなかでの人生観がかかわってきたりして、これらはそれほど相対立しているとも言えないこともわかってくる。

心の生産と消費と言っても、これらもそれほど割切って考えられないことがわかる。麻雀をしたり競馬をしたりするのは、心の消費の方に入るだろう。人間というものは不思議なもので、心を無意味なものに使い棄てるのが好きである。人生観を築くとか、新しい定理を考えるとか、心はいろいろなものを生み出してくれる。しかし、消費の方を抜きにして生産ばかりなどできるものではない。あるいは、音楽のコンサートに行くのなど、心の消費につながるのか、生産につながるのか、どちらでもあるような気がする。

物の生産と消費についても、同じようなことが言えそうである。家を買う場合、それは消費なのか生産なのか。物のために金を消費することは事実だが、自分の家をつくるために設計を考えたりするのは、生産とは言えないにしても「建設」とは言えるだろう。消費のための消費のようなものもあるが、どこかに何かを「つくる」要素がかかわっているはずである。物の消費を通じて、人間関係を「つくる」場合などを考えると、これはむしろ心の方に関連してくるだろう。

このように考えてくると、最初に分類してみた、物 - 心、生産 - 消費というような項目は、それほど対立的ではなく、微妙にからみ合っていることがわかる。ⅠからⅣまでの象限にわけてみたものの、この分類に従って、どの象限に価値を置くかなどと考えるのではなく、これらの微妙な関係をよくよく意識して、むしろこれにとらわれることなく、欲望ということを考えるべきである。それぞれのバランスの取り方についても配慮することが必要である。このことを忘れて、一方的傾向に乗せられてしまうと、欲望を満たしているつもりであるのに、常に不満足感が残り、「豊か」という感じから遠ざかっていく。

豊かさとは何か

「リッチな気分」というのがキャッチフレーズに使われることがある。あまり行くことのない高級レストランで御馳走を食べる。あるいは平素は身につけないブランド商品などを買う。それによって「リッチな気分」になるというコマーシャルに惹かれる。確かにリッチな気分になることもある。しかし、見栄を張り過ぎたと思うときなど、むしろ後悔したりする。リッチどころではない。豊かさを感じるのは、自分の平素の限界をこえる、そのこえ方が微妙である。ある線をこえると、それは豊かな感じがしない。と言って、ある線よりも低いときも、もちろん豊かとは言えない。「豊かな実感」を得るのは、なかなか難しいのだ。

要するに、自分の期待値をどこに置くかが重要である。期待値の高すぎる人は、いつまで経っても、いろいろと物を手に入れながら、不満感につきまとわれる。あまりにも多くの物が手に入る可能性がある現在において、人間はどこに自分の欲望の期待値を設定するのか、あるいは欲望に対する抑制力を行使するのだろうか。

階級とか身分とか言うものは、欲望に対する抑制力をもつ。日本的に言えば「分相応」のところに、欲望の限界点を設定した人は、「足ることを知る」生活をすることだろう。身分などという古くさいこと、と怒る人もあろう。しかし、人間は幸福に生きるための装置としていろいろなものを持っており、身分などもそのひとつだったろう。もちろん、常にすべてよい考えや制度などはないので、身分を不自由に感じる人にとっては、これは不幸の源泉になるだろう。

階級とか身分などと制度的なことを言わなくとも、欧米においてさえ、最初に述べたように「年齢・地位・収入・性別・慣習」によって、欲望に対する何らかの抑制がはたらいたと言う。これは、人間が「幸福」に生きるための古来からの知恵であろう。欲望に不文律的な歯止めがかかって、期待値を法外に高くすることを避けるのである。

しかし、現代の日本ではこれらの仕掛けは急速に衰退しつつある。人間は「何でも手に入れる」ことができるし、「何にでもなれる」のである。こうなると競争が起こる。アメリカでは、競争原理が高く評価されている。おそらく、「正しい者は勝つ」という法則が、いつの間にか「勝つ者は正しい」に読み代えられたのであろう。この競争は能力のある者をどんどん伸ばす長所をもつと共に、能力のない者にはあまりにも厳しい結果をもたらす。アメリカの犯罪率の高さがそれを反映している。

要するに、自由で豊かな社会というのは、人間に、転落したり破滅したりするチャンスも豊かに与えるものなのだ。身分、階級とまでいかぬにしても、他に対する配慮などによって、人間は豊かな転落の可能性から身を守ってきた。しかし、あくまでも自由を追求して、現在のような状況になると、個人の責任や判断力というものが、極めて大切となってくる。自分で自分を守ることを、もっと真剣に考えねばならない。

豊かな消費ということを考えるとき、前節に示した図よりヒントを得て、図の第I象限に示された物の消費だけではなく、それを支えたり、関連したりする他の欲望の充足も合わせて考え、結局はあの全ての象限をカバーするような欲望の充足を目指すべきだ、という考えがあるだろう。確かにそれは部分的でなく全体的であるし、ダイナミックな関係もはたらくし、「豊か」というのにふさわしいと思われる。しかし、おそらくこれは理想論であって、現実にそれを追い求めようとする者は疲れ果てるのではなかろうか。アメリカ人でバリバリと張切って「豊かな」生活をしている人は、何となく内的に疲れているように感じるのだが、どうだろう。

豊かさを考える大切な要因として「個性」があると私は考えている。他人から見て少し位、偏奇していると思われても、個性に合った欲望の充足をしている人は、それが他との比較においての大小などと関係なく、豊かな実感を持つのではなかろうか。個性というものが、図に示した欲望の平面に深さを与えて立体化するように思われる。

もっとも、「個性」というのがそもそもわかりにくい。人間にはそれぞれ与えられた「個性」というものが具体的にあり、それを見出して伸ばしていくと考えるよりは、何らかの傾向性はあるとしても、それを生きた形にしていくのは、その人の人生の過程による、と考える方が妥当なように思う。つまり、個性は本人の潜在的傾向、意識的努力、環境の条件などすべてによって時間をかけて形づくられるもので、死ぬまで変化し続けるものと考える。生きていく過程のなかで、いろいろな欲望が生じてくる。その欲望にどう対処するかも、その本人の個性とのかかわりということになる。

個性というとき、ヨーロッパ近代に生まれた個人主義の考えを基礎にするとわかりやすい。しかし、その背後にある一神教、そこから生み出された自然科学などとの関連から、各人が「唯一の真理」を生きようとするので、個人主義と言いながら、生き方が同質化する危険性をもっているようにも思う。同調性の高いアメリカはそれの悪い見本と考えていいのではないだろうか。

こんなふうに考えはじめると、個性ということもわからなくなってくるが、それを見出すためにこそ生きているのだ、と言えるわけで、この未知の存在を欲望と消費の問題の裏打ちとして用いると、面白くなると私は思っている。究極的にはわからぬとしても、ある程度自分の個性とか生き方とかが見えてくると、欲望も消費も楽しみながら、あまりイライラすることもなくなるように思う。

豊かな社会は、転落や破滅の可能性も豊かになったのだが、人間がそのような社会を選んだのだから仕方がない。自由を求めてきた分だけ個人の責任が重くなったのである。したがって、欲望も消費も結構であるが、それに伴う個人の努力がいかに大きいかを自覚することである。そうすることによって、豊かな消費を楽しめると思う。

6　科学技術のゆくえ

日本人と科学

今世紀もそろそろ終りに近づきつつある。二十世紀の特徴のひとつは、科学技術の爆発的な進歩ではないだろうか。二十世紀の初頭と終わりとにおいて、人類が可能とする領域が科学技術の発展によってどれほど拡大されたかを見れば、それがよく実感されるであろう。かつてはＳＦのテーマと考えられていたことが、二十世紀の終わりには現実のこととなっている。

このような状況のなかで、日本人が科学技術の発展に相当に寄与し、それを一般の生活に生かしていく上でも世界に誇れる水準に達していることを、まず認めることが大切である。ノンフィクション作家の山根一眞は、「日本人は、自らが生み出した仕事や成果、文化をしっかりと認め、誇りとすることが不得手な国民である」ことを記し、日本人が勝手に抱いている劣等感を示し、それらはむしろ誤りであることを、多くの例をあげて明らかにしている(「巨大科学技術の現在」『現代日本文化論』第13巻「日本人の科学」)。山根一眞によると、日本の科学技術は「すでに世界でもトップ水準にあ」る。次節にも論じるが、今日の科学技術はすべてヨーロッパの近代に発し、それが欧米によって発展させられてきた。日本は非ヨーロッパの文化圏から唯一それに伍して現在に至っている。

世界全体の精神史のなかで、これは実に特異な出来事である。なぜ、日本人だけがこのようなことを可能にしたのだろうか。このことについて検討することは、今後の日本における科学技術のゆくえを考える上で役立つところがあると思われる。日本よりも他のアジア、アフリカの国々の方が、よほど先にヨーロッパの科学技術と接触している。にもかかわらず、どうして日本がこのことを可能にしたのだろうか。

この点について、佐藤文隆が福沢諭吉の「物理学の要用」について述べている視点は、非常に興味深い(「問われる科学者のエートス」『現代日本文化論』第13巻)。福沢は佐藤が指摘しているように、「現在でいえば「法経」の人材の養成に」彼の言う「物理学」が必要と考えているのである。これも、世界のなかの現象として見ると、なかなか特異なことではなかろうか。経世のための学となると、哲学や道徳などをまず考えるのが普通であろう。こんな点に、日本人の「科学好き」な面が示されているように思う。

「科学好き」という点で言えば、明治よりもっと遡って、キリスト教伝来のときの次のような話が想起される。世界の成立について、自然生成的な考えを持っている日本人にとって、「創造主」としての神というのは、実に不可解な存在であった。このことを教える方法として、日本に来た神父たちの用いたのは、「自然科学」の知見を利用することであった。と言うと唐突に感じる人もあろうが、神父たちは「自然界の諸現象から創造主たる神の存在と性質を説明した。そのために、当時盛り上がってきた自然科学的な関心は大いに役立った。こうして因果法則を適用して、実在の世界からその第一原因の実在を証明するわけであった」(H・チースリク「キリシタン書とその思想」『キリシタン書 排耶書』日本思想大系25、岩波書店、一九七〇年)。

つまり、科学的な実験などをしたりして、人々を不思議がらせ、これは何も魔法ではなく、因果法則によって説明可能であることを説明する。ものごとには「原因」があることを明らかにした上で、「第一原因の実在を証明」して、創造主の存在に至るのである。このことは非常に成功したので、神父たちはローマ法王に対して、日本に来る布教者は科学的知識を持ったものが望ましいことを書き送っているほどである。日本人の「科学好き」を利用して宗教をひろめようとした事実は、実に興味深いことである。

ここでもっと時代を遡り、山田慶児が、日本の医学書『医心方』について述べていることに注目してみよう。山田は日本人が中国の医術を受容する際に、その「理論的な概念を、ことごとく排除した」事実をあげ、「ここにみてとれるのは、第一に、感覚によって直接かつ確実に知覚できるものに信を置こうとする志向である」と指摘している。このような傾向に対して、山田は「可視(可触)信仰」と名づけている(「見ることと見えたもの」『現代日本文化論』第13巻)。

考えてみると、これこそ「科学的」ではないだろうか。実際に「事実」のみを大切にすること、事実に基づいて考えることこそが「科学的」である。日本人が中国の医学から排除した「理論的な概念」は、今日から見るとすべて「非科学的」な部分である、と言える。

以上のようなところから推論して、日本人は非常に科学的であり、これからも世界のトップの水準を保つ、あるいは、もっと積極的に、科学においては先導的役割を果す、と言えるだろうか。このような結論を下そうとすると、よく指摘されるように日本人にノーベル賞受賞者の数が、先進国と言われているなかでは極めて少ないという事実が思い浮かんでくる。このことをどう考えればいいだろう。

宗教と科学

ここでまったく関係ないと思われるかも知れないが、宗教と科学の問題について考えてみたい。

まず科学についてであるが、村上陽一郎が『近代科学を超えて』(日本経済新聞社、一九七四年)に意をつくして論じているように、「科学を、経験に基づかない概念や原因、あるいはそれと気づかれないが暗黙に(インプリシットに)潜んでいる信念などの前提なしに、ひたすら「事実」のみから構築しようとすることなど、およそ不可能である」ことを、まずわれわれは認識しなくてはならない。村上が多くの例をあげて論じているように、自然科学の法則は「臆断」によってはじめて見出される、と言っていい。事実を熱心に収集して、それによって法則が見つかることはない、と言ってもいい。そもそも事実と言っても無限にあるのに、そのなかのどれを「収集」するかというときに、「臆断」が先行しているのだ。

ヨーロッパにおいてのみ近代科学が生まれてきた事実の背後には、それに必要な「臆断」を持ちやすい母胎として、キリスト教があったことを認めるべきだと思う。この世は神が創り賜うたのだから、それは単純にして明快な法則によって秩序だてられているはずである、という「臆断」は、ニュートンをはじめ当時の科学者が自然現象を研究する際の強い支えとなった。日本にキリスト教を広めようとした西洋の神父たちが、自然科学を説得のための武器としようとしたことは、この事実を裏づけるものである。

多神教や汎神教の国々においては、自然現象についての部分的理解は、相当に進んでいたとも言える。ジョセフ・ニーダムが精力的に明らかにしたように、中国においては個々の事実としては、西洋よりはるかに早く科学的な発見をしていたこともあった。しかし、それらを、たとえば物理学のようにひとつの「体系」にまとめる、あるいは、極めて普遍的で明快な法則によって説明する、という意志を持たなかった。ここにヨーロッパとの大きい差がある。

次にキリスト教において重要なことは、神と人間、人間と他の被造物の間に明確な切断があることである。近代科学の成立の前提として、現象とその現象を研究する観察者の間に明確な切断があることは、よく指摘されることである。この方法によって、自然科学は「普遍的」な法則を見出すことが可能になったし、名人芸に頼らない「技術」と組み合わすことが容易になったのである。

このような「切断」は、人間の内界と外界、物と心、などに及び、そのことを前提として近代医学が急激に発達する。中国の医学においては、人間の内界と外界、身体と心、医者と患者などの間に「切断」がないのが、その特徴である。それは現代においては、近代医学を補償するような地位を築きつつあるが、かつては、山田慶兒の論に示されているように、日本の学者が取り入れるのを拒んだ、あいまいな理論が横行していた。

日本では、ガリレオ・ガリレイの宗教裁判などが単純に理解されすぎて、宗教と科学を対立的に捉えすぎている。近代科学はキリスト教を母胎として生まれてきたことを、もっと明確に認識すべきである。他の文化圏から、それは生まれて来なかったのだ。それでは、同じ一神教でも、モスレムはどうなのか。これについては詳論は避けるが、筆者は「キリスト」という存在の有無が非常に大きいと思っている。モスレムのように、あまりにも一神教の神が人間から隔絶すると、「すべては神の意志」ということになりすぎて、人間が法則を見出すなどとは考えられなくなるのではないだろうか。キリストという、言わば神と人とをつなぐイメージを持つことによって、人間が主体的に考える場が得られるのではなかろうか。

このようにしてキリスト教から生まれてきた自然科学であったが、人間が多くの法則を発見し、自然を相当に自分の意のままにコントロールすることがわかってくるにつれ、言うならば人間が神の座を乗っとるかのような勢いになってきた。村上陽一郎はこの現象を「聖俗革命」と名づけている。「一八世紀は、自然についての知識が、人間と神との関係において、いかなる位置を占めるか、という問そのものが次第に風化し、神が棚上げされ、知識論は人間と自然との関係のなかだけで問われるようになる、言い換えれば、神の真理ぬきの真理論、そして神の働きかけぬきの認識論が成立するようになる過程が進行していく時代であると考えられる」(村上陽一郎『近代科学と聖俗革命』新曜社、一九七六年)。村上は、この「聖俗革命」の特徴を「知識を共有する人間の側の世俗化」

すなわち、「神の恩寵に照らされた人間だけが知識を担い得る、という原理から、すべての人間が等しく知識を担い得る原理への転換」ということと、「知識の位置づけのための文脈の転換」つまり「神‐自然‐人間という文脈から自然‐人間という文脈の変化」という二点によって示している。

山田慶兒は岩倉使節団の「見た」ヨーロッパの科学は、このような聖俗革命の成立後のそれであったことを指摘し、したがって、科学を生み出してきたキリスト教をまったく抜きにして、山田の言う、日本人の「可視(可触)信仰」とうまくドッキングしたことを論じている。そのことはたしかに、日本人が特に巧みに西洋の科学技術を取り入れることができたことと関係していると思われる。

西洋の科学技術に接しても、アヘン戦争以前の中国においては、儒教、道教、仏教などのキリスト教に対する優位の確信が、科学技術を取り入れることに対する強い抵抗となった。それに対して、日本はそれらの宗教を中国から既に取り入れていながら、どこかにおいて日本的「可視信仰」を保持していたことは、山田慶兒の指摘するとおりである。そこへ聖俗革命を経た科学というよりは、日本的に受けとめると「科学技術」というものが入ってきたのである。それは日本人の傾向にすぐにマッチした。

このような経過を考えると、日本の科学者が山根一眞の言うように科学技術においては世界のトップ・レベルの水準にありながら、偉大な発明、発見が少ないという非難を受けるのも了解できる。つまり、日本人には、村上の言う「臆断」、すなわち思い切った理論化の傾向が非常に少ないのである。たまにそのような傾向を持った者がいても、学問的良心の厳しい指導者によって、その芽を摘みとられがちである。日本では、このような「臆断」嫌いの学者が、一般の高い評価を受けている場合が多い。この点は、日本の今後の科学の発展を考えるとき、考慮しなくてはならぬことと思われる。

科学と身体性

聖俗革命を経た後に、科学は二十世紀になって、また一段と変化を遂げる。それについて、佐藤文隆が「身体的世界からの「離陸」」という表現を用いているのは、注目すべきことである(「問われる科学者のエートス」『現代日本文化論』第13巻)。

まず第一に、物理学の「身体的自然を超えた現象への突入」が問題となる。電波、電子、放射線など「目に見えない」ものが対象となってきて、このような対象を相手にしているとき、「身体に備わった危険回避行動や知恵や賢明さは方向感覚を見失なうようになった」。要するに、一般の人間にはまったく見当がつかない世界なのである。と言っても、コンピューターにしろ、テレビにしろ、日常生活においては多くの人が使用しているわけだから、これは大変なことである。人々は操作の方法のみをマスターするが、ほんとうは何が生じているのか、まるっきり不明の道具を使っているのである。それは本来的な意味で「マスター」しているとは言えないのだが。

このような事柄のパラレルとして考えられるのは、人間が自分の身体を「自分のもの」として、それを思いのままに使っているのだが、実はその仕組やはたらきについては何も知らないでいる、という事実があげられる。しかし、身体の状態を知ろうとすれば、相当に知ることができる。解剖学的知識もあるし、今は多くの検査が発達して、自分の身体のはたらきがどの程度かを数量化して示すこともできる。しかし、心と体が関連し合うような領域は、ブラック・ボックスである。客観的に測定し得る身体ではなく、自分が生きている身体というのは不可解な存在である。こんなことを考えると、人間がある一部のエリート以外は仕組のわからない道具を使うようになったことと、心身症の増加との間に、何か関連があるようにさえ感じられる。

科学技術の発達によって、人間生活が極めて便利になったことは事実である。そして、能率も非常に高くなった。しかし、この便利さや能率のために、ストレスという目に見えない代価を払っていないだろうか。

次に問題となるのは、佐藤の言う「先取権をめぐる騒々しい競争」である。先端科学の第一線で活躍している学者たちは、文字どおり寝食を忘れて努力を続けている。あるいは、現在ではチームを組んで研究することが多いので、そのチームの一員として入った新参の研究者は毎日体を張って仕事をしている。その底流には、佐藤が不思議な結論と述べているが、「成功者＝正義の士」という定式があると言ってもよいのではなかろうか。医学の最先端の研究をしている者は、自らの健康など構っておれない、という逆説的な状況になってくる。これを批判するのは簡単だが、そのなかに生きている学者で、この競争から降りるのは、学者生命を絶つのと同じことになるのだ。これは、人間としての肉体的(知的ではない)限界を超えるとさえ感じられるのではなかろうか。

次に、現在の科学は宇宙的なひろがりにしろ、原子内のミクロの世界にしろ、人間の感覚的把握の範囲を超えてしまっているという事実がある。それに佐藤文隆が指摘しているように、現代の科学の成果について、一般の人間がほんとうに知るのは不可能に近い。われわれ一般の者は新聞による情報に頼って、「大発見」らしいと思うだけで、その内容については、時には想像することもできない。科学は人々の手から離れていった、と言わねばならない。

これらの点から言って、村上陽一郎の言う「聖俗革命」の次に、科学はまたひとつの革命というのが大げさであるとすると、「離陸」を遂げたということができる。村上の「神 - 自然 - 人間という文脈から自然 - 人間という文脈の変化」という表現を用いると、ここに新たに出てきた図式は、「科学者 - 自然 - 人間」とでも書くべきで、神の座を奪ったのは人間ではなく、特異な「科学者」という存在になってきた。このことは次節に述べるような、偽科学と偽宗教の容易な結びつきが、現代において生じやすいことを示している。

ここで「科学者」が極めて特異で、神に近い存在であることを認めるのを拒否する人でも、先の図式で、科学者と人間とを区別したように、現代の科学が人間存在に相当に深い亀裂を生ぜしめていることは認めるであろう。その亀裂は、人間がその「身体性」から切断されている、ということである。科学は人間が等身大の生き方をするのを妨げる。「身体性」の回復ということは、現代人に課せられた課題である。

ここで余談であるようだが、現代の科学技術の先端を行く人に直接にお聞きしたエピソードを紹介する。その一人は、日本の物理学会の会長をしている米澤富美子さんである。物理学の先端の話を素人にもわかりやすく聞かせてもらったが、そのときに、「私にはアトムがぶつかる音が聞こえるのです」と言われ、「ボカン！ ボカン！」と迫真力のある表現をされ、聞いているわれわれも思わず笑ってしまった（河合隼雄他著『洛中巷談』潮出版社、一九九四年）。しかし、このときに思ったのは、このような第一線の科学者は、その人個人としては身体性とつながる研究をしている、あるいは、身体性の喪失を病んでいないということである。

次の例は、ロシアの宇宙飛行士レベデフさんの話である。彼は百日以上も宇宙飛行を成し遂げた人である。これは大変なことで、余程自分の身体のことに心を配ってないと地上に帰れない。たとえば無重力のなかにいて筋力のトレーニングをしていないと、地上に帰って立つこともできない。そんなわけで、私は彼が宇宙飛行の間、食事、睡眠、身体のエクササイズなど、極めて秩序正しい生活を、鉄の意志でやり抜いているのだと思っていた。

しかし、実際は違っていた。レベデフさんは「体の声に従っていた」と事もなげに言う。つまり彼の表現によると、彼の体が「そろそろ運動しようか」と言うと運動する。「眠いな」と言うと眠る、というのである。そのようにしたので身体の状態をうまく保つことができた。もし決まり切った予定に従ってやっていたら、単調さに耐えられなくて、とうてい百日以上も地球外にいることはできなかっただろうとのことであった。

これらの例は、先端を行く科学技術の専門家は、それなりに巧妙に「身体性」を失わぬ工夫をしている、ということである。このことは科学技術が極端に発達し、その「恩恵」のなかに生きている現代人に対して、何らかのヒントを与えてくれるようである。

人間の科学

最先端の科学技術について述べているうちに、だんだんと自分の専門とする「人間」の問題に近づいてきた。既に述べたように、科学技術の発展は、他方で人間のストレスを増すような作用を持っている。それと近代医学が急激に進み、多くの感染症などがどんどん治されるようになったが、近代医学的な方法によっては極めて治療が困難な、心身症のような病気が増えてきた。

人間の心の問題について考えると、この傾向はもっと強いと言わねばならない。長寿になるのはいいが、老年になってからどう生きるか、高齢者と共にどのように生きるか、などの問題は深刻になり、多くなる。科学技術の進歩は急激で、それに伴う経済的繁栄が人間の生き方を急に変える。しかし、人間の生き方の根本はそれほど簡単には変らない。このため、何かで「いいこと」や「便利なこと」が行われると、そのために悩まねばならない人が必ず出てくる。家族関係の在り方など、この五十年で、あまりに急激に変化してきたので、現在の日本では、家族のことで悩みのない人の方が少ないくらいだろう。

悩みを無くしたい、葛藤を早く解決したい、と願う人は、圧倒的な成功を収めてきた近代の「科学技術」の力に頼ろうとする。あるいは、それによって助けてもらおうと思うのも無理はない。

人間を心と体に分けて考え、体を客観的対象として研究するように、心も客観的対象とするなどということはできないので、人間の「行動」を対象とする、あるいは、心をできる限り対象化する、という方法で、人間の悩みを解決するための「科学技術」という考えをする人もある。これがある程度の成功を収めることも事実であるが、それは科学技術によってテレビや車が操作されるように、いつもうまくいくとは限らない。これは当然のことで、人間は「物」ではない。それを完全に客観的対象にすることなどできない。そこには必ず何らかの「関係」が生じてくるからである。

この点については、これまでいろいろなところで述べてきているので議論は避けるが、研究者と研究される現象との「関係」の存在を前提として、その関係の質によって現象も変化すると考える「科学」が、人間を研究するためには必要である。人間存在はそのなかに大きいブラック・ボックスをかかえている。その顕れ方がそれを観察する人との関係によって大きく変ってくるのだから、近代の物理学を発展させた方法論がそのまま通じるはずがない。

次に、人間の科学における大きい問題は、「偶然」をどう取り扱うかである。C・G・ユングはこの点について気づき、人間のことを研究するには、因果律のみではなく、共時性(synchronicity)についても注目すべきことを主張した。これは人間生活において生じる「意味のある偶然の一致」の現象に関するものである。誰かの死の夢を見たときに、その人が死ぬ。医者からは不治の病と宣言されている病気が治るように、必死になって祈ると快方に向かう。などという類で、筆者のように、人間のぎりぎりの生き方に立ち会う機会が多いと、そのような現象にわりに接することがあり、それが治癒の転機となることも経験する。ここで、大切なことは、その現象を「意味ある」と判断する人間という主体がかかわってはじめて、このことが成立することである。これをいわゆる「客観的事実」と混同してはならない。

先に述べた「科学者 - 自然 - 人間」という図式を思い出していただきたい。何とか科学技術によって助けて欲しいと願っている人が、このような共時的現象によって助けられたとき、その人は「科学」による救済と思うだろうし、それに応える形で科学的説明をする人もある。このような説明はすべて因果律によってなされており偽科学となるのが通例である。

「科学者‐自然‐人間」というパターンは、もともと「神‐自然‐人間」というのを踏まえて生じてきたものだけに、これらは容易に混同されたり、あいまいに把握される。したがって、共時的現象は「奇跡」として宗教的説明に頼ることもある。神の業が人間の因果的理解で説明されるという偽宗教がここに誕生する。このとき御丁寧にも、この宗教は「正しいことが科学的に証明されている」などという不思議な言葉が聞かれるときもある。この際、佐藤文隆の言う〝科学の煽り効果〟がものをいうことになる。

人間の科学を研究するものは、関係性と共時性という極めて厄介なことを背負わざるを得ない、と筆者は考えている。この研究結果は、これまで「アカデミックな学問」として考えられている型には入りにくいのではなかろうか。今後の科学の発展を意図していく上において、この点についても十分に考慮しなくてはならない。

経済学においても、関係性、共時性のことは不問にできないであろう。これまでは、これらを無視して従来からの科学(あるいは学問)の型にはまる経済学を打ち立てようとしすぎたのではなかろうか。それはややもすると経済の実態と離れたものになる、と思われる。経済のみならず、「生きている人間」に関する学問をしようとする者は、今後この点について考慮を払うことが必要と思われる。

観察者と現象との関係の存在を前提とする科学というと、現代の物理学も同様である、とよく指摘される。しかし、このようなことに言及するのは、佐藤文隆が述べているように「数式レベルでの理解抜きには不可能であり、「専門の壁」に囲まれている。それを忘れて「言葉」で理解したつもりになるのは危険である」。したがって筆者としてはこれ以上発言する資格がない。ただ、今後、新しい物理学と心理学との関連ということは、ひとつの重要な課題となるだろうということは指摘しておきたい。

科学技術の未来

今後、科学技術はますます発展していくだろう。そのための過激な競争や、科学技術の発展が人間存在に対して危険なものになる、などのマイナス面についての論議も出てくるだろうが、それらが実際に抑止的にはたらくことはないだろう。唯一、抑止力を持つものは経済的に不可能、あるいは、あまりにも不経済だという論理だろうと思う。人類は一旦走り出した「進歩」の路線を乗りかえることはできないのではなかろうか。

まず、その路線の上で、日本人のできること、なすべきことを考えてみる。山根一眞の述べているような科学技術において、日本人はまだまだ世界に貢献していけるだろう。この点は心配ないと思う。ただ、既に述べたように科学の領域における大きい貢献を期待するのなら、日本の教育の在り方、というよりも、それをつくりあげてきた日本人の心性について相当に突っ込んだ検討を必要とするだろう。これは、第三章「学校のゆくえ」で論じられているので、これ以上は繰り返さないが、特に研究者のなかで指導者と目される人は、大いに心すべきである。あるいは「指導者」というのが、研究の飛躍の大きい妨げとして存在しているところでは、それを改変する方策について全研究者がよく考えねばならない。

このような改革は制度というより、人間の改変の方が先行すべきとも言えるので、なかなか大変である。後に述べることとも関連するが、このようなことを可能にするためには、日本において過度に強調される「理科系」、「文科系」という区別を、早くから強くしすぎる弊を、何とか改める努力を払うべきだと思う。科学とキリスト教について述べたり、科学技術と「人間の科学」の関係について述べたりしてきたが、そのようなことのみならず、科学の領域で飛躍的な仕事をするのなら、日本で「文科系」と呼ばれることが必要になるのは当然である。

また、「理科系」の人々の仕事に対して、それを管理したり援助したりする側の人が「文科系」なので、その内容についてあまりにも無理解、というのでは困ったことである。

この問題を論じ出すと、すぐに「受験地獄」の苦しさが問題になることはよく知っている。日本の教育を考えると、いつもこれが出てくるし、ほとんどがそれを軽減する方法についての考察ばかりである。これに反対するほどの勇気もないが、大きい仕事をする人は何らかの意味で地獄の経験者たちであることを忘れてはならない。

話が少し横にいったが、科学技術における日本人の貢献という意味で、先に述べたことと矛盾するようだが、日本人の持っている、欧米人とは異なる「共存感覚」とでも言うべきものが役立つかも知れないことも指摘しておかねばならない。これは競争原理とは逆のものとも言えるので、甘いことを言っていたのでは既に述べたような現代の競争のなかで、一挙に潰されてしまうものだという自覚が必要である。したがって、この路線で仕事をしようとする人は、競争に負けぬ強さや、矛盾を抱き続ける強さを持っていなくてはならない。その上で、日本的な特性を科学技術の発展のなかにどう生かせるかを考えるべきである。

科学技術の急激な発展は、人間生活を便利で効率的にするが、個々人のストレスが高まるという代償を払わねばならない。後者を避けるにはどうすべきかについて、常に考えながら科学技術の発展について考えていかないと、人類は全体としてだんだんと生きるのが困難な状況に追いこまれていくだろう。心の問題はもちろんだが、身体の病気にしても、近代医学では治療のしようのない病人がだんだん増えていくのではなかろうか。

これからは、理科系・文科系の区別にこだわっていては駄目だなどと述べたが、実際に一人の人間が今日の最先端の科学技術について深い理解を持つことは不可能だろう。そんな点で、今後の科学技術の発展について国家や地球規模で考える学際的研究も必要になってくるだろう。あるいは、理解力を持ったジャーナリストの役割も大きくなると思う。日本にも優秀な人がいるが、数が少なすぎると思う。

以上のことと関連して、「人間の科学」の今後の発展が必要不可欠となってくる。しかし、これはこれまでに述べた方法論上の困難さのために、一般的な科学技術と同様に「進歩」などということが単純に言えぬところがある。ここでは、これまで、宗教、哲学、心理学などと分類されていたことが関連してくるし、医学もからんでくる。そして、オウム真理教事件に見られるように、この領域は容易に偽宗教、偽科学に結びつく「うさんくささ」を持っている。しかし、「うさんくさい」ので止めておこう、とするのはまた危険である。この問題は科学技術の進歩を押し進めようとする限り避けて通れない。

この点においても、日本人が「共存感覚」とでも言うべき日本的特性を生かして貢献できることが考えられる。この際も既に述べたような「強さ」を持つことは当然必要である。この分野において、筆者は少しでも世界に対して役立つことができれば、と努力している。

7　異文化体験の軌跡

内なる異文化

子どもの頃を思い出すと、時として周囲の人の考え方や感じ方と異なるために、チグハグな感じがしたり、孤独感を強く味わったりしたことがあったことが心に浮かんでくる。あるいは、自分が正しいと思っていることが、まったく周囲の賛同を得られなかったり、反対されたり、そのために随分と納得がいかない思いをしたことがある。

中学生の頃、教師の誤りを指摘して頑張っているときに、同級生たちが「馬鹿なことをする」、「嫌な奴」という感じで自分を見ているのに気づいて、不満に思いながらも引き下ったことがある。自分としてはやや英雄気取りのところもあったのだが、それが仲間にまったく評価されないのに呆れてしまった。何しろ、自分は「正しい」ことを主張してるのに、と思ったりした。

第二次世界大戦になって軍閥の力が強くなってきてからは、ますます苦しい思いをした。国のため、天皇陛下のために命を棄てるというのが絶対的に正しいこととされているのに、自分はどうも死にたくない、という気持が強い。臆病だといくら思ってみても、それは変わらない。このときに困るのは、ある面においては、当時の考えに同調しており、その頃に聞かされた多くの日本の軍人の「武勲に輝く」話などには、けっこう感心しているのである。それで自分も頑張らなくては、と思っているのに、その底の方で、何とかして生きたいという気持があったり、人を殺すのはどんなことがあっても嫌だ、と強く思ったりするのを否定できない。自分の心のなかに、自分と異なるはたらきがある、そして、それはどうにもならない、と言ってよいほどのものである。

それでも人に嫌われたくないし、孤立は避けたいので、表面的には何とか同調しているものの、自分のなかの「異なる部分」とどうつき合うかは、なかなか難しいことであった。

敗戦によって事情が一変した。それまで「正しい」とされていたことの多くが誤りとされた。こうなると、すぐにはそれに同調できないのが私の傾向なのだが、それはともかくとして、世界の状況がわかるにつれて明らかになってきたのは、戦争中に私が周囲と異なるものとして意識していた部分は、むしろ、欧米の考え方に近いのではないか、ということであった。おそらく、これは両親の養育態度とも関係してくると思うが、私はヨーロッパに生まれた近代合理主義、個人主義に近い考えをもっていた、ということができる。大人たちの不合理に我慢ならなくて、子どもながらも非難や攻撃をしておさえこまれたり、腹を立てながら忍耐したりしてきたのである。

こんなわけで、敗戦後は日本のものはほとんど何でも嫌い、欧米は何でもよし、というほどになった。考えてみると面白いことで、自分は周囲と異なって孤立していると思っていたのに、自分のような考えは、欧米に行けばマジョリティなのである。つまり、自分はその心のなかに「異文化」を内在させていた、と言うことができる。

結局のところは、私はアメリカ、ヨーロッパに留学することになるのだが、それについては後に触れるとして、この「内なる異文化」という点について、少し考えてみたい。このことは自分の生涯にわたる課題となったと思えるのであるが、これに対しての全般的な考えをもつことができたのは、自分がユング心理学を学ぶようになってからである。自分の課題解決をするためにユング心理学を選んだのではなく、ほとんど偶然的にこれに接することになったのだが、結果的にもっとも適切なものを選んだことになっているのは興味深いことである。

C・G・ユングの学説の特徴のひとつに、集団的無意識(collective unconscious)という考えがある。これは彼が精神分裂病者の心理療法に力をつくしていたこととも関連するが、患者の無意識内のイメージを理解する上において、その患者の個人史によっては説明することができないが、むしろ個人を超えた集団の共有するものとして考えた方が、より説明しやすい内容があることを見出した。彼が「集団」と呼ぶとき、それはいろいろな範囲のものが考えられるが、それをもっとも広く拡大すると人類一般ということになる。この点を強調して、私はユング心理学を紹介するときに、collective unconscious を「普遍的無意識」と訳した。その方がユングの意図を伝えやすいと思ったからである。

しかし、この集団はすぐに人類一般にまで拡大しなくても、家族や文化、などに限定してもいいわけであるし、実際、ユング派の人たちのなかには、「家族的無意識」、「文化的無意識」などという表現をする人もある。その点を勘案して、心の構造を図のように示したこともある(河合隼雄『無意識の構造』中央公論社、一九七七年〔本著作集第一巻所収〕)。

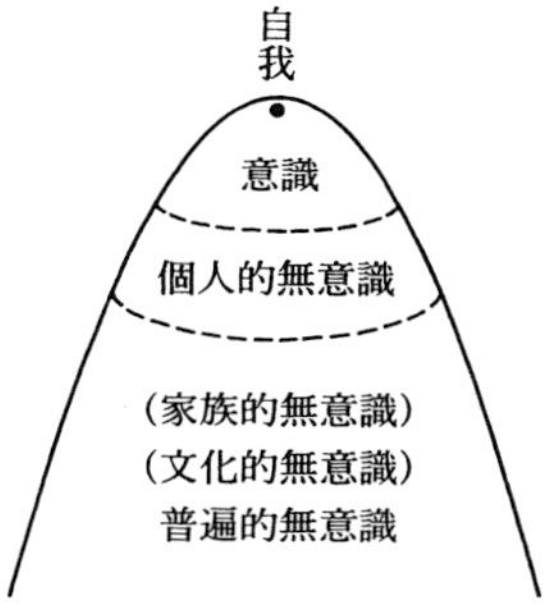

心の構造(『無意識の構造』より)

これに示されているように考えるとすると、各人はそれぞれが心の奥に「異文化」を内在させている、と考えることができる。人間の「自我」は、その人を取り巻く環境と、その人のもって生まれた素質とのからみ合いによってつくり出されてくる。そのときに、その人の属している文化によって強く影響されるのは当然のことである。自我を構築する要素としての言語は実に重要である。したがって、日本語という言語に依存して自分の自我を形成してきた者は、日本文化と無縁ではあり得ない(日本語と異文化との関連については、山田尚勇「情報化社会における日本語表記と入力」『現代日本文化論』第7巻「体験としての異文化」

を参照されたい)。日本語を用いていることによって、日本的な思考や感情のパターンに無意図的にはまりこんでいるのである。

自我は日本的に形成されるとしても、その無意識内には、無数の「異文化」が存在している。それをどの程度に意識し、生きるかは、その人の運命や個性などと関連してきて、相当な個人差が生じてくる。私の場合で言えば、子どもの頃からヨーロッパ文化的な内容が活性化され、それをある程度は自我に取り入れたり、時には取り入れようとして周囲からの圧力によって失敗したりしてきた、と考えられる。周囲と同調性の高い自我をつくりあげて、自分のなかの「内なる異文化」の存在にほとんど気づくことなく生きている人もある。

欧米に行くと、あちらの人で「内なる異文化」に気づきはじめた人に会うことがある。そもそも、C・G・ユングがそのような人であった(残念ながら、私が渡欧する前年に彼が死亡し、会うことはできなかったが)、そんなこともあって、ユング研究所に関連する人たちは、東洋の文化に深い理解を示す人が多かった。あるとき、そんな人に、私が「自分の前世はヨーロッパ人だった」と冗談を言うと、その人はすぐに「自分の前世はチベット人だった」と言って大笑いをしたことがある。そのような表現によって二人とも、それぞれが「内なる異文化」の存在を確認し合ったわけである。

カルチャー・ショック

日本が戦争に敗れたとき、日本の精神力がアメリカの物量に負けたのだという人が多くいた。何しろ戦争中は「大和魂」という精神力によって日本は必ず勝つことになっていたので、そこを何とか言いつくろわないと困るということもあった。このような論調は今でも尾を引いていて、「西洋の物質文明」によって「豊かな心」を失ったので、日本古来の心を取り戻さなくてはならない、などと主張する人もある。こんな人は、欧米人が日本人をエコノミック・アニマルと呼んで、極めて物欲の強い人間と考えている事実を、どう説明するのかと思う。このことは暫くおくとして、敗戦当時に私の考えたのは、日本は欧米の精神、つまり、近代的合理精神によって負けたのだ、ということであった。したがって、その真髄である自然科学こそ重要と考え、数学を専攻したりした。

大学を卒業したときは、一生の間高校の教師をするつもりだったので、自分が留学することなど毛頭考えたことがなかった。しかし、高校生に対する相談活動と関連して、臨床心理学を学ぶことになり、結局はそのためにフルブライト留学生として一九五九年に渡米することになった。そのときは、既に述べたような事情から、自分の考え方や趣味など、すべて西洋的だと思っていたので、アメリカに行ってもそんなに困ることはないと思っていた。ところが実際に行ってみて、相当なカルチャー・ショックを受けた。

カルチャー・ショックの内容を端的に言うと、自分がいかに日本人であるか、を自覚させられた、ということになる。アメリカ人がすべてのことを明確にして言語化するのに、なかなかついていけない。何か尋ねられても、反射的に“I don't know.”と言いたがっている自分を見出す。いろいろと文化差のことを念頭におきながら生活していたので、カルチャー・ショックによって不適応を起こすということはなかったが、相当な異和感を感じつつ生きていかねばならなかった。

ひとつだけエピソードを紹介すると、大学院の授業料を免除してもらうための願書を出したことがあって、日本のように面接があると思っていると、何もなくてすぐに許可の通知が来た。不思議に思って訊きにいくと、大学院生は平均点が何点以上は授業料免除と決まっていると言う。「経済的なことは調査をしないのか」と尋ねてみた。すると、「学業が悪く、お金のない者は別に大学院に来る必要がないのではないか」とのことであった。まさにそのとおりである。しかし、これと同じことを、日本の大学で言うとどんなことになるだろう。アメリカは民主主義の国だから、と日本に居るときに漠然と感じていた、「民主主義イコール平等主義」というような安易なイメージは消滅した。日本の「民主主義」が、まったく特異なものであることも、だんだんとわかってきた。

アメリカに続いてスイスに留学した。スイスでは家族連れで行ったので、異文化の体験をいろいろな角度からすることができた。欧米に住んで、特に当時の状態においては、何かにつけて日本は「遅れている」という言葉が当てはまった。戦後に出てきた日本人論は、もっぱらこのような考えだったと言ってよい。日本は「近代」をほんとうに経験していない。こうした点で日本人はいかに馬鹿げたことをしているか、をさまざまに論じることができた。

アメリカにおいて臨床心理学を学んだときに感じたことは、人間の生きていく目標として、いかに「強力な自我」をつくりあげるか、がかかげられていることであった。ノイローゼの症状などに悩む人が来談する。それに対して、症状を何とかして無くそうとするのではなく、それを機会に面接を続けていくことによって、その人が強い自我をつくりあげるのを援助する。そうすると、その人はそれ以後、自分の判断によって自主的に生きていくことになろうし、それが可能となる頃には、ノイローゼの症状も無くなっているはずである。このような考えで、心理療法の過程を見るとき、自我形成ということ、およびそれがどのような段階を経てなされていくかということを知らねばならない。そこに心理学の理論も生まれてくる。自立的で自主的な自我を確立していくのには、どうすればよいのか。

このような理論に従うと、日本人は低い発達段階に留まっていることが明らかである。他人への依存が強く、自立性が低い。日本占領軍の司令官マッカーサーが日本を去るときに、日本人の精神年齢は十二歳だと言ったのも、こんなことに関係しているであろう。これはこのように考える限り、そのとおりということになるが、私が欧米に滞在中に考えたことは、日本と欧米とでは人間観や世界観が異なっているために違いが生じてくるのであって、それをひとつの尺度によって、どちらが進んでいるとか、優れているとか判断するのがおかしいのではないか、ということであった。考え方の根本が異なるのだから、単純な優劣の比較は行えないのである。

そこで考えたのは、心理的に見て、二つの異なる原理があるとし、それを一応、父性原理、母性原理と呼ぶことにした。これらについては、これまでの自分の著書に詳しく論じてきたので、簡単に述べる。父性原理、母性原理の主たる機能は、それぞれ、「切る」、「包む」ということである。父性原理は、ものごとを切断し、区別する。善悪、長短、軽重、すべてのことを明確にしていく。これに対して、母性原理は全体を包含する。善悪の区別などをせずに、すべてはひとつと考える。しかし、母性原理で非常に重要なのは、その母性原理の及ぶ範囲を限定することで、「内」か「外」かということの区別のみは、ほとんど絶対的である。内の者はすべてがひとつに包みこまれるが、外は「赤の他人」で関係がない。

人間はもちろんひとつの原理だけでは生きていけないので、どのような文化もこの両方の原理をある程度は共存させているのだが、やはり、どうしてもどちらかの原理が優勢で、それを他方の原理が補償する形をとっている。日本と欧米を比較すると、明らかに前者は母性原理、後者は父性原理を優位にしている。このように考えると彼我の差がよく説明できるし、互いに一長一短であることが明らかになる。

これ以上これに関して論じることは省略するが、私にとってはこのような考えによって、文化差の問題を相当に整理することができた。自分はほとんど欧米人と違わないほどだなどと、アメリカに行くまでは思っていたが、そんなことはないことが強く認識された。自分の心のなかにある日本人の存在が前より自覚されるようになった。これは分析家になるために、自分が分析を受けた——それも英語で——ということが大いに役立った。

自分の考えや感じたことを英語で表現しようとすると、適当な言葉がなくて困ってしまう。「甘える」、「もったいない」、「素直」などの言葉をピッタリと表現する英語がない。それを何とかして分析家に伝えようと下手な英語で説明することによって、自分の日本人的在り方がわかってくる。それでも、このようなことを途中で投げ出さずにやってきたのも、自分のなかの「内なる異文化」が助けてくれたからだと言える。自分の心を深く掘り下げていけば、異文化とつながるチャンネルがどこかに見出されるはずである。

異文化体験をするのは苦しいことではあるが、自分を見直し、知るためには非常に効果的である。まったく異なる角度から自分の姿を照射することができる。そして、それを日本語と異なる言語によって表現し、他に理解させるように努力することによって、ますます自分の姿を明確にすることができる。

一九六五年にスイスから帰国した頃は、文化差の問題を論じてもあまり注目されなかった。当時は差に焦点を当てるよりも、世界中の人間が皆同じであることを強調する態度の方が強かったし、外国に旅行したりしても、真の意味での異文化体験をする人が少なく、外国に行っても心が通じ合うことの方に強調点がおかれた。「国際人」ということは、無味無臭の蒸留水のような人をイメージすることが多かった。

アジアの文化

年月が経つにつれて、日本人も文化差の問題に関心をもちはじめた。これは交通、通信機関が急激に発達したのと、日本の経済が発展したことが相まって、他文化との接触が多く、また深くなってきたためである。それと日本の経済力が急激に高まるにつれ、「日本的経営」の秘密を探るという意図をもって、日本人論が盛んになった。この頃から私の日本文化論も大分注目されるようになり、父性原理、母性原理という用語があちこちで用いられるようにもなった。

しかし、この用語は心理的な考察から導き出したものであるにもかかわらず、日本を母性社会であると主張したこと(河合隼雄『母性社会日本の病理』中央公論社、一九七六年)が誤解され、母系や母権の意味にとられることもあった。そして、日本の文化の欠点を克服するための「父権の復興」などということが言われ、戦前の日本の父親像を称揚するような見当違いの論さえ出てくる始末であった。私の主張はまったくそのようなものとは異なっており、戦前の日本の父親は法律によって守られて強そうに見えたかも知れないが、私のいう父性原理を身につけている人は極めて少なかったと言うべきである。

日本人が父性原理を理解し難いのは、厳しい砂漠という環境から生まれてきた、一神教であるキリスト教をなかなか理解できないことと軌を一にしている。天なる父の厳しさがわかりにくい。本論ではあまり宗教との関連を論じる余裕がないが、父性原理、母性原理の差の背後には宗教の差があることは指摘しておきたい。

このようなことを、ともかく自分の関心に従って日本と欧米の比較のみを考えていたが、そろそろアジアのことも考えねばならないという意図もあって、フィリピンに約一カ月間滞在できたときは、非常に有難く思った。一九七七年にフィリピンに行き、海外在住の日本人子女の教育に関する学術調査を行なったのだが、そのときに、前述したような関心から、フィリピンの人々が父性原理と母性原理のどちらを優位に感じているかを知りたいと思い、私なりの探索を行なった。

この結果についても既に発表したので、ここでは自分の体験したエピソードなどをまじえて語ることにする。フィリピン人の九〇パーセントはカトリック教徒であり、英語を話す人も実に多い。しかし、結論を端的に言えば、フィリピン人は日本人よりも強い母性原理で生きていることがわかった。そして、彼らの一体感を支えているものとして血縁関係が非常に重要であることがわかった。何と言っても自分の親族のためにつくすということが倫理の第一原理なのである。

フィリピン人の家庭に招かれて雑談していると、最近は自分のいとこが税関吏になったので、酒がやすく手に入るようになった、などという話題がよく出てくる。つまり、そのいとこが税関をフリー・パスさせてくれるわけである。そんな話を聞いて、それはよかったと言う人はあっても非難する人はない。あるいは親族の一人が政府の高官になると、自分の親族をその官庁に雇い入れる。こんなわけだから、あるフィリピン人が、日本人は工業的、経済的には素晴らしい発展を示しているが、道徳的には極めて低い、と言ったときもあまり驚くことはなかった。フィリピンの道徳では、まず親族、それに続いて親族類似に親しい人(これはいろいろな方法でうまく増やされていく)のために「便宜」をはかるべきなのだが、日本人はそれをしない。だから道徳的に低いというわけである。

これを聞いていると、日本人は母性原理を基調にしながらも、適当に父性原理を入れこんでバランスをとっていることがわかる。たとえば、入学試験には相当な父性原理が入っているし、その他のことでも血縁を優先して社会の一般的ルールを破ることが少ない。このことが、日本が他のアジアの国に比して、いち早く欧米の文化を受けいれることができた要因のひとつであると考えられる。

話はフィリピンから離れるが、血縁を基にする徹底した母性原理は、アジアの国々の近代化を阻む強い要因となっていると思われる。お隣の韓国は近代化に向けて努力を続けているが、よく知られているように韓国の同族意識は非常に強い。誰かが大統領になると、どうしても自分の一族を要職につけねばならなくなる。というわけで、なかなか才能によって人材を登用することが難しい。それに反対する勢力は、もちろん大統領の非合理な行為を追及することになるが、自分がそれになり代わっても同様のパターンを続けることになってしまう。このことをどのように克服していくかは韓国の課題ではないか、と思われる。これは隣国から勝手に想像していることに過ぎないのだが。

中国は少し様相を異にするようである。中国も血縁を非常に大切にする国である。国家などという単位ではなく、自分の属する「大家族」によって、自分の存在意義を考えているのではないかと思われるのが「文革」以前の状態ではなかったろうか。中国の人たちが国外に出ても安泰感をもちながら生きているのも、この「家族」による支え合いの強さによるものと思われた。しかし、私が個人的に話し合った中国の人たちは、次のように語っていた。「文革」のときに政府が密告を奨励し、家族間にもそれが生じてお互いの信頼感をなくしてしまった。おそらくこれは、家族ではなく中国政府にアイデンティティの基盤をもたそうとした政府が意図的に、密告を奨励したのではなかろうか。したがって、中国人は頼るべきものを失ってしまって、しばらくは政府を頼みとするより仕方ない状況だった。しかし、最近になると、結局はまた「家族」を基盤とする生き方に徐々にもどりつつあるとのことである。これは、私が個人的に意見を聞いた、二、三の人の考えである。しかし、私には十分一般化し得ることのように感じられた。このことは今後の中国における重要な問題点になる、と思われる。

話をフィリピンのことにもどそう。フィリピンでアメリカ人や日本人に会って話を聞くと、フィリピン人は約束を守らない、と不満を言う人が多かった。約束の時間に三時間くらい遅れてくる。時には来ないこともある、と言う。フィリピンの人によると、何か約束があって行こうとしているときでも、昔の恋人にひょっこり出会ってなつかしく思うとそちらの方に時間を使ってしまう。そちらの方が大切だったり、面白かったりするからだ、とのこと。おそらく時計で計られる時間にやたらに縛られるのは父性原理に厳しいプロテスタントの倫理ではなかろうか。倫理の基準はひとつではなく、各文化はそれぞれの倫理観をもっているのだ。フィリピン人の時間の感覚も、人生を楽しくするためのひとつの方法だろうと思う。

ところで、フィリピン人の経済水準の差は実に大きく、途方もない金持もいるし、まったくお金のない人もいる。後者の人たちが住んでいる地区へも行ったが、ひとつ非常に印象的だったのは、子どもたちの表情が実に生き生きとしていることであった。トカゲをつかまえてふりまわしている子、コカコーラは一びん買うことなどできないので、小さい紙コップ一杯を買うのだが、それを飲んでいる子、それらの子はほんとうに素晴らしい顔をしていた。ところが、大金持の家庭に招かれていったが、食事や家具やら驚くほど贅沢にしているが、子どもたちの顔は、ぞっとするほどの無表情なのである。実はそれから何年か経って、日本にもバブルという時代が来たが、そのときに日本の子どもたちの表情がだんだんとフィリピンで見たお金持の子どもたちのそれに似てくるように感じたことがある。

自分たちの文化と切れて、借り物によって「豊か」になると、人間の感情は貧しくなるのだろうか。異文化をほんとうに自分のものにする、というのは大変なことなのではなかろうか。アジアの国々はすべて欧米の文化を取り入れ、今後も取り入れていくことになるが、その先どのようになるだろうかと思う。よほどよく考えていないと、昔話などによくあるように、悪魔にたましいを売ってたくさんの財産を得た人間のようなことになるのではないか、と思う。日本でも既に無表情、無感動の若者たちが増えているように思う。

日本国内の文化戦争

現在の日本の家族では何らかの問題をかかえていないところはないと言ってよいくらいであろう。親子、夫婦、きょうだいなどの間にいろいろと困難な事態が発生する。それはその家族の誰彼が「悪い」などというのではなく、よく見ると、その背後に異なる文化の間の衝突が認められる。親子、夫婦などが実は文化戦争をやらされているのである。

文化戦争などというと、日本とアメリカの間の文化摩擦などを思い起こす人があるだろう。確かに異文化の間では誤解や摩擦が起こりやすい。このことも考えねばならぬ問題である。しかし、ここでは私の体験とも関連するものとして、日本国内における文化戦争について述べてみたい。

不登校の中学生男子。それまでは成績もよい方だし、教師や親の言いつけによく従い、「よい子」と言ってもよかった。その子が中学二年生になって学校を休みはじめ、とうとう昼夜逆転するような生活になった。そのうち何のかのと母親に文句を言うようになった。急に何かが食べたいので買ってこいと言い、しばらくして買ってくると、「今ごろではもう遅い」とばかり買ってきたものを投げ棄ててしまう。夜寝ようとすると、枕もとにきて話をはじめる。本人は昼の間に眠っているので眠くないが母親は眠くてたまらない。眠ると、「せっかく話をしているのに、目を覚ませ」と怒鳴る。とうとう母親がたまりかねて、われわれ心理療法家のところに相談に来る。なかには、息子は精神病ではないか、と言う人もある。行動が不可解すぎる。あんなによい子だったのに理由もないのに激怒した、というのである。

不登校の事例は現在は多様化していて、決して一言で説明がつくようなものではない。ただ、ここにあげたような例の場合、この中学生が母親に対する依存と自立との強い葛藤のなかにいることがわかることがある。日本文化においては、母と子との関係は極めて重要なテーマである。欧米のように、子どもが母から自立して、個人として独立した自我を形成する過程がそんなに確立していない。往時の日本では、母・息子の心理的紐帯はある程度保持しつつ、息子がある年齢に達すると若衆宿に入ることによって、社会的集団の守りのなかで、母親から分離するという方法をとってきた。日本社会に若衆宿はなくなっても、それと類似のメカニズムがある程度作動していた。ところが、最近になってくると、息子たちは母との関係をどうもっていいかわからない。

うまく日本的にすすむと、個人としての母からは離れていくが、学校内のグループ、就職したときは会社という母性集団に入るという形で、母なるものとの関係を保持し続けていく。しかし、現代の中学生は、欧米的な自我の確立というテーマが入りこんでくると、ともかく、母(および母なるもの)から急激に分離してゆこうとする傾向が強くなる。さりとて日本人だから、いつまでも母親との関係は保ちたい。この強い葛藤に耐え切れなくなると、母親に対する不可解な攻撃となって現われてくる。それは時には暴力にまで発展することがある。

このような事例に接すると、日本の家庭のなかで文化戦争が行われているとか、その母子は、日本の文化の病に罹っているとか、考えたくなる。誰が「悪い」などという単純なことではない。父性原理と母性原理のバランスを、現代の日本人がどのようにとって生きていくのか、という文化的な課題に直面しているのである。

不登校になる子どものなかには、むしろ他の子よりは創造的で個性的な場合がある。このような子は、日本式に皆が同じことをするという同質性に耐えられないのである。あるいは、このような子がいじめにあうときもある。欧米型の自立した自我を形成しようとする子どもは、「生意気だ」などと言って、いじめられることも多い。これは子どもたちの間の文化戦争である。このようなとき、父性原理か母性原理か、どちらかが「正しい」と信じこむと、誰が悪いかをすぐに判断できる。しかし、実際はこのような戦いを通じて、子どもたちがいかにしてこれからの多様な社会に生きていくかを自ら考えて探し出していくことが大切なのである。

文化戦争は夫婦の間にもよく生じる。多くの場合、父性原理を優位とするのは女性である。日本の男性は日本的集団に帰属している限り、母性原理を相当に身につけている。自分の意見があっても、めったに自分から言い出したりしない。自分の考えというよりは、まず集団の傾向を察知し、それに同調していくなかで、自分の考えを生かすことを考える。全体のバランスを考えることが先行する。これを「和」の精神と言ったりする。

現実はこのようであるが、マスコミを通じて流れる評論は、むしろ父性原理に頼るものが多い。それは父性原理の方が論理的に強いし、切口も鮮かである。日本の現状を批判したりするのには、もっとも適している。ただ、実状には合いにくいことが多いだけである。夫が仕事に出てる間に、妻がマスコミの論調に動かされると、それは父性原理によって武装されてくる。夫が外で好きなことをしている(というふうに見えてくるのだ)間に、自分がひたすら忍従しているのは馬鹿げている、と考えて、妻は「独立」したくなってくる。このようなわけで、父性原理という錦の御旗をもって、妻が夫を攻撃する。夫は「和」の精神によってグズグズ言うが、論戦においては妻の方が勝つことが多い。そして、遂には離婚ということにもなりかねない。

このような「戦争」の仲裁役として、われわれ心理療法家が仕事をしなくてはならぬときがある。戦争が起っているときは、既に述べたような説明は役に立たない。われわれにまずできることは、夫と妻それぞれの身代わりとして相手に会い、その攻撃や非難を受けることである。どちらの考えも、もっともなのである。「この辺で自立したい」という妻も、「自分は好きなことなどしていない。妻子のことを思ってひたすら耐えてきた」という夫も、どちらも一応はもっともである。ただ、どちらも相手を攻めることに急で、理解しようとしないのである。心理療法家は、このような文化戦争の十字砲火のなかに立って、理解への機が熟するのを待つしかない。それぞれの身代わりとして「異文化体験」をわれわれはするのであるが、それを通じてこそ仲介の役を果せるのである。

異文化問題は同一国内の世代間にも発生する。(世代間の倫理観の差については本書第十二章においても論じられる。)現代の若者は現代社会に「ゆたかさ」をもたらした価値観、倫理観をもって生きているのに対して、老人は自分の生をいかに終わらせるかという課題に直面している。両者の間に文化戦争が生じるのも当然である。

最初にも述べたように、われわれ人間のなかの「内なる異文化」の自覚をよほどしっかりともたないと、外側につぎつぎと現われる「異文化」と戦うか、それを嘆いてばかり、ということになるのが現在の日本の状況である。それも「異文化」などというのではなく、自分の周囲には、勝手者とか、ものわかりの悪い者ばかりがいるように感じられてくる。こうなるとつい「昔はよかった」と言いたくなるが、それは一時的な気休めになるとしても、問題の解決には役立たない。

異文化体験と自己実現

子どもが不登校になったり、家庭内で暴力をふるったりすると、親としては大変である。何とかしたいという思いに支えられて、このような人が心理療法家のところに通って来られる。これに対して、われわれは特効薬をもっているわけでも、よい方法を知っているわけでもない。多くの場合、その言葉にひたすら耳を傾けている。このひとつの理由は、ほんとうに人間を変えるものは「体験」しかない、ということである。頭でわかっても、それは人間を変える原動力にはならない。

「異文化」を体現しているともいうべき息子、あるいは、夫、妻、それと正面から対決して、その戦いを「体験」してはじめて、解決への道が見えてくる。それは実に苦しい道である。異文化に対する一番簡単な対し方は、それを自分と「異なる」ものとして関係を断つことである。「異常だ」とか「わけがわからない」などと言えばよい。異文化との真の関係の確立はあまりに苦しい道なので、多くの人がそれとの関係を切りたい欲求にかられる。しかし、そうはさせない内的な必然性によって進められていく。特にその相手が自分の子どもの場合は、簡単に関係を切れるものではない——と言っても、そうしてしまう人もあるのだが——。われわれ心理療法家は、そのような苦しい道を歩むことの意義をよく知っているので、その人の歩みをできる限り援助し、途中で投げ出さないように努力する。しかし、時には、われわれの方が投げ出したいと思うことさえある。

このような道を歩き切ったとき、子どもは自立的になっており、それはこれまでの日本人よりは欧米的な自我の在り方を自分のものにしていることが感じられる。それと同時に親の方も以前よりはるかに自立的になっている。誤解のないように言っておくが、自立的になった親子は、むしろよい関係をもつことができる。一緒に食事したり旅行したりを、それぞれが個人として楽しむことができる。それ以前であれば、お互いの存在が何となく他を脅かすように感じられるので、離れていたいのだが、離れると淋しいというので、いつも関係がギクシャクとする。親から離れようとして、無用な努力を続けてきた学生が、カウンセリングの過程を経た後に、親とも普通に接することができるようになって、「孤立と自立は違いますね」と言ったことがある。自立した人間は人間関係をもてるのである。

苦しい体験を積むことによって「異文化」との関係をつくりあげていくことに成功した親が、「子どもに感謝する」とか、「このことをわからせるために、あんなにも荒れたのですね」などと言うことがある。眠り込む母親を無理矢理に起こしていた子どもは、親が「目覚める」ことを無意識的に期待していたのであろう。もちろん、これらの過程は、最初は子どもの方も意味がわからず、ただ単に、腹が立つとか、やらざるを得ないということで行動しているのだが、結果として意味あることが生じてくる。

ここに述べたことでもわかるように、異文化体験は自己実現に深くかかわっている。一般に自己実現というと、自分のやりたいことをするように受けとめられているが、それはむしろ、自己実現のはじまりであろう。実現するべき「自己」は、現在の自分にとってはまったく思ってもみないような「異文化性」をもっている。「どうしてこんなことを」とか「なぜこんなことを」と言いたくなるような要素を体験しなくてはならぬところに、自己実現の本質がある、と思われる。

私自身のことで言えば、外国で英語で講演したりするのは苦痛である。日本で勝手なことを話したりする方がよほど楽である。それに講演のなかでは、欧米人と異なる日本人の考えや感じ方を英語で語って通じさせることをしなくてはならないので、非常に困難であるし、誤解されることもある。外国に行く日が近づいてくると、なぜこんな面倒なことを引き受けたのだろう、と思うことがある。三十歳になってから英会話の勉強をした人間なのので、英語がうまく話せるはずがない。それにもめげずやっているのは、私の自己実現の一端としての意義を感じるからである。

図(三〇三ページ)に示した、人間の心の層構造は下がオープンになっている。人間の心は閉じた領域としても、完全に開かれた領域としても、両方に感じられる。極端に言えば、人間の内界と外界の区別などないのではないか、と思うことがある。普遍的無意識は人類一般に共通と述べたが、仏教の教えに従うと、それはすべての生物のみならず無生物も含むことになる、ということができる。「自己」を実現することは、すなわち、世界の実現と重なり合うことになる。

「内なる異文化」は「外なる異文化」と呼応している。二十一世紀には異文化間の接触はもっともっと広く、深くなるであろう。そのときに自分に与えられた異文化体験——それは個人によって実にいろいろな差があるだろうが——を自らのものとする努力によって、各人がその人らしい個性的な生き方を見出していくことになる。それを自己実現の過程と呼ぶのであろう。

8　夢見る未来

夢と遊びの今昔

週休二日ということが、最近では大分一般化してきた。小、中学校の週休二日制ももうすぐ実施されることになるだろう。それに日本人全体が経済的に豊かになったので、二日の休みを利用して遊びに出かける人が多くなった。連休期間中の海外旅行も昔とは比べものにならぬほど増加している。海外観光に出かけたことのない人の方が、少ないかもしれない。これを今から三十年前と比較すると、どうだろう。考えられないほどの変化ではなかろうか。この事実によって、日本人全体に「遊びが増えた」と言うと、あまり実感できない、と言う人が多いのではなかろうか。アクセク働いている実感の方が強い。それに「夢と遊び」などと並べてみると、それがだんだん豊かになってきた、とは言い難い感じがするのではなかろうか。これはどうしてだろう。

もちろん、これには「夢」や「遊び」というものの定義が関係してくるだろう。たとえば、せっかくの二日の休みに、家族を連れて旅行する男性は、それを実感としては「仕事」と感じているかもしれない。「したい」からではなく「しなくてはならない」からしているのである。「夢」をそそるいろいろな商品を手に入れた人が、それを手に入れたとたんに、ローンの重みの方ばかり感じるようになるかもしれない。

個々の場合について考えてみよう。子どもの生活はどうだろう。現在の子どもたちは、われわれの子ども時代とまったく比較にならない豊かさのなかにいる。玩具の量や、その値段の高さはどうだろう。それに、テレビゲームがある、ファミコンはある。われわれの子ども時代に修学旅行があったのは、そんな機会を与えないと、一生の間、東京も伊勢神宮(極めて重要であった)も見ることなく終わってしまう人がたくさんあったからである。今では、高校生が修学旅行に海外に行ったりしている。こんなことはいちいち比較する必要もないであろう。そして、その結果、現在の子どもたちの「夢と遊び」は豊かになっただろうか。かえって大いに貧しくなっているのではなかろうか。

高齢者にしても、昔のようにアクセクと働く必要はない。それまでの貯えや年金で生きていける。それによって高齢者の「夢と遊び」は豊かになっただろうか。確かに以前に比べると、高齢者で海外観光に出かける人は随分と多くなった。しかし、その一方では、暇を持て余している人もたくさんいるのではなかろうか。特に「夢」などと言われると、なかなか豊かになったとは言い難いだろう。

これが人間というもの、人生というものの難しいところであろう。百年前は人間の「夢」であった多くのことが、今は現実になってしまっている。空をとぶことができる。それどころか月まで行って帰ってくることもできる。毎日の生活は電気製品のおかげで、嘘のように便利になっている。夢があまりにもつぎつぎと現実化されて、夢の方が貧困になってきた。

これとまったく逆のこともある。日本を例にとれば、明治以来、この社会をよくしようとする「夢」を持った人はたくさんあっただろうが、夢を支えたイデオロギーが現実には役に立たないことがわかって、潰れていった。あまりにも夢が現実化されないので、最近の若者は夢を失っていないだろうか。この百年間、日本は相当に貧しいときもあったが、そのなかで、あるいはそれ故に、多くの若者が「夢」をもって社会を改革しようとした。しかし、今はどうだろう。鷲田清一は、若いひとの「近未来への絶望の深さ」に驚いた、と述べている。現在はかつてのような形で「現実」に対し「夢」をもつことができにくくなっている。それはなぜなのだろうか(「〈ゆるみ〉と〈すきま〉」『現代日本文化論』第10巻「夢と遊び」)。

夢と遊びは、それぞれ現実と仕事に対応している。いわゆる現実的な人は、夢や遊びの価値を低くみる。できる限り排除すべきだと思う。しかし、現実と夢、仕事と遊びの区別もその関係も実に微妙である。それほど明確に分けられないし、どう関係しているかを言うのも難しい。しかし、現実と夢とを明確に区別し、前者の方に高い価値を置く考えは、近代ヨーロッパに生じた考えであろう。

たとえば、日本の中世の説話、物語などを読むと、夢と現実の境界が実に薄く、あいまいであることに気づく。これは今までによく引用していることなので簡単に紹介するが、『今昔物語』(巻第十九、第十一)に語られる話では、夢と現実が重なり合っている。ある人が夢を見て、温泉に観音様が来られると知る。どのような服装の人が来ると夢で告げられ、一同がそれを信じて待っていると、そのとおりの人がやってきた。皆が伏し拝むのを怪しんでいたその人は、夢のことを聞き、「それじゃ、私は観音なのだ」と言って、そこで出家をする、という話である。この話で印象的なのは、他人の夢によって、自分が何者なのか、それも「観音様だ」ということを確信するところである。自分が「何者であるか」ということは、ほんとうのところなかなかわからないのだが、このように夢に頼ると強いであろう。

死後の世界の体験もよく語られる。地獄の体験の方が多いが、死後、それまでに死んだ家族に会ったりする。面白いのは、『日本霊異記』を見ると、そんな話を信用しなかった役人のことまで書いてある。その頃、既に合理主義の人物がいたことがわかる。もっとも、それが間違いだったことが語られているわけであるが。

このような時代の遊びの方はどうだったのだろう。庶民がどの程度の余暇をもち、どのような遊びをしたのかについてはわからないが、王朝物語を読む限り、貴族たちは実によく遊んでいる。遊ぶために生まれてきたのではないかと思うほどである。男たちは好きな女性のところを訪れる。楽器の演奏をする、歌を詠む、舞いを舞う、という有様である。ところで、このような傾向を苦々しく思い、大いに悲憤慷慨する人物の姿もまた物語のなかに語られている。『宇津保物語』という、『源氏物語』より以前に書かれた物語のなかで、前大臣三春高基という人物が左大将の娘、貴宮と結婚したいと思うが、簡単には果せない。彼は左大将がたくさんの娘をもっていて婿をとっているが、その婿たちについて大いに嘆くところがある。口語訳によると「婿たちは琴や笛を操り、和歌を詠み、平仮名を書くことだけがとりえで、いずれも好色者《すきもの》か愚者ばかりだ。だれ一人まじめに働こうというものがいない。きれいな女と聞けば、雲の上、地の下までも探しに行くくせに、人並み以下の顔とわかれば、恬《てん》として相手にもしない。田や畑を耕し、商売をし、まじめに働いて世を渡ろうとする人たちを、あざけり笑う不届き者ばかり」(浦城二郎訳『現代語訳 宇津保物語』ぎょうせい、一九七六年)というわけである。このままでも、現代のプレイボーイに通じそうだが、昔のプレイボーイほどの教養は身につけていないところが違うだろう。

『宇津保物語』の時代においても、遊び好きの人と、それを非難する考えの人がいたことがわかり、こんな点でも昔も今もさして変りがないと言えそうである。しかし、今と昔の「遊び」の差について言えば、今は何となくセカセカとしているのではなかろうか。遊びながらでも落ち着いておられない。ともかく追い立てられるような気持が強いのではなかろうか。考えてみると、昔よりはよほど長寿になっているのだから、反対ではないかと思われるのだが、これはどうしてだろう。

現実の多層性

休日に山に行き、山小屋で泊る。翌朝早く起きて朝日の昇るのを見る。そんなときに思わず手を合わして拝みたくなる。実際、多くの人が朝日に向かって合掌しているのを見る。そして、その人たちを変な人と思うことはない。しかし、考えてみるとその太陽は、毎朝、自分の日常生活のなかにも現われている。かつては割にあったが、日本人で毎朝太陽を拝んでいる人は少ないのではなかろうか。ましてや、昼休みにビルの屋上にあがり、太陽を拝んだりすると、変な人と思われるのではなかろうか。

分析心理学者のC・G・ユングは一九二五年、アフリカに旅し、エルゴン山の住民を訪ね、彼らが毎朝、太陽を拝んでいるのを見る。そこで、昼間に太陽を指さし、あれは神かと尋ねるが、否《ノー》という答を得る。不思議に思って話し合っているうちに、ユングは彼らにとって「太陽の昇ってくる瞬間が神なのだ」という認識をする。太陽は神か神でないか、という問いがナンセンスなのである。太陽が昇ってくる瞬間、それを見る人が体験すること、そのすべてが神の体験なのである。

このような考えに従うと、「現実」というものが、それほど単純でないことがわかる。

プロ・スポーツなどはどうであろう。それに関心のない人が見れば、まったくどうということもない。しかし、ファンから見れば選手の一挙手一投足に悲喜こもごもの感情をかきたてられるだろう。その結果次第で一日が明るくなったり暗くなったりする。勝負に賭けている人では、見えるものがまた異なって見えることであろう。一人の選手が万人の「夢」を一瞬に実現してくれる。しかし、それは他の人にとってはまったく無意味ということになる。

人によって、状況によって、「現実」が異なるという方が、むしろ当然のことだろう。誰にとってもどんなときでも同じ「現実」があると考える方が変と言えば変である。しかし、このことを徹底的に押し進めたところから、近代の科学技術が生まれてきたのである。われわれは近代科学というものが、人間の精神史のなかで、いかに特異な地位を占めるものであるかをよく認識しておく必要がある。

現象をそれを観察する人間からまったく切り離したものとする、というところから近代科学は出発する。したがって、そこから得た結果が「普遍性」をもつというところに強さをもっている。たとえば、日本で高い評価を受けている芸術作品が世界中のどこへ持っていっても、すぐにそのまま評価されるとは限らない。しかし、ヨーロッパで作られた近代兵器は世界中どこへ持っていっても通用した。科学技術に基づく製品は、このような普遍性をもつために、全世界にその効果を発揮できた。何と言っても、その結果が誰にとっても何時でも確実である、ということは実に強いことだ。

天野祐吉は「広告は現代の福音だ」という福田定良の言葉に対し、「福音を売るのは、昔は宗教家の役目だったが、いまは広告マンの仕事になった」と述べている(『現代日本文化論』第10巻)。昔は宗教家が「夢のお告げ」によって福音を語った。しかし、残念ながら、それは当るときと当らぬときがあった。しかし、広告マンの「お告げ」は、何時どこでも誰にでも適用する(少し誇張が入るが)。「スイッチ一つでおいしいご飯」、「五分で北海道へ!」、「わが家の国技館」、これらの福音は、信仰の深い浅いを問わず、時を問わず、実現されるのだから凄いことである。

そもそも「夢」というのは、なかなか実現されぬところに特徴があった。時に実現されるとしても、余程の努力とか幸運によるものであった。それが誰にもどこでも確実に実現されるのだから、近代科学技術の成果というものは、まったく測り知れぬ意義をもっている。しかし、そのことによって、人間は現実の多層性ということを忘れ、極めて単層的な世界に住むようになったのではなかろうか、それは没個性的な世界になってくる。

「夢」を買うためには、お金が必要である。宗教家の説く「福音」には信仰を必要としたが、広告マンの宣伝する「福音」は、お金を必要とする。電気製品や車や、住宅という「夢」を買うために、人間は働かねばならない。若い夫婦がこれらの「夢」を買うために共働きをする。たくさんもうけるためにはたくさん働かねばならない。二人の勤務時間がズレたり、疲れていたりして、二人の会話は少なくなるし、イライラをお互いにぶっつけ合うこともある。生活はどんどん便利になる。しかし、そこに「夢」はあるのだろうか。下手をすると、二人で一所懸命になって、夢と遊びを減らす努力をしていることにならないだろうか。

このようなことが生じる最大の原因は、現代人の生きている現実が単層化している、ということである。その現実は、ほとんどすべて数量化可能であり、それはお金に換算可能なものになる。そのような単層な現実が肥大化してくると、どうしても人間の「夢と遊び」を奪ってしまう。

なぜこのようになったのだろう。それは近代科学の提示する「現実」は、人間のコントロールに服すからである。こうすればこうなるということが必ず言える、安心な現実である。たとえば、癌になった人が、癌が治るようにと一心に祈り続け、その結果、癌がなくなったとする。このようなことを医者に言っても一笑に付される。非科学的だと言われる。確かに科学的に説明はできない。しかし、それを「非現実的」とは言えない。現実に生じたことなのだから。しかし、ここで、「祈りによって癌が治る」と主張する人に対しては、それを否定できる。それは普遍性をもたない。このことは、しばしば混同される。近代科学による現実の見方は、極めて有力で便利であるが、それがすべてではない。

近代科学の現実がそのまま現実である、と思う人は、あらゆることに対してマニュアルを欲しがるし、マニュアルさえ手に入れば成功すると思う。つまり「ハウツー」ものが大流行する。書物のベストセラーに「ハウツー」ものがなる。何か「よい方法」を知ることによって、よい結果を得ようと人々は熱心になる。ここに「遊び」が消えていく。ゆとりがなくなって、セカセカしてくる。ともかく少しでも早く「よい方法」を身につけようと焦るからである。

親がこのような単層の現実に生きていると、子どもはたまったものではない。人間の幸福はよい大学を出てよい企業に就職する、という確信のもとに、子どもは「夢と遊び」を奪われてしまう。そこには個性というものがなくなってしまう。すべての子どもが一列に順序づけられる。子どもの個性ということを考える限り、それぞれの生き方があるはずである。このような単層の現実に押し込められた「よい子」が、それを打ち破るのに時として暴力を用いるのも、よくわかる気がする。

鷲田清一は「夢を孕まなければ(そして遊びを孕まなければ)、現実というものがおよそなりたたない」と指摘している(前出)。科学技術の成功があまりにも目ざましいので、多くの人がこのことを忘れているのだ。あるいは、夢を孕んだ現実も、何か普遍的な方法を操作的に用いることによって獲得できると思いこんだりする。

天野祐吉は前述したように広告マンが「福音を売る」ことを指摘している。そして、それが一九七〇年代なかばごろから変化してきていると言う。それは、人々が単層の現実内における幸福獲得競争の無意味さを自覚しはじめたからである。数量化可能で、お金によって順序づけられるのは、ほんとうの「夢」でないことがわかってきたのだ。「自分の生活をさがす」ことが広告にうたわれるようになった。つまり、個々の人が自分の夢を持つことが大切なのである。それは極めて個性的なので、お金によって優劣を計ることができない。天野はそれを「タテの序列がない」夢世界と表現している。数量化されない夢が大切だと一般の人が気づきはじめたのである。

たましいへの通路

学問一筋に打ちこんできた五十歳代のある男性の教授が、次のような夢を見た。自分の研究室に行きドアを開けると、驚いたことに一人の人がいた。見るとグラマーな女性がこちらを見てにっこり微笑んだ。教授は仰天して逃げ出した。逃げながら自分の研究室から逃げ出すというのは何だか変だと感じていた。

本章ではここまで「夢」という言葉は、人間が将来に対してもっている希望や期待などという意味で用いてきたが、ここでは夜見る「夢」を取りあげた。夜見る夢はあまりにもナンセンスであると思われ、一般には大切にされない。しかし、われわれ深層心理学者は極めて重要視している。いわゆる「夢」とも大いに関連してくる。ただ睡眠中の意識によって把握しているためと、通常の意識とはレベルの異なる心のはたらきなので理解するのが簡単ではないだけである。例にあげた夢を見た教授も、まったく馬鹿げた夢を見たと思った。「抑圧された性欲」などと心理学者は言うだろうが、自分は長らく性欲などほとんど感じていないのに、とも思った。しかし、何だか気にかかるので同僚の臨床心理学者に話をしてみて、次のようなことがわかった。彼が夢の中で研究室内に発見した女性について連想したことは、彼が「女らしい」と思っていること、つまり柔軟さ、華やかさ、それに肉付きのよさ、魅力的などのことは、彼の研究に欠けているものであった。彼の研究は知的に高いものであった。しかし、どこか堅く、干からびて生気がなく、学生たちに敬遠されがちであった。彼はこの夢を見て、自分の研究の姿勢を変えねばならないと思う。しかし、それは大変危険であることを夢は告げている。彼が研究室で、このグラマー女性と結ばれたらどんなことになるだろう。すべて価値あるものには危険が伴う。彼は自分の変革を慎重になしとげねばならないと思った。

この例は、夜見る夢も人生において重要な役割をもつこと、および、「性」ということが人格の発展についてもつ意義を示している。古来から、遊び人、プレイボーイという名は、性と結びつけて考えられてきた。このために遊びは低い価値と結びつけられる。しかし、先の夢に示されているように、性は新しい世界への通路になる。そこには常に堕落の危険性が存在するが。

性がたましいに到る通路として、どれほど重要であるかを、遠藤周作『スキャンダル』(新潮社、一九八六年)は見事に示してくれる。主人公の勝呂は作家として一家をなした人である。高く評価されている賞も受賞する。つまり、彼は社会人としての立場を確立している。だからと言って「安泰」と言えぬところが人間の面白いところである。社会のなかで立場が確立するというのは、いわば彼の上半身が安泰なのである。彼の下半身は宙ぶらりんである。どこと結びつけばいいのか。こんなときに、たましいというのは便利な言葉である。勝呂という人間を他の誰でもない固有の人として、しっかりと根づけているもの、たとえ社会とのすべての絆が切れたとしても、安心な基盤となるものとして、不可解なたましいという存在があると考える。たましいとの接触を保つことによって、人間は安心して死んでいける。勝呂は社会的に高く、しっかりとした地位を得たときに、彼のたましいの基盤がいかに危ないものかを感じはじめる。

それでは、性がどうしてたましいへの通路になるのか、まずそれは身体性とかかわっている。現代人の心は知的に傾きすぎて身体と切れていることが多い。先程の教授の例で言えば、彼の学問は具体性から切れてしまっている。たましいは、心と体という明確な分類を拒むものである。しかし、心と体という区別を受けいれている現代人は、たましいのことに気づきはじめても、それをどう表現し、どう生きていいかわからないので、多くの場合自分の身体や健康に関することに関心を示しはじめる。ジョギングなどをしている人が、宗教的情熱を感じさせたり、身体を大切にするための行為が儀式のような性格をもつのもこのためである。

性は心と体を結ぶものである。心のことでもあるし体のことでもある。そして、異性という不可解な存在と結ばれ、それによって新しい生命が生み出される。つまり極めて高い象徴性をもっている。だからと言って、有名な作家、勝呂氏が「スキャンダル」に巻きこまれると、社会的地位を失ってしまう。ここに強い葛藤が生じる。また、性が大切と言っても、単なるアソビとしていたのでは、むしろ、たましいに傷がつくくらいのことである。それが善なのか悪なのか、悪とするならば、なぜそれをなさねばならないのか。そのような緊張感を伴わず、たましいの世界に下降していくことはできない。その様相が『スキャンダル』という作品にはよく描かれている。

自分のたましいに必要な課題と言えば、それは人生の「仕事」である。しかし、それは日常の仕事とは異なる。むしろ遊びに近くなることが多い。「たましいの現実」という言い方がある。それは日常の仕事と異なり、むしろ夢に近い。仕事と遊び、現実と夢との間に生じる緊迫感を経験しなくては、遊びや夢がたましいの通路になることはない。

アメリカに行った時、機中で面白い映画を見た。男女の愛に性など不要、というよりは性関係があることによって不純になるので、性抜きの純粋な愛による結婚をしたいと願う、数学の教授が主人公である。アメリカ流の映画で少し見ると結末がわかってしまう単純なものだが、ともかくこのような人物を主役にする映画をつくるところまで、アメリカ文化が変わってきたことを示している点が面白いと思った。性ということがあまりにも明らさまになり、わかってしまった(と錯覚した)ので、性がたましいへの通路でなくなってきたことを問題にしているのだ。

映画のなかでおやおやと思ったのは、主人公が純粋な愛こそ大切でロマンチックな愛などごめんだというところである。彼はロマンチックというと性関係があると思っているようだが、そもそもロマンチック・ラブ・イデオロギーは性関係の断念を前提として生まれてきたのである。それがだんだん変質してきて、現在の安物のロマンスになったことを彼は知らない。彼が求めようとしているのこそ、本来的なロマンチック・ラブである。ただ、それと異なるのは、性関係を伴わぬ結婚をするとか、性に関していろいろと言語化することである。こんな映画を見ると、たましいへの通路は薄暗く、そこを目をこらし息をころして歩くからこそ意味があるのに、明るい街燈を一ぱいつけて、歩きやすくなった代わりに、たましいへの入口は閉ざされた、という感じがする。

現在のアメリカでは、性はもうたましいへの通路ではなくなっているようだ。日本ではどうであろう。まだ不倫に対して一般の関心が強いようだから、ある程度の命脈を保ってはいるのだろう。

夢見る力

たましいに至る通路は、もちろん性だけではない。各人はそれぞれにふさわしい通路を見出さねばならない。もちろん、これに一番関連深いのは宗教である。しかし、現在は既成の宗教のなかにそのようなはたらきを見出すことが難しくなってきている。そのために、夢と遊びが宗教性とかかわってくる。

たましいとまでも言わないにしても、少なくとも日常生活、仕事などから離れる手段として、趣味ということがある。ところが困ったことに、ここにも日本人特有の人間関係や考え方がからんできて、「夢と遊び」というのとは、およそ似つかわしくない、時には日常性を凝集したかと思われるほどの世界が出現することになる。趣味のグループというのが、日本的家族関係をもちはじめると、第二章において既に述べたように、家族的しがらみが作用してきて、「夢と遊び」の根本である自由ということが極端に制限されてくる。もちろん、このような人間関係を取りしきるのを「趣味」としている人もいて、それはそれで趣味を楽しんでいるのだが、もともと他の趣味をしようと集まってきた者にとっては大変な迷惑になる。

趣味の世界の擬似家族を楽しんでいる人は、本来の家族関係に生きることを避けたり、放棄したりしている人が多い。家族の問題は既に他の章に論じたので割愛するが、それがいかに困難であろうと、その本来の場においてするべきことをしておくべきであろう。さもなければ、他に擬似家族をつくって近所迷惑の原因になってしまう。しかも、本人は他人のため、グループのためにつくしているなどと思っていることもある。

日本の趣味の世界を混乱させる、もうひとつの恐ろしいものは、「型」の信仰である。芸能であれスポーツであれ、正しい型を身につけることが大切とされる。このこと自体はひとつの素晴らしい考えであって、文句の言いようもない。問題はそれがいかに用いられるかにある。特に、このような考えが日本の伝統的なものに用いられるうちはまだいいが、西洋から伝わってきた芸術やスポーツにも適用されると、ますますナンセンスなことになりやすい。

「日本の体育会的発想は良くない」ことについて、現在ラグビー日本代表監督である平尾誠二は的確にその欠点をあげている(「スポーツの中の夢と遊び」『現代日本文化論』第10巻)。「まず型ありき」が先行し、これは選手の個性を潰すのにもっとも効果的である。この方法に従う限り、「選手自身にとっては、よりよいプレーを目指すより、叱られないプレーをするようになる」というのは、実に鋭い指摘である。この方法によって、選手はある程度まで強くなるが、そこを超えることができない。自らの個性によって古いものを破壊し、新しいものを生み出すことが不可能になる。せっかく自分の好きなことをはじめたはずなのに、苦しみの連続になる。そして「多く苦しんだ者こそ強くなる」という迷信ができあがり、負けたときの弁解に、自分はいかに苦しい練習をしてきたかを言わねばならぬので、無用の練習を長くすることになる。

この方法が長続きするのは、指導者にとってこれほど楽なことはないからである。選手一人一人の個性を生かすとなると、指導者もイマジネーションをはたらかせねばならない。ところが「型」の完成を目標としている限り、指導者は選手の欠点を指摘ばかりしているとよいのだ。「厳しい」指導ということがよく言われる。確かに外面的にはこの方法でいくらでも厳しくすることはできるが、イマジネーションによって新しいものを創造する、内面的厳しさは皆無に等しい。このような指導は、厳しい指導という名のもとに行われる「いじめ」になってしまうことも多い。

実はこの節のタイトル「夢見る力」は、劇作家渡辺えり子が自分の作劇の方法と夢の関係を論じた「夢見る、ということ」というエッセイによる(『現代日本文化論』第10巻)。彼女は、「私の作劇のキーワードは「夢見る力」

だと主張してきた。夢を見るにも力がいる」と言う。確かにそのとおりである。芸術の世界でもスポーツの世界でも、「夢見る力」が必要だ。その世界においてまったく「夢見る力」をもたず、日本的人間関係を操る日常世界にのみ生きている「指導者」を一掃できないものかと思う。このように書いてくると、日本の学会も同様だなと思う。これは日本中に蔓延している「文化の病」である。この克服が日本の来世紀の課題だと思う。

そうすると「型」はまったく駄目なのか。決してそうではない。この点について、最近川瀬敏郎さんと話し合っていて、貴重なことを教えられた。川瀬敏郎さんは生花の世界に流派にとらわれない立花《たてはな》の世界を切り拓いたユニークな人である。最近、外務省の企画で、ニューヨークのメトロポリタン美術館で、「花の心・心の花」という、講演と立花のデモンストレーションの会が開かれ、それに共演してきた。私が日本の神話や昔話を引用しつつ、まさに日本の「花の心・心の花」について語り、その後で川瀬さんが、花を立てる。川瀬さんは一言も話さず、ただただ花を立てるのだが、裂帛《れっぱく》の気合のようなものが感じられ、観衆は息をのむ思いで惹きつけられる。

ところで、「型」についてであるが、前述したような型に対する疑問を川瀬さんにぶつけてみると、川瀬さんは、もともと「型」というのは、たとえて言えば骨組だけについて述べているのであり、肉づけは各個人にまかせられている。そこに各人の創造性が発揮されるものである。ところが、現在の日本で型と呼んでいるのは、誰か名人が行なった肉付きのものまでも含めて「型」と言うので、それを学ぶ人は、それに近づこうと努力するだけで、それを超える新しいことが生み出せない、と言うのである。

これは実に納得のいく話である。骨組としての型に対して、各人の個性による肉付けが行われるので、そこには相当なヴァラエティが生じるはずである。これに対して、肉付けまで含めた形を「型」として押しつけられたら、全員が同じようなことをするし、没個性になる。野茂投手の投球する姿は確かに普通と異なっているが、あれもおそらく川瀬さんの言う意味での「型」にかなっているに違いない。それを自分の考えている形を「型」と思い違いをして、野茂のフォームを変えようとした指導者がいたらしいが、それに屈しなかったのが彼の偉いところだろう。同様のことがイチローの打撃フォームにも言えるのに違いない。

趣味の世界、それが発展させられた芸能、芸術、スポーツなどの世界において、「夢見る力」の必要性は何度強調しても、強調し過ぎではないだろう。最後に平尾誠二の文を引用してこの節を終わることにしよう。「夢を見ることが出来ない選手は、別の世界を開く鍵をどこかに忘れてきた選手だろう。可能性もまた夢の一種だから、それを信じ、試してみることは、生き生きと生きていく中で、自然に生まれてくるのではないだろうか」。

これはスポーツとか趣味とかをこえ、すべての人が生きていく上で大切なことが述べられているように思う。

夢と遊びの未来

これからの日本人の夢と遊びはどうなっていくのだろう。最初に、私が子どもだった頃の夢は今はほとんど現実化されてしまったと述べた。山田太一はベトナム映画を例にとって、「要するにベトナムのニャムという少年(映画の主人公)の「夢」は、ほとんどいまの日本人の「夢」とは重ならない」と述べているのも、現在の日本についての同じ認識を示している(『現代日本文化論』第10巻)。

それでは遊びはどうか、これについても山田太一は現在の状況をぴったりと記述している。遊びの本質につながる祭というものが、今では無くなっている。「結局祭は敗戦直後の禁止で、ほとんど息絶えてしまっているような気がする」と彼は言う。「本当に日常を断ち切り再生の喜びを与えてくれる「遊び」には、死や危険や破滅や狂気が分かちがたくつきまとっている。しかし、その死や危険や破滅を私たちの社会は、なんとか排除しようと努力していまの長寿、いまの平穏、いまの豊かさを手に入れたのである」。

夢も遊びもまったくの手づまり。それで流行りの閉塞状況ということになるのだろう。しかし、この状況は、私には「自ら閉塞したがる人が多い状況」というふうに見える。ちょっと周囲を見ると面白い夢や遊びがいっぱいあるのに、人々は気がつかないのだ。それは現在の日本人が既に述べた単層の現実にあまりにも閉じこもっているからである。そこを足場にして夢や遊びを考えても閉塞されているのは当然である。そこから飛び出してみると、一本の木や小さい古い物語や、大したことないと思っていたものが、豊かな夢や遊びを内在させていることに気づくのだ。

こんなことを言っても、今後はテクノロジーと結びついて、山田太一の言う「ほんとうの遊び」とは逆の、遊びもどき、あるいは、夢もどきを売る商売はますます発展するだろう。これは一種の「はしか」のようなものだから仕方がない。

これは放っておくとして、これからの日本のほんとうの夢と遊びはどうなるのだろう。私としては、皆さんがもう少し「ほんとうの夢」に注目されることを推薦したい。これも危険性が伴うが仕方がない。夜見る夢は、現実のなかで夢見るのとはレベルが異なる。思いがけない夢を見たとき、それを馬鹿げているとして棄てさらず、しばらくはそれを「ほんとうのこと」として、そこに留まってみるとよい。山田太一はベトナムの映画に対して、物の豊かな台湾の映画監督の作品では「ドラマの活気を近親相姦に求めていた。それは日本のテレビドラマが、身障者を主要人物にしてわずかにかつての切実さで客を呼ぼうとしているのにも似て」と述べている。このようなドラマを苦心して作らなくとも自分の夜見る夢に注目すると、自分に近親相姦の傾向があることとか、自分の中に身障者が住んでいることとかが実感できる。夢分析などというが、無理に分析などしなくていいのだ。そのような実体験が大切なのである。その体験から何かが生み出されるはずである。それに、夢を現実と見なして、しばらくぼうっとしているのなど、なかなかいい「遊び」ではないだろうか。その「遊び」のなかでは、殺人を犯すこともあるし、自分が死ぬことだってあるのだ。もっともこれは大変エネルギーの要ることで、一人でするのは難しいのも事実であるが。

現在においても、舞台芸術、展覧会など、多くの催しが行われている。しかし、観客の動員が思わしくないと言われる。これを打開するためには、企画する側にある程度の工夫がいるのではないだろうか。たとえば、その新しい工夫の一つとして折紙作家伊部京子の作品「タッチ・プリーズ」をあげておきたい。鑑賞者に自由に作品にふれることをゆだねる展示のしかたは、その新しい工夫のひとつであろう。これで作品と観客の距離がぐっとちぢまる。今後考えていかねばならぬことのひとつとして、芸術や芸能の東京一極集中を排し、各地方を大切にしなければならないと思う。しかし、よくあるのは、地方に行くと中央の芸術が人々を見下しているパターンである。これでは、夢も遊びもない。皆が芸術の「お勉強」をすることになる。作者や作品と観客が近くならないといけない。参加した人の「夢と遊び」を誘発しなかったら意味がない。

先に川瀬敏郎さんとの共演のことについて述べたが、このようなクロス・オーバーをもっともっと企画してもいいのではなかろうか。下手にするとぶち壊しになるが、もっと「遊び心」をはたらかすべきと思う。私はこの他、児童文学やクラシック音楽の人たちと、いろいろな共演をしてきた。自分自身は芸術的才能はないが、このようにして、素晴らしい世界を一般の人々に知っていただくための仲介者の役をするのもいいと思っている。

今後の夢と遊びを考える上で、一番大切なことは、ボランティア精神であろうと私は思っている。ここに言うボランティア精神とは、自分を生かそうとする意志を、計算を無視して貫徹しようとすることである。したがって、その中心は自分を生かす、ということで、他人の役に立つのは副次的な結果である。そして、ここに言う計算には、経済的なことだけではなく、社会的、心理的などすべてが入っている。お金を貰わなくとも、社会的称賛や他人からの感謝を期待している人は、既に計算が入っている。と言っても、それが全然入らないというのも難しいので、それを中心にはしていない、と言ってよいだろう。

他人のためにボランティアをやっていると思っている人は、それを「よいこと」だと確信している。ともかく「よいこと」をやりたがる人は、独善的でものが見えないので困る。そのうちにボランティア公害などという言葉も生まれてくるだろう。自分のためにやっていることを自覚すると、ボランティアをしていても謙虚になる。周囲に気を配ることを忘れない。人間というものは、自分のためであっても「あの人のために」と思ったりする方がファイトがでることもあるので、それもいいが、基本的には自分を生かすための行為であることを認識しているべきである。

ここで特に強調したいのは、他人のためなどではなく、自分の「夢と遊び」を実現するためのボランティアだということである。この町に一度オーケストラを招いてみたい。あの人の落語をこの町でやって欲しい。子どもたちに、「ホントに面白かった」と言わせる体験をさせたい。これらを思いつき、それを実現しようとすると、いろいろと現実との接触が必要となる。それでこそ、夢の意義が深くなるのだ。アメリカでは、このような「文化ボランティア」とでも呼びたいことをしている人が多い。日本でももっとやってはどうだろう。ボランティアというと、すぐに気の毒な人の役に立つことを考えるようだが、貧困な「夢と遊び」に喘いでいる自分自身の救済のために、ボランティアをやったらどうだろう。

昔にあった有力な「夢」で、今ほとんどなくなっているのに、死後の生命ということがある。死んでからいったいどうなるのか。昔の人は、それについて実に豊富な物語を語った。今はそれは皆無に等しい。夢というと自分の将来の希望や期待が語られるのだが、現在の人間の多くは、死のところで未来が断ち切られている。夢が貧困化するのも当然である。現代人にふさわしい、死後の生命についての夢を見出すことも、ひとつの課題ではなかろうか。

9　現代人と芸術

現代人と不安

一九九五年、日本は人々を不安に陥れるような事件にあいついで襲われた。オウム真理教に続いて、阪神・淡路大震災、それに神戸における中学生の連続殺傷事件である。その間に、政治家の汚職には国民も慣れになっていたが、高級官僚の汚職や企業のトップの起こす事件が相ついでいる。

このなかで地震は天災であり、日本人は地震はある程度覚悟しているが、まさかと思っていた神戸に起こったことや、耐震性を誇っていた建築物に予想外の被害が生じたこともあって、思いがけない災害という印象を与えた。その他のことはすべて人災であるが、それが一般の人々の考え及ばない類のものであることが特徴的で、これらの事件によって、日本人は相当強い不安に陥れられた、と考えられる。

このような人々の不安を反映するものとして、神戸の小学生連続殺傷事件後に一般の人々が示した反応をあげることができる。すなわち、思春期の子どもを持つ親たちが、自分の子どもも同じような凶悪な犯罪を犯さないかと心配して、専門家に相談したり、事件の「原因」を早く知りたいと願い、それに応えようとしてマスコミがやたらに精力を使ったりした。「原因」がわかると、自分の場合はそれとは異なると安心したり、予防策が立てられると信じたりできるわけである。何かひとつの異変によって、日本中の人々が不安を高めるように感じられる。と言うよりは、日本人全体の底流として強い不安があり、少しの刺激によっても、大きい揺れが生じるのである。

このような深い不安は、日本だけのことではない。先進国すべてにおいて言えることではないだろうか。それは、現代の芸術に反映されていると思われる。外国に行って美術館を訪れ、「現代美術」の部屋の作品を見ると、共通テーマは「不安」だと言いたくなるときさえある。芸術による「心の安らぎ」と言うのとはほど遠い。その作品によって、深いところから不安をかき立てられるような気さえする。内臓をつかみ出されるように感じるものさえある。

音楽も同様ではないだろうか。ともかく、古典音楽に感じる「調和」とか「慰め」とかとは程遠い作品が多い。わかりやすい和音の構成、あるいは親しみやすいメロディなどとは異なり、時には音の断片が飛び交うように感じることさえある。現代音楽の場合も、深い不安との結びつきを感じさせる。

ただ注目すべきことは、現代人がこれらの現代の芸術を愛好し、古い時代の絵画や音楽の鑑賞を拒否してしまっているのではない、という事実である。むしろ、実際の鑑賞ということになると、その関係は逆転するのではないだろうか。クラシック音楽の実際の演奏曲目などを調べると明らかであるが、現代音楽が演奏されるパーセンテージは相当に低いことであろう。絵画にしても同様のことが言えるのではなかろうか。

これらの芸術作品は、現代人がいかに深い不安をかかえて生きているかということを反映していると思われる。人間に不安はつきものである。人類はその誕生以来、不安につきまとわれてきたとも言える。しかし、おそらく古い時代ほど、不安というよりは恐怖の方に近かったであろう。恐怖は対象がはっきりしているが、不安は対象が不明なところに特徴がある。食物はあるだろうか、動物に襲われないだろうか、などはすべて対象がはっきりしており、それは不安ではない。もちろんそれら全般を通じての不安はあっただろうが、実際に、具体的に対応しなくてはならぬことが多く、言うなれば、不安を感じる暇などなかったことだろう。

しかし、現代はかつての人間が恐怖を感じていた多くのことをすべて解決したと言ってもいいくらいである。衣食住について基本的に心配はない。人や動物に急に襲われることはまずあり得ない。人間が生きていく上において恐怖の対象となるようなことを、つぎつぎと解消してきたのが現代人である。このような恐怖が消え失せたので、人間存在に内在する不安がジワジワと意識されてきた、と考えられないだろうか。

人間に内在する不安と言えば、誰しも死のことを考えるだろう。人間は自分が死ぬことを知っている。それをどう受けとめるかが不明な限り、それは不安を生ぜしめるだろう。生きるのに忙しくて何とか忘れていることは可能だが、いつもそのように事が運ぶとは限らない。人間はどのような文化、社会に属しているとしても、何らかの宗教を持ってきた。宗教が人間の死に対する恐怖、それと関連して生じてくる不安などを解消するのに役立ってくれた。しかし、現代人にとって特定の宗教を「信じる」ことは、難しくなっていないだろうか。ここではこのことが本論ではないので論議は避けるが、現代人が宗教を信ずるのを難しく感じている事実は承認されるであろう。このために現代人の不安は、ますます強いものになる。それに対する宗教による救いが、あまり期待できないのである。

創ることと癒すこと

ロサンゼルスの地震の後、二カ月経っても、不安が強く、学校では放心状態で、何も勉強ができない六歳の男の子がいた。この子が箱庭療法の一回の治療によって不安から立ち直った。非常に劇的な例を、ロサンゼルス在住の日本人のユング派分析家、リース・滝幸子が報告している(河合隼雄他編『心を蘇らせる——こころの傷を癒すこれからの災害カウンセリング』講談社、一九九五年)。内容は省略するが、この男の子は母親に連れられて来談し、箱庭の作品を三つも作り、それによって自分自身も不安を克服できたことを自覚して、次に来る約束を母親がしようとすると、よくなったのでその必要はない、と言ったとのこと。

この子どもは箱庭の世界において、自分の作品を創ることによって、震災による不安を見事に克服したのである。創ることが癒すことに通じる。このことは実のところ、多くの芸術家が自覚している、と言っていいだろう。また、それらの作品に触れることによって、多くの人が癒されることも事実である。

臨床心理学の講義で、私は学生に次のような例をあげたことがある。五十歳を過ぎた男性が警察に保護された。本人は自分がどこに住んでいるかも定かでない。この年齢に達するまで結婚したことはない。それはいつも失恋しているからで、時には自殺を企図して遺書も書いたことがある。養子をもらったが、その養子と彼の母親を相手に無用の争いを続け、社会性はほとんどないと言ってよい。このような男性を心理療法によって「正常な」社会人になるように援助できるだろうか。

「正常化」が可能かどうかなどと考えるよりも、私ならその人に心理療法をしようなどと考えないだろう。というのは、「その人の名前は、ベートーベンと言います」と私は説明した。つまり、先に述べたことは作曲家ベートーベンの生活史の断片である。そこには嘘はない。私はこの例をあげることによって、学生たちに、いつか臨床心理士というのになっても、やたらに「治す」ことや「正常にする」ことなどに励まないようにして欲しいと伝えたかったのである。

ベートーベンの伝記を読むと、世間のことに関してはあまりにも馬鹿げたことをしているので驚いてしまう。意図的に自分を不幸に追いこんでいるのではないか、と思う。そして、まさに「八方ふさがり」に似た状況に自分を追いこみ、外界に向けての唯一の窓、音楽というものだけを開けておく。そこから、かずかずの名曲が生まれてきた、と言いたくなる。もちろん、ベートーベンがこれを意識的にしたわけではないだろう。しかし、彼の人間は全体として、名曲を生み出すのにもっとも好都合な状態をアレンジしていた、とも言うことができる。苦悩を癒すことと、作曲することが同時に生じてくる。

ヘルマン・ヘッセは重い神経症に悩まされ、C・G・ユングに治療を依頼した。ユングは自分のような人間が会うと、ヘッセの作風に影響を与えすぎるので、と言って自分はヘッセに会わず、自分の弟子を紹介した。「治す」とかを考えず、忠実に慎重にヘッセの心の動きを見守ることが大切と考えたためである。もちろん、ユングが会ってもその基本態度は変わらなかったであろう。しかし、ユングが何をする意図も持たないにしても、両者が長く会い続けることは好ましくないと、ユングは判断したのであろう。ヘッセのこの苦しい分析体験を通じて、名作『デミアン』が生まれたことは、周知のとおりである。

チューリッヒのユング研究所で、分析家になるための訓練を受けていたときに、芸術家の分析は、もし引き受けるとしても慎重にすべきことをくれぐれも心得ておくように、と言われたものである。

創ることと癒すこととの間には深い関係がある。しかし、それは安易に直結しているものではない。このことが誤解されて、阪神・淡路大震災のときに、被災者の人にその体験を語れとか、それを絵に描け、とか強要するような人たちが出てきて困ったものである。これはまったくナンセンスであることが多い。ここにはいろいろ誤解があるが、ひとつの大きいポイントは、単なる「表現」と「創作」とは異なることを見逃している点にある。「表現」という場合、その本人にとってもわかっていること、知っていることを他人にどう伝えるかということになる。これでも大変なこともあるが、ともかく本人にとっては既知のことである。しかし、創作となると、本人の意識を超えたもののはたらきが、そこにある。それでこそ、癒しにも通じるのである。それはそれほど簡単なことではない。

心理学の用語に従って、人間の意識体系の中心を自我と呼ぶことにすると、自我を超えるはたらきがあってこそ、創作と言える。と言っても、自我がまったく関与しなかったら、作品にはならない。この関係は微妙である。自我を超えた体験を伴わない、単なる表現は、日常生活においてよく行われており、これは癒しにはあまりつながらない。「ぐち」をこぼすのを何度繰り返しても、一時的には心は休まるとして、癒しということにまでは至らないのも、このためである。

創るときに自我を超えた力がはたらくので、これは極めて危険なことでもある。癒しどころか、極めて破壊的ですらある。ニーチェ、ヘルダーリン、ゴッホ、などと思いつく名前をあげるだけで、創ることが癒しに直結するという安易な考えを棄てねばならないことがわかる。

創ることと狂うこと、狂うことと癒し、これらは紙一重の微妙な関係にある。どちらかを原因とし、どちらかを結果として説明できるようなものではない、と私は思っている。

ジェイムズ・ジョイスの娘は大変な才能の持ち主であった。父親は娘を「天才」と思っていたが、周囲の人には狂っているとしか思えなかった。ジョイスはいろいろな経過の後に、娘の診察をユングに請うた。ユングは彼女を「精神分裂病」と診断し、ジョイスはそれに対して強く抗弁した。ユングは説明して、「あなたもお嬢さんも、普通の人ならとうていおられない水中深くにいることは事実です。しかし、あなたの場合は潜っておられるのであり、それに対してお嬢さんは溺れているのです」と言った。これはなかなかわかりやすい説明と思われる。もっとも、これも単純にすぎる、と言われるかもしれないが。

型の功罪

これまで述べてきたことから考えると、現代人は深い不安に脅かされ、それを守る方法として古来からもっていた宗教にもそれほど頼ることができないとすると、自らを癒す努力をしなくてはならない。それに思いの外に長寿になってしまった。ほんの少し前までは、日本人は生きるために働きづめに働き、ほっとした頃に「お迎え」がくるというパターンによって生き、根源的な不安になど直面しなくてもよかったのだが、現在はそうはいかない。うっかりすると、日本人の大好きな仕事をしなくなってから二十年も生きねばならない。その上、死後の保証をしてくれるものは何もないのだから、老人が生きるのは(つまり、死ぬのは)大変である。

　現代を生きるためには、何らかの創造活動が必要と私は考えている。広義に考えれば、自分の人生そのものが「一回かぎりの創造」と言えるので、妙に芸術好きになることもないと思うが、やはり芸術のもつ意義は非常に重要になってくるだろう。老いて、自らを癒しつつ死に至るのは、ほんとうに素晴らしいことである。

　最近、このような典型的な例に接した。波多野完治『老いのうぶ声』(小学館、一九九七年)によると、著者は八十歳で俳句を学びはじめ、九十二歳の今、この句集を出版したとのこと。波多野完治はお茶の水女子大学の学長も務めた、豊かな発想をもつユニークな心理学者である。それが俳句を学びはじめ、俳句は「精神治療的な効果もあるので、わたしの長命も一つは俳句のおかげかもしれない」という体験をする。『老いのうぶ声』とは、いいタイトルである。老いてなお再生の体験をする。創ることを支えとして、日々の再生に支えられ、九十二歳爺は意気盛んである。

　高齢になってから、俳句、短歌つくりの道に入る人は多い。波多野は、先人の踏んだ跡を進んでこそ自由に至る、ということを述べていたが、日本の多くの高齢者が「芸術」の世界に入っていく上において、先人が五・七・五とか、五・七・五・七・七の定型をつくっておいてくれたことが、どれほど大きい意味をもつか、測り知れないものがある。世界中探しても、日本ほど多くの「詩人」が集団をあちこちにつくって創作にいそしんでいるところはないのではなかろうか。これも、定型というもののおかげである。

日本の芸術を論じる際に決して無視できない「型」については、これまで多くの論がなされ、あらたにつけ加えることは何もない、と言っていいほどである。先にその功の方を述べたが、功罪相なかばすると言っていいだろう。あるいは型の誤解が人々を苦しめる、と言っていいだろう。「精神治療的効果」を狙って俳句をはじめたのに、厳しい師匠に会って、いためつけられ命をちぢめる人もあることだろう。

先に紹介した波多野完治の著書の、「あとがきにかえて　生涯学習としての俳句」は、私がこれまで述べてきたような意味での「生涯学習」に取り組もうとする人に対して、よい手引になっているのみならず、日本の芸術の指導者に関する比較研究をも提供していて、実に興味深い。日本の指導者は生徒に型を押しつけることに熱心すぎて、型によって生徒を生かすことを知らない。そのために、熱心な指導によって生徒の個性を潰してしまう。癒しどころか、新しい傷を多くつくるのである。

立花《たてはな》の川瀬敏郎さんと共に仕事をする機会があったとき、型について聞いたことについては、既に紹介した(三三二ページ)。つまり、「型」は普遍的で個性以前のものである。ところが、ある流派をおこすほどの人がその型によってつくった作品を、後世の人たちが全体として「型」と考えはじめると、その「型」はすべての人に通じるものではなくなるし、他人の個性とぶつかることになる。確かに、型をこのように考えると、非常に意義あるものになると思った。

もっと困ったことは、このような型重視のパターンが、そのような伝統をもたない西洋に生まれた芸術(実はスポーツも、そして学問まで!)を、日本に伝えるときに持ちこまれていることである。いつか、日本の吹奏楽コンクールに出演する高校生の練習風景を見たことがある。指導者は有名な人で、コンクールでいつも優秀な成績を収めるという人だった。ところが、その指導法がズバリ「体育会」的なのである。部員は熱心に演奏していることは事実だが、苦しみに満ちた顔をしている。この楽しい曲を作曲した西洋の作曲家は、自分の曲が東洋の思春期の子どもたちをどれほど苦しめているかを知ったとき、何と感じるだろう。

芸術が楽しむことによってのみなされるなどという安易なことは、もちろん考えていない。しかし、日本の芸術の世界には無用な苦しみが多すぎるように思う。型絶対のシステムは、指導者を安泰にする。苦しんで指導者となり、次に生徒を苦しめて元をとる方法は、これから高齢者の生徒が増えてくる状況のなかでは通じなくなるだろう。波多野完治は、日本で自分より年の若い指導者を見出すのが難しいと述べているが、それは妙な「指導者絶対」の習慣のある限り、そうであろう。

型についてはこれまで多く論じられているので、それらとは少し角度の異なるところから私見を述べた。日本の芸術を考える場合、型のことはどうしても避けて通れない。

日本人の創造性

現代の日本は日本古来——と言っても他文化の影響のないものはないが——の芸術のみならず、他国のそれも実に多く取り入れている。そして、芸術の分野で世界に一流として通用するレベルの人たちを相当に持っている。これは西洋の芸術の分野において、一流として生きている人もあるし、日本の伝統的な芸術が、他の国々においても理解され、その分野の芸術家が一流として評価される、という場合もある。あるいは、市川猿之助がヨーロッパでオペラの演出をする、というような交流も行われている。これらのことは、日本の芸術界にとって真に喜ぶべきことである。

日本も相当に西洋化されたので、西洋の芸術を日本人がそのまま受けいれ、その分野において欧米人と何ら遜色のない高い水準で活躍している人はあるし、このような人は今後も増えていくであろう。しかし、芸術というのが全人的な活動を要請するものなので、その芸術家が意図していなくても、その人のもつ日本的なものがそこに顕れ、そのことがその芸術を豊かなものにする、ということも生じている。

特に、今世紀の終わりになって、これまでの西洋において確立された近代自我の見直しということが、欧米においても行われるようになったので、やはり、欧米人の自我とは一味異なる自我をもつ日本人の作品が、彼らによって高く評価される、ということも生じてきた。もちろん、ヨーロッパの芸術なのだから、その技術は身につけねばならない。そのようなことをマスターした後に、日本人によって行われる芸術活動が、意図的に、あるいは無意図的に、彼らをアッと言わせるような効果をもたらすことになる。

そのような例として、写真家荒木経惟の「いまこそ原色だ」を取りあげてみよう(『現代日本文化論』第11巻「芸術と創造」)。彼の作品が、いかにヨーロッパにおいてよく受けいれられているかは、このエッセイのなかにも紹介されている。「いま、アメリカやヨーロッパの美術館からたくさんさそいがきている。将来は写真の輸出業になるのか」というほどである。なぜそれほど人気があるのか。「ヨーロッパでは私の仕事を「ＡＲＡＫＩ」として、トータルな写真行為としてとらえているようだ。出来事、出来心、事件としての写真。私事件。かれらはかれらのこれまでの歴史にない、異様なものを見ているのだろう」と荒木は言う。

このようなヨーロッパ人を惹きつける写真が生まれてくる秘密は、「私はシャッターを押す時はいつも無になろうと思っている。最も大切なものに対してどれだけ無になれるか。その時、被写体も無になる」というところにあるようだ。ヨーロッパ人が写真を撮るとするなら、写真家の個性がまず問われるであろう。個人として確立した人間が、それを頼りとして風景を切り取り、写真にして見せる。これに対して、荒木は「無になろうと思っている」のだから、随分と異なる態度である。これを没個性と言っていいだろうか。彼の作品を見ると、誰しも個性的と感じるに違いない。これをどう考えるといいだろう。

日本人は個性に乏しいと言われる。確かにこれはある程度賛成せざるを得ないと思う。すると追い打ちをかけてきて、「日本人は創造的ではない」と言われることがある。皆が同じことをして、同じように考えている。ここまで言われると、こちらも反論したくなって、日本にも創造的、個性的な芸術家は多くいる、と言う。しかし、そう言いながら、それは欧米人の個性的と少し異なるな、と感じたりする。

欧米人が個性的と言うとき、近代自我が確立されていることを前提として考えている。創造性、個性と言っても、そのような自我を通して表現されるものについて言っている。したがって、欧米近代の自我が確立していないときは、すぐに個性や創造性を否定したくなるのだろう。しかし、近代自我は自我の在り様のなかのひとつであって、それが正しいわけでも立派なわけでもない。

荒木経惟はシャッターを押すとき、そんな自我など消してしまおうとする。それでは、荒木という個人はどこへ行ったのか、ということになるが、言うなれば、荒木という人間は、一人の人間であると共に被写体のすべてともなってしまって、写真のすべてが「私」なんだと言いたいくらいの心境であるだろう。有難《ありがた》いことに、欧米人でもそれのよさがわかるようになってきたのだ。彼らは、それらを「異様なもの」と感じつつ、その魅力を認めざるを得ないのである。

写真を撮るためには、シャッターを押さねばならない。ファインダーも覗かねばならない。そんな意味において、「自我」は十分に的確に活動しなくてはならない。その一方で、自我はほとんど無になってしまう。それは没個人かもしれぬが、極めて個性的なのである。この点を欧米人によく理解してもらうように努めねばならないし、日本人の創造性と呼べるものがあるとするならば、それが現代の世界においてもつ意味を明確にすることもできるであろう。

創造における前述のようなことを、異なる表現で言うと、横尾忠則が『横尾忠則自伝』(文藝春秋、一九九五年)のなかに述べている「「胸騒ぎ」の重視」ということになるだろう。「「胸騒ぎ」が生じると居ても立ってもおれない状態になる。ぼくの内部と外部がひとつになったような感覚だ。そんな時ぼくは「胸騒ぎ」を分析したりしない。なるべく即座に受け入れることにしている」と横尾は言っている。この「ぼくの内部と外部がひとつになったような感覚」は、荒木の場合の「自分も無、被写体も無」という表現と軌を一にしている。

こんなことを聞いて、妙に禅くさくなって欲しくはない。このような体験が作品となるためには、強力な自我——近代自我ではないにしろ——や、西洋の技術を身につけていることなどが前提となっていることを忘れてはならない。その上でなお、このようなことが生じるときに創作の秘密がある。

ここで、横尾が「胸騒ぎ」という身体言語を用いているのも注目に値する。現代芸術における身体の要因は実に重要なものである、この点については、『現代日本文化論』第11巻の横尾忠則のエッセイを参考にしていただくとして、ここでは割愛しておく。

10 「私の死」と現代

私の死

地球上の多くの生物のなかで、自分が「死ぬべき存在」であることを明確に意識しているのは、人間だけではなかろうか。生きている間、死という終末の来ることを考えていなくてはならない。しかし、そこはうまくできていて、すべての人がいつもいつも「死」のことを考えて生きているわけでもない。むしろ、死などは忘れて毎日を生きている人の方が多いのではなかろうか。

現代は確かに生きることの快楽に満ちている——と言っても日本のことであって、地球上では飢餓に苦しんでいる人たちも多くいるのだが——。海外旅行に行ける、おいしいものがたくさん食べられる、他の文化から取り入れたファッションを楽しみつつ衣服を身につける、車を乗りまわして好きなところに行ける、というような言い方をする限り、今から五十年前の日本では想像することさえできなかったような「生きることの楽しみ」を手に入れている。しかも、その「楽しみ」を自分のものにするためには、時には我をも忘れるほどに働いてお金を得なければならない。こうなると、「死」のことなど考えておられない。生きることに忙しすぎて、死を考える暇がない。これを一般に「健康」と言うのだろう。しかし、人間が死を忘れても、死は人間を忘れてくれない。

死が自分の身近な人に、しかも突然に訪れたりすると、人間はやはり死について考えざるを得ない。時にはそれは中心的な関心事にさえなる。この問題を柳田邦男は「二人称の死」として新しい光をあてた。

「二人称の死」は、二つの側面を持つという点で、「一人称の死」とも「三人称の死」とも違う特殊性を帯びている。二人称とは、夫婦・親子・兄弟など「あなた」と呼び合える親密な関係にある人のことで、恋人や特別の戦友も含まれよう。人生の大事な部分を共有し合った愛する人の死がまさに「二人称の死」だ。

その第一の側面は、「二人称の死」に直面する人は死にゆく人に寄り添い、その人の美学を完成するための「よりよい死」を実現する支援者としての役割を担っているということだ。死にゆく人のケアをするだけでなく、死にゆく人のリビング・ウィルを生かすように医療者に働きかける役割を果たさなければならない。

第二の側面は、「二人称の死」に直面する人は愛する人を喪うことによって生じる心の空白を、自分で癒すグリーフ・ワーク(悲嘆の癒し)に取り組まなければならなくなるということだ。愛する人ががんや慢性病などで死ぬ場合には、どのようにケアにかかわり、「よりよい死」「納得できる死」にどれだけ寄与できたかということが、遺された者のその後のグリーフ・ワークを困難にしたり容易にしたりする。つまりグリーフ・ワークは、ターミナルケアの段階から始まっているのだ。これに対し、突然死の場合は、「納得できない死」となることが多いため、遺された者は混乱し、茫然となり、グリーフ・ワークに取りかかるのが困難になる。この問題ひとつをとってみても、人のいのちとは、死にゆく人の生物学的ないのちだけでなく、愛する者と共有し合う精神的ないのちが、いかに重要な要素になっているかがわかろうというものだ(『現代日本文化論』第6巻「死の変容」)。

柳田邦男さんの言う「二人称の死」が人を直撃する。どこか遠いところの出来事のように思ったり、客観的な事実のように受けとめていたことが、自分の身近に起こる。「あなたの死」は、他人事としての死とは異なる。人間の存在を揺がすのだ。これが、どのような体験であり、それを自分のこととして心に納めるのが、どれほど重大であるかは、たとえば、夫との死別の体験を書く半田たつ子さんの「死別からの再生」に示されている。

死には「一人称の死」がある。「私の死」である。私という存在がいつか、この世から消え去らねばならない。そのことを人よりも強く意識する人と、そうでない人がある。

実は私自身もそうであった。今でも記憶しているが、五、六歳の頃に死ぬことが怖くて、自分がまったく無くなるとはどんなことか、と目を閉じたり息を止めたりしたものである。私が四歳のときに弟が死亡し、その出棺の際に、泣きながら必死になって止めようとしたことを、後になって母に聞かされた。何度も聞いているうちに、そのときのイメージのようなものができてしまったが、ほんとうの記憶ではないだろう。それにしても、幼少時から、死のことを考えることが多かった要因として弟の死があるのではないかと思う。弟の死後しばらく、母は放心したようになって仏壇の前でお経をあげ続け、私はいつもそこにまつわりついていたとのことだが、このことも記憶に残っていない。

思春期になって、第二次世界大戦がはじまり、それが激しくなるにつれて、私は「私の死」を身近に感じざるを得なくなった。当時は、男の子は大きくなると兵隊になり、天皇陛下のために死ぬことが、当然のように期待されていた。私は日本の兵隊さんの勇ましさに感激もするが、どう考えても死ぬのは嫌であった。まったく卑怯なことだと恥じいるのだが、その気持は変わらない。同級生が国のために命を棄てると公言して、軍人の学校に入っていくのを、自分にはとうていできないこととして尊敬の眼をもって見ていたのを、よく覚えている。

当時でも、日本の敗戦を予想したり、日本軍閥の愚かさをよく知っていたりして、軍人になりたくないと思っていた人も、都会には割にいたことだろう。しかし、私は田舎にいて、日本軍は勇ましいとか、国のためには力をつくさねばならぬと思いつつ、ただ、単純に死ぬのが怖いと思っているのだから、始末が悪かった。臆病とかいくじなし以外の何ものでもない。それにしても、死の恐ろしさについて、誰も話題にしないのは不思議にも思われた。

幸いにも戦争は終わった。敗戦の勅語を聞いたときに、すぐ思ったことは、戦地に行っている二人の兄が生きて帰ってくる、ということであった。そして、すぐそのような不謹慎なことを考えてはいけない、と心のなかで打ち消した。家族のことなどよりも国のことを考えねばならない、という考えが身についていたためである。

戦後になっていろいろなことが明らかになるにつれて、私のいくじなさに筋金が入ってきたようである。自分の死が怖いこと、なるべくそれを避けたいと思うことなどの、いくじなさを肯定すると共に、「自分の死」について考え続けることがはじまった。そして、戦争中の体験から考えて、悟ったようなことを言う人にいかに偽物が多いかということもわかった。死を怖がらない人も確かにいるが、死を怖がる人よりも、その人たちが優れていることもない。それぞれが自分の生き方を追求していくより他ないのである。

「私の死」にこだわり続けているうちに、私は現在のような職業につくことになった。自分がよりどころとしている分析心理学を創始したC・G・ユングも、「私の死」にこだわり続けた人であると思う。ユングの考えに触れるようになったのは偶然のことだが、ユングは西洋近代の人には珍しく、「いかに死ぬか」に強い関心をもち続けた人であり、これこそ私が必要としている心理学であると思った。心理療法家というのは、他人の「いかに生きるか」という仕事の援助をするものだが、それはいつも「いかに死ぬか」という問題を背景にもっている、ということもできる。

現在の死

死の問題は、既に述べたように私にとって常に重いものとしてあったが、まさか現在のように、一般に死のことが論じられるとは、思いもよらないことであった。書店に行くと、「老い」や「死」に関する本が数え切れぬほどある。これはどうしてだろう。

敗戦を契機に、日本人は、よりよい生き方を求めて努力してきた。その甲斐があって、日本は実に豊かな国になった。しかし、ある程度登りつめてくると、それによって人間がやたらに幸福になるものでもないし、物が多くあることによって、かえって幸福に生きにくくなることさえわかってきた。また、科学技術の発展によって、人間の生活が快適になる反面、それによってもたらされる負の側面についても認識するようになった。ものごとには影の部分が存在することの認識は、生に対する死という裏面についての自覚と呼応するところがある。

近年、医学の発展による延命の方策が、果して人間の生にとって意味があるのか、という論議が生じてきた。そうなると、実際に自分はどのような死の迎え方をするのか、前もって考えておく必要がある。このような点も、現在においてにわかに死に関する考察がひろく行われるようになった、ひとつの要因と思われる。それは極めて実際的な思考と決断を要することである。

一九九〇年、アメリカのニューポートで、「死ぬことの難しさ」(Difficulty of dying)という主題のシンポジウムが開かれ、私もシンポジストとして参加した。これは、「死とは何か」について、哲学的、宗教的な論議をするのではなく、現代の科学技術の発展を踏まえて、極めて具体的、実際的に問題を論じようとするものであった。シンポジストは医者、宗教家、弁護士、に加えて、保険会社の社長、看護婦などが選ばれているところが特徴的であった。

問題の焦点は、人間はどの程度まで延命手段を用いるべきか、もし延命装置を切るとするならば、どのような条件の基にそれをなすべきか、ということにあった。このなかで、一番明確に発言できるのは、保険会社の人であった。つまり、現代の医学において可能な限りの延命策をすべての人に行うと、先進国の経済は見る見るうちに破綻する、ということであった。詳細な数字は忘れたが、ともかくそれは予想外の価格で、延命に力を注ぐ気なら、教育費をゼロにすることを覚悟しなくては、というようなセンセーショナルな話であった。

これを受けて、医者、宗教家、弁護士がそれぞれの立場から意見を述べた。そして、結論を端的に言えば、誰も明確な結論は得られなかった、と言ってよい。このようなことをしてはならないとか、極めて危険である、というように、言わば消極的に「してはならないこと」を言うとしても、このときに延命をやめるべきである、と積極的に言うのは非常に困難なのである。したがって、いろいろな場合の考察はできるとしても、結論は歯切れの悪いものにならざるを得ない。

そのなかで、看護婦さんの話だけはちがうものだった。彼女は延命についての考察をするのではなく、あるひとりの患者のことを語った。その患者は「できる限りの延命の方策を行なって欲しい」とかねがね言っていた人であった。ところが、入院してみて、実態がわかると、次のようなことを言った。自分は延命装置がこんなものだとはまったく知らなかった。そして、これまでは死を自分に敵対するものとばかり思っていたが、最近は、「死が自分の友」であることがわかってきた、と。そして、ある夜、その人は延命装置を自らの手で切って死亡した。その人はそこに、「死は私の友人である」という書を残していた。

この話のときは、聴衆は深く心を動かされた。私ももちろん強いインパクトを受けた。そのときに感じたことは、抽象的な論議よりも、ひとつの実例がどれほどの説得力をもつか、ということであった。「私の死」は個別的でありすぎる。それは抽象的な一般的規定に従って結論を見出す方法になじまない。「私」という個別存在の奥から揺らぎ出てくるものによってしか、決定は下せない。そのとき、存在の奥底に深くかかわってくるのは、深い体験をもって語られるひとつの実例であり、一般論ではない。それは、その例を模範にしろとか、真似をしろというのではない。その話がわれわれの心の奥に作用を与えるのである。

このシンポジウムにおいて、私は「異文化の視点から」発言するように求められていた。私は次のような概要の発言をした。

まず私は「死」について、すべてのシンポジストが正面から誠意をもって考え、聴衆もそれと共に考えるという、この姿勢に対して尊敬の念を表明した。日本ではこんなことはまだできないであろう(一九九〇年の頃である)。皆さんの取り組む姿勢には感心したが、おそらくその姿勢では明確な結論がでないであろう。まず、アメリカの人たちは、これまで「いかに生きるか」について考えることに熱心であり、それは多くの実りある結論を出してきたが、その考え方の延長上で、「いかに死ぬか」を考えている。これがまず問題である。次に「私の死」は極めて個別的であるのに、一般的普遍的法則を見出して、それに従おうとしている。このことはしばらくおくとして、最初の点について考えてみたい。

日本の現代は欧米文化の影響を受けているので、簡単には言えないが、かつての日本では、特に武士たちは「いかに死ぬか」ということを一番大切にしていた。「美しく死ぬ」ということが、その生涯の目標であった。このような観点に立って考えるときは、延命の問題などはあまり難しくなくなるのではないだろうか。

しかし、「いかに死ぬか」を中心に据えて生涯を生きることが、必ずしもよいと言えぬところに問題がある。ここで、私の戦時中の体験に言及し、国民がこぞって「いかに死ぬか」のみを考えることが、いかに不都合な状態を引き起こすかを述べた。

現代に生きる者にとっての課題は、いかに生きるかのみではなく、いかに死ぬかについても考え、この両立し難い観点を「私」という存在のなかで、いかに折合いをつけて「私」の答を引き出すかということではないだろうか。

以上のようなことを語ったのだが、多くの聴衆が起立して拍手をしてくれた。このシンポジウムでは、めったにこんなことはない、とのことであった。ここに簡単に示したように、当時に現代人の課題として述べたことは、今も変わっていない。ただ、「私の死」について考えねばならないと自覚する人や、それについて考え、語る人が当時に比して急に多くなった、と言える。

クオリティ・オブ・ライフ

医学における延命の技術が急激に盛んになると共に、クオリティ・オブ・ライフ(以下ＱＯＬと記す)ということが強調されはじめた。それまでの医学は、ともかく少しでも長く延命することを目標としていたが、それについての反省が起こってきた。死んでいく人に極度の苦しみを与えたり、家族との絆を断ち切ったりして延命することに、どれだけの価値があろうか、というのである。既に述べたアメリカのシンポジウムのように、経済的困難さを前面に出されるとやりきれない気もするが、ともかく、「いのち」ということの「質」を考える必要があるのは、事実であろう。このことに関連して、澤田愛子さんの「尊厳死とリビング・ウィル」(『現代日本文化論』第6巻)を参照されたい。

ここで、少し「質《クオリティ》」という点について考えてみたい。それはどのような観点から見られるのだろう。ライフという言葉は「いのち」でも「生活」でもある。ある人の「いのち」の質というとき、その人が生活している、生きている状態の質を考える。その際に、その人がどのくらいの体力をもっているか、知力をもっているか、それらを用いてどのくらいの仕事をしているか、このようなことの総体を「いのちの質」と考えていいものだろうか。

ここで、大岡信が引用している、ひとつの短歌を紹介したい(『ぐびじん草』世界文化社、一九九六年)。それは、冬道麻子さんという歌人が歌集『森の向こう』に発表された歌である。

握力計の知らざるちから身にありて
　　4Bの鉛筆に文字現わるる

大岡の説明によると、この作者は筋ジストロフィーの患者さんらしい。この人の物を握る力は圧力計で測れない。ゼロである。しかし、そのゼロから不思議が生まれる。文字が生まれてくる。それは人を動かす。QOLということを考えているときに、この歌に触れて、私は愕然とした。この歌から、われわれは、果して「いのちの質を計測できるのだろうか」という疑問に逢着する。

計測できるのは「量」であり、それは「質」に対するものではないだろうか。科学技術があまりにも発展したので、われわれは「質」を「量」によって測ることに慣れすぎて、すべての質は量によって測れると考えたり、それをもっと極端にして、測れないものは質的にも無価値である、と思うようになったのではなかろうか。計測の結果、値の低いものは、その「質」も悪いと考えていないだろうか。人間存在にとって最も重要で、また不可知でもある「死」の領域に限りなく接近するとき、計測されるもののみによって「質」を考えるのは、人間の尊厳性に対する侮辱ではなかろうか。

たとえそれが医学的には「脳死」と判断されていようとも、その「いのち」の存在によって、周囲の人々に生じる「生命感」、つまり喜怒哀楽の感情や、さまざまの想い(一般に否定的に評価されるものも、高い質をもつことを忘れてはならないが)、それらを考慮するとき、その「いのち」の質は極めて高いときがあると思われる。

医学というと、どうしても西洋近代科学の考え方に縛られてしまう。それは「人体」を客観的対象として扱う。このことによって医学が飛躍的に発展し、人類はその多くの恩恵を受けたのは事実である。しかし、死んで行く人を看取る医療において(医学と医療とを分けて考える方がわかりやすいと私は思っている)、QOLをすべて、医学的計測の結果のみから判断するのは考えものではなかろうか。こんなことを言っても、もちろん、死んでいる人を生きていると言い張ったり、死体が自分にとって価値があるから、いつまでも共に暮らしたいなどと主張しても無駄である。主観的真実と客観的真実との間に折合いをつけることは必要である。ただ、医療におけるQOLが、どうしても計測可能なことに傾きすぎるのをおそれるのである。

「痛み」は、主観と客観の間に存在する。末期治療において「痛み」が大切な主題となるのは、癌などが強い痛みを伴う病気だということもある。しかし、「客観」や「計測」によって攻めたてられる患者が、自分の主観の世界をある程度客観性をもつものとして訴えることのできる唯一の方法が「痛み」なのだ、とも考えられる。もっとも、その場合でも「痛み」を訴えすぎると、忍耐力がないとか大袈裟だとか言って不評を買うのが落ちであるが。真に医療を考える人なら、患者が大袈裟に痛みを訴えるときは、その人が表現したい主観の世界に対する、周囲の理解が足りないのではないか、と考え直すことも必要であろう。

人間の「いのち」について考えるとき、計測可能な点のみによってＱＯＬを考えるのを一方の極とすると、対極に位置するのが、「いのち」を死後の生命との関連で考える立場であろう。その人の死後の生命の在り方によって、その人の「いのち」の質を考える。などと言っても、死後の生命などは計測どころか、その存在も疑わしい。したがって、死後の生命をＱＯＬと関連させて論じる気はないが「いかに生きるか」、「いかに死ぬか」を考える上での重要なポイントとして、死後の生命というテーマがあることは、人間の歴史を見ると、よくわかるであろう。世界中の多くの文化は、死後の生命の観念を、もち続けてきた。

「私」が「私の死」を考えるとき、それをまったくの終焉、あるいは、まったくの無に帰することとして受けいれるのは、多くの人にとって難しいことである。自分の生命の永遠性に対する人間の願いは、多くの宗教の教義や儀式と結びついて具現化されてきた。エジプトにある巨大なピラミッドや、中国の古代の壮大な古墳などは、その結果である。

死後の生命を考えることは、単に自分の生命の永続性ということだけではない。それは宗教的な教えと結びついて、人間が「いかに生きるべきか」という導きを与えたり、人生の意味づけをしたり、それによって、人間に強い安心感を与えたりした。われわれが子どもの頃は、まだ地獄・極楽のイメージは生きていた。祖父母の語るその様相を聞いて、悪いことはしてはいけない、と心底から思った。極楽の方はあまり印象に残らないが、地獄の恐ろしさはなまなましく感じられた。キリスト教文化圏においても、「最後の審判」や、地獄の話などは、キリスト教徒の倫理を支える上で、大きい役割を果してきた、と思われる。

しかし、現代において、このような宗教の提示する死後の生命の在り様を、そのまま容認する人は、先進国においては相当に少なくなっていると思われる。たとえ、キリスト教や仏教を信じていても、天国や極楽、地獄の存在を文字どおりに信じることは、非常に難しいのではなかろうか。

しかし、現代人がセカセカと落ち着かなく、どこかでイライラとしながら生きているのは、死後の居場所が不明になったことと関係していないだろうか。行先も不明、行ってから何が起こり、何をなすべきかも不明、などという旅に出て、悠々としている人は、よほどの人だろう。旅に出るとき、われわれは、その場所について何らかの予備知識をもとうとする。手回しのよい人は、宿泊場所を先に予約し、するべきことの予定もたてたり、約束を取りつけたりするだろう。ところで、われわれ現代人は、死出の旅——おそらく最大の旅——の行先その他、すべて不明のままでいるのが大半と言っていいだろう。不安になったり、焦ったりするのも無理はない。

C・G・ユングは死後に発表した『自伝』のなかで、「死後の生命」について述べている(『ユング自伝 2』みすず書房、一九七三年)。これは深い示唆に富んだ文で、何度読んでも、その度に新しい発見をする。没後出版という形で、よくぞこのような文を残しておいてくれたものだと思う。

このなかで、ユングは死後の生命についてては「今になっても、私はお話を物語る——神話として話す——以上のことはできない」とはっきり述べている。そして、死後の生活ということを望むわけでも、それについて特別何かしたのでもないが、「このような考えが私の心の中に動いていると言わねばならない。これらの考えが真か偽かは告げることはできない。しかし、それらは存在し、偏見によって抑圧しないならば、表現力を与えられることを、私は知っている」。ここに言う「偏見」とは何か、それは近代合理主義である。「合理主義と教条主義は現代の病である」とユングは言う。

これは合理主義を否定するものではない。それが強力なものであることは認めるが、それによってすべてがわかると思うところに問題がある。この世のこと、特にそれに死が関係してくると、合理的には説明できないことが生じてくる。それらは説明できないからと言って、存在しないと言うことはできない。「私の死」について、私の「意識」は、それが終わりであり、死後の生命など考えられない、と言うかも知れない。ユングも「知性にとって、私の神話のこころみはすべて不毛な思弁にすぎない」と言っている。「神話」は知的に見て無意味だという自覚は必要である。しかし、これに続けて彼は、「情緒にとっては、それは癒すものであり、価値ある行為である」とも言う。物語は癒す力をもっている。セカセカ、イライラの現代病を癒すものとして、死後の生命の物語がある。

最近は「臨死体験」の話題がよく取りあげられる。相当に一般化しているので、ここにあらためて内容について紹介する必要はないだろう。医学の進歩によって、死んだと思われていた人が蘇生する。そのときの体験を語るのを聞くと、ある程度の共通点があり、それは「死後の生命」の存続を感じさせるようなところがある。これをもって、死後の生命の存在の証明を得たように考える人さえあった。

しかし、それを「証明」と考えるのは誤りであろう。と言うと、すぐにそれを無価値と言う人があるが、それも単純に過ぎる。臨死体験において、非常に重要なことは、それが「体験」であるということである。それは、普通に言う空想や願望とは、まったく水準を異にしている体験である。空想や願望のように、自分の心の一部のはたらきではなく、「私は見たのだ」、「私は行ってきたのだ」という、ずっしりとした重みのある体験なのである。したがって、それは、その人のそれ以後の人生に大きい影響を及ぼしている。

それは通常の意識をこえた、全人的な「私」の体験なのである。そのような「私」は、「私の死」について、それ以前よりはるかによく知っており、落ち着きをもって対することができるであろう。それこそが「物語」である。真の物語は全人的なはたらきによってこそ生み出されるものだ。

とすると、われわれは何とかして臨死体験をすべきだろうか。無理をしても仕方がない。それに事故や病気で瀕死の状態になったとしても、いわゆる「臨死体験」をするとは限らない。それは、その人のそれまでの生き方や、運命などと関係するものだろう。ただ、多くの宗教における「修行」と言われるものは、いわゆる「臨死体験」と類似の状態に、自分を置くための方策である、という見方はできるであろう。それは何も文字どおりの「臨死」でなくとも、それと類似の心の状態になる、と考えられる。これまでの宗教書に書かれていること——たとえば、チベットの『死者の書』など——が、臨死体験の記述と似通うところが多いことに、それが反映されている。

現代人は自然科学の知識をもっているので、これまでの宗教が語る死後の生命についての教義を、そのまま信じることは非常に難しい。と言って、自分自身の死を不問にしておくこともできない。そこで、各人は自前で、死後生の物語を見出さねばならない。これが現代人に課せられた課題である。これに対する努力を払うことが、中年より老年にかけて必要になってくる。中年までは、死後のことよりも、今生きていることの方が大切であろう。と言っても、最近では、若者でもこの課題を背負っている、と感じさせられる人がある。このような若者は、まさか死後生のことなどと思っているので、何とか生きることばかり考えようとするのだが、それは何だか見当違い、というわけで、結局のところは何もできず、無気力などと呼ばれたりする。

喪

一人称の死について述べたが、次は「二人称の死」、特にそれに関する「喪」の仕事について述べたい。喪ということも、形態こそ異なるが、どの文化にも存在している、と言うことができる。ヨーロッパでは現在でも、喪に服している人が、その期間中は黒か灰色の地味な服を着ているのを見る。日本でもこのようなことはあったはずだが、今はどうなっているのか。忙しい世の中で、喪なんかにかかわっていられない、という人が多いと思われる。

最近渡米して、友人の親戚の方が亡くなられたこともあって、葬式のことが話題になった。彼女はアメリカで今よく行われている、エンバーミングについて語り、自分はあんなのは嫌だと嘆いた。エンバーミングとは、死者を生きているのと同じような姿にして、化粧などをほどこして、お通夜のときに飾るものである。そして、その周りで死者の親戚や知人たちが、生きていた当時を振り返って話し合うのだが、私の友人によれば、その内容は、その人がいかに生きたかという「生を讃える」ことに焦点づけられ、「死を悼む」ことは忘れられがちということ。端的に言えば、死者を前にして、全員が「死」を忘れようと、精一杯努力していることになる。

日本でも、これほどではないが、葬式が華やかに行われるとき、できるだけ死を忘れるための儀式かと思うこともある。生きるのに忙しすぎて、死のことなど構っておれないという態度である。

今度の渡米中に、非常に印象的な例に接した。私は箱庭療法という心理療法を行なっており、海外においてその指導をすることが多い。集団あるいは個人で、実例を中心にしながら指導をする。クライアントの作った箱庭をスライドに撮っておき、それを映すのを見ながらコメントしていくわけである。守秘義務があるので詳しいことは書けないが、ある治療者の事例で、箱庭の作品のなかで、明らかに「喪」の仕事がなされている、と思われるのがあった。その箱庭のなかで、亡くなったクライアントの親しい人が「旅」をしている。親族に送られて、その人は舟に乗って旅に出ていく。そして、未知の恐ろしい世界のなかを旅しつつ、「居場所」を求めて落ち着いていく。治療者は、それらの箱庭が何を意味するかわからなかったらしい。しかし、私が「喪」の仕事について説明すると、納得した。

実は、日本においても同様の例を、私は、二、三例見ている。このことがアメリカにおける指導に役立ったし、日米どちらにおいても、同様のことが行われる事実が印象的であった。既成の宗教の提供する「喪」が、この人たちにとっては意味を失い、自前で仕事をやり抜かねばならないのだ。日本においても、死亡した親しい人が、箱庭のなかで「旅」をしていた。箱庭を作った子どもは小学生であった。その女の子は「不登校」という訴えで治療者のところに連れて来られた。しかし、問題は学校ではなかった。彼女を取りまくすべての人が日常生活にかまけて喪を怠っているとき、彼女は代表としてそれをとり行うことになった。学校など行っておられないのは当然である。箱庭における喪の仕事を完成させて、彼女は再登校した。

これらの例に接していると、喪の仕事の意味がよくわかる。喪のはじまりは悲しみに満ちる。自分の親しかった人、信頼していた人と、この世においては再び会うことがない、という別離の体験が悲しくないはずはない。人生においては、「絶対」と言えることは少なくて、「絶対に確か」と思っていることが、しばしば覆されるものだが、これはまさに、「この世において絶対に会うことがない」別離である。時に、この悲しみを抑圧する人がある。ともかく怒りや悲しみなどの感情は表明すべきではないと信じこんでいたり、あまりの深い悲しみに自分をまかせるのが恐ろしい、というときもある。日常生活に埋没してしまうときもある。当然に体験すべき悲しみを抑圧してしまうと、この人は抑うつ症に悩まされたり、身体的不調を訴え続けたりする。そのためにわれわれのところに来談される人もある。

神経症で来談される人にお会いして、はるかに遠い昔の喪の仕事が未完であることが明らかになって、治療者もクライアントも共に驚くことがある。宗教的儀式によって、それを完遂させることが、現在ではほとんど不可能になっているのと、どうしても「生」に重点をおき「死」を忘れがちな現代社会の状況が、このようなことを多発させている。

喪のはじまりは悲しみの表出である。感情というものは、それを分かちもってくれる人がそばにいるほど「自分のもの」になりやすい。悲しみを共感してくれる治療者の存在を得て、はじめて深い悲しみが表明される。もちろん、一人でできることもあるが、それは困難なことが多い。死は何と言っても残酷なものである。絶対的な別離を強制する。それに伴う悲しみや時には怒りの感情は、いくら表明してもし足りないほどのものがある。しかし、これも共感者を前に行なっていると、徐々に収まってくる。

感情の高ぶりと収まりだけで喪が終わるのではない。大切なことは、死者をどこかに定位し、それと自分との関係をつくりあげることである。それによって、喪は完了する。仏教において、四十九日間の喪に服するのは、その間に死者が「この世」から「あの世」に旅をする、と考えられるからである。無事に「あの世」に着き、安住する場所が見つけられるように、四十九日の間、お経をあげ香をあげて、死者の旅を守るのである。われわれは仏教の定式に単純に従えないとするなら、既にあげた箱庭療法の例のように、自らの力で、その旅に想いをめぐらせ、この世では絶対に会えない人の居場所を「あの世」に確認し、それとの関係を確立しなくてはならない。

喪の仕事にはイマジネーションが必要である。夢が助けてくれるときもある。夢においては、われわれは死者に会えるし、時に話し合いもできる。彼らは自分が今何をしているか語ってくれることもある。ユングは『自伝』のなかで、それらについて語っている。このような仕事は、極めて個別的であるのが特徴ではないだろうか。死者と自分との関係の在り方は、自分の「個性」を抜きにしては考えられない。その人独自の方法があり、独自の結果がある。それが一般的な意味で真か偽かはまったく問題にならない。その人個人にとって、どれだけの意味をもつかという点だけが問われている。

喪の仕事をいろいろな死んでいった人たちに対して行うことにより、「この世」と「あの世」の関係はだんだんと密接になってくる。ふたつの世界を行ったり来たりしているうちに、あちらへ行くための準備ができあがってくる。したがって、喪の仕事は次に述べる「死の受容」につながってくる。「二人称の死」を真剣に受けとめることは、すなわち「一人称の死」の練習をしているようなものである。

死の受容

死ぬのが怖くない、死んだらすべてが終わり、と主張している人は、「死の受容」よりも「死の忘却」、「死の拒否」をしていることが多い。あるいは、日本人特有のあいまいさによって、意識的には前記のような主張をしていても、半意識的には、日本の伝統的宗教観によって守られている人もある。おそらく、このような類が一番多いのかも知れない。

仏教と言ってもいろいろな考え方があるが、仏教の考えに「自性《じしょう》なし」というのがある。華厳《けごん》の場合を例にとってみると、すべてのもの(生物、無生物を含めて)は、その本来の性質(自性)などはもっていないと考える。それはすべて他のものとの関係性によって成り立っているのであって、そのもの自体の性質はないと考える。したがって、そもそも最初から「私」などというのは存在していない。それを前提とすれば、「私の死」ということ自体がナンセンスであって、悩む方がどうかしている、ということになる。滔々《とうとう》と流れる「もの」の偉大な世界のごく一部として、「私」という仮の姿がつくられるとしても、それはあくまで仮のものであり、いつかは、偉大な流れのなかに分解され吸収されていく。それは、また、何らかの仮の姿に結晶していくこともあろうが、そこには「終わり」という観念は存在しない。人生は、言うなれば、はじめも終わりもない流れの微小な一部の動きになってしまう。「死の受容」以前の話である。

死んだら「無」になると言っている人も、意識はしていないにしても、前記のような仏教的な考えによって無意識的に支えられているのではなかろうか。しかし、日本人も西洋の影響を強く受けてきたので、「私」にこだわる人も多くなったはずである。西洋近代が大切にした「自我の確立」などに、心を奪われた人は、その確立したはずの自我の終焉についても、責任ある解答を見出さねばならない。それが「死の受容」である。それでも、「自我の確立」も「死の受容」もあいまいにすることで落ち着くという、日本的あいまい教の方策が今のところは一番多いのかも知れない。

しかし、これからは徐々に「死の受容」ということが日本人の課題になってくるだろう。欧米文化の影響はますます強くなるし、せっかく生まれてきながら、何もかもあいまいというのも残念だと思う人も増えてくるだろう。たとえ、「あいまい教」がいいとしても、なぜそれがいいのか、どんな意味をもつのかを考え、一神教の人々にある程度説明できる程度にならないと、国際社会を生きていくのは難しくなるだろう。

ユングは死後の生命に関しては「お話を物語る」より仕方ないと言った。確かに、われわれは、それぞれが自分の「死後の生命」に関する独自の物語を見出すべきだと思われる。それこそが個性実現の仕事である。この仕事は大変なことだ。おそらく死ぬ瞬間まで続く作業ではないかと思う。生きている生き方が「物語」の作製に直結している。つまり、「死の受容」とは「いかに生きるか」というのとほとんど変わりはない。ただその仕事を「死」の視座からも、はっきり見つめている、と言うことである。

自分に固有の物語を見出すにしろ、古来からある多くの物語を知ることは非常に参考になる。そんなわけで、私はたくさんの物語を読んでいるが、ここでは、非常に印象的だった、ひとつのインドの昔話を紹介しておこう。これは、長弘毅『語りつぐ人びとⅡ インドの民話』(福音館書店、一九八一年)のなかの「子ザルとばあさま」という話である。次に要約を示す。

むかし、ひとりの「えらく貧乏で、そのうえ、ひとりぼっち、じいさまも嫁も、孫も、みんな死んでしまっ」たばあさまが住んでいた。ばあさまは目が弱ってしまった。そこへばあさまの耕したわずかな畑の作物を狙って野ザルがやってくる。ばあさまはサルを追いまわして、とうとう一匹の子ザルをつかまえる。子ザルを殺そうとするが、かわいそうに感じてしまって、自分のふところに抱いて帰り、一緒に暮らすようになった。子ザルはばあさまのためにいろいろとつくしてくれるが、このあたりは省略する。そしてこの話の最後を引用してみよう。

「ばあさまと子ザルが、ほんものの母と子のようにくらしはじめて、三年ほどがすぎたある寒い日、ばあさまは病で床についた。三日ものあいだ、ばあさまの家の戸はとじたままだった。開かずの戸を見てへんに思った村びとが、戸をあけてなかに入ってみると、ばあさまはすっかり冷たくなっていた。そして、子ザルもばあさまのふところに顔をうずめて、死んでいた。その顔はまるで、ぐっすりねむっているようだったそうな。」

ばあさまは孤独ではなかった。子ザルと共に旅に出たのだ。「ぐっすりねむっているようだった」のだから、安らかな死だったにちがいない。ばあさまは嫁も孫もなく、ひとりぼっちだったという。しかし、現在は、子どもや嫁や孫はたくさんいるとしても、老人ホームに送りこむ努力はしてくれるとして、一緒にいて世話してくれるわけでもないので、現在の老人の状況と同じである。わずかの畑も荒らしに来る野ザルがいるというのは、現在の実状と合わないようだが、わずかな年金に群がってくる者のことを考えると、類似性は高くなる。「老人福祉」のためにと言いつつ、ごっそりと税金を使いこむ人もいる状況だから、現在の老人の苦しさは、このばあさまとそっくりである。しかし、ばあさまは幸福な死を迎えることができた。それは子ザルのおかげであった。

子ザルがばあさまと共に死んでいる事実は、それがばあさまの分身であることを示している。年老いて自分の心のなかの、子ども性、動物性と共存し得る人は、安らかな死を迎えると、この物語は告げている。物語にもいろいろある。聖人君子となり、死を従容として受けいれる物語もある。ただ大切なことは、普遍的に正しい答はなく、各人が自分らしい話を見出していけばいいのである。私にとっては、この子ザルの話が非常に親近感を感じさせた。

ばあさまが子ザルとすごした日々の生活が、即ち「死の受容」である。それはひとつの過程であり、ばあさまが子ザルと共に旅立ったところを見ても、この旅はひょっとして終わりがないのでは、とさえ思わされる。「いかに生きるか」と「いかに死ぬか」が表裏一体となっている。自分と共に死出の旅をする子ザルを見つけ出す、これは各人にとっての固有の課題であり、まさに自己実現の過程と言うことになるのであろう。

11　宗教と宗教性

宗教性とは何か

「宗教」という言葉は、人々にいろいろな反応を引き起こす。何らかの宗教を信じている人、あるいは宗教者というだけで、信頼できるという感じを抱かせたり、その逆に、何だか「うさんくさい」と感じさせたりする。日本では、むしろ後者の反応が多いかもしれない。たとえば、私の専門にしている心理療法に対して、それを非難するときに「宗教のような」という表現をされることがある。それは、「明確な根拠のないことによって、人をまどわせる」というような含意をもっている。日本人は一般的に言って、「宗教」ということに懐疑的な人が多いようである。自分のことを「無神論者」とか「無宗教」とか表現する人も多い。それは確かに、特定の宗教に対する信仰をもたない、という点では正しいかもしれないが、それをすぐに「無宗教」と言っていいものだろうか。

これに対しては、山内昌之は、「故柳川啓一氏は、日本人の宗教的特性を欧米と比べて、〈信仰のない宗教〉と表現したことがある」と述べている（『現代日本文化論』第12巻「内なるものとしての宗教」）。〈信仰のない宗教〉とはうまい言い方である。「特別に心の問題として信じるものがなくても宗教をもてるという意味である」。ここで、山内は「宗教」について、「〈信仰〉の定義が何かを信じるという意味で内的確信や信念だとすれば、〈宗教〉は祈りや祝祭といった儀式や年中行事の意味合いが強い」と述べている。とすると、最近の日本では、このような意味における「宗教」も、とみに弱体化してきたのではなかろうか。儀式や年中行事は、だんだんと衰えていくし、行われるとしても著しく形骸化したものになっているのではなかろうか。このように考えると、日本の「宗教」は、現在ではやはり「無宗教」に近くなっていると言うべきだろうか。

ここで、宗教についてもう少し違う角度から見てみることにしよう。人間は自分をめぐるいろいろな事象を体系的に理解したいという欲求をもっている。そのような体系に基づいて、その人間の行動が決定されてくるわけであり、それは人生観とか世界観とか呼ばれている。日本人は西洋の文明に接したときに、相当に思い切った世界観の改変を行い、西洋的な世界観を受けいれようとした。この際に、西洋の文化の根元にあるキリスト教に対して日本人のとった態度は非常に興味深いものがある。すなわち、日本人は西洋の科学技術の知識を、キリスト教抜きで、文化の上澄みをすくうようにして、取り入れたのである。

科学的な世界観は今著しい変貌を遂げつつあるが、それはしばらくおいて、現在の文明をもたらすのに役立った近代科学に焦点を当ててみよう。それは確かに信頼性が高く、ものごとを操作していく上において極めて有用である。このことをなし遂げるために、近代科学は、観察者と現象をまったく切り離し、客観的に研究を行うことによって普遍的な結論を得る、という方法を確立した。これがあまりに有効なので、近代科学に頼って、すべてのことを理解しようとする安易な態度が生まれてきた。

しかし、これは哲学者の中村雄二郎が『哲学の現在』(岩波書店、一九七七年)において、詳細に論じているように、あまりに一面的なものの見方である。わかりやすい例として繰り返しあげることになるが、たとえば、最愛の人が交通事故で死亡したとき、誰でも「なぜ」と問うであろう。これに対して自然科学はすぐに答を用意できて、「出血多量」などという。しかし、これはその人の心を納得させるものではない。自然科学は、人間の死をある個人とのかかわりを切り棄て「客観的」に記述している。しかし、このときの「なぜ」は、自分とのかかわりにおいて「なぜ私の最愛の人が事故死しなくてはならないのか」と問いかけているのである。このとき、自分自身とのかかわりのなかで、その事象を理解する際に、自分の意志や思考などを超えた存在を前提とせざるを得ないと感じるとき、そこに宗教が発生すると考える。

自分自身とのかかわりを切ることなく事象に接し、そこに自分の存在を超えるもの、あるいは、少なくとも自分の知的理解を超えるものを感じとり、あくまでそれを避けることなく理解しようとし続ける態度を「宗教的」である、と考える。このような態度のなかから、これまでに全世界において、それぞれの体系をもった「宗教」が生まれてきたし、現在も生まれつつある。そのなかで、世界宗教と呼ばれているようなものは、世界のなかで相当多くの人がそれを共有しているわけである。

特定の宗教集団に属するのではなくとも、既に述べたような宗教的態度をもつことを、「宗教性」と考える。したがって、これは極めて個人的なものである。もちろん、そのような宗教性に基づいて、ある人は何らかの特定の宗教集団に帰属するのを妨げるものではない。ただここで宗教性と宗教集団に属することとの間で、大きいジレンマが生じることに注目しなくてはならない。宗教性ということは、人間の意識的判断を超えるところがある。したがって、自分と同じ宗教性をもつ人たちが多くいることは、それによって強い支えを得るし、宗教的体験をもつことも生じやすい。その一方で、人間が集団をつくると、集団の維持、運営などのことのために、極めて世俗的な要素が入り込んでくる。あるいは、出発点として、極めて個人的なものとして生じた宗教性が、集団のもつ標準化の力と葛藤を起こすこともある。

世界の宗教の歴史を見ても、ある宗教が生まれ、発展して立派な組織をつくりあげていくのに比例して、それのもつ本来の宗教性は弱くなっていく、と言いたいようなところがある。現在の状勢を見ていても、一方的な言い方かもしれぬが、キリスト教は東アジアで生命力を発揮し、仏教は欧米で生命力をもちつつある、と思われる。宗教というのは、実に難しいものである。

私はここで、自分の尊敬する鎌倉時代の名僧、明恵上人が二人の弟子にあてた手紙のことを想起する。明恵上人は一人で山に籠って修行したいと言う弟子に対して、人間は弱いものだから、一人で修行していると怠惰になったり、勝手なことをしがちだから、仲間と共に修行するのがいいと書いている。しかし、他の弟子に対しては、修行は唯一人ですることに意味があると書いている。そして、明恵上人の伝記を見ると、彼の生涯もそのようなジレンマのなかに生きていることがよくわかる。どのような生き方をするにしろ、このジレンマの存在をよく認識し、いずれかの道のもつ弱点に引き込まれないようにすることが重要であろう。

「宗教性」を以上のように考えると、これはすべての人間にとって必要なこととも言える。自分自身をそこに入れ込んだものとして事象を見る。そうすると不思議なこと、不可解なこと、恐ろしいこと、などがいっぱいある。それにたじろがずに見続け、それなりの答を見出そうと努める。このことが人間の人生に必要ではないだろうか。もっとも、昔は、このような宗教的理解が科学的理解の領域も覆ってしまって、そのために失敗をしてきた。そこで、近代になって、科学的理解がそこから明確に分離され、その効力を発揮してきたのはよいが、現在ではその科学的理解が宗教的理解の領域に侵入してくるという逆の現象が起こり、混乱が生じている。もっとも、この両者をどこまで区別し得るかは、現在においてだんだんあいまいになりつつある。したがって、宗教と科学の接点について考えることは、今後の重要な課題である。しかし、話を近代科学に限定すると、この両者の区別ははっきりとしており、宗教性が人間の生きる上において重要なことは明らかである。

子どもの宗教性

特定の宗教に限定することなく、宗教性ということを広く考えると、子どもたちが幼いときから、宗教性をもっていることがわかる。子どもたちは、相当幼いときから死について考えている。自分の死について、自分の親の死について、自分とかかわるものとしての死をどう受けとめるべきか、幼いなりに心を悩ませている。このことについてはこれまでよく論じてきた(たとえば、拙著『子どもの宇宙』岩波新書、一九八七年〔第I期著作集第六巻所収〕など)ので、今回は省略して、少し異なる観点から、この問題を論じてみよう。

最近出版された、ロバート・コールズ著、桜内篤子訳『子どもの神秘生活——生と死、神・宇宙をめぐる証言』(工作舎、一九九七年)は、子どもの宗教性を考える上で非常に参考になる書物である。ここに「神秘生活」と訳されているのは、spiritual life のことである。これは、児童精神科医のコールズが、三十年以上にわたって、少年少女を観察してきたが、そのなかで、子どもたちが、まさに私の言う「宗教性」について何を考え、どう考えているかを彼に語ったことの記録である。彼は、ホピ族の少女、キリスト教・ユダヤ教・イスラム教の少年少女、信仰をもたない子どもたちにインタビューをしている。そして彼は「本書で強調したいのは、子どもたちが特定の宗教をどのように信じ、その教えをどのように守っているかではない。むしろ、子どもたちがその霊的な世界を見せる瞬間を示したい。非常に俗っぽい面を見せたかと思うと、次の瞬間、神とか魂について深く考えることができる子どもの姿を見てほしいのである」と、自分の意図を明らかにしている。

まず、著者がホピ族の十歳の少女にインタビューをした記録について紹介しよう。最初、彼は校長や他の先生の協力を得て、学校に行きホピ族の子どもたちと話し合った。六カ月経ったが子どもたちはほとんど喋らず、たとえば、神様の絵を描いて欲しいと頼むと、まったく心のこもらない絵を描く。もう計画を放棄しようとまで思っていたときに、学校では駄目で、家庭に行くべきだと忠告してくれる人がある。家庭を訪ねても、はじめは心を開いてくれなかったが、何カ月も経つと子どもたちははじめて心の内を明かしてくれるようになった。

会ってから二年くらいして、十歳の少女が次のように語ってくれた。「空がわたしたちのことを見ていて、わたしたちの言うことを聞いてくれる。空はわたしたちに話しかける。そしてわたしたちの返事をまってるの」。そして、ホピ族にとって神様は空だと言う。続いてこの少女は、おばあちゃんの言ったことを教えてくれる。「おばあちゃんはね、白人は空をせいふくしようとしているけど、わたしたちは空にいのりをささげるために生きているって。せいふくしようとする人に話してもむだだから、白人の分もいのるしかないって」。

このようなことを知ると、この十歳の少女がそれなりの「宗教性」を身につけ、それを大切にしていることがよくわかる。しかし、このことを知るのには、二年間のつき合いが必要だった。この点を反省してコールズは、「学校のような公式の場で受けた○×式のテスト」によるような調査をすることの問題点をはっきりと指摘している。そのような調査に頼ると、ホピ族の子どもたちは、宗教に関して無関心などという結論を得たかもしれない。そして、それは「客観的な調査」によって得た結論だから正しいなどと主張されるだろう。

コールズはホピ族の子たちが全然こころをこめずに描いた絵に対して、「私は子どもの反応を定義し、公式に当てはめ、分類しようとした。子どもたちの不信感、消極性、文化的社会的孤立、不十分な教育ばかりが目についた」と述べている。そして精神分析家らしく、自分の心理状態を反省して、この文の前に「(報復のつもりだったかもしれない)」とつけ加えている。子どもがあまりにも乗気を示さないと、研究者もいじ悪い結果を出したくなったりするものだ。このあたりをよく反省し、長年月をかけて調査を行なった著者はさすがだと思う。これと同じような研究を日本で行うのも価値あると思うが、ここにコールズが警告している、研究者の態度という点で大いに配慮する必要があると思う。

話が少し横にそれたが、もう少しコールズの調査に注目してみよう。たとえば、小学校五年生のクラスで、コールズが「自分について」無記名で自由に書いてもらったとき、次のような文があった。

「なんて書いていいかわかりません。ここにぼくをおいたのは神様。その神様が、よし、もう十分いたから帰ってきなさいと言うまでここにいたいと思います。そのときはもう、ここにはいなくなります。いなくなるときに、なぜほかの人でなくぼくがここに送られてきたのかわかればいいな。きっとここに来たい人がたくさん待っていると思うけど、決めるのは神様です。」

これを聞いて、子どもたちは一瞬シーンとなる。しばらくしてある少年が「神様が何を決めるんですか?」と質問する。ここからだんだんと子どもたちの間に言葉のやりとりが行われる。それは相当な議論になる。詳しいことを知りたい人は是非ともこの本を読んでいただきたい。ともかく、これを読むと、小学五年生の子どもたちが子どもなりに、宗教性をもち、それについて真剣に考えていることがよくわかる。先に引用した言葉は、キリスト教徒の子どもと思うが、ここまでしっかりとそれを自分のものとして表現し、同級生たちと論戦する姿には感心させられる。

もう一人、イスラム教徒の少年の場合を取りあげてみよう。イスラム教徒の少年ハルーンは、「ぼくがアッラーに話しかけると、アッラーは聞いてくれるんです」と言う。彼はいじめられっ子で、いろいろ悩みをかかえている。あるとき、彼は難しい問題に対する答を得ようとして祈る。ある朝お祈りしているときにアッラーの声を彼は聞いたと言う。その声は、「一生なやみつづけていいのだ。なやみをしまいこんでわすれないようにいのりなさい」と言った。「ハルーンは当惑した。われわれが答えを見いだせなかった問題に答えてくれると思っていたのに、おおいに悩み、悩むことを大事にしろという言葉がかえってきた」。

考えてみると、これは素晴らしいことではないだろうか。ハルーンは最初は当惑するが、神の声に支えられて「一生なやみつづけ」ることに自信をもって生きていくのだ。ハルーンが考えたのではなく、「アッラーの声」としてこれが聞こえてきたところが注目すべき点である。「宗教性」について、自分の存在を超えるものを感じとるということを述べたが、この小学生のハルーンは、それをはっきりと認識しているのである。しかも、彼の神が悩みに対して直接に答えるのではなく、「一生なやみつづけていいのだ」と言ったのは意味深く感じられる。「宗教」を信じることによって簡単に安心できるとか、悩みがなくなるのではなく、悩み続けることの価値を神は少年に教えたのだ。

ここにはごく一部のみを紹介したが、この書物を読むと、現在の子どもたちが思いの外に「宗教性」を具えていることに気づかされる。これは二十一世紀のことを考える上で心強いことではなかろうか。来るべき世紀に大人として生きる彼らが、このようにして身につけた宗教性をどのように生きるか、楽しみなことではある。

キリスト教内の新しい動き

かつて、ヨーロッパ・キリスト教文化を中心として世界のことを論じていたときには、宗教というものは、アニミズム→多神教→一神教という順序によって「進歩」あるいは「進化」していくという考えが強力であった。日本の宗教学者も、このような考えに従って宗教を論じるようなところがあった。しかし、現在においては、このような考えは相当に弱くなっている。国際化の波が高くなると共に、それぞれの文化の固有の生き方や考え方を尊重しようという態度に変わってきたからである。

最近アメリカに行って強く感じたことは、アメリカ・インディアン(今は、ネイティヴ・アメリカンと呼ばれる)の世界観に対して、そこから何かを学びとろうとする態度が、急激に高まってきていることである。これまでは、もの珍しさで注目することはあっても、「低い」文化として、まったく無視していたネイティヴ・アメリカンから、何かを学ぼうとするのだから、これは大変な変化である。前節にホピ族の少女の宗教性について少し触れたが、以前ならこんなことは誰の関心も引かなかっただろう。

しかし、あらためて考えてみると、キリスト教として「唯一の神」を信じ、それのみが正しいと考えると、他の宗教や神話などに関心をもつのは、端的に言って「悪」と考えるべきではなかろうか。実際、アメリカに多くいるファンダメンタリストの人たちは、そのとおりと言うことだろう。一神教を信じる人たちが他宗教に対して、どのように考え、どのような態度をとるべきかは、今世紀末における、一神教内部での大きい課題であったし、そのことは次の世紀まで持ちこされるだろうと思われる。そこで、キリスト教内部にあって、神学者のなかで、これに対して何とか新しい考えをもたらそうとした人たちの考えを少し紹介してみよう。

前節に紹介した書物で、コールズが子どもたちにその子にとっての「神」を絵に描かせた体験を語っているところがある。「多くの子は神の毛髪を自分と同じ色に塗る。したがって北欧では金髪の神や金髪のイエスが多いが、ハンガリー、イタリア、イスラエルと南下するにしたがい、髪の毛はしだいに濃くなっていく。目も同じだ」という。「一神教」で同一の神を信仰していてさえ、神のイメージは異なってくる。

ところで、コールズは、ある十歳の男の子(ストックホルム郊外に住む)が、イエスを描くときも神を描くときもクレヨンや絵の具を使わなかったと報告している。その子はその理由について、「だって神様はみんなの神様でしょ。だから神様は白人でもなければ黒人でもない。茶色の肌でもない。みんなの肌の色と目の色をしているはずだ。でもそれがどんな色なのか考えもつかないから、鉛筆で描くことにする」と説明した。同じような考えで、髭の色を、茶色に黄色や黒を足したりする子がいたという。

これは「一神教」を信じていても、子どもたちが、異なる人にとってそれは異なるイメージとなることを容認しよう、あるいは、むしろ積極的に配慮しようとしていることを示し、非常に興味深い。これも二十一世紀の宗教を考える上で参考になるのではなかろうか。このように子どもたちが直観的に感じとっていることは、キリスト教神学における「宗教多元主義」とつながるものと思われる。

「宗教多元主義」の考えは、英国バーミンガム大学の神学者のジョン・ヒックの唱えたものである。彼はあくまでキリスト教の立場に立ちつつも、宗教の多元性が存在することを明確にしようと努める。彼は「私がキリスト教徒であって、イスラム教徒でもなければ、仏教徒でもないということは、綿密に論証が検討されたからであろうか。そうではなくて、私がイギリスに生まれ、サウディアラビアでもなければ、タイでもなかったという事実におおいに関係するのではないだろうか」。そしてどの宗教に属するかは、そもそも世界のどこに生まれたかによって相当に影響され、「宗教は宗教自体のイメージに合わせて私たちを造りあげる。したがって自然に宗教は私たちに合致し、私たちはそれに合致していく。このように宗教的伝統のうちの一つに形成されているので、それが他のどれよりも正しく／真実で／規範的で／優れているのは明白であるように思えるのである。しかしその明白さは、通常、証拠や論証に頼っているのではなく、またそれに反対する証拠や論証によってたやすくゆすぶられるようなものでもないのである」と言う（ジョン・ヒック著、間瀬啓允訳『宗教がつくる虹——宗教多元主義と現代』岩波書店、一九九七年）。

ヒックが同書の「日本の読者に」のなかに述べているように、「日本は長いあいだ、宗教的に多元的な状況に慣れ」てきているので、以上のような引用文を読んでも、当たり前のことじゃないか、などと感じるかもしれない。しかし、このことを一神教の神学者が述べるとなると、大変なことなのだという認識はもって欲しい。

日本に生まれながらキリスト教徒として生き、またそのことを正面から悩み続けた遠藤周作は、最晩年に『深い河』(講談社、一九九三年)という小説を書いた。これは日本人の宗教性を考える上において重要な作品であるが、ごく最近に遠藤周作が遺した、『深い河』に関する「創作日記」が発表され(『三田文学』第五〇号、一九九七年)、ますますその意味の深さを感じさせられた。『深い河』が出版されたのは一九九三年六月であるが、「創作日記」は一九九〇年八月より一九九三年五月に至っており、最後の月は口述筆記になっている。

ところで、この日記の一九九〇年九月五日に次のような文がある。「数日前、大盛堂の二階に偶然にも棚の隅に店員か客が置き忘れた一冊の本がヒックの『宗教多元主義』だった。これは偶然というより私の意識下が探し求めていたものがその本を呼んだと言うべきだろう。かつてユングに出会った時と同じような心の張りが読書しながら起ったのは久しぶりである」。

ここに遠藤周作のあげている本は、同じくヒックの著で前に紹介した本より以前に出版されている、『宗教多元主義――宗教理解のパラダイム変換』(間瀬啓允訳、法蔵館、一九九〇年)である。これについて、遠藤周作は「日記」のなかで、「ヒックは基督教神学者でありながら世界の各宗教は同じ神を違った道、文化、象徴で求めているとのべ、基督教が第二公会議以後、他宗教との対話と言いながら結局他宗教を基督教のなかに包括する方向にあると批判している」と述べている。

遠藤周作の『深い河』は、このようなヒックの考えにヒントを得て書かれたものと言えるだろう。しかし、ヒックの考えを単純に小説に移し変えたようなものでないことも重要である。たとえば、前述の「創作日記」の九〇年十月七日には次のように書かれている。

「月曜日。「ヒックの神学」についての話。パネラーの間瀬教授(引用者注、ヒックの著作の訳者)と門脇神父の間にイエス論をめぐって激論。というより喧嘩。外は烈しい雨。司会者の私はヒックの考え方と従来のキリスト教論の間に引き裂かれて当惑した。」

このように何度も身を引き裂かれる体験をし、そのなかから『深い河』が生まれてきたと考えられる。

ヒックの考えとは独立に、アメリカのプロテスタントの神学者、デイヴィッド・ミラーが一九八一年に、"The New Polytheism"(桑原知子・高石恭子訳『甦る神々――新しい多神論』春秋社、一九九一年)を発表している。彼は自分の考えを述べる冒頭に、ニーチェの「多神論の最大の効能」から引用している(『ニーチェ全集 八 悦ばしき知識』信太正三訳、理想社による)。

「個人が自分自身の理想を定め、そこから自分の掟や喜びや権利を引き出すこと――こうしたことは従来おそらく、あらゆる人間的な迷誤の最も甚だしいもの、偶像崇拝そのものと、見なされてきた。―中略―神々を創造する驚嘆すべき技術と力――多神教――のなかでこそ、こうした衝動は自己を発散できたのだし、そこにあってこそこの衝動は自己を浄化し、完成し、高貴にしたのだ。……これに反し、一神教、すなわち、一個の基準的人間という教説のこわばった論理的帰結――換言すれば一個の基準神への信仰(それ以外にはまがいものの虚偽の神々があるにすぎない)――は、おそらくこれまでの人類の最大の危険であったのだ。」

デイヴィッド・ミラーが「新しい多神論」を主張する背後には、ニーチェが強調しているような一神論的な思考がもたらす閉塞状況を何とか打ち破ろうとする態度が認められる。下手をすると、「あたかも、善対悪、光対闇、真実対虚構、現実対原理、存在対生成、といった対のどちらか一方だけしか許さないような論理」が強く押し通ることに反対したい。価値の多様性を認めよ、というわけである。そして、「社会的、哲学的、心理学的な複数性の顕現に対して、多神論という言葉が使われるのは、それらの背後に、ある〈宗教的〉な状況が存在するからである」とミラーは言う。そして、彼は信仰は一神論であっても、「その信仰の人生の文脈の中におけるあらゆる体験を説明するためには多神論的神学を必要とする、ということも可能である」と考える。

デイヴィッド・ミラーは以上のような考えから、唯一神の信仰をもっていても、いかに多神論的な神学をもつことが可能であるかについて論じ、現在においては、それこそが必要であると主張する。一神教的な考えが、人々の一般的考えに影響を与え、何事に対しても「唯一の真理」があると考えるのが、いかに危険であるかを彼は強調する。

ヒックにしろミラーにしろ、キリスト教文化圏のなかで、上述のような主張をするのは大変なことであったろうと思われる。しかし、来るべき世紀における「宗教性」について考えるとき、このように考えることがキリスト教内部において必要と考え、そのような努力をしたものと思われる。

日本人の宗教性

それでは日本人の場合はどうであろうか。日本人における、宗教と科学、および、宗教と倫理に関する問題について、本書の第六章および第十二章のなかで、ある程度触れておいた。それと少し重複するかもしれないが、今後の日本人の生き方を考える上で、考慮しなくてはならない宗教性の問題について最後に述べておきたい。

日本の近代化とキリスト教は切っても切れぬ関係をもっている。近代的な自我を確立することは、西洋からの影響であり、それを支えているキリスト教と無縁であることはできない。キリスト教を信じていなくてもキリスト教教会で結婚式をあげたがる若者が多いのは、日本の従来からの家と家との間の縁組ではなく、個人と個人が結ばれるという考えに立つと、キリスト教の教会であげるのがふさわしいと感じるからではなかろうか。

村上陽一郎は宗教が欲望に対する抑制力として働いたと論じているが、そのような考え方をすると、キリスト教は、欧米社会においてそのような役割を相当に果してきたと言えるだろう(『現代日本文化論』第12巻)。そして、既に紹介した『子どもの神秘生活』を見ると、現在においても、キリスト教の神のもつそのような力の強さを実感させられる。

これに対して、日本においてはキリスト教抜きで西洋流の自我を確立しようとしたわけだが、これはいったいどうなることだろう。それは単純なミーイズムあるいは利己主義になってしまわないだろうか。そこで、村上陽一郎は日本に昔からある「今日様」や「お天道様」の重要性を思いかえすことの意義を説いている。日本のキリスト教抜きの近代化の状態を問題だと言ったが、欧米においても、科学技術の発展があまりに著しく、キリスト教の信仰に対して、それが相当な脅威を与えているのも事実である。科学技術の知識の正当性を承認すると、それは聖書の教える事実と矛盾することになる。それらをあいまいにして共存させることは、一神教の論理は許さない。とすると、単純に考えを進めていく限り、欧米においてキリスト教不信の勢いがだんだんと強くなる。実際、アメリカにおける犯罪の著しい増加などは、彼らがキリスト教による抑制力を失ったこと、あるいは、「中心の喪失」とでも言うべき状況に陥っていることを示している。これまでキリスト教文化圏において、確固とした中心を占めていた「唯一の神」の存在が危うくなってきた。このために現在の混乱が生じていると考える。

これを見て、欧米の問題であるとのみ見ているのは皮相な見方である。日本はアニミズムや多神教の混在しているような国である。しかし、かつては、天皇を絶対的中心としてまとまって行動し、敗戦によって「中心の喪失」の混乱も経験している。このことは、人間というものがいかに弱くて、何らかの「中心」をいつも欲しており、そのことによって重大な誤りを犯すことを示している。「神」というような超越的存在ではなく、天皇、社長などという具体的人物を「中心」に据えることにより、人間は安心することができるが、それは大きい破綻につながる可能性をもっている。

何を「中心」とするかは、日本のみならず、全世界の問題なのではなかろうか。山内昌之が論じるように、政治と宗教とはあんがいに関係している(「日本における宗教と政治」『現代日本文化論』第12巻)。冷戦構造のときは、政治的にも善・悪が明確にされており、その判断を支えるものとして宗教があった。言うなれば、眼前に明確な敵がいる限り、人間は自分の善を信じ、その善を支える中心を信ずることができる。冷戦の対立構造がなくなると、皮肉なことにかえって中心の存在がぼやけてきたのである。イスラムのことについて私はあまり言う資格はないが、アラブのファンダメンタルな中心主義は、どうしても近代化を妨害することになっていると思われる。

神中心の考えに対して、ともかく人間の自我を中心とするような勢いをもってこそ近代化がなし遂げられたのである。ところが、既に述べたように近代自我中心では欲望の抑制に問題を生じるし、そもそも自分の死ということを受けいれることが難しくなる。さりとて、一神教を立てると、この多様化の時代、異宗教が共存している時代のなかで現実にそぐわないことがでてくる。この問題に何とか対処しようとして、既に紹介した、ヒックやミラーなどの新しい考えも出てきたものと思われる。

ここで、日本の実状を考えてみるとどうなるだろう。最近の政治家、官僚、企業家などの堕落ぶりを、「中心の喪失」ということによって説明しようとする人もあるだろう。倫理観が確立していない。日本に古来からある宗教はどういう役割を果しているのか。あるいは、何か新しい試みはなされているのか。こう考えると、日本人全体としてあまりにも安閑として暮らしてきているのではないか、と反省させられる。

村上陽一郎の「お天道様」の考えは、この問題に対するひとつの答を示しているものとして注目すべきである。しかし、村上の論を読むとわかるように、彼は「お天道様」を新しい中心として提案しているのでも、中心の復古として提案しているのでもないのは明らかである。これをひとつの環境倫理のために必要なものとして、提示している。しかし、そのとき、世界観の中心に何を置くのか、近代科学の精華をそのまま受けとめている者として、もしキリスト教の神を中心とするのなら――村上がクリスチャンであることはよく知られている――、その中心の神は「お天道様」との共存を許すのだろうか。おそらくこんなことは百も承知で、村上は、「お天道様」を持ち出していることと思う。つまり、現在においては、どこかで論理的には矛盾したり、両立し難いと思われるものを、生きていく上においては共存せしめる工夫や決意が必要なのではなかろうか。こんなことは村上は言っていないので、私の勝手な押しつけかもしれない。

日本人として、私はアニミズムや仏教などに親近感を感じる。しかし、それだけで安閑として現在を生きることはできないと思っている。欧米でヒックやミラーが行なっているような努力を、われわれも払うべきではないか、と思っている。

キリストの神とお天道様の共存などという変な言い方をしたが、ともかく一筋縄ではゆかぬ努力が必要である。このためには、日本の個々の人間が「宗教性」という根本にかえり、自分の体験に根ざして、いかに両立し難いものを両立させていくのかについて、よく認識し、言語化していく努力を続けていくべきであると思う。

12　アニミズムと倫理

はじめに

倫理という文字が、最近では新聞紙上によく見られるようになった。医者の倫理、政治家の倫理、あるいは「倫理綱領」などという用語も見られる。政治家の倫理が日本中の話題になっていたとき、「リンリ　リンリ」と鈴虫のように騒ぎ立ててうるさくて仕方ない、と言った政治家がいた。今は、鈴虫も政治家のみでなく官僚の方にまで領域を拡大している、というよりは日本中で合唱している感さえある。

倫理、道徳などという言葉がマスメディアにいつ頃どの程度登場してきたか、その統計をとってみると面白いかも知れない。敗戦後しばらくの間、それはほとんど忘れられていたか、拒否されていたのではないだろうか。このような言葉になぜ抵抗を感じるのかを落合恵子は、非常にわかりやすく論じている（「逝ってしまった女友だちへの手紙」『現代日本文化論』第9巻「倫理と道徳」）。彼女の言葉を引用すると、

> しかし、それを「倫理」という言葉で表すことに抵抗を覚えるのは、なぜでしょう。
>
> 抵抗のおおもとにあるのは、「倫理」や「道徳」と呼ばれるものが、必ずしも自律的・自立的なものではなく、他律的に社会に登録され、普及されてきた傾向が少なからずあることと重なっているからかもしれま

せん。
自分で獲得し、自分で自分の核に据えたと信じこんでいる「倫理」や「道徳」が、実は、獲得させせられたもの、学習させられた結果であるとしたら……。自律的規範だと思っているものが、暮らしていく上で、身につけざるを得なかった、社会への「対応の仕方」でしかなかったとしたら……。「倫理」は、他律的な規範や基準でしかなく、また「個」を抑圧し、管理する道具として使われる場合があることも、忘れてはならないでしょう。

落合の言うように、倫理や道徳はどうも押しつけがましいものと感じられやすい。特にそれは敗戦までは、「修身」という形で子どもたちに押しつけられてきたが、敗戦を契機に拒絶現象が起きて、その後は相当な期間にわたって、「道徳」などというのは禁句に近かったのではなかろうか。

道徳教育の必要性が叫ばれるようになったのは、いつ頃からだろう。何となく日本が右傾化していくのと、それは重なっている。落合が述べているように、「ひとは誰でも、自分の行動の規範や善悪の基準」をもっている。「そのこと自体は、否定されることでも批判されることでもありません。批判されるべきなのは、そういった規範や基準の欠如でしょう」というのにまったく同感である。しかし、その必要性を強調したり、「道徳」の重要性などと言いはじめると、右傾化と結びついてくるのはどうしてだろう。

ここにひとつの例がある。アメリカの大統領レーガンが娘に「性の乱れ」は忌避すべきであると説く。そして、自分と妻とがいかに辛抱して、結婚するまで待ったかと自分たちの体験を語る（パティ・デイヴス『わが娘を愛せなかった大統領へ』ＫＫベストセラーズ、一九九六年）。これは父の娘に対する愛情を感じさせる言葉として、「道徳教育」の教科書に載せたいほどである。ただ困ったことに、娘の方は、実は彼女の両親が結婚したとき、母親は既に妊娠二カ月の身であったことを、他の情報から知っていたのである。

「道徳」を強調する人は、秩序を大切と考える人が多いが、一般にそれらの人は「秩序をいかに守らせるか」という考えで、他人に守らせることには熱心だが、自分はその外に立っていることが多い。秩序は彼の安心感を支えるために必要なのであって、彼自身の「行動の規準」は別のところにある。このあたりが、道徳というのが右傾化と結びつきやすい要因のひとつではないかと思われる。それは権力者によって使われやすい。

だからと言って、人間である限り、道徳や倫理をまったく拒否したり、無視したりしては生きていけない。どういうわけか、私は子どものときから道徳や倫理ということに鋭敏だったようだ。事の善悪についての関心が強かった。些細な「悪」でも見逃すことができず、激しい怒りを感じることがよくあった。実際、自分が身体的に弱く、けんかも強くないという自覚が強くあったお蔭で、これまで無事に来たのではないかと思うほどで、もし腕力に自信があったら、「悪」と戦って死んでいたかも知れぬと思うほどである。相手が大人であれ、先輩であれ、少しの「悪」に対しても正面からなぐりかかりたい衝動を感じた。それを抑えて考えているうちに、自分も結構同じようなことをしていると気づき、偉そうなことは言えないと反省する、ということを繰り返した。

これとは逆に、自分が「悪人」であるという自覚が強くなり、自己嫌悪でたまらなくなるのだが、よく観察していると、他人――それも尊敬に値すると思っていた人――も、似たようなことをしていることがわかって安心する、ということもよくあった。

こんな経験を何度も繰り返しているうちに、今では一般には相当に「偉い人」とか「悪人」とか思われている人に対しても、似たような者として接するほどになってきた。それでも善悪に対するこだわりと、「悪は決して許さない」といきり立つようなところは今も残っている。したがって、それでは何を「悪」と思っているのか、ということになるが、これがなかなか言語化するのが難しい。しかも、自分の判断規準は他と異なっているのではないか、と感じることもある。それでもここではできる限り、自分のもっている倫理観を言語化することに努めながら、日本人の倫理の問題を論じることにしたい。日本人一般について論じるにしても、いつもの手法ながら、その基にあるのは自分という個人の体験なのである。

道徳や倫理という用語の使い方は人によって随分と異なるし、「そもそも倫理とは」という形で論じるならば大変なことになる。その点は倫理学の学者にまかせるとして、まず、海老坂武は、道徳は「善いことと悪いことについての社会的な(世間的な)コンセンサスである」とし、倫理は「外部の参照軸に依拠せずに、ときにはそれに抗してなされる決断、個人の選択と深く結びついている」善悪の規準と規定している(「倫理とアイデンティティー」『現代日本文化論』第9巻)が、それを出発点とすることとしよう。

日本人の倫理のギャップ

日本人の倫理を考える上で、次のようなエピソードを紹介する。ヨーロッパのある国の外交官と話し合ったことである。彼は相当なお金の入った財布を、東京で落としてしまった。大都会のことなので出てくるはずはないとあきらめていたら、しばらくして警察から呼出しがあり、拾った人が届けてくれたことがわかった。世界中の大都会のなかで、こんなことが起こるのは、日本だけだろう、と彼は言う。日本人の倫理観の高いのには、ほんとうに驚いたという。私は外国の友人からこのような話をよく聞かされる。京都駅の切符売場に高級カメラを忘れたが、新幹線で東京へ行ってから気づいて駅で言うと、ちゃんと京都駅で保管してあったとのこと。このときも、こんなことは日本以外ではまず考えられないという賛辞がついていた。

ところで、財布が返ってきて喜んだ外交官は、日本人の倫理をほめた後で、それにしては、どうして日本の政治家は、あれほど悪いことをするのか、と言う(このときは、まだ官僚のことは話題になっていなかった)。収賄の状況などを新聞で読むにつけて、こんなことをどうして平気でするのかと思う。ヨーロッパの国々では、こんなことは起こらない。一般の人々の倫理観と、「偉い」人の倫理観にあまりにも大きいギャップがある。これはどう説明されるのか。

これに対して、もともと倫理観の低い人間が政治家になるのだ、というのは安易すぎる答である。最近の新聞を見ると、倫理の問題を問われているのは、政治家だけではないことがよくわかる。とすると、巷でときどき言われるように、「偉いさんたちは悪いことをしている」という考えはどうであろう。「われわれ庶民は営々とマジメに働いているのに、偉いさんは悪いことばかりしている」という考えである。ここで不思議なのは、そう言っている人たちが、抗議のために何かするか、と言えば何もしない。それどころか、「悪い偉いさん」を選挙によって、もう一度選んだりする。これらのことを考えると、どうも、他国の外交官の指摘した、日本人の間の「倫理観のギャップ」は、やはり「日本の問題」として、取りあげて考えてみるべきだと思われる。

倫理のギャップを感じさせる事象は他にもある。一九九五年に起こったオウム真理教による地下鉄サリン事件について、作家の村上春樹が被害者にインタビューを行い、報告をしている(村上春樹『アンダーグラウンド』講談社、一九九七年)。そのなかに日本人の倫理のギャップの大きさを感じさせるところがある。それはインタビューを受けた人々は実に仕事熱心で、着実に生きている人が多い。これらの人々の努力によって日本社会が支えられている、とさえ感じる。それに対して、加害者となったオウム真理教の信者たちの倫理はどうであろう。彼らは、悪いと知りつつ殺人をしたのではなく、自分たちの倫理に基づいて人を殺した。ここにおいて、殺された者と殺した者との間には、大きい倫理観のギャップがある。これらは、まったく無関係と言うべきだろうか。殺された人たち、つまり、日本の一般人のもつ倫理に、オウム真理教の倫理を生み出すような要因はなかったのだろうか。

倫理や道徳のことを論じる際のよくある傾向として、昔がよかったことを述べた後に、「現代の人間の倫理も地に堕ちた」と嘆くのがある。マスコミなどで、政治家、官僚などの悪について述べた後に、「日本人の倫理」の堕落が嘆かれる。しかし、『アンダーグラウンド』を読むと、「日本人はよくやっているな」というような感じがしてくる。これは、地下鉄サリン事件の被害者の調査である。ところが作家の筆によって、一人一人の被害者の姿が描かれると、短い文のなかにも、その人の倫理観、人生観などが浮かびあがってきて、これは、はしなくも、日本人の倫理観の個人調査をしたような結果をもたらせてくれる。そのなかで、たとえば、地下鉄職員がいかにして地下鉄を時間どおり走らせることに努力を払い、それに誇りをもって働いているか、ということがひしひしと伝わってくる。

ところで、収賄などの悪をはたらいた政治家や官僚も、道に落ちている財布を拾ってもあんがい警察に届けるのではなかろうか。そして自分の担当している職務としての個々の仕事については、前述した地下鉄職員に似たような熱心さと誇りをもって、「お国のために」働いているのではなかろうか。

たとえば、エイズ薬害事件で逮捕された医者が、自分は患者のために頑張ってきたようなことを言うのを聞くと、強引にごまかそうとしているのかも知れぬが、本人も実はそのとおりに信じており、ただ自分の犯した悪については、上手に無意識のままでいるのではないかと思ったりする。つまり、同じ日本国民のなかで、倫理性の高い庶民と倫理性の低い高位高官が無関係に並存しているのと同様のパターンが個人の心のなかに生じているのではないか、と思われる。要するに、悪に対する自覚、意識化が弱すぎるのである。

倫理と宗教

宗教は本来的には倫理や道徳と関係しない、あるいは、直接にそれを目的にしないと思われる。自分という人間が存在し、やがては死滅することについて、それを取り囲む世界について、客観的に考えるのではなく、それにかかわる者として、自分自身を出発点としてどう考えるのか、そこに生じる不可解なこと、自分を圧倒的な力で惹きつけるもの、それらをどのように自らに納得させるのか、というところから宗教が生まれる。したがって、そこから直ちに〜すべし、〜すべからずということが生じてくるとは限らない。しかし、その説明の根本として唯一の神を立てるとなると、それは道徳や倫理に結びつかざるを得ない。神によって、この世界や人間のことが全部説明されるならば、その神は人間のなすべきこと、なすべからざることについても知っているはずである。ユダヤ教、キリスト教やイスラム教のような一神教は、倫理に直接的に関係してくる。善悪の判断はすべて神にゆだねられる。

すべての人間がひとつの一神教を信じ、神の意のままに生きようと決意すると、倫理の問題は比較的簡単に解決される。すべての人が同一の善悪の規準に従うからである。これは一神教を信じる人々の理想であろう。この場合は、はじめに断ったような道徳と倫理の区別などあまり問題にならない。神の教えによって道徳は決定され、それに従うという決定を個人がする限り、道徳と倫理は一致する。それでも問題がすべて解決とはいかない。あらゆる具体的なことについて神の意志が確実に人間にわかるとは限らないからである。おそらく、そこに解釈の差が出てくるだろう。たとえば、同じアラブの国々の間に、善悪の対立があるのも事実である。

それにしても、ともかく同じ神をいただき、その神による道徳律が共通にあると信じる限り、そのような人たちは互いに暗黙の信頼感をもつだろう。欧米人が日本人に対して、何となく信用できないような感じをもったり、外交や貿易において、不必要な摩擦が生じたりするのも、底流には宗教の問題があると思われる。このことを日本人はよく認識しておくべきである。だから互いに信頼できないというのではなく、信頼関係を築くためには、相当な努力が要ることを覚悟していなくてはならない。

かつて湾岸戦争があったとき、アメリカの大統領とイラクの大統領が互いに相手を悪魔と呼び、自分たちに神の加護があると述べているのを知って、これだから一神教は問題だ、どうしても戦争を起こしてしまう、という日本人があった。日本人は多神教だから、単純に相手を唯一の神の敵としてしまわずに、神々の共存を考える。だから、日本の方がよいとさえ主張する人もあった。確かに、一神教と多神教とではそのような相違があると言えるかも知れない。しかし、だからと言って多神教の方がよいとどうして結論づけられるのか。まず第一に、多神教の国の日本は、かつて世界のなかの好戦国のように思われたときがあった。当時の日本人は、自分の国の軍隊を「皇軍」などと呼んでいた。この事実をどう考えるか。次に多神教で、それぞれの神がばらばらに善悪の規準を設定し、人々が自分の好きな神の言うことにのみ従ったら、大混乱に陥ってしまうのではないか。このような問いに対して、日本の優位を主張した人はどう答えるのだろう。

まず最初の問題から。日本の宗教を多神教と考えるか、アニミズムと考えるか、その点は後に論じるとして、ともかく大半の人は一神教信者ではない。にもかかわらず、敗戦までは、天皇一人をアラヒトガミとし、その命ずるままに動くことをもって、日本人の道徳としていた。これは極めて一神教的である。それはどうしてだろう。人間は弱いものだから、何か絶対的なものに依存したがる。そこにつけこんで、何か絶対的な超越性を体現すると思われるものを中心にもってくると、どうしてもそれに頼りたくなる。しかも、それが全体的な傾向だとすると、それに対抗するのは難しい。日本人は多神教のおかげで平和だなどと言っている人でも、事態が変化してくると、結構、一神教的になって、敵と戦えと言い出すかも知れない。

ここで私個人の体験で言うと、戦争中はマジメな田舎の少年として、教師の教えるとおり、天皇のために死ぬべきだと考えていた。しかし、その反面、死ぬのは嫌だ、人を殺すのは嫌だという内面の声も強かった。それと、子どもの頃から変に理屈っぽく考えるところがあって、自分なりに当時の日本のスタンダードの考えは、何かおかしいとも感じていた。このあたりのことの詳細は避けるが、ともかく心のなかは分裂していた。そして、中学生のとき陸軍士官学校への推薦入学を断ってしまった。兄たちの援助もあったが、ともかく自分の内面の声に従ったのだ。

海老坂の「複数のアイデンティティー」論がこれに重なってくる。つまり、少年時代の私は、一方では死を肯定する軍国少年のアイデンティティをもち、他方では、あくまで生きようとする人間としてのアイデンティティをもっていた。そのため、海老坂の表現を用いると「単一のアイデンティティーに縛られていなかった」ので、価値ある「脱走」が可能だったのである。

このように考えると、海老坂の指摘するとおり「複数の私、複数のアイデンティティーを切り捨てないこと」が大切ということになる。これを宗教との関連で言えば、多神教やアニミズムの宗教による倫理観の方が、一神教の倫理観より優れていることになる。果してそうだろうか。

ここにも疑問が生じてくる。複数のアイデンティティをもつとき、そのうちのどちらに従うかを決定するとき、そこには準拠すべきルールがあるのか。少年時代の私が内面の声に従ったのは結果的によかったが、それが正しい、あるいは、そちらに従うべきだというのはどうして決定するのか。内面の声はいつも正しいのか、内面の声が複数の場合はどうするのか。そのとき、いつもある規準によって決めているとすると、その規準の背後に唯一の神が存在することにならないのか、ということになる。

一神教によらずに倫理的決定を行うときは、われわれはいったい何によっているのか。そこに共通の規準がないとすると、混乱が生じないのか。別に混乱なく全体的に秩序があるとするならば、要するにすべての人が「社会的な(世間的な)コンセンサス」に従っているからであって、道徳的であるとは言えても、個人としての倫理観は極めて低いのではないか、ということになる。つまり、「赤信号、皆で渡れば怖くない」式の倫理観になってしまう。

このことは先に触れた日本人の倫理観のギャップを説明するのに役立たないだろうか。世間的な道徳として、道に落ちているものを自分のものにしてはならない、ということを多くの人たちが守る。しかし、その同じ人でも、高位高官になって、だんだんと「世間」から離れてくる。その上、個人としてしっかりとした「倫理観」をもっていないとすると、「まずこれくらいはいいだろう」とか、「あれだけの便宜を図ったのだから、少しくらいの礼を貰っても」ということになってくるのではなかろうか。後者のような考えは「世間の知恵」としては、許容されるところがあるのではないか。しかし、それは近代の欧米を範とする法律に照らした場合、罪になる。つまり、世間との関係が稀薄になってきたときに、個人として自分を律する確実な規準ができていないということになる。

これを防ぐには、個人がそれぞれ自分の善悪の規準、つまり倫理観を確立しなくてはならない。しかし、それは各人でバラバラになってしまわないのか。欧米の個人主義はキリスト教から生まれてきている。個人はあくまで大切とされるが、その個々人がすべて「神」との契約によって生きているのだから、バラバラになることはない。日本人で個人主義をよしとする人は、その倫理観を何によって得ようとするのか。これに対する答は非常に難しいのではなかろうか。

ところで、日本人が倫理的決定を行うとき、それを「私の倫理観」という表現をせず、「私の美意識」という言葉を用いることが多いのではなかろうか。瀬戸内寂聴は「仏教と倫理」(『現代日本文化論』第9巻)において、自分が自殺を思いとどまった理由として、「ちょっと私の美意識が許さなかった」と述べている。そして、それに続けて「これはちょっとみっともない」とも言っている。欧米人であれば「神が許さない」、「私の倫理観にもとる」などというところだろう。生死の決定の基礎に「美意識」がある。これは少し注意してみれば、日本人が実によく言う表現であることに気づかれるだろう。プロ野球の選手がトレードに関してもめたりするときでも、「美意識が許さない」と言ったりしている。もっとも、政治家が「美意識」のことを言うのは、あまり聞いたことがないようだが、どうであろう。

ともかく、倫理と言わず美意識と言うのはどうしてだろう。これはもちろん「倫理」という言葉を使うことに対する気恥かしさ、抵抗感などにもよるだろう。しかし、それは、もっと日本人の本質にかかわるように思う。日本の神話を読むと、そのなかで「悪」とか「罪」とか呼べることは出てくるにしても、中心的な重みをもっていないことがわかる。それに対して、キリスト教の聖書の場合、「原罪」ということは、非常に重要になってくる。「十戒」ということもある。善悪の規準や、その判断が判然としている。これに対して、日本では「穢れ」が重視され、それは「清められる」ことによって消滅すると考えられる。

日本の隠れキリシタンについては既に他に論じた(拙著『物語と人間の科学』岩波書店、一九九三年〔第I期著作集第一二巻所収〕)ので、詳しくはそちらに譲るが、日本人の倫理観を考える上で重要と思うので、ここに少し触れておく。隠れキリシタンはヨーロッパの宣教師に教えられたことを、その後長い間口伝によって伝えたが、聖書の

「創世紀」に相当する部分がいつの頃かに文書にされ「天地始之事《はじまりのこと》」として残されていることが昭和の初期になってから明らかとなった。非常に興味深いことに、それは口伝の間に変容して、相当異なる話になっていた。その話のなかで、アダムとイヴは禁断の木の実を食べ、神の怒りを買うが、どうか許して欲しいと願うと、神は四百年後には許してやると言う。

これは、日本人にとっていかに「原罪」という思想が受けいれ難いかを如実に示すものである。そして、隠れキリシタンの生活においては暦が非常に大切で、この日は何をするべきか、何をしてはならないか、ということが綿密に決められていることがわかる。つまり、原罪を意識し、それを背負った者として倫理的に生きる、という生き方よりも、毎日毎日、あるいは季節ごとの生活を定められた暦によって生きる生き方をとる。それは生きる姿の全体の収まりを大切にしているのであって、個々の場合における倫理的決定に重きをおいているのではない。

ものごとの全体的な収まり具合を判断するのは、美意識ではないだろうか。全体的な「姿」が問題なのである。それは「悪」だなどというのではなく、「みっともない」と感じる。個々の行為に善悪の判断規準を適用していくのではなく、それらのいろいろな関係がいかにバランスよく収まっているかを問題にする。それが結果的に倫理的な判断につながっていく。これが日本の方法なのである。

友人でユング派の分析家であるジェームズ・ヒルマンが、私に「日本人は葛藤の美的解決法を知っている」と言ったことがある。対立が生じたときに、どちらが正しいのかを判断するために論議をしたり争ったりせずに、「バランス感覚」で答を見出すことを指して、彼はこのように言ったのである。なるほどよく観察しているなと感じた。善悪の判断の争いとなると、時にはそれは徹底的なものになり、血を見ないと終わらないことにもなる。その点、日本人は「美的解決法」を知っているので、流血を避けることができる。倫理的決定の際にバランス感覚がはたらいている。それを「美的」と表現したのである。

このように言うと、何だか日本人は優れているように思えるが、この「美的解決法」は言いかえると、日本人の好きな「なあなあ式の解決」になるのではなかろうか。それがいかに欠点が多いかは、日本人ならよく知っているはずである。これをどう考えるといいのだろうか。

たましいと倫理

前述の、瀬戸内寂聴「仏教と倫理」において、鶴見俊輔の問いかけに答えて、瀬戸内は、これからの倫理の未来について、「絶対、宇宙中心という気がしますね」と明言している。そして「仏教のすばらしさというのは、お釈迦さんはほんとうに天才だと思うのですが、物事をほんとに宇宙的にとらえるから」と仏教と関連づけている。

宗教のことを詳細に論じるには、筆者の知識は不足すぎるが、日本人の仏教は多分にアニミズムに通じている感じがする。「草木国土悉皆成仏」という考えが特に日本人に好まれるのは、そのような点があるからだろう。瀬戸内が「宇宙中心」と言い、共同編集者の鶴見もそれを肯定している考えは、「人間中心」あるいは「個人中心」の考えに対立している。個人を文字どおり中心にすると、倫理など出て来ないかも知れない。ただ自分の好きなようにすればよい、ということになる。しかし、西洋の場合は既に述べたように、個人主義を裏打ちするものとしてのキリスト教があった。現代は、そのような神を信じることなく個人主義を生きようとして、いわゆる、ミーイズムになる問題が欧米では生じてきている。

これに対して、日本のアニミズム、あるいはそれと関連する仏教は、倫理という場合に非常に弱くなる。大体のところうまくいっているのだから、というとらえ方をする。宇宙全体の運行はそれ自身でうまくいっているのだから、そこにおいて人間は別に何をするべきとか、するべからずということはないと考える。

これは、たましいという表現を用いても同様ではないだろうか。たましいのはたらきそのものには、善悪も何もない。それを各人がいかに生きるか、という点で倫理の問題が生じてくる。たましいの実現傾向は、一般的道徳と対立することがある。そのときに、ある個人がいかに生きるか、というときに倫理的決定が必要になる。

人間が倫理的に生きるとは、自分のたましいに対して、あるいは、宇宙に対して、何らかの「縛り」をいれることではないかと思う。縛りをいれてみてはじめて、たましいのはたらきが形をもって個人に感じとられてくる。そのような縛りでもっともわかりやすいのは、仏教における「戒」であろう。「草木国土悉皆成仏」だったら、人間も安心で、何をやっても大丈夫なはずである。しかし、あえて「戒」という縛りをかけないと、仏の姿がはっきりと自分にとって形づくられない。このことを釈尊は体験的に知ったのではなかろうか。

仏教徒の場合であれば「戒」が与えられるが、アニミズムのときはどうなるだろう。これはそれぞれの世界において、タブーをもっている。近代合理主義の立場から見れば、戒とかタブーなどはナンセンスということになろうが、それらは人間が生きていく(これには、死んでいくことが含まれる)上において、必要なこととして決定されていた。しかし、日本人がそのような縛りを失い、宗教の自覚もなく、近代合理主義だけを取り入れようとすると、まったく倫理的なアナーキーになるのではなかろうか。庶民は何のかのと言いながら、昔からの伝統に生きている。しかし、高位高官になるというのは、そのような伝統から切り離れやすい。そうなると倫理的堕落が生じることになる。

鶴見俊輔によると、「富士正晴は老兵として召集されたとき、生きのこること、戦時強姦をしないことという二つの原則をたてた」(「倫理への道」『現代日本文化論』第9巻)という。この原則が筆者の言いたい「縛り」である。

そのような縛りをしてこそ、たましいのはたらきがよくわかるのだ。このような縛りは、極めて個人的である。言えというなら、ある程度はそれがなぜ正しいか言えるだろう。しかし、誰にとっても正しいからしているのではなく、根本的には自らが自らに対して縛ると決意することが大切である。

誰もが「なあなあ」と同じ方向に進もうとするとき、それと異なる道を行くには、自分が自分に課した堅い縛りが必要である。もちろんその縛りが一般的傾向と合致したり、あるいは葛藤を生じないときもある。そのときは別に問題ないが、それが対立するときは「なあなあ」の傾向と戦う必要がある。相手は弱そうに見えて実に強い。そこでどのように争い、それを収めるか、ここでも美意識が関連してくるだろう。このようにしてこそ、ある個人が生きたと言える。しかし、ここにいう個人は、個人主義の個人とは異なる。後者の場合は、もっと近代自我を中心に考えている。

日本の伝統のなかでは、このような縛りは、時に「意地」とか「男が立たぬ」というような表現でなされていた。それは心意気に関連するが、善悪の判断とか論理とかとの関連は薄かった。日本人が近代化するとこのような傾向は非合理として棄てられる。とは言うものの、他方では日本的な「なあなあ」主義は生きている。というわけで、ある程度近代化された人――こんな人が「出世」する――は、ちょうど、倫理の谷間のようなところに落ち込んで、あるいは、上手に隠れこんで、庶民感覚で考えられない悪を行うことになるのではなかろうか。

現代日本人の倫理

現代の、そしてこれからの日本人の倫理はどうなるだろうか。ここで注意しなくてはならないのは、伝統的な考えに従うにしろ、そのような考えからは決して生み出されるはずのない、物質的な豊かさのなかにわれわれがいるという自覚を必要とすることである。アニミズムも仏教(それに道教、儒教)も近代科学とそれに結託するテクノロジーを生み出さなかった。「草木国土悉皆成仏」のなかに、近代のテクノロジーが生み出したすべてのものは含まれているのだろうか。瀬戸内寂聴はお金持ちになると坊さんが堕落しやすいと述べている(前出「仏教と倫理」)。自我を否定し、無自性の世界の倫理観をもっていても、その否定した近代自我の生み出した豊富な物のなかでその倫理は揺るがずにいることができるのだろうか。現状はあまり感心したものではなさそうだ。

日本的美意識としてのバランス感覚は、せいぜい雪月花に及ぶものであって、それは巨大なダムやロケットや便利な電気製品にまで及ぶのだろうか。あるいは、金額でも億の単位になってくると、バランス感覚も美意識もふっとぶのではなかろうか。なんとか日本の伝統を守ろうとして、それをピーナッツに擬したりした人もあったが、ピーナッツの重みでバランス感覚を破られるぐらいがオチであった。

いったいどうすればよいのか。ともかく厳しい倫理観をもつべきだとか、倫理綱領をつくるべきだなどと主張することはできる。しかし、下手をすると厳しい道徳を他に押しつけることによって秩序を保とうということになって、最初にあげたレーガン大統領の例に象徴的に示されているように、ともかく言っている本人も守れない道徳を他人に守らせようとすることになる。宗教家、教師など一般に道徳を強く説く人には、自分自身のことを忘れる能力の高い人が多い。

倫理を自分自身のこととして考えるとどうなるだろう。何と言っても、自分にとって「縛り」が必要である。しかし、その縛りはどこから来るのか。必ずしも道徳とは一致しないだろう。道徳と一致するとしても、それは自分がそれを自ら縛りとすると決定したからである。それは外から来ないとすると、たましいから来たことになる。とすると、「たましいの縛り」といったことと矛盾するのではないか。たましいというのは、そもそものような矛盾に満ちた存在ではないのか。

ここで大切なのは、それがどこから由来したのかではなく、そのような縛りをたましいにかけようとするエージェンシーとしての自我をもつことではなかろうか。ただし、自我が中心となるのではなく、あくまでたましいを中心にしながらも、たましいのはたらきをよりよく知るために、あえて縛りをもってそれに立ち向かう自我をもつ、ということである。そのような決意なしでは、この圧倒的な物質的豊かさに負けてしまうのではなかろうか。

ここで少し話題を変えて、海老坂のせっかく提示した問いに対して、自分の考えを述べておきたい。海老坂は次のように述べている。

社会は、組織は、しばしば私たちに単一なアイデンティティーを押しつけてくる。より正確に言えば、一つの場では一つのアイデンティティーに身を委ねることを求めてくる。身分証明書＝アイデンティティー・カードはそのシンボルである。そしてこの要請に応えて人びとが、単一なアイデンティティーの中に自分を固定化するとき、命令‐指示にたいする抵抗の力が弱まるのだ。倫理的選択が困難になるのだ。

ではどうするのか。私たちのうちに住みついている複数の私、複数のアイデンティティーを切り捨てないことだ。

海老坂の提出したアイデンティティの複数性の問題は、筆者にとっても常に関心のあるところであった。欧米では一神教的思考が強いので、アイデンティティは単数でなければならなかった。複数になると、それは多重人格になって、病理現象になると考える。しかし、海老坂の言うとおり、複数のアイデンティティをもつ者は、思考に弾力性があり、短絡的行動をしなくなる。しかし、欧米人なら必ず反撥するのは、その多数のアイデンティティのなかの、どれがそのときに反応するとよい、ということを誰が決定するのか、という点であろう。不適切な反応をするなら多数のアイデンティティは悪い方にばかりいくだろう。そうではなくて、適切な判断を下すのがいるとすれば、それがその人のアイデンティティなのではないか。そして、その他のアイデンティティと海老坂の呼んだのは、その人の性格の要素と呼ぶべきではないか、などと言うだろう。

複数のアイデンティティをもっていて、なおかつそれを「一貫性をもつ個人」と呼べるのか、が欧米人の一番訊きたいところだろう。この背後に一神教と多神教の問題が存在していることに、これまでの論議から、気づかれることと思う。

これと関連していると思われ、またそれだけで別に考察すべきほどの問題として、多重人格という現象がある。事実のみを紹介すると、十九世紀末の頃によく報告されたのは、二重人格の症例であり、そのような例は二十世紀が進むにつれあまり報告されなくなったが、最近になって、アメリカで急に多重人格の症例が増えてきた。十六重人格などと、その数が多くなり、異性の人物まで出てきて、二重人格とはまったく異なる。この現象がアメリカに多いことと(日本にも、少数だが出現しつつある)、海老坂の説との関連を考えてみるのも興味深い。つまり、アメリカでは複数のアイデンティティを承認しないので、非常に困難な場合は、多重人格に分裂してしまう。これに対して日本人は複数のアイデンティティを承認しているので、多重人格になりにくい。しかし、欧米人からそれを見ると、日本人は一貫性がないとか、よくうそをつく、ということになるだろう。

話が横にそれたようだが、現代の倫理を考える上で、これも非常に大切なことである。筆者が先に述べた「縛り」というのは、堅い道徳律でもないし、単純なアイデンティティでもない。もっと個人的である点では不合理、不可解なものである。要はそれによってたましいと対抗していく手段のようなものである。そして、海老坂も指摘するように、これからは単純なアイデンティティでは事を処せなくなるのも事実である。ここで、複数のなかのどれがはたらくかの決定となると、やはり、バランス感覚、美意識というところにいくのだろうか。あるいは、鶴見俊輔の言う、気配を感じとる力、ということになろうか。

話がひろがって、まとまったことを述べることができないが、あえてまとめた言い方をすれば、日本的美意識で進むとしても、その対象が昔とはすっかり変っていることを、よくよく認識する必要がある、というところであろう。

初出一覧

序説　グローバリゼーションと日本文化　　書き下ろし。

I

日本人の心のゆくえ　『世界』一九九五年七月—一九九八年三月、岩波書店、に断続的に連載。『日本人の心のゆくえ』一九九八年三月、岩波書店刊に所収。

II

日本文化のゆくえ　『現代日本文化論』第一巻—第四巻／第六巻—第一三巻、一九九六年十一月—一九九八年一月、岩波書店。『日本文化のゆくえ』二〇〇〇年五月、岩波書店刊に所収。

■岩波オンデマンドブックス■

河合隼雄著作集 第II期 11
日本人と日本社会のゆくえ

2002年2月5日 第1刷発行
2015年12月10日 オンデマンド版発行

著 者 河合隼雄《かわいはやお》

発行者 岡本 厚

発行所 株式会社 岩波書店
〒101-8002 東京都千代田区一ツ橋2-5-5
電話案内 03-5210-4000
http://www.iwanami.co.jp/

印刷／製本・法令印刷

ISBN 978-4-00-730343-2 Printed in Japan